Die Sängerstimme

Wolfram Seidner
Jürgen Wendler

Die Sängerstimme

Phoniatrische Grundlagen des Gesangs

Henschel

www.henschel-verlag.de
www.seemann-henschel.de

Bibliografische Information Der Deutschen Bibliothek
Die Deutsche Bibliothek verzeichnet diese Publikation in der Deutschen Nationalbibliografie; detaillierte bibliografische Daten sind im Internet über http://dnb.ddb.de abrufbar.

ISBN 978- 3-89487-265-6

6. Auflage 2018

Zeichnungen: Karin Rauhut
Lektorat: Mechthild Frick
Umschlaggestaltung: Ingo Scheffler, Berlin
Satz und Gestaltung: Grafikstudio Scheffler, Berlin
Druck und Bindung: GGP Media GmbH, Pößneck
Printed in Germany

Gedruckt auf alterungsbeständigem Papier mit chlorfrei gebleichtem Zellstoff

Inhalt

Vorwort 9

Historische Einleitung 11

Psychologische Aspekte des Singens 17

Vererbung und Umwelteinfluß 24

Akustische Grundlagen 28

Grundlagen der Anatomie und Physiologie 38

- Atmung 38
  - Bau der Atmungsorgane 38
  - Atmungsfunktionen 52
    - Bauch- oder Abdominalatmung 53
    - Brust- oder Thorakalatmung 54
    - Atemtypen 54
    - Lungenvolumina und -kapazitäten 55
    - Haltung und Atmung 56
    - Stimmatmung 58
    - Stützvorgang 62
- Stimmgebung 65
  - Bau des Kehlkopfes 65
  - Gesamtbewegungen des Kehlkopfes 80
  - Schwingungsablauf der Stimmlippen 83
  - Theorie der Stimmerzeugung 85
  - Stimmfunktionen 87
  - Register 91
  - Vibrato und Tremolo 105
- Klangbildung 109
  - Bau der Ansatzräume 109
  - Wirkungsweise der Ansatzräume 113

Stimmsitz und Vokalausgleich 119
Offenes und gedecktes Singen 127
Nasalität und Näseln 129
Knödeln (Rückverlagerung) 130

Hören 132

Leistungen des Zentralnervensystems 136

Besondere stimmliche Erscheinungsformen 139
Kastratenstimme 139
Männliche Altstimme 142
Jodeln 145
Bauchrednerstimme 147
Belting 149
Obertonsingen 150

Die Sprech- und Sprecherstimme 154
Singen und Sprechen 154
Die Sprecherstimme 156
Grundlagen der Lautbildung 158
Standardaussprache und Kunstgesang 162
Sprechablauf 165
Sprecherziehung des Sängers 168

Lebensalter und Stimme 171
Kindesalter 171
Pubertät 175
Jugendalter 177
Leistungsalter 178
Rückbildungsalter 179

Untersuchungsmöglichkeiten 182
Atmung 184
Kehlkopf 185
Ansatzräume 190
Stimme 193

Auditive Beurteilung 193
Stimmeinsatz und -absatz 193
Stimmklang 196
Mittlere Sprechstimmlage 200
Kaustimme 200
Steigerungsfähigkeit 201
Tonhöhenumfang und Register 202
Schwellton 204
Vibrato 205
Tonhaltedauer 205
Intonationsgenauigkeit 205
Elektroakustische Methoden 206
Komplexe Untersuchung 216
Tauglichkeitsuntersuchungen 216
Klassifizierung der Sing- und Sängerstimme 219
Erkrankungen und Gesunderhaltung der Stimme 228
Krankheitsbilder und ihre Behandlung 228
Anlagebedingte Stimmstörungen 229
Entwicklungsbedingte Störungen der Stimme 230
Hormonell bedingte Stimmstörungen 232
Funktionelle Stimmstörungen 234
Dysodie 237
Phonationsverdickungen der Stimmlippen 243
Entzündungen der oberen Atemwege 250
Kehlkopflähmungen 251
Mandeloperation und Begradigung der Nasenscheidewand 252
Übungsbehandlung der Stimme 253
Stimmhygiene 256
Stimmbildung bei Kindern und Jugendlichen 259
Sprachstörungen 262
Stammeln 262
Stottern 264
Poltern 266
Literaturverzeichnis 267
Sachwortverzeichnis 280

Vorwort

Es läßt sich nicht bezweifeln, daß in den letzten Jahrzehnten die Anforderungen in allen Genres des Sängerberufs gestiegen sind. Gesangspädagogen, Schüler und Studenten, aber auch Phoniater und HNO-Ärzte sind deshalb in noch stärkerem Maße gefordert, sich mit Fragen der sängerischen Leistungsfähigkeit, d. h. auch der Leistungssteigerung und Gesunderhaltung, der Vorbeugung von Stimmstörungen sowie deren Diagnostik und Therapie zu befassen.
Ein Gesangsstudium ist noch immer mit erheblichen Risiken belastet, und das gewünschte Berufsziel wird häufig nicht erreicht. Wir sind uns darüber im klaren, daß physiologische Kenntnisse und medizinische Vorsorge allein diese Schwierigkeiten nicht beseitigen können. Aber die Risiken lassen sich vermindern, wenn die Entwicklung der Gesangstechnik physiologische Grundlagen und medizinische Betreuung in angemessener Weise berücksichtigt. Die Kompetenz der Gesangspädagogik für die Ausbildung stimmgesunder und leistungsfähiger Sänger wird damit in keiner Weise in Frage gestellt. Aber die Unterrichtsaufgaben sind vielfältiger, differenzierter und problemreicher geworden, und die Stimmausbildung für den Sängerberuf erfordert neue Standpunkte und Maßstäbe. Es genügt heute meist nicht mehr, lediglich künstlerische Berufserfahrungen zu vermitteln, es muß auch sehr bewußt eine an natürlichen Körperfunktionen orientierte »Trainertätigkeit« ausgeübt werden. Geschieht dies, dann lassen sich auch die noch immer vorhandenen unersprießlichen »Methodenstreitereien« mit vernünftigen Argumenten begrenzen, und die Unterrichtsarbeit kann sich auf die stimmliche bzw. sängerische Individualität des Schülers oder Studenten konzentrieren.
Letztlich sollte auch für jeden Sänger ein Grundwissen von Vorteil sein, das ihm ermöglicht, seine stimmliche Entwicklung bewußt zu erleben und zu beeinflussen, Belastungsgrenzen zu erkennen, sängerisch selbständig zu werden und im Beruf seine gesangstechnischen Fertigkeiten zu bewahren und zu erweitern.
Auch wenn wir uns vorrangig an Gesangspädagogen, Gesangsstudenten und Sänger wenden, so möchten wir auch Berufsgruppen wie

Phoniatern, HNO-Ärzten, Logopäden, Sprechwissenschaftlern, Schauspielern und anderen Berufssprechern sowie Chor- und Orchesterleitern einige Anregungen bieten.

Das Buch ist als Kompendium angelegt, das einen kurzgefaßten Überblick über die physiologischen Grundlagen und medizinischen Bezüge der Sängerstimme in der abendländischen, westlichen Kulturtradition vermitteln soll. Dabei wurde der aufgenommene Stoff nach seiner Bedeutung für die sängerischer Praxis ausgewählt.

Das Interesse an unserer ersten, zweiten und dritten Auflage war erfreulich und hat uns veranlaßt, die Grundkonzeption des Buches beizubehalten. Das Literaturverzeichnis wurde für die vierte Auflage aktualisiert. Wir möchten uns wiederum nicht nur bei den Kritikern unserer Arbeit für ihre wertvollen Hinweise bedanken, sondern auch bei den Vertretern des Henschel Verlages, die wohlwollend und entgegenkommend diese neue Auflage gefördert haben.

Berlin,
im Februar 2004

Wolfram Seidner
Jürgen Wendler

Historische Einleitung

Das Interesse an den biologischen Grundlagen der Stimmbildung und des Singens läßt sich weit zurückverfolgen, wobei bis ins Mittelalter hinein die Auffassungen der Antike meist ohne jede Prüfung übernommen wurden. Als Autorität galt CLAUDIUS GALENUS, ein berühmter römischer Arzt des 2. Jahrhunderts u. Z. Er kannte bereits die Knorpel des Kehlkopfes und bezeichnete sie mit den heute noch gebräuchlichen Namen, die Bedeutung der Stimmlippen blieb ihm dagegen verborgen. Er folgte den Auffassungen der Griechen, die den Kehlkopf mit dem zungenförmigen Mundstück (»Glottis«) einer Pfeife verglichen, und nannte den ganzen inneren Raum des Kehlkopfes Glottis.
Um 1500 beschäftigte sich LEONARDO DA VINCI mit der Stimmbildung und fertigte Zeichnungen des Kehlkopfes an, die den natürlichen Verhältnissen bereits sehr nahekamen. Zur gleichen Zeit beschrieb er auch experimentelle Untersuchungen: »Ein Mittel festzustellen, wie der Klang der Stimme am Ausgang der Luftröhre erzeugt wird: Man nimmt Luftröhre und Lunge des Menschen heraus; wenn die mit Luft gefüllte Lunge schnell zusammengepreßt wird, kann man ohne weiteres erkennen, wie die Trachea genannte Röhre (Luftröhre) die Stimme erzeugt.« (Zit. nach PANCONCELLI-CALZIA, 1961) Auch LEONARDO erkannte die Bedeutung der Stimmlippen noch nicht. Ein erster Hinweis findet sich 1543 bei dem italienischen Anatomen VESALIUS. Er benannte »die Ritze, die von dem Fortsatz der Aryknorpel vermittels einer fetten Membran im Inneren des Kehlkopfes gebildet wird«, *Glottis* und stellte ausdrücklich fest, daß sie die »vornehmliche Erzeugerin der Stimme ist«. (Zit. nach PANCONCELLI-CALZIA) Wenig später beschrieb der italienische Anatom FABRICIUS AB AQUAPENDENTE zwei Bänder im Inneren des Kehlkopfes, die mit der dazwischenliegenden Spalte die Stimme erzeugen. Entgegen der damals geltenden, von GALEN übernommenen griechischen Nomenklatur nannte auch FABRICIUS diese Spalte Glottis. Im gleichen Sinne wird die Bezeichnung heute noch für die Stimmritze gebraucht.
1562 veröffentlichte GIOVANNI CAMILLE MAFFEI, ein Arzt und Sänger aus Neapel, zwei Briefe philosophischen und medizinischen Inhalts, die

u. a. Anweisungen enthalten, wie man den Koloraturgesang ohne Maestro, also im Selbststudium, erlernen kann. MAFFEI stützte sich dabei auf eine wissenschaftlich fundierte Gesangslehre.

1741 berichtete ANTOINE FERREIN, Chirurg und Anatom, in den Memoiren der Pariser Akademie der Wissenschaften über Untersuchungen an ausgeschnittenen Hundekehlköpfen: »Ich näherte die Lippen der Glottis und blies stark in die Luftröhre; sofort schien sich das Organ zu beleben und ließ – ich sage nicht, bloß einen Laut – sondern eine Stimme hören, angenehmer für mich als die ergreifendsten Konzerte.« (Zit. nach LUCHSINGER, 1970) Durch außerordentlich exakte Beobachtungen über die Zusammenhänge von Stimmlippenspannung und Tonhöhe, Anblasedruck und Lautstärke erkannte FERREIN grundlegende Gesetzmäßigkeiten der Stimmbildung, und er wird mit Recht als Begründer der experimentellen Stimmphysiologie bezeichnet.

Etwa hundert Jahre später, 1837, präzisierte der Berliner Physiologe JOHANNES MÜLLER die Ergebnisse FERREINS, nachdem er sie an präparierten menschlichen Kehlköpfen überprüft hatte. MÜLLERS besonderes Interesse galt den verschiedenen Stimmregistern sowie dem Zusammenwirken von Anblasedruck und Stimmlippenspannung bei Schwelltönen. Er erkannte, daß bei steigendem Anblasedruck eine kompensatorische Entspannung der Stimmlippen erforderlich ist, wenn die Tonhöhe gleichbleiben soll; denn jede Steigerung des Anblasedrucks führt bei gleichbleibender Stimmlippenspannung zu einer Erhöhung des Tones. Unter Bezug auf diese Kompensation der Kräfte schrieb MÜLLER: »In dieser Hinsicht ist also dem menschlichen Stimmorgan eine neue Bedingung zu einer sehr umfangreichen Änderung des Klanges gegeben, und man erstaunt, daß die Mittel, welche wir in der Modulation der Sänger bewundern, sich so weit physikalisch am Stimmorgan nachweisen lassen.«

Von fundamentaler Bedeutung für die weitere Entwicklung erwies sich die verdienstvolle Arbeit des spanischen Gesangspädagogen MANUEL GARCIA (1805-1906, Abb. 1). Mit großer Intensität widmete er sich dem Studium der Stimmphysiologie. 1854 gelang es ihm, mit Hilfe eines Zahnarztspiegels, den er gegen das Gaumensegel hielt, seine eigenen Stimmlippen während des Singens in einem zweiten Spiegel zu sehen.

Er gehörte zu der von seinem Vater, MANUEL GARCIA père, gegründeten berühmten Gesangsschule *École de Garcia*, scheiterte aber als Sänger im Alter von 25 Jahren infolge einer Überanstrengung, die er auf intensiven Gesangsunterricht während der Mutation zurückführte. Deshalb wandte er sich von der bereits in der Kindheit beginnenden Sängerausbildung der italienischen Schule ab (auch von der Kehlfertigkeit des barocken Ziergesangs) und trat für eine »natürliche« Stimmausbildung ein, die sich an physiologischen Grundlagen orientieren und erst nach der Mutation einsetzen sollte. Für die

Abb. 1 Manuel Garcia

systematische Entwicklung einer physiologischen Gesangslehre war die Möglichkeit zur Betrachtung des singenden Kehlkopfes von epochaler Bedeutung. Im Gegensatz zu vorausgegangenen Experimenten anderer, die sich vergebens bemüht hatten, mit Spiegeln in das Innere des Halses zu schauen, gelang ihm der Einblick beim ersten Versuch. »Ich sah sofort, zu meiner großen Freude, die Glottis weit offen vor mir und so voll einsehbar, daß ich einen Teil der Luftröhre erkennen konnte.«

Als er seine revolutionierenden Beobachtungen am 13. März 1855 der hochrenommierten Royal Society of Medicine in London präsentierte, waren die britischen Ärzte wenig beeindruckt. Aber zwei Jahre später setzte durch die klinischen Anwendungen dieser Technik ein weltweites lebhaftes Interesse ein, das bald zu einer neuen medizinischen Fachrichtung führte, der Laryngologie.

Zu GARCIAS 100. Geburtstag, am 17. März 1905, empfing ihn König EDWARD VII. im Buckingham Palast und zeichnete ihn als Commander of the Royal Victorian Order aus, der deutsche Kaiser WILHELM II. verlieh ihm die Goldene Medaille für Wissenschaft, König ALFONS von Spanien ließ ihm das Großkreuz des Alfonsordens überbringen, und 16 laryngologische Gesellschaften aus den wissenschaftlichen Zentren der Alten und der Neuen Welt sendeten Dankadressen. Die Universität Königsberg hatte ihm bereits 1862 die medizinische Ehrendoktorwürde verliehen.

Unabhängig von den medizinischen Konsequenzen nutzte GARCIA, den HABÖCK (1927) den »Columbus der Stimme« nannte, den Kehlkopfspiegel und die damit beobachtbaren Vorgänge im Inneren des Halses vor allem zu einer physiologischen Orientierung der Gesangsausbildung: »Der Unterricht, physiologisch gestützt und geleitet, kann nach meiner Auffassung bei gleicher Dauer (gegenüber der alten Schule) nur deutlicher und vollkommener werden.« (Zit. nach CUNO, 1954) Dabei forderte GARCIA durchaus nicht das Studium der Anatomie und Physiologie der Stimmorgane von allen Gesangschülern, empfahl es aber als höchst zweckmäßig allen Gesanglehrern. Die wissenschaftliche Fundierung des Gesangsunterrichts brachte ihrem Begründer nicht nur den Ruf des »berühmtesten Maestro di canto in Europa« ein, sondern auch eine zahlreiche Gegnerschaft, die ihn wegen seiner »wissenschaftlichen Marotte« heftig attackierte. So schrieb unter anderem der Tenor DUPREZ, der durch die Einführung des sogenannten Deckens (s. dort) außergewöhnliches Aufsehen erregt hatte und zusammen mit GARCIA am Pariser Konservatorium als Gesanglehrer arbeitete: »Ebenso wie ein Dichter die Physiologie des Gehirns nicht zu kennen braucht, um Verse zu machen, ebenso ist es unnötig, um zu singen, die Anatomie der Stimmorgane zu kennen.« Dieser Auffassung kann man auch heute noch begegnen, und man muß hinzufügen, daß sich unter den Gegnern einer physiologisch orientierten Gesangslehre seit je Pädagogen von Ruf befinden. Möglicherweise fällt es dem Künstler, der wissenschaftlichen Standpunkten gegenüber meist wenig Neigung empfindet, oft schwer, sich mit den Ergebnissen der Forschung auseinanderzusetzen, oder er scheitert daran, physiologische Forschungsergebnisse in der Gesangspraxis wirksam werden zu lassen.

Auch über wissenschaftliche Irrtümer wäre zu berichten. So überraschte der französische Physiker und Sänger HUSSON 1950 mit der Feststellung, daß die Schwingungen der Stimmlippen nicht durch den anblasenden Luftstrom aus den Lungen hervorgerufen würden, sondern durch aktive Muskelkontraktionen in den Stimmlippen, die entsprechend der Frequenz eines gesungenen Tones von sehr schnellen Nervenimpulsen ausgelöst sein sollten. Diese Behauptung, die allen bisherigen Erkenntnissen grundsätzlich widersprach, rief eine große wissenschaftliche Aktivität hervor. Heute ist die HUSSONsche Theorie widerlegt. Aber die Stimmphysiologie der letzten vierzig Jahre dankt ihr einen außerordentlichen Aufschwung, an dem nicht nur Physiologen, sondern auch zahlreiche Techniker und Stimmärzte beteiligt sind. Stimmärzte traten Anfang des 19. Jahrhunderts erstmals in Erscheinung und wurden zum Teil recht skeptisch aufgenommen, wie einer Äußerung FRIEDRICH WIECKS, des Vaters von CLARA SCHUMANN, in seiner 1853 erschienenen Schrift »Klavier und Gesang« zu entnehmen ist:

»Es sind für die Verbesserung und Tötung des gesangsmüden Rachens, für die Verkürzung und vermehrte Beweglichkeit des Zäpfchens, für das Ausschneiden der unnötigen Drüsen und für Verbesserung alles dessen, was die Natur ungeschickt und falsch gemacht haben soll, jetzt besondere Stimmärzte in Paris und London angestellt. So kann man, wenn man will, nachhelfen und einen abgenutzten Rachen durch Höllenstein vollends totbeizen und dann wieder aufstutzen lassen.«

WIECK wäre sicher zu einer anderen Einschätzung gekommen, wenn er CARL LUDWIG MERKELS »Anthropophonik« (1863) hätte lesen können, ein fundamentales Werk, das eine Fülle von stimm- und sprachphysiologischen Erkenntnissen enthält, die weit über die damalige Zeit hinaus Gültigkeit behalten haben.

Um die Jahrhundertwende wirkte in Berlin der Hals-Nasen-Ohren-Arzt und Stimmphysiologe FLATAU an der HNO-Klinik der Charité und an der Hochschule für Musik. Er setzte sich vor allem mit zahlreichen Fragen der gestörten Sängerstimme auseinander und eröffnete neue Wege für ihre Behandlung. H. GUTZMANN sen. faßte die Physiologie der Stimme und Sprache entsprechend dem Wissensstand seiner Zeit zusammen und widmete sich der Stimmbildung und Stimmpflege (1912). Um die gleiche Zeit gab BARTH (1911) eine »Einführung in die Physiologie, Pathologie und Hygiene der menschlichen Stimme« heraus, und MUSEHOLD (1913) veröffentlichte eine »Allgemeine Akustik und Mechanik des menschlichen Stimmorgans«, ein Werk, das große Beachtung fand und strobophotographische Aufnahmen der Stimmlippen enthält, wie sie heutzutage erst mit Hilfe der Videotechnik gelingen. In den »Untersuchungen über den Kunstgesang« nutzte NADOLECZNY (1923) die apparativen Möglichkeiten seiner Zeit aus und äußerte sich in kompetenter Weise auch zu zahlreichen gesangstechnischen Fragen aus der Sicht des Stimmarztes. STERN, Stimmarzt und Sänger in Wien, nahm die Notwendigkeit einer einheitlichen Nomenklatur (1928) zum Anlaß für eine grundlegende wissenschaftliche Auseinandersetzung mit allen wichtigen Erscheinungen der Gesangstechnik und der Gesangspraxis. Diese sachkundige Schrift, die auf umfangreichen eigenen Erfahrungen basiert, ist eine reichhaltige Sammlung von Erkenntnissen, die zum großen Teil auch heute noch aktuell sind.

In der Folgezeit nahmen stimmphysiologische Forschungen und stimmärztliche Praxis einen solchen Umfang an, daß selbst eine zusammenfassende Darstellung über den Rahmen dieses Buches hinausgehen würde. Als hervorragende Persönlichkeiten, die den gegenwärtigen Stand der Entwicklung entscheidend prägten, seien RICHARD LUCHSINGER (Zürich), HANS VON LEDEN (Los Angeles), MINORU HIRANO (Kurume), INGO TITZE (Iowa) und JOHAN SUNDBERG (Stockholm) genannt.

Mit der Bildung des Collegium Medicorum Theatri (CoMeT), das während des 9. Internationalen HNO-Kongresses 1969 in Mexico City von prominenten Laryngologen auf Anregung von HANS VON LEDEN gegründet wurde, entstand ein kompetentes Gremium von Wissenschaftlern und Spezialärzten, die sich besonders der Erforschung der künstlerisch eingesetzten Stimme und einer international abgestimmten medizinischen Betreuung von Sängern und Schauspielern widmen. Wichtige interdisziplinäre internationale Veranstaltungen, wie die jährlichen Symposien »Professional Care of the Voice« der Voice Foundation (zunächst in New York, jetzt unter der Leitung von SATALOFF in Philadelphia) und die Pacific Voice Conference in San Francisco (unter IZDEBSKI), sind hinzugekommen. Dazu gehören auch die Kongresse des 1994 gegründeten World Voice Consortium (WVC) und die Paneuropean Voice Conference (PEVOC). An der Berliner Charité rief SEIDNER 1987 die Berliner gesangswissenschaftlichen Tagungen ins Leben, die seitdem zweimal jährlich stattfinden. 1995 eröffnete er eine neue Veranstaltungsreihe zu Erkrankungen der Sing- und Sängerstimme zur Fortbildung von HNO-Ärzten. Gemeinsames Ziel aller dieser Veranstaltungen ist die wissenschaftlich fundierte Erweiterung und die systematische Verbreitung von Wissen über die Singstimme, wobei die praktische Anwendung neuer Erkenntnisse in der Sängerausbildung ausdrücklich einbezogen ist.

Psychologische Aspekte des Singens

Das Singen ist – wie andere gerichtete menschliche Tätigkeiten – an die grundlegenden psychischen Vorgänge wie Aufmerksamkeit, Empfindungen, Wahrnehmungen, Gedächtnisleistungen, Einbildungskraft, Denkvermögen, Emotionen u. a., aber auch an die Persönlichkeitsstruktur sowie das soziokulturelle Umfeld mit allen seinen vielfältigen psychischen Erscheinungen eng gebunden. Ohne auf fachspezifische Systematik und unterschiedliche Lehrgebäude einzugehen, wollen wir lediglich aus praktischer Sicht einige psychologische Grundlagen und Zusammenhänge hervorheben, die für die Vorbereitung und Ausführung des künstlerischen Singens wichtig erscheinen.

Jeder »Stimmträger« ist zugleich ein »Stimmungsträger«, und jede stimmliche Äußerung drückt stets auch eine Stimmung aus. Die damit angedeuteten Zusammenhänge, unendlich vielschichtig und kaum überschaubar, wirken sich auf alle von der Stimme getragenen lautsprachlichen Erscheinungen und Kommunikationsvorgänge in erheblichem Maße aus (s. Sprecherstimme). Besonders wird aber jener gehobene Stimmgebrauch, den wir Singen nennen, von stimmungsgetragenen Einflüssen geprägt.

Nicht alle Liebhaber gesanglicher Darbietungen teilen diese Auffassung. Manche Hörer beurteilen das Singen überwiegend nach gesangstechnischen Maßstäben und bewerten besonders das »Instrumentale« oder den »Wohllaut« der Stimme, andere erfreuen sich am Gesang wie an einer sportlichen Leistung und messen sängerische Qualitäten an gewissen Merkmalen wie z. B. der Kraft hoher und lang ausgehaltener Töne. Ohne Zweifel bewundert jeder Opernenthusiast auch sportlich-artistische Stimmleistungen, aber sie können doch nur die physische Basis für sängerische Äußerungen sein, die Ausdruck einer besonderen Situation, eines Verhaltens und vor allem eines Mitteilungsbedürfnisses sind. Auch wenn zu Beginn einer sängerischen Ausbildung häufig ein physiologisch und gesangstechnisch orientiertes Stimmtraining im Vordergrund steht, so muß der menschliche Mitteilungscharakter des Singens stets Basis und Ziel einer jeden Gesangsübung sein.

Die psychischen Voraussetzungen für das Singen kann man unter ver-

schiedenen Blickwinkeln betrachten, wobei neurophysiologische Vorgänge, Persönlichkeitsstruktur und Kommunikationsfähigkeit gewisse Schwerpunkte bilden.
Wie für andere musikalische Tätigkeiten sind auch für das Singen spezifische, miteinander verknüpfte Fähigkeiten erforderlich, die man als Begabung bezeichnet (u. a. Michel, 1962). Sängerische Fähigkeiten stützen sich also auf bestimmte natürliche Anlagen und entwickeln sich in ständiger Wechselwirkung mit der Umwelt. Die Begabung für eine besondere Tätigkeit ergibt sich aus der »dynamischen« Verknüpfung mehrerer Fähigkeiten und äußert sich in der erfolgreichen Ausführung dieser Tätigkeit. Die Verknüpfung ist nicht einfach als eine Summation von Einzelleistungen aufzufassen, sondern als Wechselwirkung zwischen einzelnen Komponenten, wodurch eine neue Qualität entsteht. Musikalische wie sängerische Begabungen erscheinen sehr vielfältig, weil die eine oder andere Fähigkeit unterschiedlich stark hervor- oder zurücktreten kann. Für die Entwicklung solcher spezifischer Fertigkeiten sind nicht nur die Leistungen des Hörorgans einschließlich zentraler Vorgänge von besonderer Bedeutung, sondern auch die Ausprägung von Bewegungsempfindungen, Gedächtnisleistungen (z. B. Merkfähigkeit, akustisches, optisches, motorisches, emotionales Vorstellungsvermögen) und spezielle motorische Fähigkeiten (Geschicklichkeit bestimmter Bewegungsabläufe, Koordination verschiedener Funktionen, aber auch Kraft und Ausdauer).
Der Bildungprozeß musikalischer Fertigkeiten vollzieht sich phasenförmig. Zunächst erfolgt in der ersten Phase (»Irradiation«) das Studium der einzelnen technischen Elemente und die Vereinigung zu Bewegungsserien, zu einer mehr oder weniger einheitlichen Handlung, die sich immer mehr vervollkommnet. Allerdings finden sich in dieser ersten Phase noch viele unökonomische, ungeschickte, überflüssige Bewegungen, die bei zielstrebigem und konsequentem Üben in einer zweiten Phase (»Hemmung«) allmählich ausgeschaltet werden. Es bildet sich ein »dynamischer Stereotyp«, der sich in der dritten Phase festigt (»Stabilisierung«). Die in dem phasenförmigen Verlauf erreichte funktionelle Anpassung an sich wiederholende Situationen ist durch eine Tendenz zu maximaler Einordnung und Koordinierung der einzelnen Elemente in die jeweiligen Tätigkeiten charakterisiert.
Als Grundlage dieses Bildungsprozesses sind ästhetische Vorstellungen anzusehen, die zeitlich mit- und nebeneinander ablaufen. Sie beruhen auf dem geistig-musikalischen Verständnis des Werkes, dem Willen, diese Vorstellungen in Klang umzusetzen, wobei die entsprechenden Bewegungen innerviert werden, und letztlich dem kritischen Vergleichen des Ergebnisses mit der ästhetischen Vorstellung.

Da immer nur eine Tätigkeitskomponente im Mittelpunkt der Aufmerksamkeit stehen kann, lassen sich die anderen gleichzeitig zu realisierenden Vorgänge nur teilweise bewußt erfassen und berücksichtigen. Sie müssen auch unter einer geringeren Zuwendung des Bewußtseins ablaufen können. Künstler sind also gezwungen, stets sehr schnell die Aufmerksamkeit auf jene Teilkomponente zu richten, die im Augenblick für die Realisierung der musikalischen Aufgabe am wichtigsten erscheint. Dabei sind an den Bühnensänger gegenüber einem Instrumentalisten höhere Anforderungen gestellt, da er neben Stimmtechnik und -ausdruck die Darstellung der Partie in einer Inszenierung verwirklichen muß. Selbst wenn Teilkomponenten der sängerischen Tätigkeit automatisiert ablaufen (»sängerische Fertigkeiten«), funktionieren sie deshalb nicht völlig unbewußt. Die Ausbildung von Fertigkeiten läuft als ein bewußt gesteuerter Vorgang ab, der auch bestehenbleibt, wenn im Stadium der Automatisierung eine bewußte Analyse der Bewegungen scheinbar fehlt. Ein Sänger kann um so schöpferischer in seiner Tätigkeit sein, je besser er die Teilkomponenten, die sich automatisieren lassen, beherrscht.

Untersuchungen zur Persönlichkeitsstruktur bei Bewerbern für ein Gesangsstudium führte HEIDELBACH (1976) durch. Er befragte Kandidaten und verwendete außerdem einen standardisierten psychologischen Test (MPI – Maudsley Personality Inventory nach EYSENCK), der vor allem Hinweise auf neurotische Tendenzen (Neurotizismus) und auf Introversion bzw. Extraversion gibt, und setzte das Testergebnis in Beziehung zum Studienverlauf. Dabei zeigte sich, daß günstige Persönlichkeitsmerkmale, z. B. klare und reale Zielvorstellungen, Willensstärke, Ausgeglichenheit und Empfindsamkeit, stimmliche oder körperliche Mängel bis zu einem gewissen Grade ausgleichen können. Ungünstige Persönlichkeitsmerkmale hemmen die sängerische Entwicklung trotz guter oder sehr guter stimmlicher Voraussetzungen oder machen sie unmöglich, z. B. unreale Zielvorstellungen, schwach entwickelter Wille, Unausgeglichenheit, übertriebene Empfindsamkeit und unnatürliches Verhalten.

SEIGE (1964) hat die Persönlichkeitsstrukturen von Bühnenkünstlern (überwiegend von Schauspielern) erfragt und gefunden, daß eine überschwengliche Wesensart häufiger vorkommt als eine demonstrative. Die überschwenglichen Künstler zeigen starke Gefühlsreaktionen, die auch mit heftigen Stimmungsschwankungen einhergehen können. Manche fallen aber auch durch eine überwiegend gute Stimmung mit ausgeprägter Begeisterungsfähigkeit auf. Die heftigen Emotionen führen zu einer größeren künstlerischen Gestaltungskraft als bei anderen und reißen dadurch ein Publikum stärker mit. Den demonstrativen Künstlern gelingt es zwar besser als anderen, sich in Rollen zu verwandeln, sie sind auch spielerisch begabter, reagieren aber weniger emotional und fallen durch ihr starkes Geltungsbedürfnis auf.

Aus den Erfahrungen der phoniatrischen Sprechstunde ergibt sich, daß bei vielen Sängern sogar im Krankheitszustand eine überdurchschnittlich gute Grundstimmung vorhanden ist. Das drückt sich nicht nur in der Schilderung der Krankengeschichte und der aktuellen Beschwerden aus, sondern auch im Gesprächsverlauf. Sie sind deshalb als Patienten besonders gut zu führen, vor allem dann, wenn man sich auch emotional auf sie einstellt.

Der psycho-physische Vollzug des Singens wirft nicht nur in der Bühnenpraxis, sondern auch während des Gesangsstudiums immer wieder Probleme auf. Im Grunde geht es dabei um den Dualismus zwischen Gesangstechnik und künstlerischem Ausdruck. ASPELUND (1946), der sich ausführlich mit der Psychologie des Singens beschäftigt hat, weist auf die Vielgestaltigkeit der Gesangskunst als Ausdruck der verschiedenen psychischen Zustände singender Menschen hin, die durch Geschichte, Nationalität, Klasse, Geschlecht, Alter und Individualität in besonderer Weise geprägt sind. Die Stimmtechnik der Sänger im Kunstgesang und die Art, wie sie ihre stimmlichen Möglichkeiten gebrauchen, werden immer durch den künstlerischen Inhalt bestimmt und sind das Mittel, ein künstlerisches Anliegen zu verwirklichen. Aber die Ausdrucksmöglichkeiten hängen wieder von der Technik ab. Je mannigfaltiger die Technik ist, um so mehr Freiheit bekommt der Sänger. Dabei ist die Wechselbeziehung zwischen Technik und künstlerischem Schaffen als ein komplizierter Prozeß anzusehen. Indem die Phantasie des Schaffenden die Stimmtechnik vor gewisse Aufgaben stellt, fördert sie deren Vervollkommnung, und indem sich die Technik vervollkommnet, eröffnet sie für die künstlerischen Ideen des Schaffenden neue Möglichkeiten, sich zu verwirklichen.

Ein biologischer Aspekt ist nicht uninteressant, auf den LEONHARD (1968) in seiner Monographie »Der menschliche Ausdruck« hinweist. Der Autor beschreibt neben Mimik und Gestik die sogenannte Phonik, d. h. den Ausdrucksgehalt verschiedener Laute, die sich mittels der üblichen Schriftzeichen nicht darstellen lassen. Es sind die Ausdruckslaute der Spannung, der Lösung, der Ungläubigkeit, der Erleuchtung, des logischen Wettstreites, der Verneinung, der Bejahung, des Entdeckens, des Unlustgefühls, des Wohlgefühls, des Bedauerns, des Begrüßens, der Erregung und der Ratlosigkeit. Diese Laute wirken in einem besonderen Maße auch über die menschliche Singstimme. Vor allem Leid, Freude oder Erregung treten in stimmlichen Äußerungen oft unmittelbar hervor, und manchmal entstehen sogar erotische Wirkungen. Besonders die Tenorstimme, von der Frauen fast körperlich ergriffen werden können, drückt häufig Wohlgefühl, Unlustgefühl und Erregung zugleich aus. Es entsteht eine Verknüpfung, die auch in den Lauten sexueller Lust und sexueller Spannung enthalten ist. Es ist sicher kein Zufall, daß jugendliche Liebhaber in Opern häufig mit Tenören besetzt sind. Die Wirkung von Gesangspartien, die in einer Fremdsprache gesungen werden, beruht sicher teilweise auf Ausdruckslauten, die unabhängig von der gesungenen Sprache verstanden werden können.

Nach FELSENSTEIN (1963, 1965) sollte der Darsteller nicht nur singen, weil er mit schönen stimmlichen Mitteln ausgestattet ist und singen gelernt hat, sondern vor allem, weil er in einer dramatischen Situation zum Singen gedrängt wird. Er muß sich emotional in einem solchen Zustand befinden, daß es für ihn keine andere Möglichkeit gibt, als sich singend auszudrücken. Für den Sänger, der ständig einen Teil seiner Aufmerksamkeit auf seine Stimme, auf die Stimmtechnik richten muß, ergibt sich häufig eine zwiespältige Situation. Sie führt manchmal zur Unfähigkeit, den beabsichtigten Ausdruck mit der Gesangstechnik zu identifizieren. Aus der Handlung und der daraus entstandenen menschlichen Situation resultiert der Zustand des Darstellers und aus diesem Zustand seine weitere Handlung. Dieser Zustand aber ist gleichermaßen ein physischer wie ein psychischer, und so ist auch das Singen diesem Zustand zugehörig und untergeordnet. Alle mit der Gesangsdarstellung verbundenen technischen Funktionen (genannt werden Atmung, Intonation und rhythmisches Verhalten) stehen nicht neben der Rollengestaltung und dadurch der Unmittelbarkeit des Ausdrucks entgegen, sondern sind Bestandteil einer emotionell bedingten physischen Handlung. Diese Einordnung soll jeder Darsteller zu seinem Gesetz erheben und sie bis zur konsequenten und verläßlichen Anwendung üben, sonst läßt sich der Dualismus Gesang – Darstellung nicht überwinden. Die mnemotechnische Erarbeitung einer Partie und die Einstellung der Gesangstechnik auf die vokalen Erfordernisse sind zwar als rein technische Arbeitsgänge zunächst notwendig, aber je länger sie ohne präzise darstellerische Konzeption geübt werden, desto mehr entwickelt sich das vokale Studium zu einer Gesangsübung, deren Wohllaut und technische Perfektion Selbstzweck werden. Der Sänger soll sich eine Scheu vor jeder Tonbildung anerziehen, die nicht etwas Bestimmtes meint oder sagt. Diese Übungen verschaffen ihm die Erfahrung, daß sein Stimmklang schöner und in seiner Substanz wesentlich variabler wird. Er erzielt hinsichtlich der Stimmlage und Stimmdynamik Leistungen, die ihm durch physische Technik allein nicht erreichbar sind.

Zweifellos beruhen die Klagen vieler Regisseure, die Studenten würden an den Musikhochschulen und Konservatorien zu wenig bühnengerecht ausgebildet, zu einem Teil darauf, daß im Unterricht die individuelle Erlebnisfähigkeit und das sängerische Ausdrucksvermögen nicht ausreichend ergründet, entwickelt und konsequent in methodische Überlegungen einbezogen werden. Andererseits werden junge Sänger zu Beginn ihrer beruflichen Laufbahn nicht selten in Partien eingesetzt, die ihre momentanen physischen, psychischen und stimmtechnischen Voraussetzungen überfordern und dann zwangsläufig zu Stimmkrisen und -krankheiten führen. In dieser Situation erscheint es vernünftig, wenn Gesangspädagogen die stimmtechnische Basis ausbauen möchten, um das »Instrument« für den künstlerischen Ausdruck »bespielbar« zu machen, seine

Klangmöglichkeiten zu erweitern und für die oft ungewöhnlich starken beruflichen Belastungen zu stabilisieren.

Es besteht kein Zweifel, daß Sänger auch unter Bühnenbedingungen stets einen Teil ihrer Aufmerksamkeit auf die eigene Stimmtechnik richten müssen. Traditioneller Operngesang als ein in hohem Maße artifizielles Geschehen kann bezüglich der gesangstechnischen Voraussetzungen eigentlich nie vollständig unkontrolliert ablaufen. So wie künstlerisches Singen nicht rein technisch orientiert sein kann, ist es auch nicht rein ausdrucksmäßig möglich, indem Sänger vollständig in der Partie und in der dramatischen Situation aufgehen. Intonation, Stimmsitz und -stärke, Vokalisation, Klangfarbe und Vibrato erfordern ebenso eine Kontrolle wie Haltung und Atemtechnik und andere Teilfunktionen des Singens. Sonst kommt es zu Entgleisungen elementarer stimmlicher Funktionsabläufe, die zu erheblichen Leistungseinbußen oder gar zu Stimmschäden führen können (s. Funktionelle Stimmstörungen, Dysodie).

KUPFER (1987, s. a. LEWIN 1988) hält beim Singen auf der Opernbühne eine Identifikation mit der Partie für ebenso wichtig wie eine Distanz zu ihr. Im handwerklichen Sinne haben Sänger ihre Stimm- und Ausdruckswerkzeuge zu beherrschen und bewußt einzusetzen, um eine Partie auf der Bühne und für ein Publikum zu realisieren. Auch wenn sie häufig emotionale Kraft in ihre Interpretation einbringen müssen, so gehört es gleichermaßen zur Professionalität ihres Singens, Distanz zu wahren und Kontrolle auszuüben. Sänger können auch durch bewußten Einsatz bestimmter Ausdrucksmittel starke emotionale Wirkungen beim Publikum erreichen, ohne daß sie sich selbst im Zustand ungezügelter Emotionen befinden. Dem Publikum kann es den Atem verschlagen, den Sängern darf das aber nicht passieren. Darstellungskunst stellt sich demnach als ein bewußter schöpferischer Prozeß dar, der nicht mit einer Selbstaufgabe und vollständigen Verwandlung in eine andere Figur einhergeht, sondern diese Figur wird lediglich vorgezeigt und vorgeführt. Damit ist die stimmtechnische Kontrolle ebenso gewährleistet wie eine genaue darstellerische Charakterisierungskunst. Die Emotionen bringen dann die Schubkraft, die Überzeugung und das Außergewöhnliche. »Alles, was auf der Bühne an Äußerungen geschieht, muß bewußt erzeugt werden. Nur dann glaubt man, daß sich dieser Charakter in dieser Situation so und nicht anders entäußern kann und muß. Und alles ist gespielt mit äußerster Kontrolle, und trotzdem ist es in der Wirkung heiß, unmittelbar, emotionsgeladen.« (KUPFER, zit. von LEWIN)

Der praktische Nutzen dieser Ausführungen kann eigentlich nur darin bestehen zu helfen, eine stärkere Brücke zwischen Ausbildungs- und

Berufspraxis zu bauen. Einerseits müßte es Ausbildenden noch sicherer gelingen, bei Schülern und Studenten die individuellen psychischen Voraussetzungen entsprechend dem jeweiligen aktuellen Entwicklungsstand zu erkennen, immer wieder zu überprüfen und sich in der methodischen Arbeit darauf einzustellen. Eine noch intensivere Ausdrucksschulung für die Konzert- und vor allem für die Opernpraxis wäre wichtiger Bestandteil dieser Bemühungen. Andererseits sollten Regisseure und Dirigenten die natürlichen Leistungsgrenzen junger Sängerstimmen sorgfältiger beachten und deren Streben, den Dualismus zwischen Gesangstechnik und künstlerischem Ausdruck zu überwinden, mit noch größerer Behutsamkeit und Geduld begleiten.

Bei allen leistungsorientierten Bemühungen um die Sing- und Sängerstimme soll die Freude am Singen, an spontanen Emotionen, an der Lust, etwas Außergewöhnliches darzustellen und Zuhörer zu begeistern, als eine zentrale Motivation erhalten bleiben.

Vererbung und Umwelteinfluß

Besondere stimmliche Leistungen fordern immer wieder die Frage heraus, ob ererbte Anlagen oder erworbenene Fertigkeiten im Vordergrund stehen, ob solche Stimmen »von Natur aus« da sind, oder ob nur jahrelanges, intensives Training zu dieser Leistungsfähigkeit führt.
Zunächst einmal wird niemand bestreiten wollen, daß die Menschen verschieden sind. Nicht nur Größe und Körperbau, auch die Ausbildung und Leistungsfähigkeit einzelner Organe weisen erhebliche individuelle Unterschiede auf. Es besteht kein Zweifel darüber, daß erbliche Faktoren nicht nur bei Pflanzen und Tieren, sondern auch bei den Menschen die Ausprägung solcher Merkmale steuern. Ebenso sicher ist aber auch der Einfluß der Umwelt auf Strukturen und Funktionen lebender Organismen, wobei im Falle des Menschen neben der natürlichen die soziokulturelle Umwelt besonders hervorzuheben ist. Die Existenz des Menschen wird durch ein komplexes Zusammenwirken von biologischen, sozialen, kulturellen und ökologischen Bedingungen und Wechselwirkungen bestimmt. Der Mensch ist als eine in ein ökologisches Gesamtsystem einzuordnende soziobiologische Einheit anzusehen. Jede isolierte Betrachtungsweise aus nur der einen oder der anderen Richtung entspricht nicht den gegebenen Voraussetzungen und muß zu Fehleinschätzungen führen.
In bezug auf die menschliche Leistungsfähigkeit lassen sich alle anlagebedingten Eigenschaften durch zielbewußtes, systematisches Lernen und Üben wesentlich verbessern, und anlagebedingte Mängel können vielfach auf diese Weise bis zu einem gewissen Grad überwunden werden. Aber eben nur bis zu einem gewissen Grad. Nach Ausschöpfung des erblich festgelegten Spielraumes ist auch trotz größter Anstrengungen eine weitere Steigerung nicht möglich. Andererseits genügen auch die besten ererbten Anlagen allein nicht, wenn besondere Hochleistungen erreicht werden sollen. Das gilt in gleicher Weise für sportliche wie künstlerische Laufbahnen.
Für die stimmliche Leistungsfähigkeit sind anlagebedingte Merkmale wie Größe, Form und gewebliche Eigenschaften von Brustkorb, Kehlkopf, Rachen-, Mund- und Nasenraum von besonderer Bedeutung.

Aber auch der Einfluß von Faktoren wie Durchblutungszustand, Gewebeelastizität, muskuläre Kraft, Feinmotorik, auditives und kinästhetisch-taktiles Unterscheidungsvermögen sowie psychonervale Erregbarkeit dürfen nicht unterschätzt werden. Bis heute ist es allerdings nicht leicht, auf diesem Gebiet, wie LUCHSINGER (1970) schrieb, »Erbe und Umwelteinflüsse reinlich zu sondern«, auch bei Familien, die über Generationen hinweg immer wieder bedeutende Künstlerpersönlichkeiten hervorgebracht haben.

Ganz besonders gilt diese Feststellung, wenn man Komponenten wie Intelligenz und Begabung in solche Überlegungen einbezieht. NEIFACH (1974) wies darauf hin, daß sich Fragen nach der Vererbbarkeit in bezug auf die höhere Nerventätigkeit der Tiere und Menschen nur sehr schwer zuverlässig beantworten lassen. Einzelne Gene als Träger der Erbinformation in den Chromosomen der Zellkerne, die z. B. für Hirnerkrankungen und andere Störungen verantwortlich sind, lassen sich noch relativ leicht herausfinden. Die komplizierte Hirnstruktur wird aber durch Tausende von Genen kontrolliert. Etwa die Hälfte aller Gene eines Menschen ist an der Kontrolle seines zentralen Nervensystems beteiligt. Dabei werden nur allgemeine Prinzipien der Verbindung von Nervenfasern genetisch vorausbestimmt. Die Grundarchitektur des Gehirns wird festgelegt, nicht sein Aufbau in allen Einzelheiten. Komplexe Merkmale bilden sich auf der Grundlage einfacher Merkmale aus, die vererbt sind. NEIFACH stellte fest, daß damit bestimmte Voraussetzungen als erblich gelten können, die dann im Resultat der Einwirkung günstiger äußerer Faktoren z. B. auch die Entwicklung künstlerischer Fähigkeiten gestatten. Trotz der außerordentlichen Fortschritte der Genetik, die in den letzten Jahren eine Vielzahl von spezifischen Genfunktionen isolieren und verifizieren konnte, gelten diese Grundannahmen auch heute noch.

Die Gesamtheit aller körperlichen und psychischen Eigenschaften und Merkmale eines Organismus wird als *Konstitution* bezeichnet. Entsprechende Zuordnungen nach äußeren Merkmalen (z. B. die Konstitutionstypen nach KRETSCHMER: athletisch, pyknisch, leptosom, asthenisch) erfolgen aber nach wie vor im wesentlichen intuitiv, exakte naturwissenschaftliche Grundlagen, die auf molekularbiologischer Ebene zu erwarten sind, fehlen noch. Die Kritik an solchen konstitutionellen Klassifikationen wendet vor allem ein, daß nicht scharf genug zwischen dem Einfluß der Veranlagung und dem Ernährungszustand unterschieden wird. Die Vererbungslehre hat den Begriff Konstitution deshalb zunächst aufgegeben, weil nicht einfach Konstitutionen, sondern einzelne Gene von einer Generation zur nächsten weitergegeben werden, und die Gene kombinieren sich nahezu frei. Die adäquate Methode ist deshalb das Studium der Ausprägung bestimmter organischer und funktioneller Merkmale und ihrer Beziehungen untereinander (LENZ, 1970). Diese anlagebedingten Merkmale werden in der klinischen Medizin aber nach wie vor der Konstitution zugeordnet.

In bezug auf die Stimme wurden solche Untersuchungen vor allem in der ersten Hälfte unseres Jahrhunderts wiederholt durchgeführt, so von Bernstein und Schläper (1922), Intrau (1926), Schilling (1936), Seeman (1937) und Luchsinger (1940). Die dabei meist angewandte sog. Zwillingsmethode, nach der bestimmte Merkmale bei eineiigen Zwillingen (mit identischen Erbanlagen) und bei zweieiigen Zwillingen (mit nicht identischen Erbanlagen) miteinander verglichen werden, brachte einige wichtige Aufschlüsse.

Eineiige Zwillinge zeigten im Gegensatz zu zweieiigen Zwillingen in hohem Maß Übereinstimmungen bei Form und Größe des Kehlkopfes. Die unteren Grenzen der Tonhöhenumfänge, die mittleren Sprechstimmlagen und selbst die Stimmklänge glichen sich ebenfalls weitgehend. Nach Beobachtungen von Gedda (1955) waren nur 13% von 56 eineiigen Zwillingen in der Lage, die Stimme des anderen beim Abhören von Tonbandaufnahmen von der eigenen Stimme zu unterscheiden, während 78% von 46 zweieiigen Zwillingen die Stimme richtig zuordnen konnten. Untersuchungen von Flach und Mitarbeitern (1968) bestätigten die früheren Beobachtungen. Darüber hinaus konnte dabei mit Hilfe klanganalytischer Verfahren nachgewiesen werden, daß die akustischen Stimmspektren beider Partner eineiiger Zwillinge größere Ähnlichkeit haben als die zweieiiger Zwillinge (verglichen wurden Intensität und Anzahl der Teiltöne im Stimmklang).

Nach dem gegenwärtigen Stand unseres Wissens kann kein Zweifel daran bestehen, daß erbliche Faktoren bei der Ausprägung stimmlicher Merkmale mitwirken. Alle Untersucher sind sich aber auch darüber einig, daß der Nachweis von Zusammenhängen hier besonders schwierig ist. Einmal läßt sich die Stimme nicht als ein einheitliches Phänomen charakterisieren, sondern nur nach einzelnen Merkmalen wie Tonhöhen- und Dynamikumfang, Stimmgattung, Stimmklang. Dabei ist die untere Grenze des Tonhöhenumfangs vorwiegend durch organische Voraussetzungen bestimmt, im Gegensatz zur oberen Grenze, die durch Übung erheblich verändert werden kann. Zum anderen ist die Stimme außerordentlich variabel, und eine Vielzahl von funktionellen und psychischen Faktoren (»Stimmungen«) wirkt sich neben der Organstruktur aus. So ließen sich auch die von Bernstein und Schläper angenommenen strengen Gesetzmäßigkeiten für die Vererbung von Stimmgattungen bei späteren Untersuchungen (Mundinger, 1952) nicht bestätigen. Molekulargenetische Untersuchungen liegen zu dieser Thematik bisher nicht vor. In naher Zukunft dürften aber aufgrund der raschen Entwicklung und des ständig zunehmenden Umfangs der genetischen Forschung interessante neue Einblicke in die Erbbiologie der Stimme zu erwarten sein, die sehr wahrscheinlich auch Voraussagen über Entwicklungsmöglichkeiten zu besonders leistungsfähigen Sängerstimmen gestatten werden. Ob sich dieses vorausschauende Wissen als Segen oder Fluch erweist, ist eine Frage, die berechtigterweise oft im Zusammenhang mit den Perspektiven der Genetik gestellt wird. Die Antwort wird davon abhängen, wie wir lernen, mit diesem Wissen umzugehen. Verweigern können wir uns solchen neuen Erkenntnissen nicht. Sie werden in Zukunft auch in den Verantwortungsbereich der Gesangspädagogik fallen, die dann darauf bedacht sein muß, besser bekannte Möglichkeiten optimal zu nutzen.

Akustische Grundlagen

Als Schallerscheinung ist die menschliche Stimme eine physikalische Größe, die sich mit Hilfe akustischer Methoden beobachten, messen und beschreiben läßt. Jeder Schall geht auf Schwingungen von Teilchen zurück. Diese Schwingungen bleiben nicht auf den Ort ihrer Anregung lokalisiert, sondern sie breiten sich als Schallwellen in alle möglichen Richtungen des Raumes aus. In Luft kommt es dabei zur Ausbildung von aufeinanderfolgenden Verdichtungs- und Verdünnungszonen, wobei die Materieteilchen mit mikroskopisch kleinen Exkursionen sehr schnell parallel zur Ausbreitungsrichtung um ihre (gedachte) Ruhelage schwingen, ohne sich von ihrem Ort wegzubewegen (Longitudinalwellen, im Gegensatz zu Transversalwellen, bei denen die Teilchen senkrecht zur Ausbreitungsrichtung schwingen, Abb. 2 und 3).

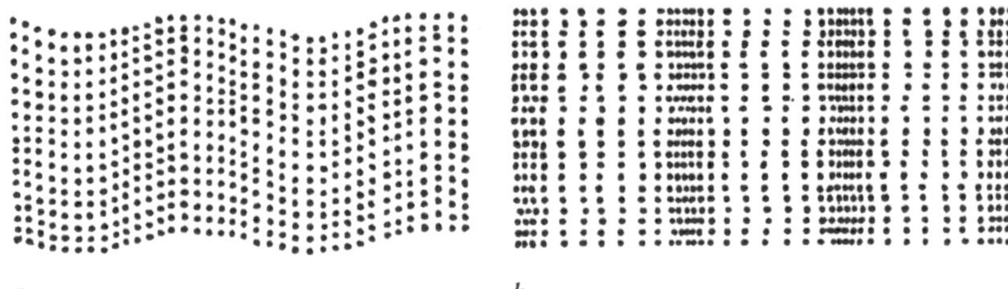

a *b*

Abb. 2 a Transversalwelle und b Longitudinalwelle, schematisch

Abb. 3 Longitudinalwelle, ausgehend von einer schwingenden Stimmgabel

Schallwellen sind also durch eine Folge von Druckunterschieden gekennzeichnet, die über das Trommelfell des Ohres übertragen und dann mit dem Hörsinn wahrgenommen werden können. Um (von Menschen) gehört zu werden, müssen solche Druckwechsel mindestens 20mal in der Sekunde erfolgen, höchstens dürfen es 20000 sein. Die Geschwindigkeit, mit der sich Schall in Luft ausbreitet, beträgt bei 20° und Normaldruck 344 m/s (annähernd 1240 km/h). Die dabei auftretenden Wellenlängen liegen vom tiefsten bis zum höchsten hörbaren Bereich in Größenordnungen zwischen 5 m und 2 cm.

Für die mittlere Sprechstimmlage ergeben sich danach bei Männern Wellenlängen um 3 m, bei Frauen um 1,5 m.

Jede Schallerscheinung, auch die menschliche Stimme, läßt sich durch vier Größen charakterisieren: Frequenz (subjektiv Tonhöhe), Schalldruck (subjektiv Lautstärke), Spektrum (subjektiv Klangfarbe) und Dauer.

Frequenz. Die Frequenz wird in Anzahl der Schwingungen pro Sekunde angegeben. Als Maßeinheit gilt Hertz (Hz): 1 Hz = 1 Schwingung pro Sekunde. Für die Darstellung von Frequenzskalen werden zwei Maßstäbe verwendet:

1. Absolute oder physikalische Darstellung (Abb. 4): Gleich große Abschnitte entsprechen gleich großen Frequenz*unterschieden*, d. h., die

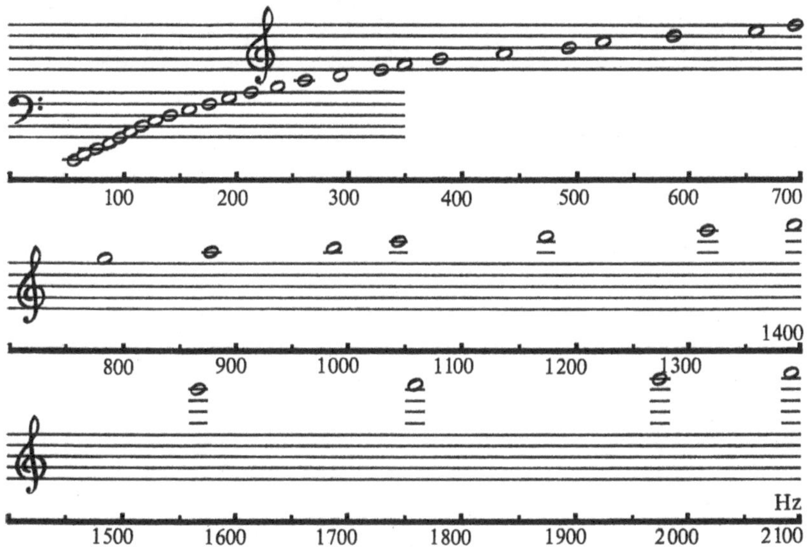

Abb. 4 Frequenzdarstellung, absoluter (linearer) oder physikalischer Maßstab

Abstände zwischen zwei Frequenzen, die sich um einen bestimmten Betrag, z. B. 100 Hz, unterscheiden, sind in allen Bereichen der Skala gleich groß.

2. Relative oder musikalische Darstellung (Abb. 5): Gleich große Abschnitte entsprechen gleich großen Frequenz*verhältnissen*, d. h. gleiche musikalische Intervalle, die ja durch das Verhältnis ihrer Schwingungszahlen bestimmt sind (z. B. Oktaven 1: 2), werden durch gleiche Abstände dargestellt. In bezug auf Frequenzgrößen ergibt sich dabei eine weite Verteilung im unteren Bereich der Skala gegenüber einer engen Verteilung im oberen Bereich. Die Oktave 100 - 200 Hz kommt im gleichen Abstand zur Darstellung wie die Oktave 1000 - 2000 Hz. Die Beziehungen zwischen Schwingungszahlen und musikalischen Tonhöhen sind durch die Definition des Kammertones a1 = 440 Hz festgelegt (amerikanische Notierung A4).

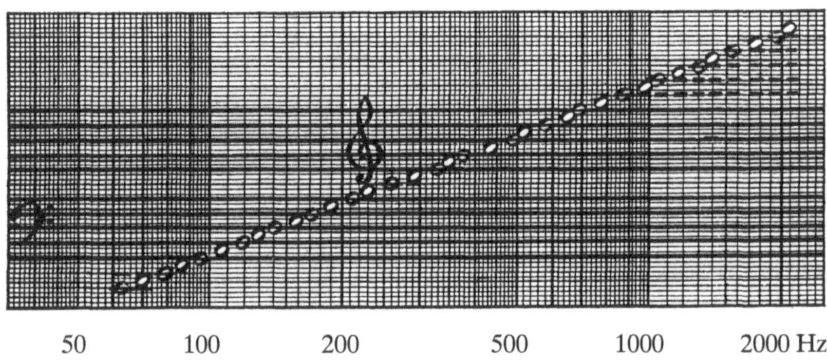

Abb. 5 Frequenzdarstellung, relativer (logarithmischer) oder musikalischer Maßstab

Auf diesen Normalstimmton einigte man sich im Interesse des zwischenstaatlichen Instrumentenhandels, wohl aber auch zum Schutz der Sängerstimmen, bei einer internationalen Konferenz in London 1939. Er wurde 1942 als DIN 1317 in Deutschland für verbindlich erklärt. Vorausgegangen war 1885 in Wien eine Festsetzung des Stimmtons auf 435 Hz, ein Wert, der im europäischen Durchschnitt allmählich auf 443 Hz, in extremen Fällen sogar auf 450 Hz anstieg. Auch heute ist eine solche Zunahme wieder zu beobachten, die vor allem als Tribut an die Brillanz des Orchesterklangs zu verstehen ist. Für die Sängerstimmen bedeutet das Hochtreiben der Stimmung eine erhebliche Belastung. Bereits 1908 erzwang CARUSO unter MAHLER in Wien eine Herabsetzung auf 435 Hz.

Im historischen Gegensatz zum Kammerton steht der an der Orgelstimmung orientierte Chorton (»Kirchenstimmung«), der bis zu einer Quinte – meist nach unten – differieren konnte. Zu Zeiten des französischen Geistlichen und Mathematikers PÈRE MERSENNE, der 1648 erstmalig eine musikalische Stimmung festgesetzt hatte, lag der Chorton bei 373,7 und der Kammerton bei 402,9 Hz. HÄNDEL bezog sich 1751 generell auf 422,5 Hz (CULVER, 1956). In Berlin stand der Chorton um 1730 1 bis 1 ½ Töne über dem Kammerton. So schrieb BACH manche Kantaten zweimal nieder, im Sekundabstand, um seine Notation den verschiedenen Kirchen anzupassen, deren Orgeln zum Teil im Chor-, zum Teil im Kammerton standen (MOSER, 1951).

Schalldruck. Die für den naturwissenschaftlichen Laien wenig anschaulichen physikalischen Definitionen zur Messung des Schalldrucks werden hier vor allem der Vollständigkeit wegen genannt. Für das Verständnis von Zusammenhängen sind die Einzelheiten nicht wichtig.

Als physikalisches Maß für die Schallintensität wird der Schalldruck in Newton (N) je m^2 bzw. Pascal (Pa) angegeben (1 Pa = 1 N/m^2), wobei 1 N = 1 kg m/s^2 gilt (die Kraft, die einer Masse von 1 kg eine Beschleunigung von 1m/s^2 erteilt). 100 Pa entsprechen dem Druck einer Wassersäule von 10 cm Höhe (10 cm H_2O), 1/1000 des normalen atmosphärischen Drucks. Die Dimension [cm H_2O] findet bei Angaben über den subglottischen Druck in experimentellen Stimmuntersuchungen häufig Anwendung.

Der aus diesen Größen ableitbare absolute Maßstab wird den Verhältnissen der Hörwahrnehmung mit ihren relativen Abstufungen nicht gerecht. Deshalb wurde ein relativer Maßstab mit der Einheit Dezibel (dB) eingeführt, der auf einer logarithmischen Teilung basiert und nicht nur den physiologischen Gesetzmäßigkeiten besser entspricht, sondern auch den außerordentlich großen Intensitätsumfang des menschlichen Hörvermögens übersichtlich wiedergibt. Die Einheit 1 Bel (= 10 dB) entspricht physikalisch einer zehnfachen Leistung, aber physiologisch nur einer Verdoppelung der subjektiven Lautstärke. Da es sich bei der Dezibel-Skala um einen Verhältnismaßstab handelt, gibt es keinen absoluten Nullpunkt. Als Bezugswert dient der Schalldruck eines 1000-Hz-Tones, der von normalhörenden Menschen gerade wahrgenommen wird.

Die ältere Maßeinheit Phon, die zur Bestimmung der Lautstärke oder des Lautstärkepegels eingeführt wurde und als absolutes Maß für die Lautstärkebewertung beim Hören dienen sollte, hat sich in der praktischen Meßtechnik nur vorübergehend durchsetzen können. Gegenwärtig ist allgemein die Dezibel-Skala in Gebrauch.

Spektrum. Eine einfache, periodische Schwingungsform, z. B. eine Sinusschwingung, wie sie sich als Projektion einer gleichförmigen Kreisbewegung eines Punktes darstellen läßt, entspricht in der Akustik einem *Ton* (Abb. 6). Solche reinen Töne, die auf sogenannte harmonische Schwingungen zurückzuführen sind, gehören im physikalischen wie im biologischen Bereich zu den seltenen Erscheinungen. Sie entstehen z.B. beim Anschlagen einer Stimmgabel (Abb. 7). Der überwiegenden Mehrzahl aller Schallerscheinungen liegen zusammengesetzte, oft sehr komplizierte Schwingungsformen zugrunde. Wenn diese

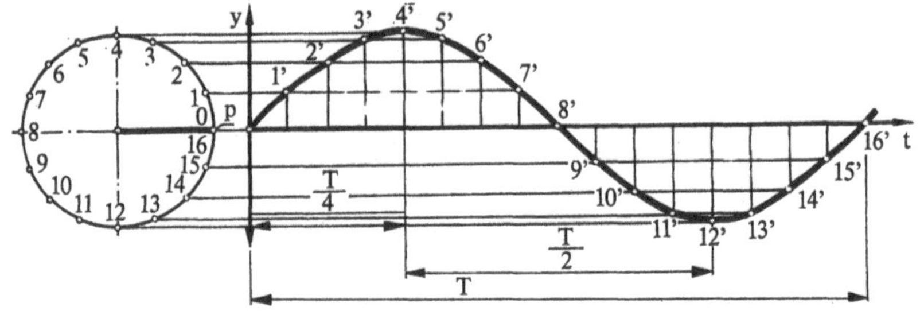

Abb. 6 Schematische Darstellung einer Sinusschwingung als Projektion einer Kreisbewegung

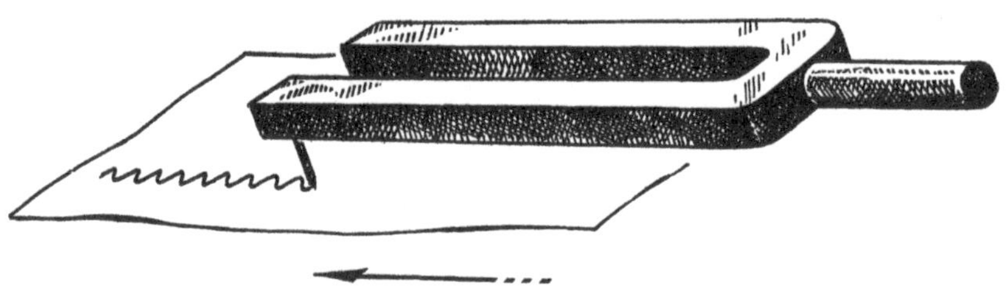

Abb. 7 Aufzeichnungen der Schwingungsform einer Stimmgabel

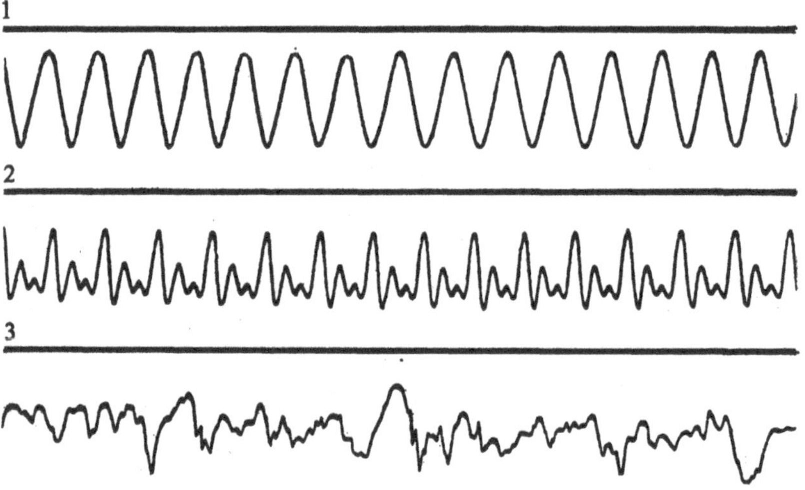

Abb. 8 Schematische Darstellung von Druckschwankungen der Luft bei 1 Tönen, 2 Klängen, 3 Geräuschen

zusammengesetzten Schwingungen regelmäßig, d. h. periodisch verlaufen, spricht man von *Klängen*. Regellose, aperiodische Schwingungsverläufe treten im akustischen Bereich als *Geräusche* in Erscheinung (Abb. 8).

In der musikalischen Terminologie gilt die Bezeichnung Klang für gleichzeitig erklingende Töne, unabhängig davon, ob diese »Töne« aus einfachen oder zusammengesetzten Schwingungen bestehen; in den allermeisten Fällen sind bei der Bildung eines musikalischen Klanges im physikalischen Sinne nicht mehrere Töne, sondern mehrere Klänge beteiligt. Obwohl die menschliche Stimme, die immer aus zusammengesetzten Schwingungen besteht, nach physikalischer Definition als Klang und nicht als Ton in Erscheinung tritt, steht der allgemeine Sprachgebrauch doch der Musik näher als der Akustik, und man spricht von Gesangs»tönen«.

Jede komplizierte Kurve, auch die eines Schalls, kann, wenn sie sich periodisch wiederholt, nach der Theorie des Mathematikers FOURIER in eine bestimmte Anzahl von Sinusschwingungen (harmonische Schwingungen) verschiedener Frequenz und Amplitude aufgelöst werden (Abb. 9). Bei der Zerlegung von Klangkurven ergeben sich dann Teiltöne, deren Frequenzen in ganzzahligem Verhältnis zueinander stehen. Der erste Teilton wird auch als Grundton bezeichnet, die folgenden Partialtöne heißen Obertöne oder Harmonische des Grundtones. Die Teiltöne werden vom ersten an fortlaufend durchnumeriert, sie bilden eine Reihe, die Oberton- oder Naturtonreihe. Für die symbolische Darstellung des Klangs benutzt man in Anlehnung an die Optik ein Linienspektrum, in dem jede Linie einen Teilton bedeutet. Die Frequenz ist auf der Waagerechten (Abszisse) entweder in absoluter oder relativer Skala aufgetragen. Die Senkrechte (Ordinate) gibt die Intensität meist in Relativdarstellung wieder, weil die Form der komplexen Schallwelle durch die relative Stärke der Teiltöne bestimmt ist.

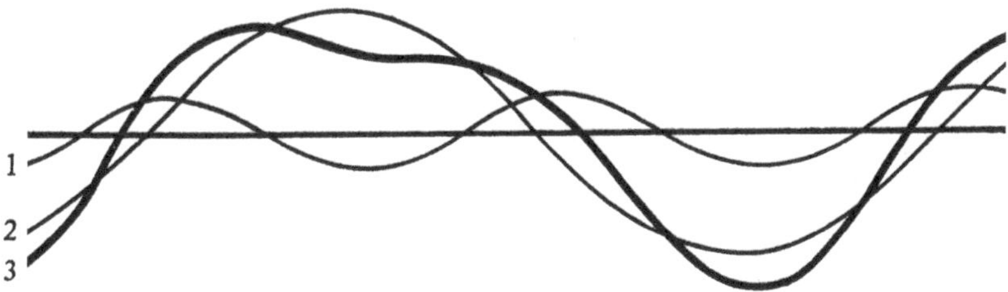

Abb. 9 Zusammengesetzte Schwingung (dicke Kurve) durch Überlagerung von zwei einfachen Sinusschwingungen (dünne Kurven)

Theoretisch läßt sich zeigen, daß die Intensität der Teiltöne im Spektrum des primären Stimmschalls um etwa um 12 dB pro Oktave abfällt. Bei relativer (logarithmischer) Frequenz-Darstellung ergibt sich dann für die Umhüllende (Envelope) dieses Spektrums eine Gerade, bei absoluter Darstellung eine Kurve (Abb. 10).

Verwirrung entsteht häufig durch den Begriff »harmonischer Teilton«.

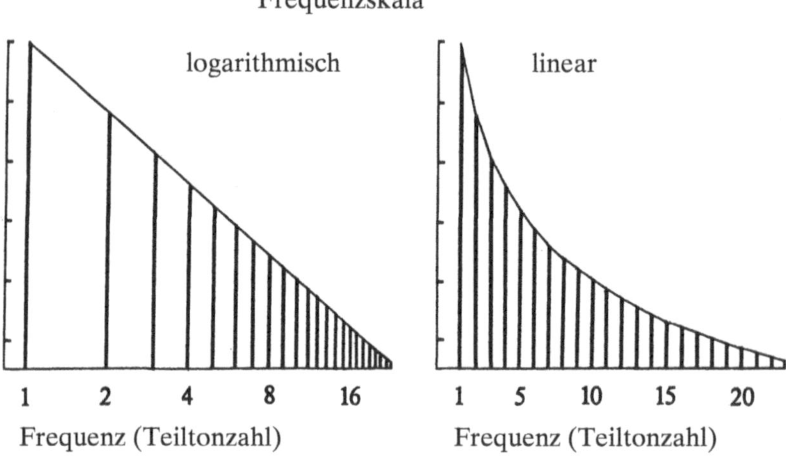

Abb. 10 Schematische Darstellung eines theoretischen Spektrums, a mit relativem (logarithmischem), b mit absolutem (linearem) Frequenzmaßstab (nach SUNDBERG)

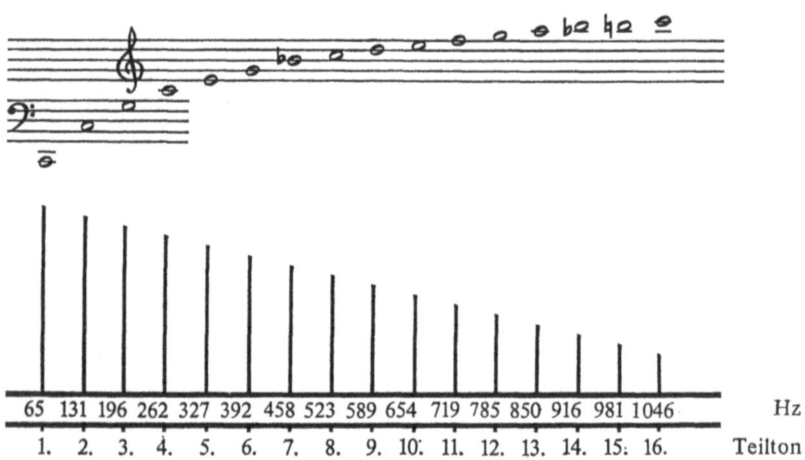

Abb. 11 Teiltonreihe mit schematischem Linienspektrum bei einem Grundton von 65 Hz (nach WINCKEL), natürliche Stimmung, gerundet

Er ist einmal auf die Bezeichnung »harmonische Schwingung« zurückzuführen und bedeutet zunächst nur einen anderen Ausdruck für Sinusschwingung. Außerdem nennt die physikalische Terminologie eine Teilton*folge* »harmonisch«, wenn sie sich aus ganzzahligen Vielfachen der Schwingungszahl des Grundtones zusammensetzt; damit ist über die Art des Zusammenklangs nichts ausgesagt. Auch im musikalischen Bereich darf Harmonie nicht mit Konsonanz gleichgesetzt werden. Die Harmonielehre schließt die Beziehungen zwischen Konsonanz und Dissonanz mit ein. Eine besonders hohe Anzahl von Obertönen in einem Spektrum gilt bezogen auf den Klang als negatives Kriterium, weil die physikalisch »harmonisch« genannte Teiltonfolge bei diatonischer Betrachtung auch dissonante Anteile aufweist. Bereits der siebente und neunte Teilton gelten nach der klassischen Musiklehre als Dissonanzen, vom elften Teilton an beginnen die dissonanten Teiltöne immer mehr zu überwiegen, und schließlich drängen sich im höheren Teiltonbereich lauter Dissonanzen zusammen (Abb. 11).

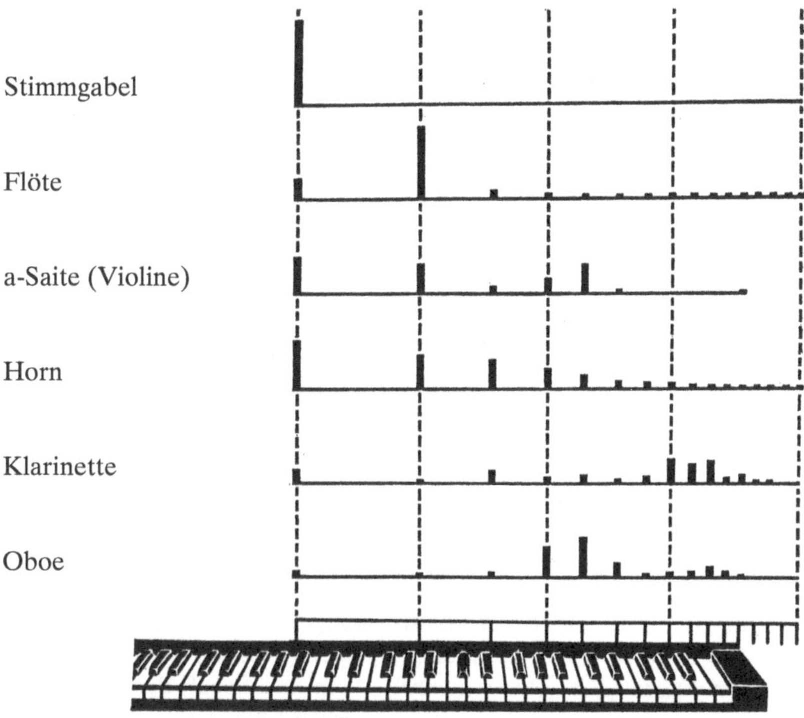

Abb. 12 Formanten einiger Instrumentenklänge (nach VENNARD)

Besonders obertonreiche Klänge wirken deshalb rauh und scharf, obertonarme dagegen matt und glanzlos.
Das Teiltonspektrum bestimmt als Hauptmerkmal den Höreindruck der *Klangfarbe*, denn Klangfarbenunterschiede entstehen durch Änderungen eines Klangs, die nicht auf den Eigenschaften Tonhöhe und Lautstärke beruhen. Maßgebend sind Anzahl und Stärke der Teiltöne, die einen bestimmten Klang prägen. Diese typischen Energiemaxima in bestimmten Frequenzbereichen eines Spektrums werden *Formanten* genannt. Für die Erkennung bestimmter Klangfarben sind aber auch die sogenannten Einschwingvorgänge von großer Bedeutung. So erfolgt z. B. bei verschiedenen Instrumenten der Aufbau des Klangs in ganz charakteristischer Weise (Abb. 12). Hörversuche mit Tonaufnahmen, bei denen diese Einschwingvorgänge abgeschnitten sind, führen zu den seltsamsten Verwechslungen. Nicht nur, daß Flöte für Stimmgabel oder Fagott für Violoncello gehalten wird, sogar weit entfernte Klangfarben wie Kornett und Violine oder Waldhorn und Flöte können oft nicht mehr unterschieden werden (WINCKEL, 1960). Wandlungen der Teiltonstruktur während der Dauer eines Klangs (innere Klangbewegung) und Ausschwingvorgänge wirken sich ebenfalls aus.
Klänge, die sich im Verlaufe der Zeit nicht ändern, werden als *stationäre* Klänge bezeichnet. Unter natürlichen Bedingungen kommen solche Schallerscheinungen kaum vor, sie lassen sich allenfalls im Laboratorium mit großem technischem Aufwand erzeugen. Mehr oder weniger ausgeprägte Annäherungen an gleichbleibende Schwingungsverläufe werden deshalb als quasistationäre Klänge gekennzeichnet.
Resonanz. Jedes schwingungsfähige System hat eine charakteristische Eigenfrequenz, die durch seine physikalischen Eigenschaften bestimmt ist. Wenn auf ein solches System eine Schwingung mit dieser Eigenfrequenz einwirkt, so wird es zum Mitschwingen, zur Resonanz, angeregt. Alle luftgefüllten Hohlräume können auf diese Weise als Resonatoren wirken. Die Eigenfrequenz der Resonatoren hängt von ihrem Volumen und von ihrer Öffnung ab, bei röhrenförmigen Gebilden auch von ihrer Länge: je größer das Volumen, je kleiner die Öffnung und je größer die Länge, desto tiefer die Resonanzfrequenz. Auch die menschlichen Ansatzräume bilden einen solchen Resonator. Ihr Hauptanteil, der sich mit einem Rohr vergleichen läßt (»Ansatzrohr«), reicht von der Glottis über Rachen und Mundhöhle bis zur Öffnung am Mund. Wie viele andere akustisch wichtige Systeme haben auch die Ansatzräume mehrere Resonanzfrequenzen, die hier meist als Formantfrequenzen bezeichnet werden. Wenn ein Schall den Resonator passiert, werden die Schallanteile mit diesen Frequenzen verstärkt, so daß sie dann mit höherer Amplitude als Formanten abgestrahlt werden,

wenn sie den Resonator wieder verlassen. Andere dagegen werden abgeschwächt. Das heißt, manche Frequenzanteile werden bei der Passage besonders gut übertragen, andere dagegen schlecht. Man spricht deshalb auch von der Wirkung eines Filters, der diese *Übertragungsfunktion* (Transferfunktion) eines Resonators bestimmt (s. Klangbildung, Wirkungsweise der Ansatzräume).

In enger Beziehung zur Resonanz steht die allgemeine Dämpfung eines Systems, die weitgehend von den Eigenschaften der Wandung abhängt. Je geringer die Dämpfung, desto stärker ist das Resonanzverhalten ausgeprägt. Die Ansatzräume bilden ein stark gedämpftes System, das auf einen großen Frequenzbereich schnell anspricht.

Grundlagen der Anatomie und Physiologie

Nach der äußeren Form gliedert sich der menschliche Körper in den Stamm und die vier Gliedmaßen (Extremitäten). Der Stamm besteht aus Kopf, Rumpf und Hals. Am Rumpf lassen sich Brust (Thorax), Bauch (Abdomen) und Becken (Pelvis) unterscheiden.
Im *Bewegungsapparat* des Menschen wirken das Knochen- und das Muskelsystem zusammen. Das Knochen- oder Skelettsystem, das aus Knochen, Bändern und Gelenken besteht, bildet den *Stützapparat* des Körpers und ermöglicht gleichzeitig Bewegungen verschiedener Knochen zueinander. Zum Muskelsystem gehören die Muskeln und ihre Hilfseinrichtungen, z. B. die Sehnen. Die Muskeln bilden den aktiven Bewegungsapparat, die Knochen, Bänder und Gelenke den passiven. Knochen (und auch Zähne) sind die Hartgebilde des Körpers, alle anderen Organe werden Weichteile genannt. Gesteuert wird der Bewegungsapparat durch das Nervensystem, an dem sich ein zentraler (Gehirn, Rückenmark) und ein peripherer Anteil (Nerven) unterscheiden läßt.

Atmung

Bau der Atmungsorgane

Die anatomischen Grundlagen werden auch häufig getrennt dargestellt als »äußerer Atemapparat« (Wirbelsäule, Rippen usw., Atemmuskulatur) und »innerer Atemapparat« (Atmungsorgane im engeren Sinne: obere und untere Luftwege, Lungen).
W i r b e l s ä u l e. Die Achse des Rumpfes bildet die Wirbelsäule (Abb. 13). Sie besteht aus 33 bis 34 knöchernen Teilstücken (Wirbeln), die sich in unterschiedlichem Ausmaß gegeneinander bewegen lassen. Die größte Beweglichkeit ist im Bereich der Hals- und der Lendenwirbel möglich (ausgedehnte Beuge- und Streckbewegungen, Seitwärtsneigung, Drehung um die Längsachse), während die Brustwirbel so miteinander verbunden sind, daß nur kleine Bewegungen ausgeführt wer-

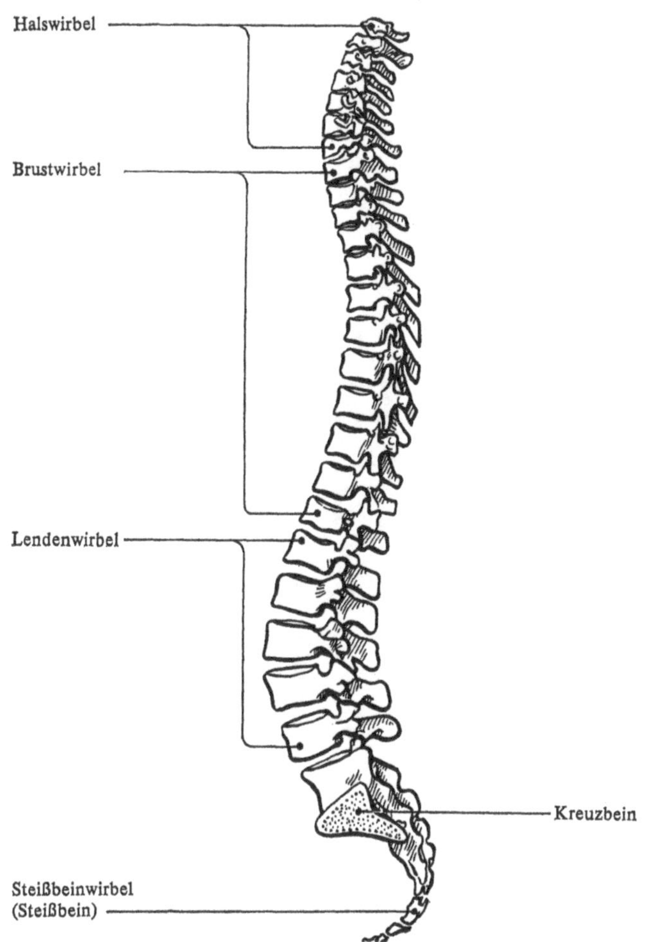

Abb. 13 Wirbelsäule

den können. Die Kreuzbein- und Steißbeinwirbel sind meist miteinander verwachsen. Obwohl die Wirbel in den einzelnen Abschnitten der Wirbelsäule unterschiedlich ausgeformt sind, läßt sich ein grundlegendes Bauprinzip erkennen: Vorn liegt der kompakte Wirbelkörper, hinten schließt sich der Wirbelbogen mit dem Dornfortsatz an, seitlich sind verschiedenartige Fortsätze vorhanden, die mit benachbarten Wirbeln und, im Bereich der Brustwirbelsäule, mit den Rippen gelenkige Verbindungen eingehen (Abb. 14). Nur die Dornfortsätze sind sicht- und tastbar (»Rückgrat«). Die Wirbelbögen umschließen Wirbellöcher, die in ihrer Gesamtheit den Wirbelkanal bilden. Im beweglichen Teil der Wirbelsäule liegen zwischen den Wirbeln die prall-elastischen Band-

oder Zwischenwirbelscheiben, die wie Wasserkissen wirken. Die Wirbelsäule zeigt normalerweise verschiedene Krümmungen: Die Hals- und Lendenwirbelsäule ist nach vorn gebogen, die Brustwirbelsäule nach hinten. Auch leichte seitliche Biegungen sind im Bereich der Brustwirbelsäule bei gesunden Menschen erkennbar: Der Rechtshänder weist eine leichte Biegung nach links auf, der Linkshänder nach rechts. Die Wirbelsäule überträgt die Last von Kopf, Rumpf und

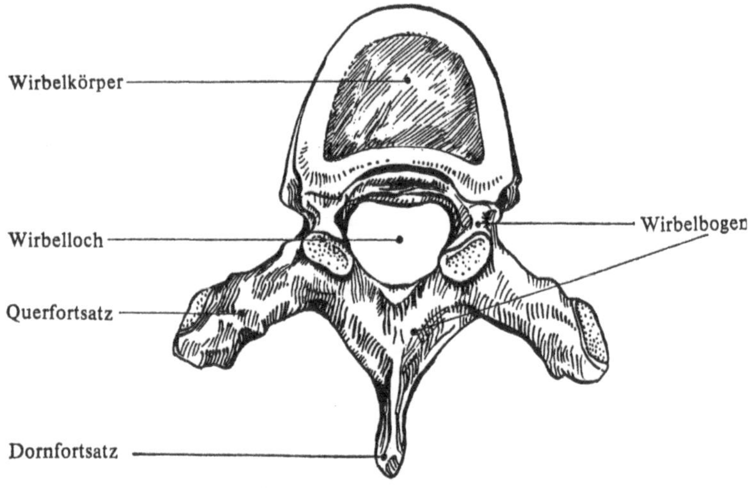

Abb. 14 Brustwirbel, von oben

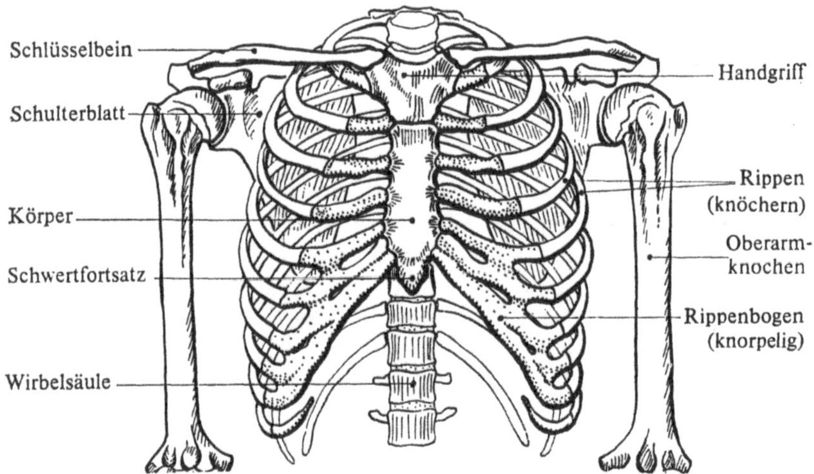

Abb. 15 Knöcherner Brustkorb und Schultergürtel, von vorn

Armen auf das Becken. Sie ist im wesentlichen für die Körperhaltung eines Menschen bestimmend.

Brustkorb. Die knöchernen Teile des Brustkorbes (Thorax) bestehen aus den 12 Brustwirbeln, den 12 Rippenpaaren und dem Brustbein (Abb. 15). Als Brustbein (Sternum) bezeichnet man einen flachen Knochen an der Vorderwand des Brustkorbes, der die ersten 7 Rippenpaare miteinander verbindet. Man hat den Knochen mit einem römischen Schwert verglichen und den Handgriff (oben), den Körper (in der Mitte) und den Schwertfortsatz (unten) unterschieden. Oberhalb der ersten Rippe ist mit dem Handgriff das Schlüsselbein gelenkig verbunden. Die Rippen (Costae) sind normalerweise nur im Bereich der Brustwirbelsäule voll ausgebildet und gegenüber den Wirbeln beweglich (»Gerippe«), die anderen Abschnitte der Wirbelsäule zeigen nur Rippenreste. Die schmalen, spangenförmigen Rippen bestehen zum größeren Teil aus Knochen, der kleinere Teil (vorn) ist knorpelig angelegt. Sie verlaufen absteigend von hinten oben nach vorn unten. Die ersten 7 Rippenpaare gehen mit dem Brustbein eine direkte Verbindung ein, die Rippenpaare 8 bis 10 erreichen es nur indirekt. Die knorpeligen Anteile der Rippen verwachsen miteinander und legen sich an den Knorpel der siebenten Rippe an. Dadurch entsteht vorn der Rippenbogen. Das elfte und zwölfte Rippenpaar endet frei in der Muskulatur der Bauchwand. Hinten sind die Rippen mit den Brustwirbeln gelenkig verbunden. Das Heben der Rippen vergrößert die Brusthöhle, das Senken der Rippen verkleinert sie.

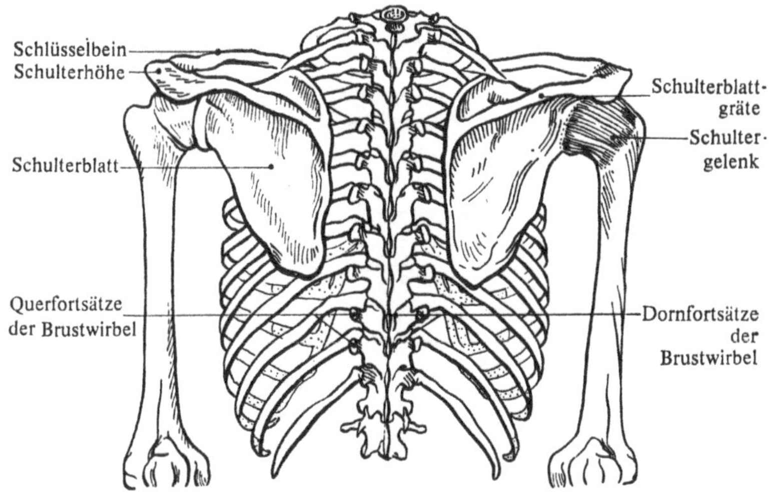

Abb. 16 Knöcherner Brustkorb und Schultergürtel, von hinten

Schultergürtel. Er besteht hinten aus den Schulterblättern und vorn aus den Schlüsselbeinen. Er bildet im Gegensatz zum Beckengürtel einen hinten offenen Ring (Abb. 16). Vorn verbindet das Brustbein die beiden Schlüsselbeine, aber hinten kommt es zwischen den Schulterblättern nicht zu einem Schluß. Der Schultergürtel liegt dem Brustkorb nur lose auf und ist sehr beweglich.
Das Schlüsselbein (Clavicula) ist ein gering S-förmig gebogener Knochen, der sich in der Mitte mit dem Brustbein und seitlich mit der Schulterhöhe des Schulterblattes gelenkig verbindet. Er liegt an der Grenze zwischen Hals und Brust und ist sowohl gut zu tasten als auch zu sehen.
Das Schulterblatt, ein flacher dreieckiger Knochen, paßt sich der Wölbung des Brustkorbes an und liegt in Höhe der zweiten bis siebenten Rippe. Die leistenförmig vorspringende Schulterblattgräte endet seitlich in der Schulterhöhe als Schutz für das Schultergelenk.
Beckengürtel. Für eine stabile Verbindung mit den überwiegend auf Standfestigkeit eingerichteten unteren Gliedmaßen bildet der Beckengürtel (das Becken) einen geschlossenen Knochenring (Abb. 17). Er besteht aus dem Kreuzbein und den beiden Hüftbeinen, die jeweils die Gelenkpfanne für das Oberschenkelbein tragen. Wird das Becken nach vorn unten gekippt, entsteht eine verstärkte Krümmung der Lendenwirbelsäule, und es kommt zu einer für das Atmen und Singen ungünstigen Körperhaltung (s. Funktionelle Stimmstörungen).

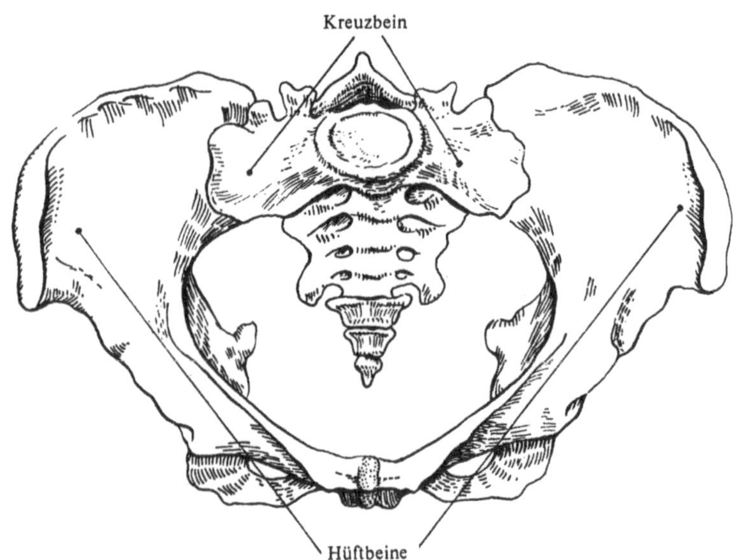

Abb. 17 Knöcherner Beckengürtel

Obere Luftwege und Lungen. Obwohl sich Wirbelsäule, Brustkorb und Schultergürtel einschließlich der dazugehörigen Muskeln an der Atmung beteiligen, zählt man zu den Atmungsorganen nur diejenigen Körperteile, die Atemluft unmittelbar in sich aufnehmen: Nasenraum, Rachen, Kehlkopf, Luftröhre, Bronchien und Lungen. Die *Nase* (s. Bau der Ansatzräume) beeinflußt wesentlich die Größe des Atemstromes. Vor allem Verbiegungen der Nasenscheidewand beeinflussen die Durchgängigkeit, aber auch der Schwellungszustand der Schleimhaut sowie der Nasenmuscheln wirkt sich aus. Verstärkte Atemarbeit

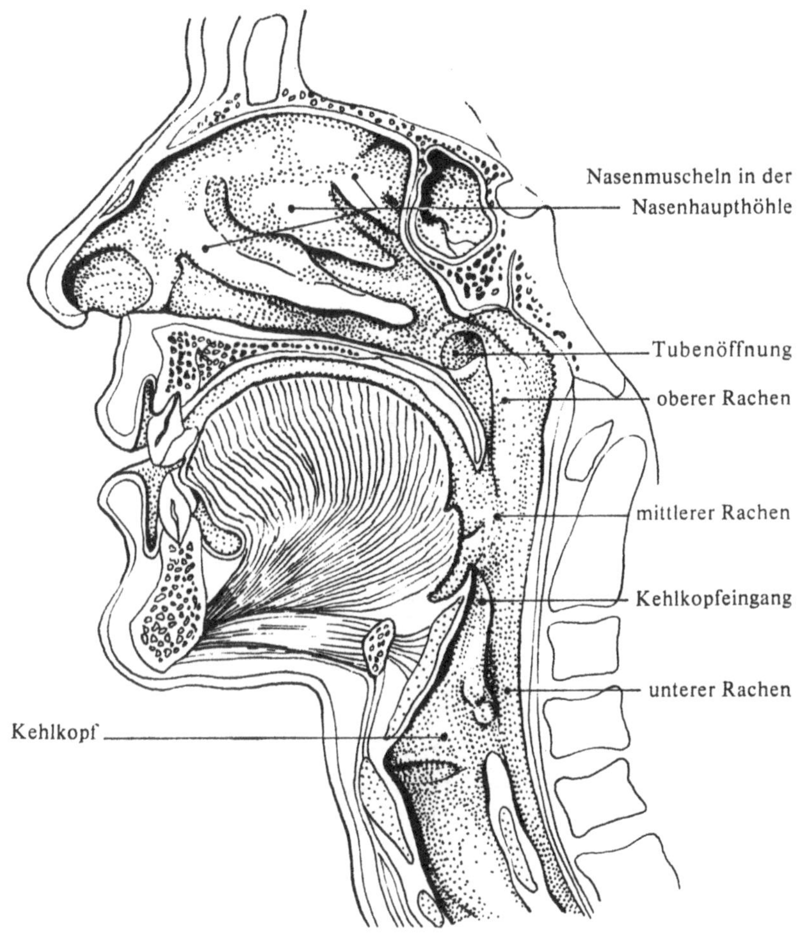

Abb. 18 Nachbarschaftsbeziehungen des Rachens

durch körperliche Belastung führt zu einem Abschwellen. Die Schleimhaut des Naseninnern ist stets feucht und trägt Flimmerhärchen, die rachenwärts schlagen und Nasensekret sowie kleinste Fremdkörper transportieren können. Die Einatmungsluft wird durch die Nasenschleimhaut gereinigt, angewärmt, befeuchtet und auf ihre Beschaffenheit geprüft (Riechzellen im oberen Bereich der Nasenhaupthöhlen). Die Nasennebenhöhlen sind mit Schleimhaut ausgekleidet, die ähnlich aufgebaut ist wie die der Nasenhaupthöhlen. Auch die Nasennebenhöhlen werden durch den Atemstrom belüftet.

Der *Rachen* (Pharynx) verbindet einerseits Nasenhaupthöhlen und Kehlkopf und andererseits Mundhöhle und Speiseröhreneingang miteinander. In den oberen Rachen (Nasenrachen) münden die hinteren Öffnungen der Nasenhaupthöhlen (Choanen) sowie die beiden Eustachischen Tuben (Ohrtrompeten, Verbindungen zu den Mittelohrräumen), und in den mittleren Rachen (Mundrachen) öffnet sich die Mundhöhle. Der untere Rachen (Kehlrachen) umschließt den Kehlkopfeingang und reicht bis zur Speiseröhre (Abb. 18). Die Atemluft durchströmt den Nasenrachen, gelangt in den mittleren Rachen, überkreuzt den Speiseweg und tritt in den Kehlkopf ein.

Der *Kehlkopf* (Larynx) schließt das Atemrohr nach oben ab und ist

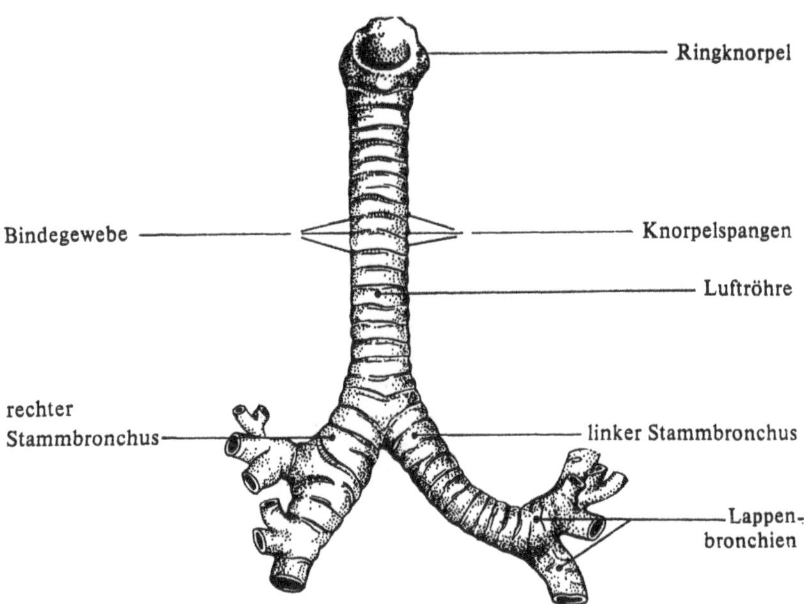

Abb. 19 Luftröhre und deren Aufzweigungen

kompliziert gebaut. Er hat vor allem eine wichtige Schutzfunktion, denn er verhindert das Eindringen von Speisen und Fremdkörpern in die Atemwege. Außerdem dient er der Stimmgebung (Sekundärfunktion). Die *Luftröhre* (Trachea) beginnt unterhalb des Kehlkopfes. Ihre Wand wird durch 16 bis 20 hufeisenförmige Knorpelspangen gestützt, die hinten offen sind. Eine häutige Hinterwand schließt das Rohr. Zwischen den Knorpelspangen liegt elastisches Bindegewebe, so daß die Luftröhre längselastisch ist. Die Spangen halten das Lumen weit und gewährleisten zugleich eine Elastizität der Luftröhre in Querrichtung. 10 bis 12 cm unterhalb des Kehlkopfes teilt sich die Luftröhre in den rechten und linken Stammbronchus (Abb. 19). Weitere Verzweigungen innerhalb der beiden Lungenflügel erfolgen baumartig (»Bronchialbaum«). Der Wandaufbau der Luftröhre bleibt bei den größeren Bronchien zunächst erhalten, im Bereich der kleineren Verzweigungen verliert er sich aber immer mehr. Die kleinsten Bronchien werden Bronchioli genannt, sie gehen in die Lungenbläschen (Alveolen) über (Abb. 20). In den Lungenbläschen findet der Gasaustausch statt. Die Schleimhaut im Bereich des Bronchialbaumes ist wie in den oberen Luftwegen ebenfalls mit Flimmerhärchen besetzt, die einen langsamen Schleimtransport zum Kehlkopf und zum Rachen hin unterhalten.

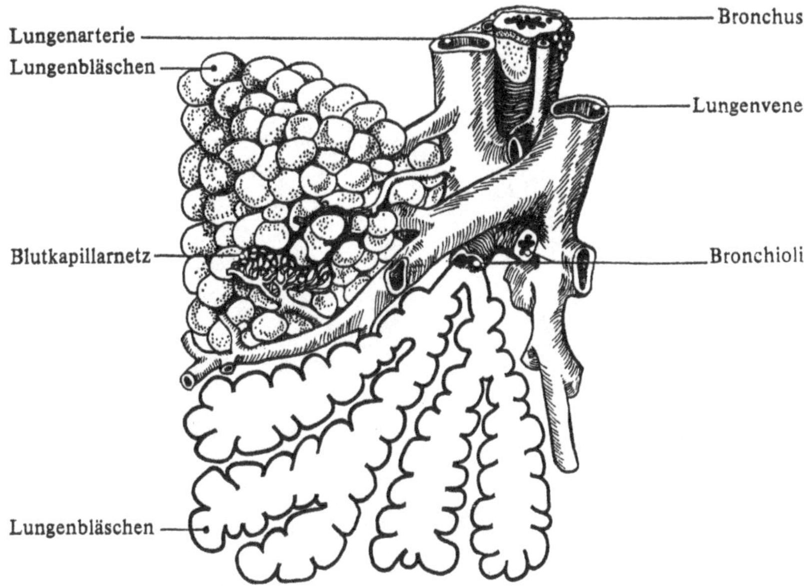

Abb. 20 Lungenbläschen (nach ALVERDES)

Die *Lungen* (Pulmones) sind paarig angelegt, man unterscheidet einen rechten und einen linken Lungenflügel. Die Lungenbasis ist beiderseits konkav ausgebildet und ruht auf dem Zwerchfell, das als muskulös-sehnige Platte den Brustraum vom Bauchraum trennt (Abb. 21). Die äußeren Lungenflächen liegen den Rippen an, die mittleren Flächen dem Herzen, den großen Gefäßen und der Speiseröhre. Im Zentrum der mittleren Lungenfläche läßt sich jederseits ein Lungenhilus mit der Lungenwurzel (Gesamtheit der zur Lunge ziehenden Gebilde: Bronchien, Blutgefäße, Lymphgefäße, Nerven) abgrenzen. Tiefe Spalten teilen jeden Lungenflügel in Lungenlappen auf. Jeder Lungenlappen gliedert sich in einzelne Segmente. Bereits im Bereich der mikroskopischen Struktur liegen die Lungenläppchen.
Das *Brustfell* (Pleura) überzieht als eine glatte, feuchte Haut sowohl die Lungenoberfläche (Lungenfell) als auch die Innenseite des knöchernen Brustkorbes (Rippenfell). Zwischen beiden Pleurablättern herrscht ein Unterdruck. Sie sind mit einer Flüssigkeitsschicht aneinander gekoppelt, so daß die Lungen den Thoraxbewegungen während der Atmung folgen müssen. Gleichzeitig ist durch die Flüssigkeitskopplung die notwendige Verschieblichkeit der Lungen gegenüber der Brustwand

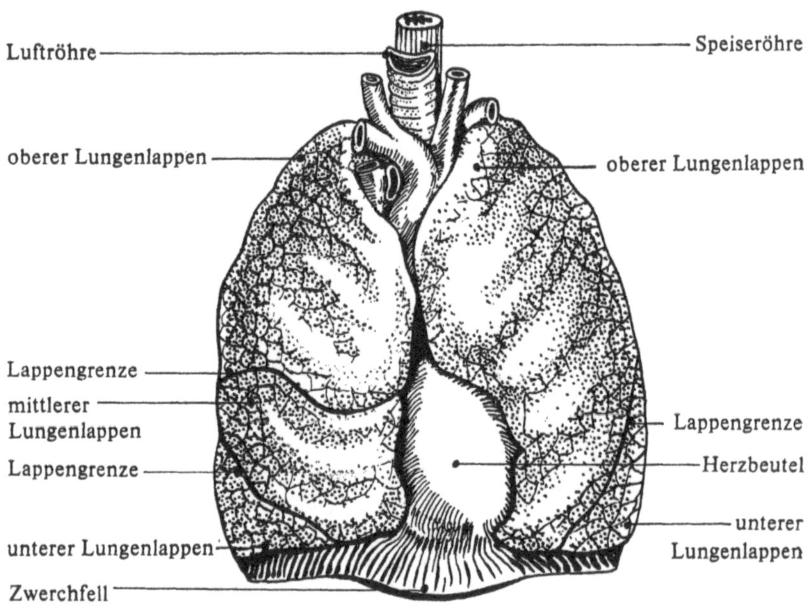

Abb. 21 Beziehungen zwischen Lungen, Herz und Zwerchfell

gewährleistet, denn die Lungen werden während der Atmung in ihrer Gestalt verändert. Da die Lungen über die oberen Luftwege mit der Außenluft verbunden sind, kann während der Atembewegungen des Brustkorbes Luft in die Lungen hinein- bzw. aus ihnen herausströmen. Das Brustfell überzieht nicht nur Lunge und Rippen, sondern auch Teile des Zwerchfells, des Lungenhilus und der vorderen und hinteren Thoraxwand und kleidet so den gesamten inneren Brustraum aus. Die beiden Pleurahöhlen haben keine Verbindung miteinander.

Atemmuskulatur, Zwerchfell. Die Atemarbeit, vor allem die Einatmung, wird überwiegend durch Zwerchfell und Zwischenrippenmuskeln geleistet. Die *Zwischenrippenmuskeln* (Abb. 22) füllen die Räume zwischen den Rippen aus. Außen liegen die äußeren Zwischenrippenmuskeln. Ihre Fasern verlaufen von hinten oben nach vorn unten, sie heben die Rippen und dienen so der Einatmung. Tiefer liegen die inneren Zwischenrippenmuskeln, deren Faserverlauf von hinten unten nach vorn oben, also annähernd rechtwinklig zu der äußeren Muskelschicht, erkennbar ist. Die inneren Zwischenrippenmuskeln senken die Rippen und unterstützen die Ausatmung. Die Ausatmungsmuskeln sind erheblich schwächer entwickelt als die Einatmungsmuskeln.

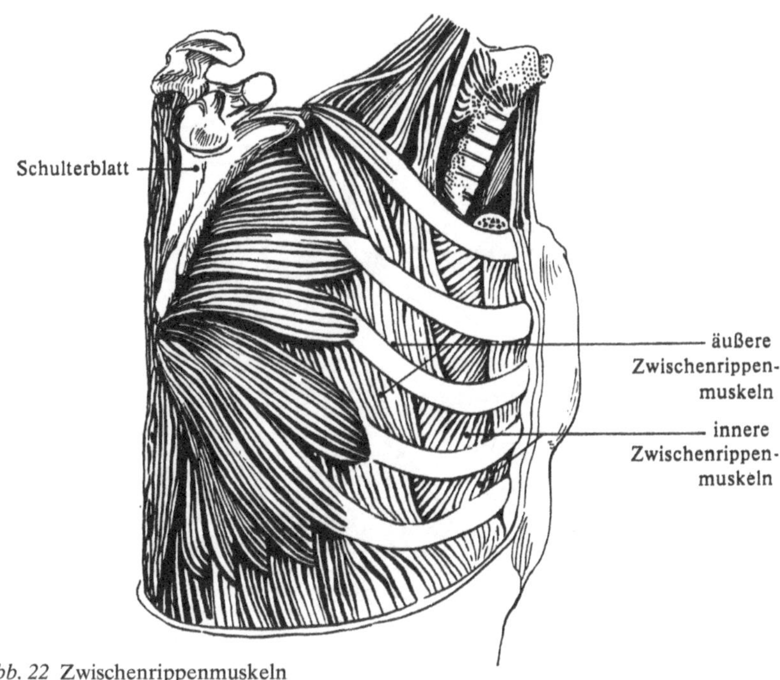

Abb. 22 Zwischenrippenmuskeln

Das *Zwerchfell* (Diaphragma) ist der wichtigste Atemmuskel und dient ausschließlich der Einatmung. Er wölbt sich in zwei Kuppeln nach oben und trennt die Brusthöhle von der Bauchhöhle (Abb. 23). Muskelfaserzüge aus verschiedenen Richtungen setzen an einem kleeblattförmigen sehnigen Zentrum an, das sich während der Atmung kaum bewegt. Dadurch wird das vorn aufsitzende Herz in seiner Lage gehalten und funktionell nur wenig beeinträchtigt. Nach dem Verlauf der Muskelfasern lassen sich am Zwerchfell drei Teile unterscheiden: Brust-, Rippen- und Lendenteil. Der Brustteil ist der kleinste und entspringt von

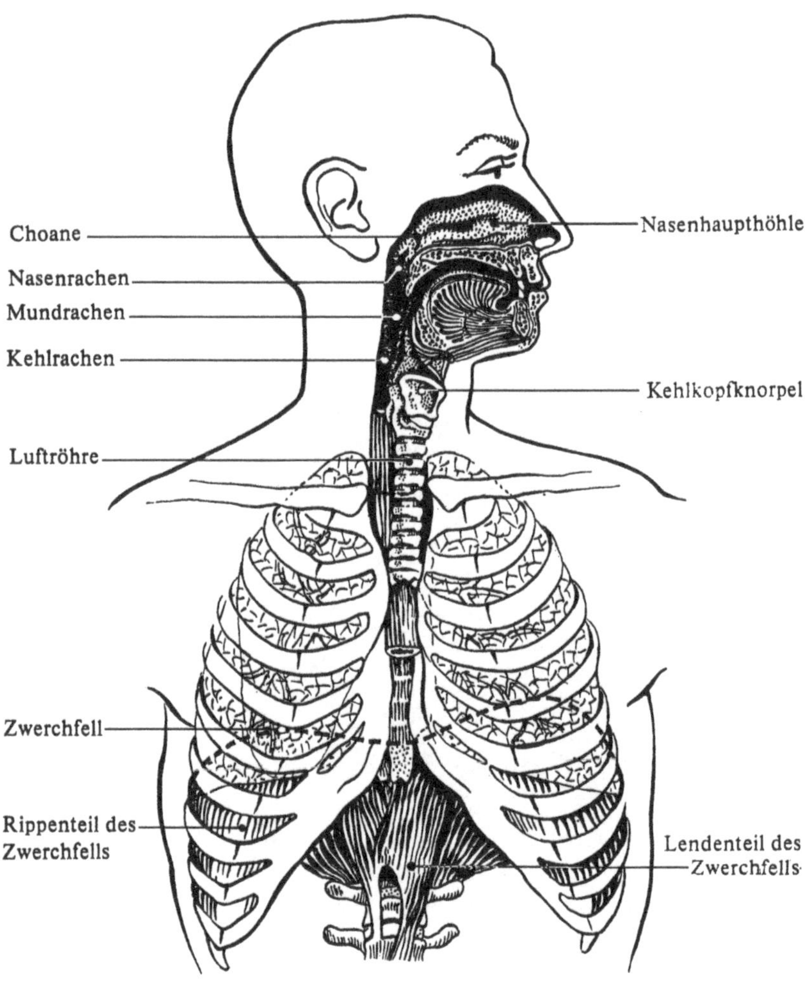

Abb. 23 Atemapparat mit Zwerchfell

der Hinterseite des Brustbein-Schwertfortsatzes. Der Rippenteil ist der größte und entspringt bogenförmig im Bereich der Rippenknorpel (siebente bis zwölfte Rippe). Der Lendenteil ist kompliziert gebaut und besteht aus 2 Schenkeln, die beide einen mittleren und einen seitlichen Anteil erkennen lassen (Abb. 24). Durch verschiedene Spalten ziehen Gefäße und Nerven. Zwischen den mittleren Muskelzügen des Lendenteils treten Körperschlagader und Speiseröhre hindurch. Während der Einatmung ziehen sich die Muskelfasern zusammen, die Kuppeln flachen sich ab, und der Brustraum vergrößert sich. Während der Ausatmung entspannen sich diese Muskelfasern, und das Zwerchfell wird nach oben in seine Ausgangsstellung zurückgedrängt. Es verhält sich also beim ruhigen Ausatmen ohne Stimmgebung passiv.

Die *Bauchmuskeln* (Abdominalmuskeln) bilden zwischen dem unteren Brustkorbrand und dem oberen Beckenrand (Darmbeinkamm) einen mehrschichtigen Muskelgürtel. Dieser Gürtel ist Hauptbestandteil der vorderen, seitlichen und hinteren Bauchwand. Die einzelnen Muskeln unterscheiden sich durch Faserverlauf und Lage voneinander und sind entsprechend benannt. Sehnenplatten, mit den einzelnen Muskeln ver-

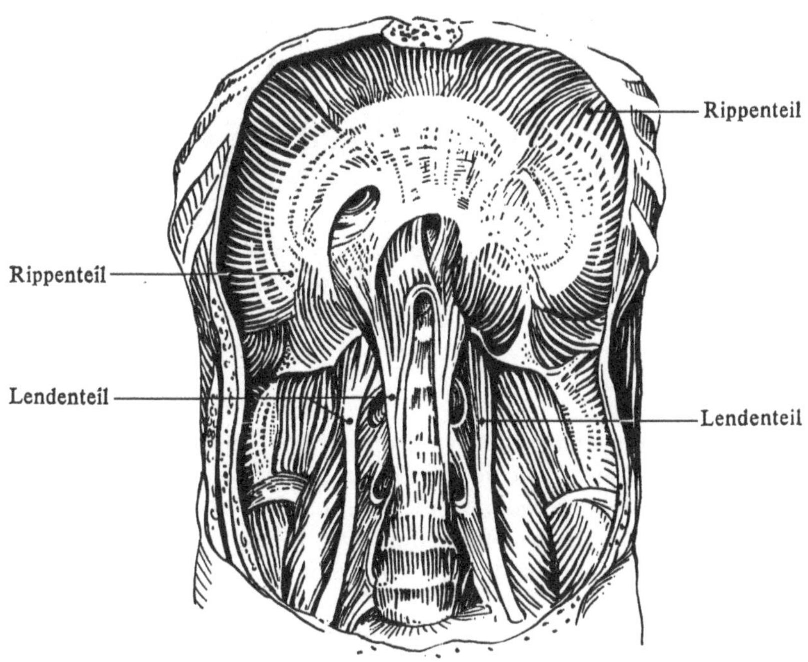

Abb. 24 Rippen- und Lendenteil des Zwerchfells, schräg von unten gesehen

bunden, weichen vorn und hinten auseinander und bilden Sehnenscheiden, in die jeweils ein gerades Muskelpaar eingelagert ist. Vorn sind es die beiden geraden Bauchmuskeln, hinten die beiden Wirbelsäulenstrecker. Die Bauchmuskeln beugen den Rumpf nach vorn oder drehen und neigen ihn seitwärts. Das Aufrichten besorgen Rückenmuskeln. Der äußere schräge Bauchmuskel verläuft von hinten oben nach vorn unten, darunter zieht der innere schräge Bauchmuskel fast rechtwinklig

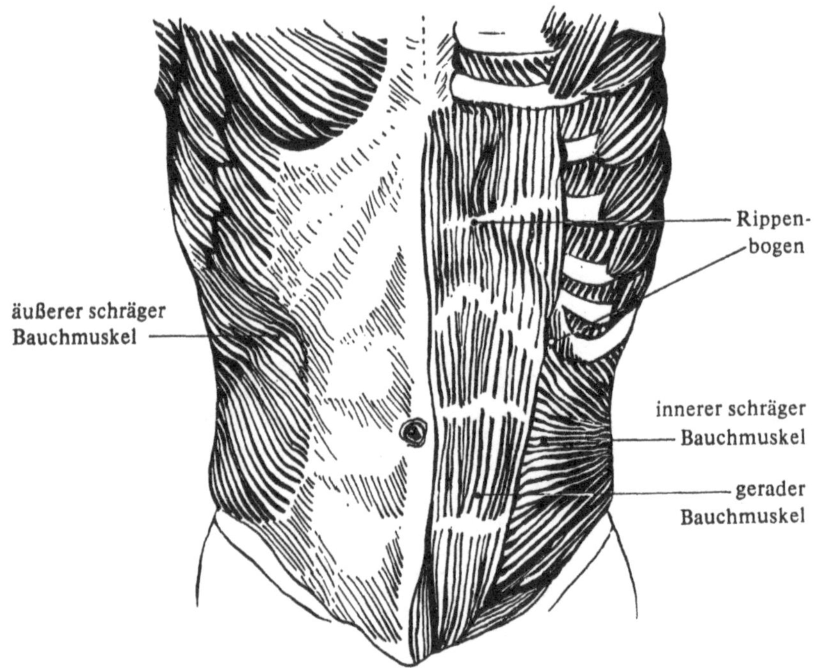

Abb. 25 Bauchmuskeln

dazu von hinten unten nach vorn oben (Abb. 25). An der vorderen Bauchwand teilen sich die Sehnenfasern und verlaufen teilweise hinter, teiweise vor dem geraden Bauchmuskel. Die Fasern des queren Bauchmuskels verlaufen horizontal. Die flächenhafte Sehne dieses Muskels beteiligt sich beiderseits wie die Sehne des äußeren schrägen Bauchmuskels an der Umhüllung des geraden Bauchmuskels (Abb. 26). Dieser Muskel ist durch 3 bis 4 Sehnenstreifen in verschieden große Abschnitte geteilt und liegt in der Sehnenscheide.

Bei der Stimmatmung oder bei der Leistungsatmung sind die

Bauchmuskeln exspiratorisch tätig und wirken als Gegenspieler des Zwerchfells. Wenn sich sämtliche Bauchmuskeln gleichzeitig zusammenziehen, werden die Bauch- und die Beckenorgane unter Druck gesetzt (Bauchpresse). Durch tiefes Einatmen und festen Stimmlippenschluß lassen sich das Zwerchfell ruhigstellen und die Bauchpresse verstärken. Sie wird während der Entleerung von Darm und Harnblase angewendet sowie zur Austreibung des Kindes aus dem Geburtskanal.

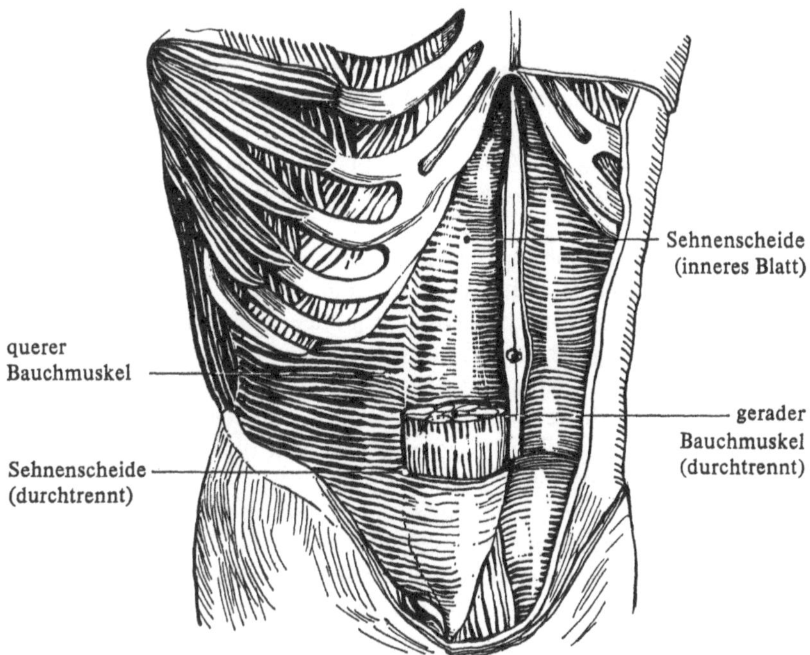

Abb. 26 Bauchmuskeln, Sehnenscheide des geraden Bauchmuskels

Für eine gesunde Stimmanwendung ist das beschriebene Pressen nicht erforderlich. Es ist darüber hinaus als stimmschädigend anzusehen, da es durch Verspannungen zur Überlastung verschiedener an der Stimmgebung beteiligter Muskelgruppen führt. Besonders die Kehlkopfmuskeln sind gefährdet (s. Stauprinzip).

Einige Muskeln des Schultergürtels wirken als »Hilfsatemmuskeln«, d. h. sie treten nur bei extremer körperlicher Belastung in Funktion und können dann die Wirkung der vorgenannten Atemmuskeln unterstützen. Für das Singen wird die Atemhilfsmuskulatur nicht benötigt.

Atmungsfunktionen

Unter Atmung (Respiration) wird der Gaswechsel des Körpers verstanden, der durch Aufnahme von Sauerstoff und Abgabe von Kohlendioxid gekennzeichnet ist. Dabei lassen sich zwei Grundfunktionen unterscheiden: die äußere Atmung (Lungenatmung – Gasaustausch zwischen äußerer Luft und Blut) und die innere Atmung (Zellatmung – Gasaustausch zwischen Blut und Gewebe). Durch die Einatmung (Inspiration) und die Ausatmung (Exspiration) werden bestimmte Luftvolumina bewegt, die den Gasaustausch ermöglichen und außerdem für die Stimmgebung zur Verfügung stehen.

Hauptbestandteil der geatmeten Luft ist der Stickstoff, er verändert sich während der Atmung nicht. Die Inspirationsluft setzt sich aus 78% Stickstoff, 21% Sauerstoff, 0,03% Kohlendioxid sowie aus Wasserdampf und etwa 1% Edelgasen zusammen. Die Exspirationsluft enthält dagegen 16% Sauerstoff und 4% Kohlendioxid.

Die Atmung wird überwiegend unwillkürlich von einem bestimmten Hirnbezirk, dem Atemzentrum, gesteuert. Eine besondere Stoffwechsellage, z. B. die Erhöhung des Kohlensäuregehaltes im Blut, reizt dieses Zentrum und regt dadurch die Atemtätigkeit an. In gewissen Grenzen lassen sich die Atembewegungen jedoch willkürlich beeinflussen, aber auch starke psychische Einflüsse wie Schreck und Freude können den automatisierten Ablauf überlagern.

Durch die willentliche Beeinflussung ist es möglich, Ein- und Ausatmungsvorgänge bewußt zu trainieren und sehr differenziert zu einem Bestandteil sängerischer Fertigkeiten zu entwickeln (»Atemtechnik« des Sängers). Da die Stimme exspiratorisch gebildet wird, ist im Gesangsunterricht besondere Aufmerksamkeit auf die Feinregulierung der Ausatmung zu richten. Letztlich werden aber die Atembewegungen und die daraus folgenden Strömungs- und Druckverhältnisse automatisiert und in den komplexen Vorgang des Singens integriert.

Die während der Einatmung in Nase, Rachen, Kehlkopf, Luftröhre und Bronchien verbleibende Luft nimmt nicht am Gasaustausch teil, die erwähnten Organe zählen deshalb zum sogenannten Totraum der Atemwege. Der Gasaustausch zwischen Luft und Blut vollzieht sich lediglich in den Lungenbläschen, die von Blutkapillaren eng umschlossen sind.

Die oberen Atemwege haben dennoch eine wichtige Funktion zu erfüllen, denn sie erwärmen, reinigen und befeuchten die Einatmungsluft, so daß sie in der Luftröhre fast Körpertemperatur erreicht und mit Feuchtigkeit gesättigt ist. Die Nase dominiert bei dieser Schutzfunktion, sie prüft außerdem durch die Riechfelder die Atemluft auf ihre Inhaltsstoffe. Wenn Schadstoffe eindringen, kann es reflektorisch zu einem

sofortigen Atemstillstand (»Atemanhalten«) kommen. Sänger sollten die Nasenatmung so häufig wie möglich benutzen, denn eine normal funktionierende und häufig gebrauchte Nasenatmung schützt vor Austrocknung der Schleimhäute sowie vor Entzündungen der Gaumenmandeln, des Rachens, des Kehlkopfes und der Luftröhre. Stimmübungen lassen sich fast immer so einteilen, daß Zeit für die Nasenatmung bleibt, aber auch die Gesangsliteratur gestattet häufig ihre Anwendung. Bei nur kurzen Atempausen sollte man möglichst kombiniert durch Mund und Nase atmen. Obwohl die Nasenhaupthöhlen auch zur Klangbildung der Stimme beitragen, erscheint eine normale Durchgängigkeit hauptsächlich aus Gründen der Atmungsfunktion wünschenswert.
Die Atembewegungen können – extrem gesehen – in zwei Varianten ablaufen: überwiegend abdominal oder überwiegend thorakal.

Bauch- oder Abdominalatmung

Während der Einatmung vergrößert sich der Thoraxraum vor allem durch Zwerchfellaktivität: Die Kontraktion der Muskelfasern bewirkt ein Abflachen des kuppelartig nach oben gewölbten Zwerchfells, und die Lungen erweitern sich vorwiegend im unteren Anteil (Abb. 27). Die Bauchwandmuskulatur gibt nach, die Eingeweide weichen zwangsläu-

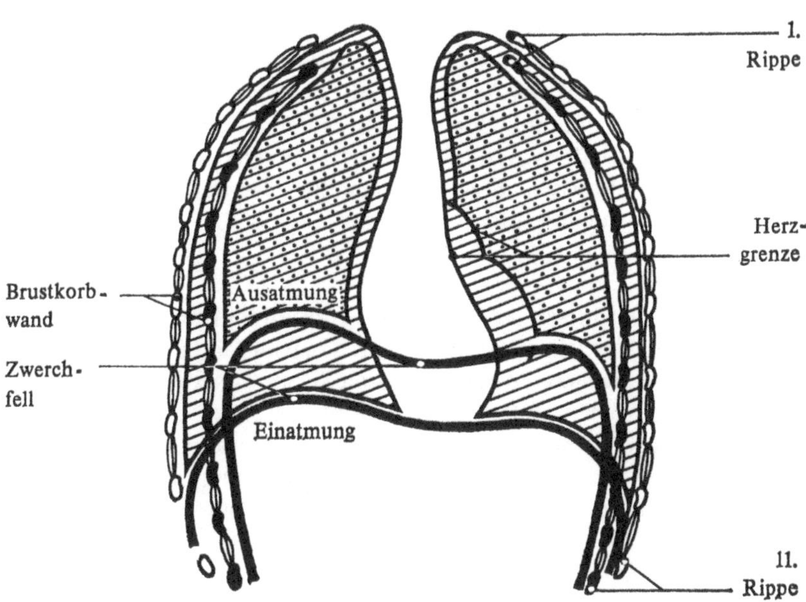

Abb. 27 Bauch- oder Abdominalatmung, Zwerchfellatmung (nach Spalteholz)

fig aus und wölben die Bauchwand vor. Die Ausatmung beginnt mit Beendigung der Zwerchfellkontraktion. In Ruhe bewirken die bei der Einatmung gespeicherten elastischen Kräfte (gedehnte Lungen, komprimierte lufthaltige Baucheingeweide, ausgedehnte Bauchwand) die Rückverlagerung des erschlafften Zwerchfells in die Exspirationsstellung. Dieser passive Vorgang wird bei verstärkter Ausatmung und während des Singens durch Aktivität der Bauchwandmuskulatur überlagert bzw. willensmäßig gesteuert. Durch die Zwerchfellbewegungen werden in Ruhe etwa zwei Drittel des Atemvolumens bewegt.

Brust- oder Thorakalatmung

Der Thoraxraum vergrößert sich während der Einatmung durch Veränderung der Rippenstellung. Die Rippen werden entgegen dem elastischen Lungenzug und der Schwerkraft durch Kontraktion der äußeren Zwischenrippenmuskeln gehoben und erweitern den Brustraum seitlich (unten) und vorn (oben). Wenn die äußeren Zwischenrippenmuskeln erschlaffen, folgt die Ausatmung. Die elastischen Rückstellkräfte der Lunge und die Schwerkraft bringen den Brustkorb in die Ausgangsstellung zurück, der Thoraxraum verkleinert sich. Nur bei forciertem Atmen oder bei Bewegungseinschränkung der Rippen im Alter können Hilfsatemmuskeln diesen fast ausschließlich passiv ablaufenden Ausatmungsvorgang aktiv unterstützen. Die Einatmung wird durch die Muskeln des Schultergürtels gefördert, die Ausatmung durch die inneren Zwischenrippenmuskeln. Mittels thorakaler Atmung kann in Ruhe etwa ein Drittel des Atemvolumens bewegt werden.
Die geschilderten abdominalen und thorakalen Atembewegungen sind fast nie isoliert, sondern meist kombiniert zu beobachten. Je nach Belastung tritt, reflektorisch oder willensmäßig gesteuert, die eine oder andere Atembewegung stärker hervor.

Atemtypen

Der Atemtyp wird nach den Körperabschnitten im Bereich von Brustkorb und Bauch bestimmt, die während der Ruhe- oder Stimmatmung die stärksten Bewegungen zeigen. Durch Sehen und Tasten lassen sich folgende Atemtypen unterscheiden: Schulter- oder Schlüsselbeinatmung (Klavikularatmung), Brust- oder Rippenatmung (Kostalatmung), Bauch- oder Zwerchfellatmung (Abdominalatmung) und Rückenatmung. Die Kombination von Brust- und Schulteratmung wird als *Hochatmung* bezeichnet, die Kombination von Brust- und Bauch-/Flankenatmung als *Tiefatmung*. Wesentlich erscheint nur ein Unterscheidungsmerkmal, nämlich das Verhältnis der thorakalen zur abdominalen Atembewegung.

Zweifellos werden die peripheren Atembewegungen bei der Beurteilung sängerischer Fertigkeiten häufig überbewertet, denn Atembewegungen und sängerische Stimmgebung und Klangbildung hängen nur mittelbar zusammen. Man kann z. B. äußerlich »richtig« atmen und anschließend die Atemluft stimmschädigend stauen oder völlig unzureichend zur Klangbildung ausnutzen. Andererseits ist es möglich, äußerlich »falsch« zu atmen und unmittelbar danach den Luftstrom fein reguliert an die Kehlkopffunktion anzupassen.

Es erscheint fraglich, ob die bei der Entstehung stimmlicher Fehlleistungen als so wesentlich angenommene Schulter- bzw. Klavikularatmung überhaupt als besonderer Atemtyp existiert. Durch Betätigen der Atemhilfsmuskulatur können sich Schulterbewegungen zwar auf das Atemvolumen geringfügig auswirken, aber viel wichtiger erscheint, sie als hyperfunktionelle »Mitbewegungen« anzusehen. Aus diesem Grunde sollte man betonte Bewegungen in diesem Körperabschnitt vermeiden. Sie führen häufig zu Verspannungen im Hals- und auch im Kehlkopfbereich und wirken damit belastend auf die Stimmgebung.

Lungenvolumina und -kapazitäten

Durch die Flüssigkeitskoppelung der Pleurablätter müssen die Lungen den Thoraxbewegungen folgen und je nach Größe der Auslenkungen verschiedene Luftvolumina bewegen (Abb. 28).

In Ruhe werden beim Erwachsenen etwa 500 ml Luft ein- und ausgeatmet (Atemruhevolumen). Zusätzlich können durch vertiefte Einatmung etwa 2500 ml aufgenommen werden (inspiratorisches Reservevolumen). Über das Ruhevolumen hinaus lassen sich durch verstärkte Ausatmung etwa 1500 ml heraustreiben (exspiratorisches Reservevolumen), danach verbleiben noch immer etwa 1200 ml in der Lunge (Residualvolumen). Im klinischen Gebrauch faßt man verschiedene Volumina als Lungenkapazitäten zusammen. Die Totalkapazität umfaßt die Summe aller Volumina. Die Vitalkapazität (3500 - 5000 ml) besteht aus derjenigen Luftmenge, die nach maximaler Einatmung durch stärkste Ausatmung aus der Lunge herauszubringen ist. Beeinflußt wird die Vitalkapazität vor allem durch Geschlecht, Körpergröße und -masse, Trainingszustand, Alter und andere Besonderheiten. Die Inspirationskapazität ergibt sich aus Atemruhevolumen und inspiratorischem Reservevolumen.

Für Sänger ist die Größe der Lungenvolumina und -kapazitäten von untergeordneter Bedeutung. Bei guter Stimmtechnik, d. h. vor allem guter sängerischer Klangbildung, ist es zwar vorteilhaft und mitunter von großer Wirkung, z. B. lange Töne halten oder längere Koloraturen ohne Zwischenatmen singen zu können, aber die Klangqualität der Stimme wird durch die Vitalkapazität nicht unmittelbar beeinflußt. Deshalb sind wir auch davon abgekommen, die Vitalkapazität als ein sängerisches Qualitätsmerkmal zu erfassen.

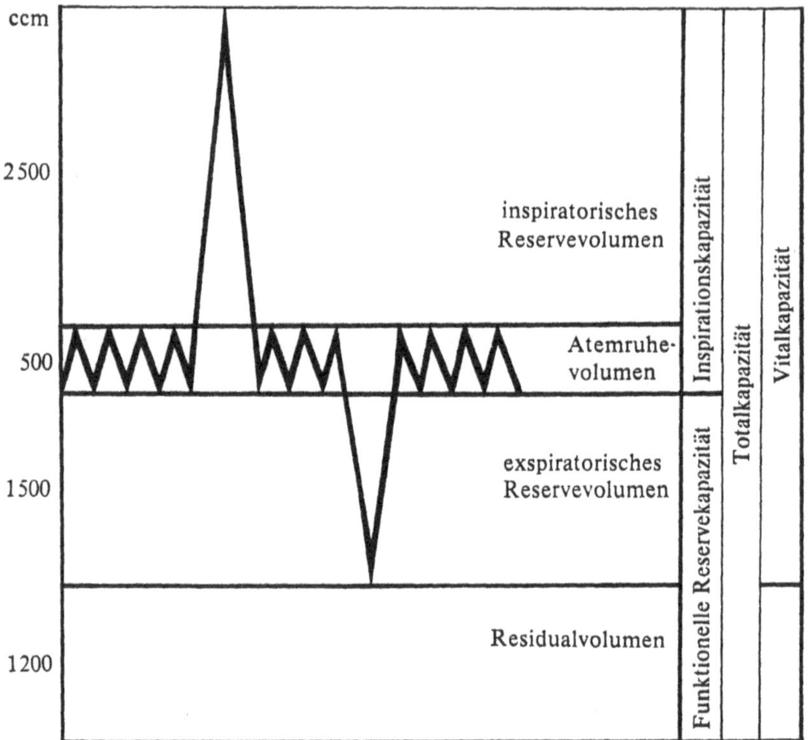

Abb. 28 Lungenvolumina und -kapazitäten

Haltung und Atmung

Eine gesunde, leistungsfähige Atmung setzt eine normale Haltung voraus. Unter Haltung wird das Gesamtbild des frei und aufrecht stehenden Menschen verstanden. Sie hängt ab von den passiven Haltevorrichtungen (Knochen, Bänder, ruhende Muskulatur) und den aktiven Kräften (Muskelkontraktionen). Erbmasse, Alter, Kräftevorrat, Körpergröße und seelische Verfassung beeinflussen die Haltung wesentlich. Freude richtet auf, Kummer beugt. Der gesamte Körper beteiligt sich, also nicht nur Brustkorb und Wirbelsäule bestimmen die Haltung, sondern auch Schultergürtel, Beckengürtel, sogar Rumpf und Gliedmaßen. Die Form der Wirbelsäule beeinflußt die Haltung aber entscheidend. Während des aufrechten Stehens und Gehens wird der Körper entgegen der Schwerkraft gehalten, und die Wirbelsäule ist dabei besonderen Belastungen ausgesetzt. Sie weicht deshalb leicht von der Streckstellung ab. Darüber hinaus kann es zu einem Haltungsverfall kommen, der

sogar die Atemexkursionen beeinträchtigt. Die Bewegungen von Brustkorb und Zwerchfell sind dann lediglich eingeschränkt möglich, und das führt nicht nur zu einer Verminderung der Atemvolumina, sondern auch zu einer Vergröberung der Ausatmungsbewegungen. Durch Fehlanpassung der Ausatmung an die Kehlkopfspannung können Stimmstörungen entstehen (s. auch Stützvorgang, Dysodie). Die für das Singen und für die Sängeratmung günstige Haltung zeigt eine Tendenz zur Wirbelsäulenstreckung. Krümmungen der Wirbelsäule sind dann wenig ausgeprägt, der Kopf wird aufrecht getragen, die Schultern sind seitwärts zurückgenommen, der Brustkorb ist leicht nach vorn gewölbt und steht fast senkrecht über dem Becken, der Bauch ist abgeflacht.
Dieser sogenannten *Arbeits- oder Leistungshaltung* ist die *Ruhehaltung* gegenüberzustellen, bei der im wesentlichen die passiven Haltevorrichtungen wirksam werden. Sie ist ebenfalls als physiologisch anzusehen und dient der Entspannung. Die Krümmungen der Wirbelsäule sind dann vertieft, der Kopf ist leicht nach vorn geneigt, die Schultern haben sich gering nach vorn und unten verlagert, der Brustkorb ist abgeflacht, der Bauch steht vor.

Zwischen Ruhehaltung und maximaler Aufrichtung gibt es natürlich mehrere Arbeitshaltungen, die entsprechend der momentanen sängerischen Leistung eingenommen werden. Wenn die eine oder andere extreme Haltungsform längere Zeit fortbesteht, kann es zu funktionellen oder sogar zu organischen Abweichungen kommen. Das betrifft vor allem die maximale Arbeitshaltung, die häufig mit Überspannung aufrechterhalten wird.

Nach Frommhold und Hoppe (1966) gibt es im Bereich der Halswirbelsäule Haltungsunterschiede, die vom Grad der Schulung und vom Leistungsgrad des Sängers abhängen. Internationale Spitzenkräfte fielen ausnahmslos durch eine konstante Haltung über den gesamten Tonhöhenumfang auf, Gesangsstudenten boten das Bild einer zunehmenden Verspannung: Die Halswirbelsäule krümmte sich nach hinten entgegen der natürlichen Biegung und zeigte isolierte Abweichungen sowie Gleitbewegungen in einzelnen Segmenten.

Rutz (1911) beschrieb vier verschiedene Haltungstypen und ihre »kalten« und »warmen« Unterarten beim Singen. Sie sollen gewohnheitsmäßig vorhanden sein oder müßten erübt werden und prädestinierten jeweils zur Wiedergabe bestimmter Kunstwerke. Die kalte Art drücke sich bei fast allen Stimmgattungen in der hohen Lage in einem »runden« Klang und in der tieferen Lage in einem »breiten« Klang aus, bei der warmen Art sei es umgekehrt. Außerdem könne die »große Art« (mit großem Stimmvolumen), die »dramatische Art« und die »ausgeprägte Art« (mit schärferem Stimmklang) hinzutreten. Die Typen und Arten der Haltung sollen sich durch unterschiedliche Muskelverschiebungen im Bereich des Rumpfes erreichen lassen. – Die Muskelaktivitäten sind in der beschriebenen Form praktisch nicht zu realisieren, und allein deshalb muß die

RUTZsche Typenlehre als spekulativ zurückgewiesen werden. Außerdem erfaßt der Autor nicht das Wesen sängerischer Klangbildung und künstlerischen Stimmausdrucks und läßt die Komplexität dieses Geschehens unberücksichtigt. Die Beziehungen zwischen Körperhaltung und Stimmausdruck sind zweifellos interessant und bedürfen auch heute noch eingehender Untersuchungen, sie lassen sich aber nicht durch lokalisierte Aktionen peripherer Rumpfmuskeln beschreiben.

Zweifellos richtet sich die jeweilige Haltung nach der zu erbringenden stimmlichen Leistung, und je höher die Anforderungen sind, um so mehr wird verlangt, mit aufgerichtetem Körper zu singen. Ein Forteton mit Crescendo an der oberen Grenze des Tonhöhenumfanges läßt sich weder in tief gebeugter Haltung noch in Bauchlage singen. Allerdings erfordert die heute übliche und von großen Teilen des Publikums auch begrüßte Opernpraxis mit lebendiger, bewegter und weitgehend realistischer Darstellungsweise eine entsprechende Anpassung. Wenn man heute nicht mehr fordern kann, auf den Bühnen in »optimaler Sängerhaltung« zu singen, so muß sich der Gesangsunterricht stärker auf die Bühnenpraxis einstellen. Es gehört zur Professionalität des Gesangsunterrichts und des Singens, Stimmübungen auch in Körperhaltungen, die erheblich von »normalen« abweichen, sowie auch in verschiedenen Bewegungssituationen vorzunehmen. Zahlreiche Beispiele in der Opern- und Musicalpraxis belegen, daß eine solche Forderung nicht unrealistisch ist.

Stimmatmung

Die Stimmatmung (Respiratio phonatoria) läßt sich von der stummen Atmung (Respiratio muta) abgrenzen. Häufig wird die Ruheatmung mit der Respiratio muta gleichgesetzt, doch sind beide Begriffe nicht identisch, denn die stumme, stimmlose Atmung kann auch als Leistungsatmung bei körperlicher Belastung in Erscheinung treten.

Die Stimmatmung überlagert die reflektorisch gesteuerte Primärfunktion, die für die Aufrechterhaltung des Stoffwechsels lebensnotwendig ist. Durch Willensimpulse sind in Grenzen sowohl Atemvolumen und -dauer als auch der Atemtyp für die Phonation beeinflußbar. Das zeitliche Verhältnis entgegengesetzter Atemphasen variiert in Abhängigkeit von den stimmlichen Anforderungen. Während sich in Ruhe Ein- und Ausatmungsphase wie 1 : 1,2 (1 : 1,1 ... 1,9) verhalten, gilt für die Stimmatmung etwa 1 : 8. Das Verhältnis ändert sich besonders beim Singen sehr stark und kann noch größere Unterschiede zwischen Ein- und Ausatmungsphase aufweisen. Alter, Geschlecht, Konstitution, momentane körperliche und psychische Verfassung, Stimmtechnik u. a. beeinflussen die Relationen.

Für das Sprechen und Singen gilt die kombinierte Atmung (Kosto-

Abdominalatmung) als funktionell richtig und erstrebenswert, weil sie in ökonomischer Weise optimale Atemvolumina bewegt und den Atemstrom an die Kehlkopffunktion differenziert anpassen kann. In Abhängigkeit von der zu erbringenden Stimmleistung ist bei diesem Atemtyp ein fein abgestuftes Wechselspiel zwischen Zwerchfell- und Bauchdeckenspannung besser möglich (s. Stützvorgang). Die Hochatmung wird als uneffektiv abgelehnt, besonders bei gleichzeitigem starkem Anspannen und Einziehen der Bauchwandmuskulatur während der Einatmung (»paradoxe Atmung«).

Beim Sprechen ist im Normalfall ein Asynchronismus zwischen Bauch- und Brustatmung zu beobachten. Die Ausatmungsbewegung der Bauchwand beginnt bereits, wenn die Einatmungsbewegung des Brustkorbes noch nicht beendet ist (Abb. 29). Während der Ruheatmung zeigen Bauch- und Brustwand fast übereinstimmende Bewegungstendenzen (GUTZMANN, 1909).

Auch bei guten Sängern soll es manchmal zu einem Einziehen des Leibes während der Inspiration kommen. Widersprüchlichen Beobachtungen und Meinungen ist STERN (1928) nachgegangen. Er kam nach intensiven Untersuchungen zu dem Schluß, daß sich bei normal proportionierten und nicht beleibten Sängern, deren Brustumfang größer ist als der des Bauches, der Brustkorb inspiratorisch stärker weitet als der Bauch. Dabei wirkt sich auch aus, daß das Heben des Brustbeines fast stets mit einem leichten Zurück-

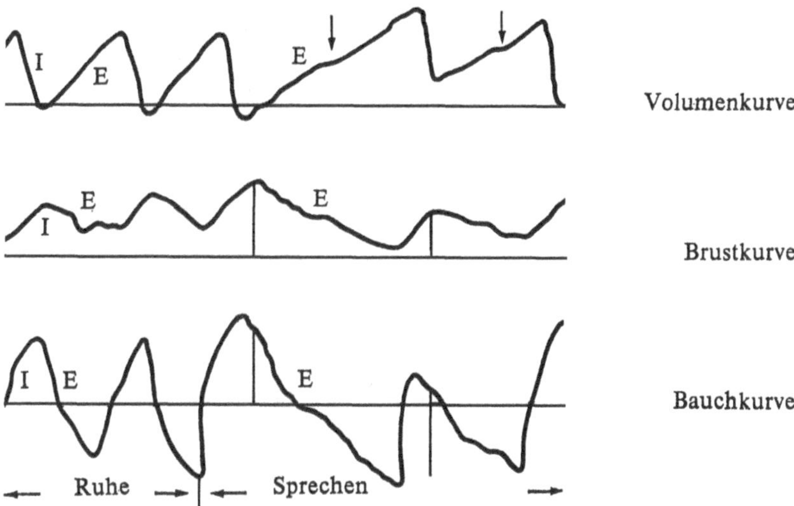

Abb. 29 Asynchronismus von Brust- und Bauchatmung während des Sprechens (nach GUTZMANN, H. sen.); I = Inspiration, E = Exspiration

weichen des Bauches verbunden ist. Es kann dann der Eindruck entstehen, als ob der Bauch gegenüber der Brust einsinke bzw. eingezogen werde.

Ein bewußtes und kräftiges Einziehen des Bauches während der Einatmung ist als unphysiologisch abzulehnen. Allerdings darf die Bauchwandmuskulatur inspiratorisch auch nicht völlig inaktiv sein und spannungslos dem Druck der Eingeweide nachgeben, sondern sie sollte der Zwerchfellbewegung eine federnde Spannung entgegensetzen. Dadurch wird die für das Singen günstige Führung des Ausatmungsstromes schon während der Einatmung vorbereitet (s. Stützvorgang).

Im Rahmen der Kosto-Abdominalatmung lassen sich bei Sängern drei Varianten beobachten: einmal die kosto-abdominale Tiefatmung während des Ein- und Ausatmens, zum anderen die mehr kostale Atmung und letztlich eine Atmung, die bei aufsteigenden Tonfolgen mehr abdominal und bei absteigenden mehr kostal in Erscheinung tritt. Dabei handelt es sich nur um ein gewisses Überwiegen einzelner Muskelaktionen, nicht um isolierte Funktionen. NADOLECZNY (1923), der aufgrund umfangreicher Untersuchungen der Atembewegungen bei Sängern zu der geschilderten Klassifizierung gelangte, will aber nicht als Schematiker verstanden sein. Die Varianten prägen sich oft nur wenig aus und lassen sich dann erst bei höheren stimmlichen Anforderungen unterscheiden. Außerdem gibt es, namentlich bei weniger ausgebildeten Sängern, verschiedene Übergangsformen.

R. SCHILLING (1925) fand bei Untersuchungen über die Atembewegungen beim Sprechen und Singen, daß in manchen Fällen die Bewegungen in Höhe der oberen Bauchwand (Epigastrium) überwiegen, und er grenzte zusätzlich zu den von NADOLECZNY beschriebenen Singatemtypen den epigastrischen Typ ab. Der Autor wies auf den Einfluß der Schulung hin und beschrieb bei geschulten Stimmen vorwiegend den epigastrischen und den abdominalen Typ.

Wie dynamisch der Begriff des Atemtyps beim Singen aufgefaßt werden muß, zeigt sich deutlich, wenn man verschiedene Stimmleistungen berücksichtigt. »Durch die Beobachtungen beim Singen von Oktavsprüngen wird die Anschauung gestützt, daß die Atembewegungen, abgesehen von der Stimmstärke und der Dauer der stimmlichen Leistungen, auch durch die Intervallgröße und die Lage der Töne innerhalb des Stimmumfanges beeinflußt werden, und zwar hinsichtlich der Atemhöhe und Dauer sowohl wie in der Form des Kurvenverlaufs und dem Vorwalten einer Atmungsart. Aber in allen Fällen finden sich, guten stimmlichen Leistungen entsprechend, auch mehr ausgeglichene und ruhigere Atemkurven.« (NADOLECZNY)

Bei dieser differenzierten Betrachtung der Singatmung erscheint auch die Schlußfolgerung von FROESCHELS (1920) aus eigenen Untersuchungsergebnissen nicht abwegig, daß es keinen Typus der Atmung gäbe, der einen besonderen Vorteil für den Sänger bedeute. In ähnlicher Weise lassen sich die Beobachtungen TARNEAUDS (zit. bei LUCH-

SINGER, 1970) interpretieren, der wenige Sänger fand, die »richtig atmen«, und der auch bei berühmten Sängern auffallende »Fehler« in den Respirationsbewegungen feststellte.
Isolierte Atemübungen muß der Anfänger sicher durchführen, um z. B. grundlegende Beobachtungen über verschiedene Atemtypen anstellen zu können. Er soll dann lernen, den für das Singen günstigsten Atemtyp einzusetzen und die Atembewegungen über Bewegungsempfindungen zu kontrollieren. Dem Fortgeschritteneren helfen diese Übungen aber nur wenig, wenn nicht zugleich gesungen wird. Wiederholt begegnet man der Meinung, alle Atemübungen ohne gleichzeitiges Singen seien vollkommen wertlos. Dieser Ansicht ist weitgehend zuzustimmen. Vor allem Übungen zur Vergrößerung der Vitalkapazität sind entbehrlich.

Gezielte »Zwerchfellübungen« erscheinen problematisch, da es kein sicheres Muskelgefühl und keine eindeutigen Bewegungsempfindungen im Zwerchfell gibt. An den Bewegungen vor allem der seitlichen Bauchwand ist eine indirekte Kontrolle möglich, sie ist aber nicht identisch mit einer bewußten Kontrolle der Zwerchfellaktivität.

Die Atmungsfunktionen, die dem Singen vorausgehen oder das Singen unterhalten, sollten unmittelbar auf die Stimmgebung bezogen bzw. mit ihr geübt werden. Das Einatmen sollte ruhig und gleichmäßig durch die Nase oder – während nur kurzer Pausen – rasch und möglichst geräuschlos durch den Mund erfolgen. Es wäre dabei ungünstig, die Einatmung bis an die äußerste Grenze zu treiben, weil die damit verbundenen Verspannungen zur Beeinträchtigung der Stimmfunktionen führen können. Die Stimmatmung unterscheidet sich dadurch von Atemübungen in Ruhe, daß sie die Funktionsbereiche Stimmgebung, Klangbildung und Steuerung durch das Zentralnervensystem einbezieht. Schon während der Einatmung erfolgt eine Vorbereitung der Singleistung, und Faktoren wie Kehlkopfspannung, Kehlkopfstellung, Formung der Ansatzräume durch Gaumensegelstellung, Zungenlage, Mund- und Lippenöffnung, aber auch Vorstellungen von Tonhöhe, Stimmstärke, Melodieverlauf sowie künstlerischem Ausdruck werden berücksichtigt.
»Atemfanatikern« während der sängerischen Ausbildung muß man zumindest Einseitigkeit vorwerfen, weil sie die Stimmgebung nicht genügend als komplexes Geschehen betrachten, das mehrere Funktionskreise einbezieht. Umfragen haben ergeben, daß viele hervorragende Sänger nie in ihrem Leben Atemübungen gemacht haben.

Wir schließen uns der Meinung des Phoniaters und hervorragenden Kenners der Sängerstimme, HUGO STERN an, der formulierte: »Wenn ein Sänger locker singt, wenn er den weichen, einschleichenden Stimmeinsatz benutzt, wenn bei ihm das Übergleiten von einem Register in das andere keine sonderlichen Schwierigkeiten bereitet, so kommt ein besonderes Atemtraining überhaupt nicht in Frage. Automatisch wird durch eine schon halbwegs freie Stimmgebung die Atmung reguliert und dadurch eben der

Beweis geführt, wie die richtige Atemführung und Atemeinteilung von ganz anderen Momenten abhängt als etwa von jahrelangen, nur auf die Atemgebung selbst gerichteten Bemühungen.«

Wichtig ist eine gut dosierte Anpassung des Atemstromes an die Kehlkopffunktion während der Ausatmungsphase (s. Stützvorgang). Je nach der angestrebten stimmlichen Leistung ergeben sich dabei unterschiedliche optimale Einstellungen, wobei immer auch der geringste Luftverbrauch anzustreben ist, d. h. eine optimale Umsetzung von Luftdruck in Stimmklang.

Der für die Stimmlippenschwingungen erforderliche Luftdruck (gemessen an der Höhe einer gehaltenen Wassersäule, s. Akustische Grundlagen) ist vergleichsweise gering. Für umgangssprachliches Sprechen genügen 6 cm H_2O, lautes Sprechen erfordert selten mehr als 15 cm H_2O, und beim Singen werden meist nicht mehr als 20 bis 30 cm H_2O erreicht. Beim Heben schwerer Lasten steigt der subglottische Druck dagegen bis auf 150 cm H_2O an.

Bruhns (1929) hat diese Forderung nach geringem Luftverbrauch mit seiner Veröffentlichung »Minimalluft und Stütze« akzentuiert. »Unter Minimalluft verstehen wir das möglichst kleinste Luftquantum, mit dem ein gut brauchbarer Ton in jeder Stimmlage und in jeder Tonhöhe erzeugt werden kann.« (Stern 1928)

Das Gegenteil dieser optimalen Variante der Stimmatmung ist der Luftverschleiß, die »wilde Luft« während des Singens. Es kommt dabei zu einem behauchten oder verhauchten Stimmklang (s. Auditive Beurteilung).

Stützvorgang

Die Erklärung des Stützvorganges ist untrennbar mit den dargestellten Problemen der Sängeratmung verbunden. Der Begriff »Stützvorgang« akzentuiert den Begriff »Sängeratmung« insofern, als nun auf das Wechselspiel zwischen Ausatmung, speziell Druck und Strömung, und Kehlkopffunktion stärker Bezug genommen wird. Auf keinen Fall kann lediglich der Ausatmungsvorgang gemeint sein.

Zu kaum einem Fachausdruck in der sängerischen Praxis läßt sich aus der Literatur derart Phantasievolles zusammentragen wie zu dem der »Stütze«. Die größten Irrtümer resultieren aus Unkenntnis der anatomischen und physiologischen Grundlagen. Manchmal wird bei »Stütze« an einen Stock gedacht, der eine bestimmte Einstellung festhalten soll, vor allem im Bereich der Haltung und der Atmung. Wer mit der Vorstellung eines Stockes arbeitet, hat das Wesen der Stützfunktion nicht verstanden und läuft außerdem Gefahr, Fehlfunktionen zu provozieren. Wir empfehlen deshalb die Bezeichnung Stützvorgang oder Stützfunktion und möchten damit auch vom Begriff her die dynamische Seite stärker betonen.

Ziel des Stützvorganges ist die zweckmäßige Führung des Ausatmungsstromes für eine optimale Kehlkopffunktion, wobei die Ausatmung

durch ein möglichst langes Beibehalten der Einatmungsstellung verlängert werden soll. Der Sänger empfindet die Einatmungsspannung vor allem in Brust- und Bauchwand meist deutlich und kann sich mit deren Hilfe über den Funktionszustand der Atmungsmuskulatur gut orientieren (kinästhetische Empfindungen, Kinästhesien). Diese subjektiven Empfindungen tragen wesentlich zur Kennzeichnung des Stützvorganges bei. Die Regulierung des Ausatmungsvorganges erfolgt durch ein differenziertes Wechselspiel zwischen dem Zwerchfell, das auch nach vollzogener Inspirationsbewegung die Tendenz zur Einatmung beibehält, und der Bauchwandmuskulatur, die bei Kontraktion die Inspirationstendenz des Zwerchfells überwindet und die Ausatmung steuert. Das Zwerchfell bewegt sich dann langsam aufwärts und geht in die Ausatmungsstellung zurück. Dieses Wechselspiel soll sich federnd und elastisch abspielen und den Atemstrom – an den Stimmlippen vor allem als subglottischer Druck wirksam – fein dosiert der Muskelspannung im Kehlkopf anpassen, so daß aerodynamische und myoelastische Kräfte in einem hocheffektiv abgestimmten Balancezustand wirken können. Das Resultat ist dann eine optimale Umsetzung von Atemluft in Stimmklang. Ein ausgewogenes Zusammenspiel von Bauchwandmuskulatur und Zwerchfell stellt sich normalerweise aber nicht erst während des Singens ein, sondern wird schon inspiratorisch wirksam, indem die Bauchdecken nicht völlig passiv der Zwerchfellkontraktion nachgeben.
Zur Ausführung von Präzisionsbewegungen wird dieses Prinzip auch in anderen Bereichen wirksam, indem gegensätzliche Muskelgruppen, z. B. Beuger und Strecker bei Extremitätenbewegungen, gleichzeitig angespannt werden und die Muskeln für die beabsichtigte Bewegung nur geringfügig überwiegen. Dies ermöglicht eine besonders genaue Kontrolle auch kleinster Bewegungen.
Das Wechselspiel zwischen Atemdruck und Kehlkopfspannung ändert sich während des Singens und muß ununterbrochen schnell und präzise nachreguliert werden, in Abhängigkeit von Tonhöhe, Stimmstärke, Register, Vokalisation, Lautfolge, zeitlichem Verlauf des Singens (z. B. gehaltener Ton, Schwellton, Koloratur), aber auch in Abhängigkeit vom Stimmausdruck. Die Stützfunktion ist damit als eine der zentralen Vorgänge während des Singens zu betrachten und läuft bei einer gesunden und gut geschulten Stimme sehr dynamisch ab. Ähnliches gilt für die Bewegungsempfindungen, die sie begleiten.
Aus dieser Sicht wird auch verständlich, warum die äußerlich sichtbaren Atembewegungen von sekundärer Bedeutung sind, denn es kommt vor allem darauf an, wie der Atemstrom am Kehlkopf wirksam wird, wie die Stimmlippen den Atemstrom regulieren und wie variabel dieses Geschehen abläuft. Man hört eher, ob der Stützvorgang ausbalanciert ist oder nicht, als daß man es an den Atembewegungen ablesen kann.

Verschiedene Merkmale des Stimmklangs, wie Stimmeinsatz, Stimmabsatz, Beweglichkeit der Stimme, Art des Vibratos, Klangqualität (»gepreßter« Klang, klare oder behauchte Stimme) usw., erscheinen bei dieser Hörbeurteilung wesentlich.

Die Haltung hat nur indirekt Beziehungen zur Stützfunktion, indem sie günstigere oder weniger günstige Voraussetzungen für die Atemregulierung schafft. Auch in Abweichung von der maximalen Aufrichtung, also in unterschiedlichen Arbeitshaltungen, kann richtig gestützt werden. Die zu erbringende Stimmleistung spielt dabei die entscheidende Rolle.

Obwohl eigentlich auch die Klangformung in den Ansatzräumen und zentrale Leistungen in die Beschreibung der Stützfunktion einbezogen werden müßten, weil es zwischen diesen Funktionsbereichen und der Atem- und Kehlkopffunktion Wechselwirkungen gibt (s. Klangbildung), ist diese Erweiterung des Begriffes meist nicht üblich und wohl auch nicht notwendig. Bewegungsempfindungen in der Muskulatur der Ansatzräume, Vibrationsempfindungen am Schädel und Hörempfindungen stellen eine andere Kategorie dar und sind meist von Empfindungen abgrenzbar, die zum sogenannten Stützvorgang gehören und die den eigentlichen Phonationsablauf als myoelastisch-aerodynamisches Geschehen bewußtwerden lassen.

Der Begriff »Appoggio« stammt aus der italienischen Gesangspädagogik und wird meist mit »Atemstütze« übersetzt. Die Italiener unterscheiden das »Appoggiare la voce in petto« (Stützen der Stimme im Brustkorb) von einem »Appoggiarsi in testa« (»sich in den Kopf stützen«). Der letztgenannte Begriff wird in der Praxis wohl mehr für die Klangbildung in den Ansatzräumen (»im Kopf«) verwendet, der erstgenannte bezieht sich stärker auf den Atmungsvorgang während des Singens.

Begriffe wie Brust-, Bauch-, Flanken- und Zwerchfellstütze sind einseitig und berücksichtigen zu sehr ein lediglich peripheres Geschehen. Die sichtbaren Atmungsbewegungen sind eben nur als Teilfunktionen innerhalb eines komplexen Geschehens anzusehen. In diesem Zusammenhang muß man die extrem anmutenden Ansichten mancher Autoren (z. B. von FROESCHELS, TARNEAUD) sehen, die die Atembewegungen während des Singens nur gering bewerten bzw. eine isolierte Atemschulung ablehnen.

Die Forderung von STERN (1928), FORCHHAMMER (1937) u. a., die Atemübungen nur dann für sinnvoll halten, wenn zugleich gesungen wird, beziehen sich im Grunde völlig richtig auf die Schulung des Stützvorganges. Auch der berühmte Leitgedanke der italienischen Gesangsmethodik, »Wer gut atmet, singt gut«, erhält nur im Rahmen der Stützfunktion seinen Sinn. Denn ein Sänger kann noch so gut atmen, er verbessert seine stimmlichen Leistungen nicht, wenn er nicht stets das Singen als einen komplexen Vorgang von Stimmgebung und Klangbildung auffaßt.

FORCHHAMMER unterscheidet außerdem zwischen Ton- und Artikulationsstütze. Bei der Tonstütze wird die Luft gegen die Stimmlippen »gestützt«, bei der Artikulationsstütze jedoch gegen die Artikulationsstelle, die (bei offener Glottis) stimmlose Konsonanten bildet. Der Begriff Artikulationsstütze ist als ein Sonderfall des Stützvorganges akzeptabel, weil sich Beziehungen zur Stimmbildung im Kehlkopf erkennen lassen: Ein Stimmeinsatz, der dem Konsonanten nachfolgt, läßt sich mit der bereits komprimierten Luft leichter bilden.

Beschreibungen des Stützens, die sich am subjektiven Stimmerlebnis orientieren (z. B. Kopf-, Zahn-, Nasenstütze), erfassen nicht das Wesentliche des Stützvorganges und wirken nur verwirrend.

Für den Anfänger sind ausführliche Erläuterungen über den Stützvorgang häufig unverständlich, weil er sängerische Erfahrungen braucht, um wirklich zu begreifen, worauf es ankommt. Nicht selten ist es günstiger, sich weniger auf Atemübungen als vielmehr auf die sängerische Klangbildung zu konzentrieren. Dann stellt sich eine naturgemäße, variable und effektive Atemfunktion oft viel schneller ein.

»Überstützen« bedeutet, daß das Wechselspiel zwischen Atmungs- und Kehlkopffunktion nicht natürlich, sondern in beiden Funktionsbereichen hyperfunktionell, also überspannt abläuft. Das klangliche Resultat sind unter Anstrengung erzeugte, »gestemmte« Töne.

Eine Gesangslehre, die diese Fehlfunktionen methodisch untermauert, wurde von ARMIN (1909) mit dem sogenannten *Stauprinzip* entwickelt. Der angehaltene Atem wird einige Sekunden unter Druck gesetzt, und dann ist ein stöhnender oder ächzender Ton hervorzubringen. Diesen »hart« gestauten Tönen sollen dann »weich« gestaute folgen. Der forcierte Stützvorgang führt häufig zu Stimmschäden und ist als Stimmbildungsprinzip nur begrenzt anwendbar. Es zeugt von Unverständnis gegenüber elementaren Funktionsabläufen beim Singen, wenn versucht wird, das Stauprinzip methodisch zu kultivieren. – Ausführliche Untersuchungen liegen von R. SCHILLING (1922) vor.

»Unterstützen« geht mit zu geringer Spannung in beiden Funktionsbereichen einher. Die Stimme kann dabei zu leise oder behaucht klingen.

Stimmgebung

Bau des Kehlkopfes

Der Kehlkopf ist aus Knorpeln, Bändern, Muskeln, Bindegewebe und Schleimhaut aufgebaut. Seine komplizierte Struktur ermöglicht außerordentlich differenzierte Funktionen der Stimmgebung für das Sprechen und Singen.

S t ü t z g e r ü s t. Das Gerüst des Kehlkopfes besteht aus Schildknorpel, Ringknorpel, zwei Stellknorpeln und Kehldeckelknorpel (Abb. 30 bis 32). Die Kehlkopfknorpel sind durch zahlreiche Bänder und Membranen miteinander verbunden (s. auch Abb. 34).

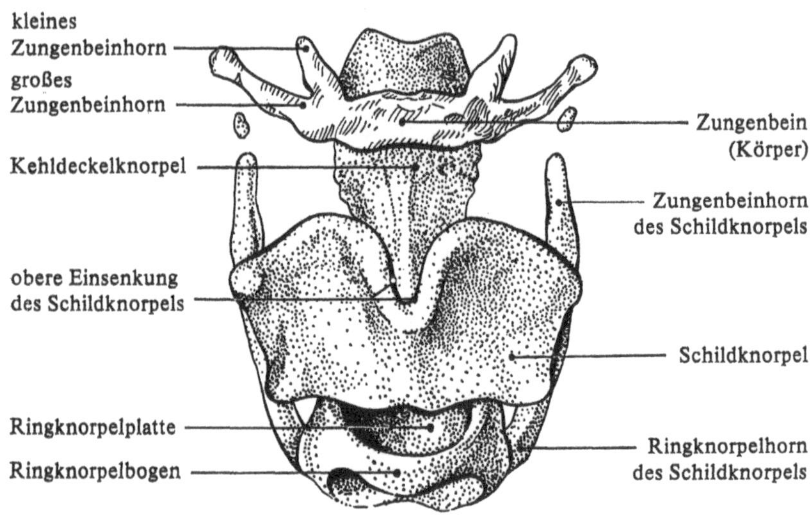

Abb. 30 Stützgerüst des Kehlkopfes, von vorn

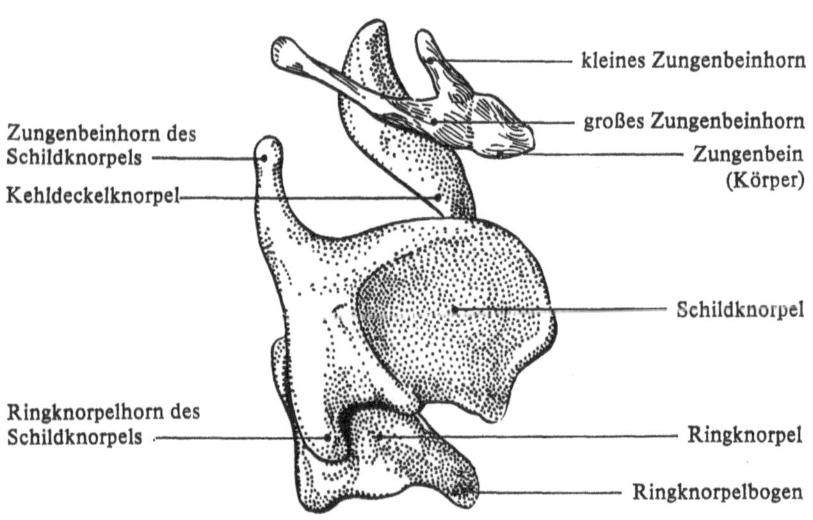

Abb. 31 Stützgerüst des Kehlkopfes, von rechts

Der *Schildknorpel* (Thyroid) ist der größte Knorpel des Kehlkopfes, er läßt sich gut tasten und bestimmt vor allem beim Mann das Profil des Halses. Der Knorpel besteht aus zwei Platten, die sich vorn winklig vereinigen. Der Winkel beträgt beim Mann 90° und wölbt mit seinem vorderen oberen Ende die Haut des Halses als »Adamsapfel« vor. Beim weiblichen Geschlecht und bei Knaben ist der Winkel stumpf (120°). Zwischen beiden Platten läßt sich oben eine Einsenkung tasten; die Stimmlippen setzen 0,5 cm unterhalb davon an der Innerseite an. – Vom hinteren Teil beider Schildknorpelplatten gehen nach oben und unten hornartige Fortsätze aus: nach oben die langen Zungenbeinhörner, die sich mit dem Zungenbein vereinigen, nach unten die kurzen Ringknorpelhörner, die sich gelenkig mit dem unterhalb des Schildknorpels liegenden Ringknorpel verbinden.

Der *Ringknorpel* (Krikoid) hat die Form eines Siegelringes und bildet die Basis des knorpeligen Kehlkopfskelettes. Der Bogen zeigt nach vorn und ist in seinem vorderen Abschnitt tastbar. Die hinten liegende Ringknorpelplatte füllt den Raum zwischen den Schildknorpelplatten weitgehend aus. Je eine Gelenkfläche am vorderen seitlichen Abhang der Ringknorpelplatte zum Ringknorpelbogen dient der Aufnahme der Stellknorpel, und in der Nähe des unteren Randes befindet sich auf jeder Seite eine Gelenkfläche für das Gelenk mit dem Ringknorpelhorn des Schildknorpels (s. o.).

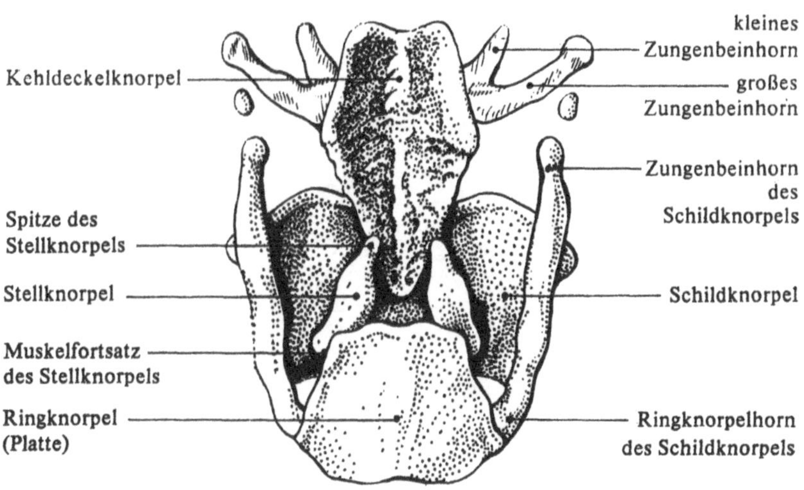

Abb. 32 Stützgerüst des Kehlkopfes, von hinten

Die *Stellknorpel* (häufig auch Aryknorpel, seltener Gießbeckenknorpel genannt) sind paarig angelegt und haben die Form einer dreiseitigen Pyramide. Die pfannenartige Basis trägt eine Gelenkfläche für das Gelenk mit dem Ringknorpel. Zwei Fortsätze an jedem Stellknorpel sind funktionell bedeutungsvoll: ein vorderer, an dem Stimmband und Stimmlippenmuskel ansetzen, und ein seitlicher für den Ansatz weiterer innerer Kehlkopfmuskeln (s. dort). Der Wechsel von Respirations- und Phonationsstellung erfolgt nicht, wie häufig angenommen wird, durch eine Drehbewegung der Aryknorpel um eine vertikale Achse, sondern es findet eine Kipp-Gleitbewegung statt. Dabei bewegen sich die Stellknorpel für die Stimmgebung nach vorn unten und zur Mitte, zur Atmung erfolgt die rückläufige Bewegung (Abb. 33). Im gesunden Kehlkopf laufen alle Bewegungen in den Gelenken symmetrisch ab.

Der *Kehldeckelknorpel* (Epiglottis) entspricht in seiner Form einem Tennisschläger, er ist oben breit und unten schmal ausgebildet. Die seitlichen Ränder sind nach hinten gekrümmt und formen den vorderen Teil des Kehlkopfeinganges.

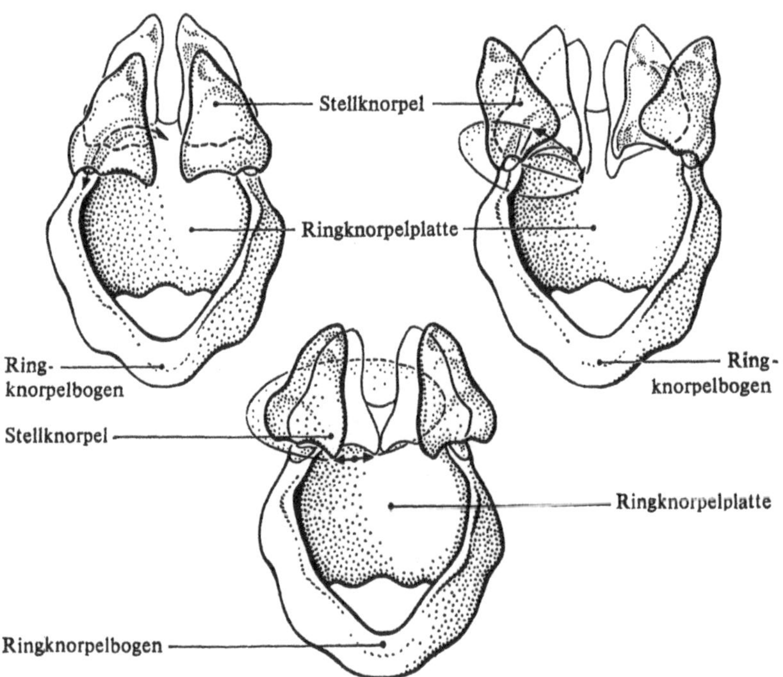

Abb. 33 Bewegungsmöglichkeiten der Stellknorpel gegenüber dem Ringknorpel (nach PERNKOPF)

Das *Zungenbein* (Hyoid) befindet sich als U-förmiger Knochen zwischen Unterkiefer und Schildknorpel und ist fast in ganzer Ausdehnung tastbar. Der Bogen des Knochens liegt vorn. Zahlreiche Muskeln des Mundbodens, der Zunge und des Halses sind am Zungenbein befestigt. Die Kopplung an den Schildknorpel erfolgt in ganzer Ausdehnung durch eine Bindegewebsmembran und durch Bänder (Abb. 34), deshalb folgen die Bewegungen des Zungenbeines denen des Kehlkopfes und umgekehrt. Die am Zungenbein ansetzenden Muskeln lassen sich nach ihrer Funktion unterscheiden in Zungenbeinheber und Zungenbeinsenker. Die Zungenbeinheber entspringen am Unterkiefer und an der Schädelbasis, die Zungenbeinsenker an Brustbein, Schulterblatt und Schildknorpel. Im engen Zusammenhang mit diesen Muskelfunktionen stehen die Kräfte, die den Schildknorpel (und damit den Kehlkopf) heben und senken (Abb. 35).

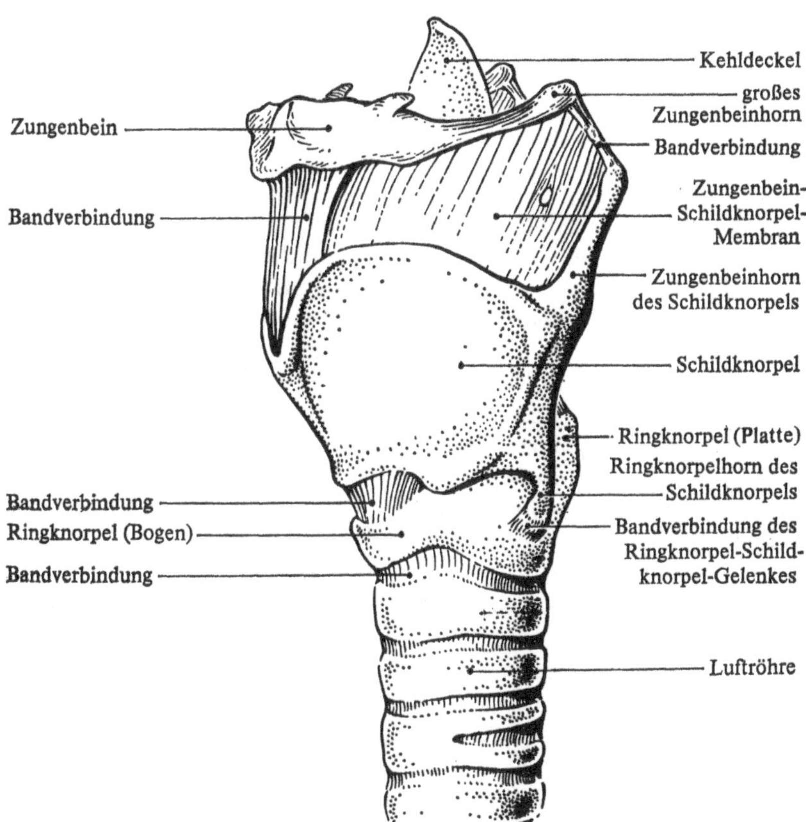

Abb. 34 Knorpel, Bänder und Membranen von Kehlkopf und Luftröhre

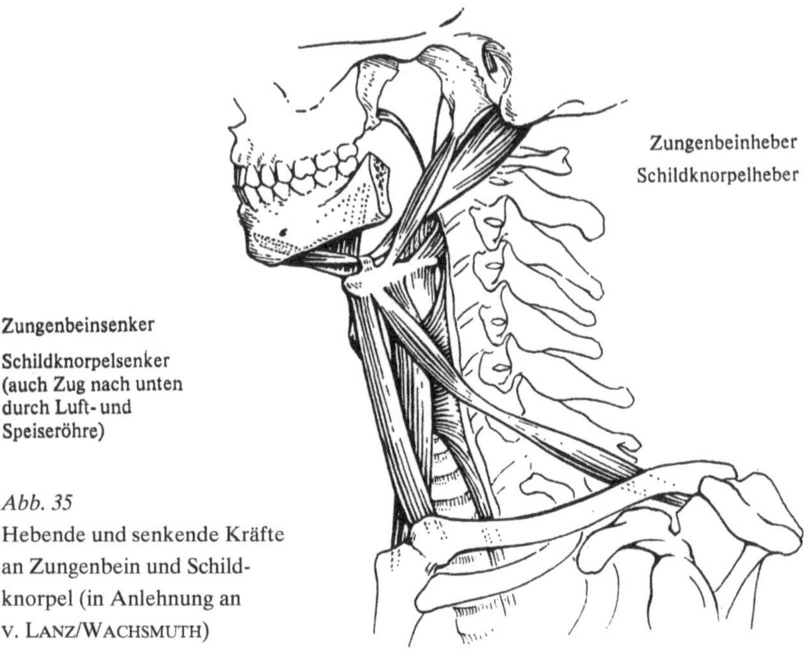

Abb. 35
Hebende und senkende Kräfte an Zungenbein und Schildknorpel (in Anlehnung an v. LANZ/WACHSMUTH)

Muskulatur. Die Muskeln des Kehlskopfes verengen oder erweitern die Stimmritze, spannen oder entspannen die Stimmlippen und verändern ihre Form. Dadurch wird eine modulationsfähige Stimmgebung ermöglicht. Während der Phonation wirken die Muskeln in komplexer Weise zusammen, und die Aktion des Einzelmuskels ist stets in die Gesamtaktionen der Kehlkopfmuskulatur einbezogen. Wenn aus didaktischen Gründen einzelne Muskeln und ihre Funktionen erläutert werden, sollte man immer bedenken, daß sie während der Stimmgebung nicht isoliert einsetzbar sind.

Nach ihrer Wirkung auf die Stimmlippen lassen sich die jeweils doppelseitig angelegten Kehlkopfmuskeln in drei Gruppen einteilen: Öffner, Schließer und Spanner.

Das einzige Muskelpaar, das die Stimmritze öffnet (Postikus), befindet sich an der Hinterseite des Kehlkopfes. Es entspringt an der Ringknorpelplatte und setzt an dem seitlich liegenden Muskelfortsatz der Stellknorpel an (Abb. 36). Die Kontraktion führt zu einer Verlagerung des Muskelfortsatzes nach hinten unten und zur Mitte, und dadurch öffnen sich die vorn an den Stellkorpeln ansetzenden Stimmlippen.

Die Schließung der Stimmlippen bewirken drei Muskelpaare. Der unmittelbare Gegenspieler des beschriebenen Öffners entspringt seitlich am Ringknorpelbogen und setzt ebenfalls am Muskelfortsatz des

Stellknorpels an (Lateralis, Abb. 37). Die Schließungsbewegung der Stellknorpel kommt außerdem durch Muskelfasern zustande, die quer (Transversus) und schräg (Obliquus) zwischen diesen Knorpeln verlaufen (Abb. 38).

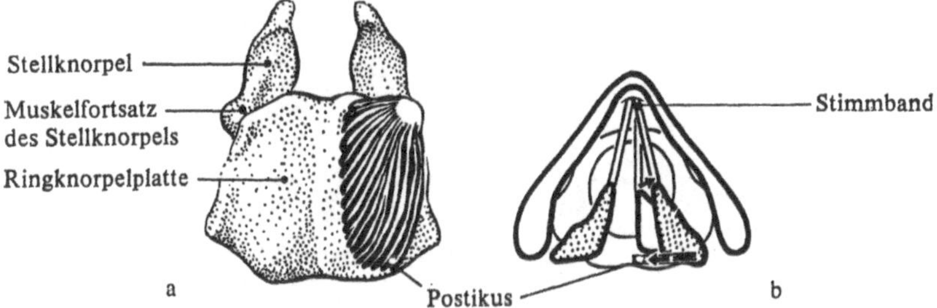

Abb. 36 Öffner der Stimmritze, Postikus (in Anlehnung an v. LANZ/WACHSMUTH)
a Bau, b Funktion

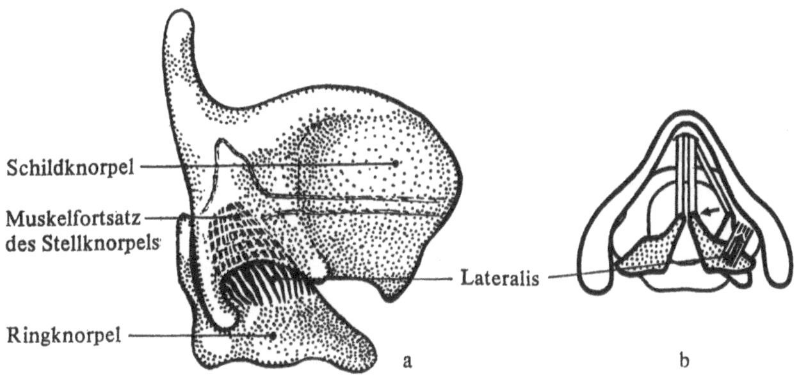

Abb. 37 Schließer der Stimmritze, Lateralis (in Anlehnung an v. LANZ/WACHSMUTH)
a Bau, b Funktion

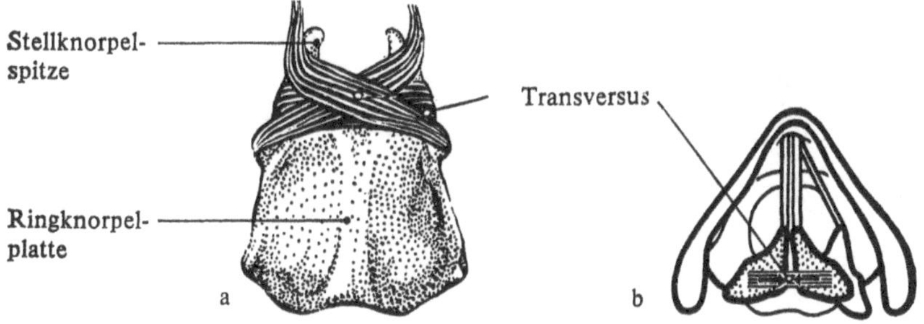

Abb. 38 Schließer der Stimmritze, Transversus (in Anlehnung an v. LANZ/WACHSMUTH) a Bau, b Funktion

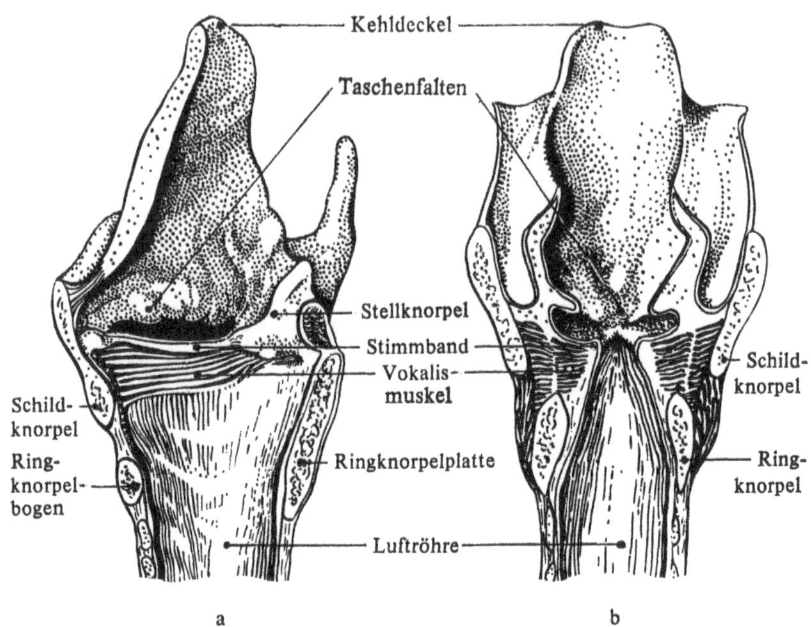

Abb. 39 Schließer der Stimmritze und Spanner der Stimmlippen, Vokalis (in Anlehnung an v. LANZ/WACHSMUTH) a Längsschnitt des Kehlkopfes, b Querschnitt

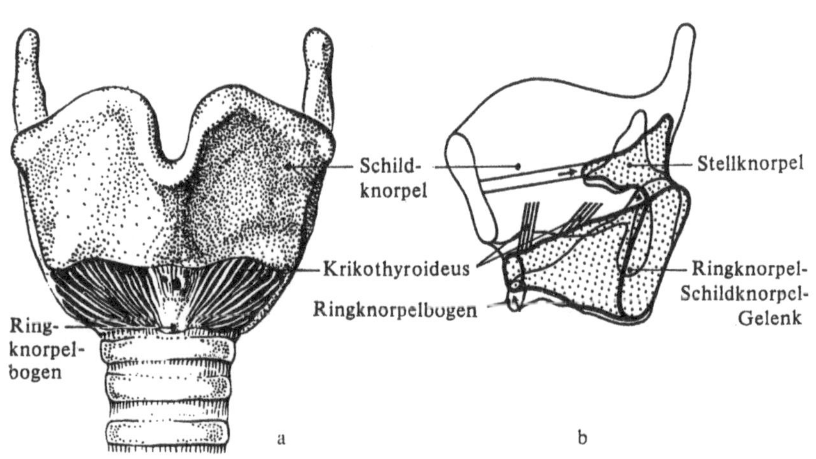

Abb. 40 Spanner der Stimmlippen, Krikothyroideus (in Anlehnung an v. LANZ/WACHSMUTH) a Bau, b Funktion

Der Stimmlippenmuskel (Musculus vocalis, Vokalis) zieht von der vorderen Innenfläche der Schildknorpelplatten zu dem vorderen unteren und seitlichen Teil der Stellknorpel (Abb. 39). Er kann die Stellknorpel nähern und die Stimmritze verengen. Neben dieser Schließungsfunktion reguliert der Vokalismuskel auch die innere Spannung der Stimmlippen. Der unterschiedliche Kontraktionszustand seiner Fasern führt zu Verdickungen oder Verdünnungen und zu unterschiedlichen Spannungen der schwingenden Stimmlippen. Auf diese Weise ermöglicht der Vokalismuskel hochdifferenzierte Einstellungen für sehr verschiedenartige stimmliche Leistungen.

Andere für die Stimmlippenfunktion wichtige Spannmuskeln liegen beidseits außerhalb des Kehlkopfes und entspringen am unteren Rand des Schildknorpels und setzen am Ringknorpelbogen an (Krikothyroideus, Abb. 40). Bei Kontraktion dieses Muskelpaares wird der Rinknorpelbogen an den Schildknorpel herangekippt. Der Drehpunkt für die Kippbewegung liegt in dem Gelenk, das Ringknorpelhorn des Schildknorpels und Ringknorpel bilden. Bei Ankippen des Ringknorpelbogens bewegt sich die Ringknorpelplatte nach hinten und nimmt die Stellknorpel mit, die Stimmlippen werden gespannt. Ein Abkippen des Ringknorpelbogens führt zur Entspannung der Stimmlippen. Immer wirkt der Spannungszustand der Stimmlippen auf diesen »Kippmechanismus« (»Rahmenfunktion«) ein (Abb. 41, s. a. Stimmfunktionen). Er hängt nach heutiger Kenntnis eng mit der Registerbildung zusammen. Abb. 42 zeigt die Kehlkopfmuskeln im Überblick.

Nach W. und A. ZENKER (1960) werden Länge und Spannung der Stimmlippen zusätzlich durch Kräfte beeinflußt, die von außen am Kehlkopf angreifen. Dabei ist die Wirkung eines Muskelteiles hervor-

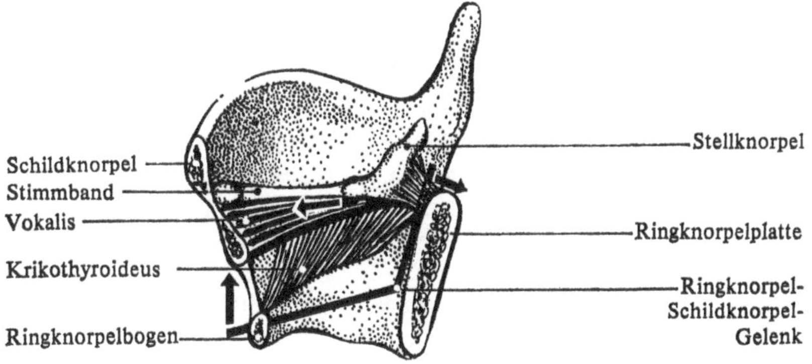

Abb. 41 Spannapparat (Rahmenfunktion) des Kehlkopfes (in Anlehnung an v. LANZ/WACHSMUTH)

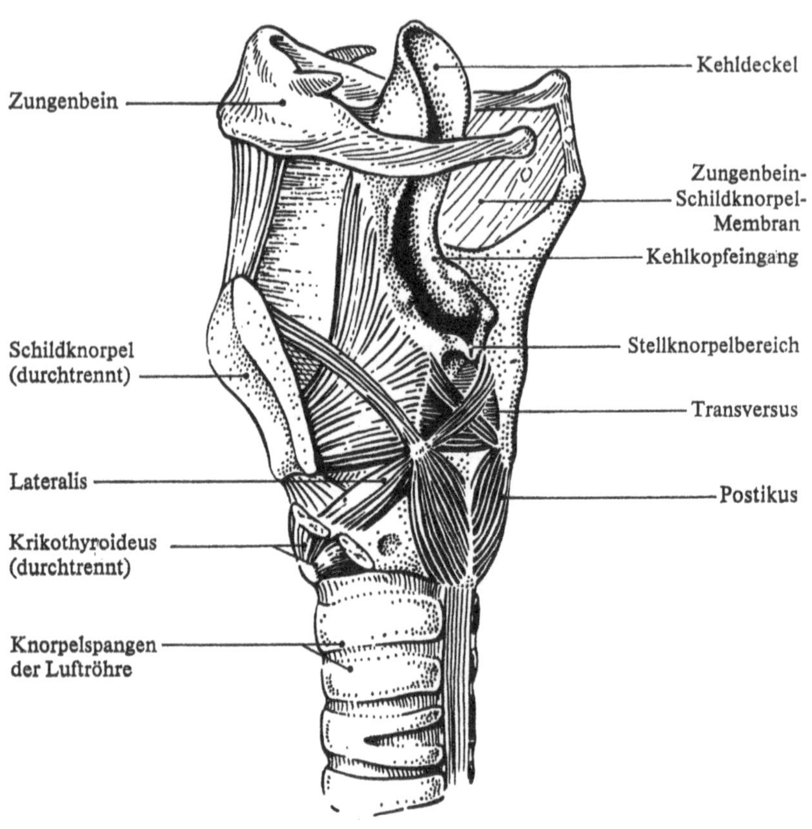

Abb. 42 Kehlkopfmuskeln, Überblick

zuheben, dessen Fasern an der Seitenfläche des Ringknorpels entspringen, nach hinten oben ziehen und in der Mitte der Rachenhinterwand ansetzen (Krikopharyngeus, Abb. 43). Da der Muskel unterhalb und hinter dem Ringknorpel-Schildknorpel-Gelenk verläuft, kommt es bei Kontraktion zum Vorkippen des oberen Teils der Ringknorpelplatte, die Stimmlippen werden verkürzt und entspannt. Der Muskel wirkt demnach als Gegenspieler zu dem schon beschriebenen Spannmuskel außerhalb des Kehlkopfes.

Nervenversorgung. Ein Hirnnerv, der seitlich vom Kehlkopf in den Halsweichteilen verläuft, übernimmt seine nervale Versorgung. Ein kleiner Teil tritt in Höhe des Kehlkopfes direkt an das Organ heran. Ein größerer und funktionell wichtigerer Teil verläuft weiter nach unten, umschlingt große Gefäße und zieht dann rückläufig (»Rekur-

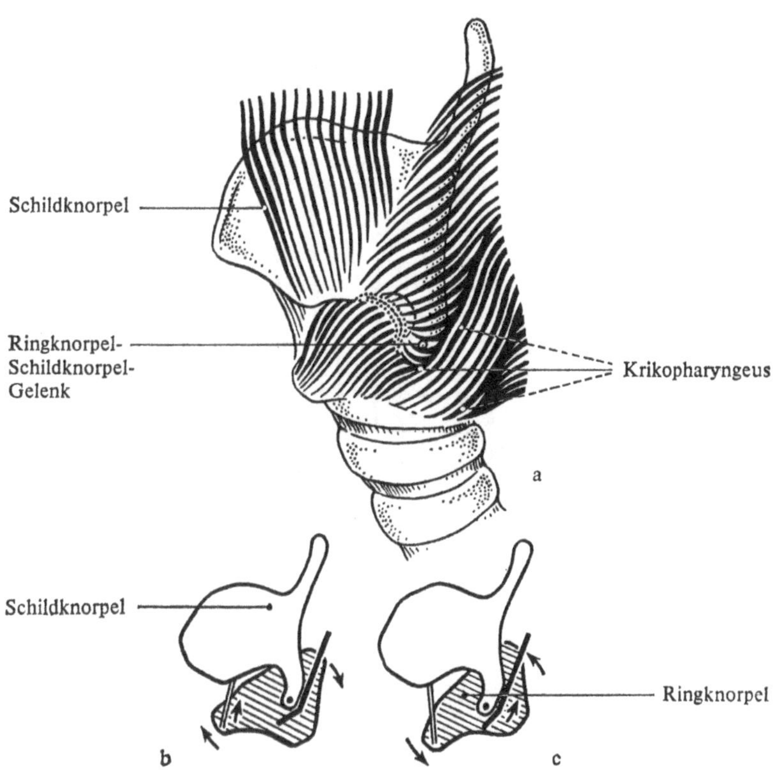

Abb. 43 Verlauf und Funktion des M. cricothyroideus und des M. cricopharyngeus; a Muskelverlauf, b Funktion des M. cricothyroideus (Spannung), c Funktion des M. cricopharyngeus (Entspannung)

rensnerv«) nach oben wieder zum Kehlkopf (Abb. 44). Bei Ausfall dieses Nerves kommt es zur Lähmung der inneren Kehlkopfmuskulatur (»Rekurrensparese«), die einseitig und – selten – doppelseitig auftreten kann und zur Unbeweglichkeit der betroffenen Stimmlippe führt. Bei der einseitigen Lähmung steht die Stimmstörung im Vordergrund, bei der doppelseitigen Lähmung die Atemnot.

Stimmlippen. Die Stimmlippen (Labia vocalia, Einzahl Labium vocale) bestehen im wesentlichen aus dem randnah gelegenen straffen, bindegewebigen *Stimmband* (Ligamentum vocale) sowie dem *Vokalismuskel* (Musculus vocalis) und der darüber liegenden *Schleimhaut.* Stimmband und Vokalismuskel sind miteinander verwachsen und verlaufen von der vorderen Innenfläche der Schildknorpelplatte zum Stellknorpel. Die Muskelfasern liegen nicht parallel zum Stimmlippenrand,

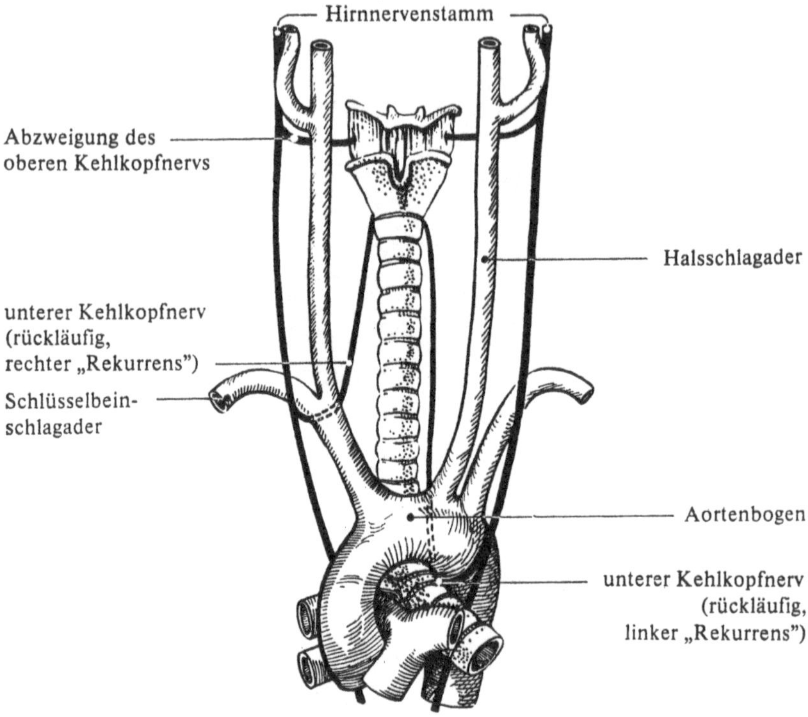

Hirnnervenstamm
Abzweigung des oberen Kehlkopfnervs
Halsschlagader
unterer Kehlkopfnerv (rückläufig, rechter „Rekurrens")
Schlüsselbein-schlagader
Aortenbogen
unterer Kehlkopfnerv (rückläufig, linker „Rekurrens")

Abb. 44 Nervenversorgung des Kehlkopfes (in Anlehnung an v. LANZ/WACHSMUTH)

Schildknorpel
Stellknorpel
Ringknorpel
Stimmlippen-muskel (Vokalis)
Ringknorpel
Stell-knorpel
Stimm-band
a
b

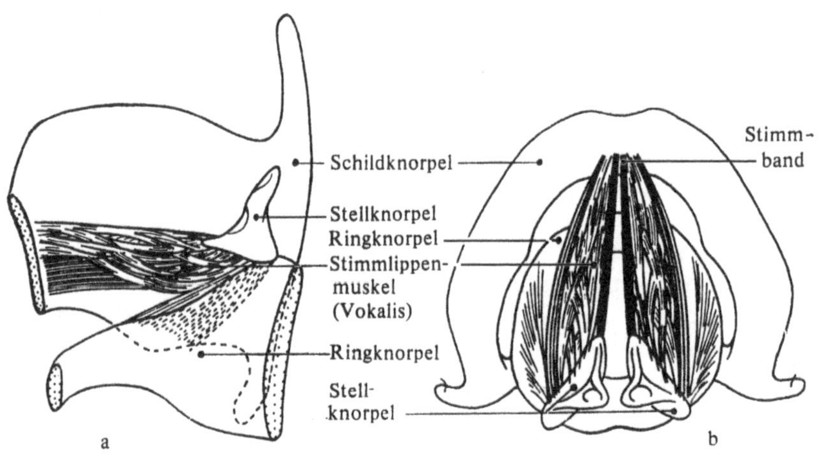

Abb. 45 »Zopfmuster« des Stimmlippenmuskels (nach ROHEN), a seitlich, b von oben

sondern sind zopfartig miteinander verflochten (Abb. 45). Dadurch läßt sich der Spannungszustand der Stimmlippen fein abgestuft variieren. Stimmband, Muskel sowie Bindegewebe, Gefäße und Nervenfasern werden von Schleimhaut überkleidet (Abb. 46), die gegenüber der Unterlage verschieblich ist.

Häufig wird das ganze Gebilde ungenau als »Stimmband« bezeichnet, korrekt ist die Benennung Stimmlippe oder Stimmfalte (Plica vocalis, Mehrzahl Plicae vocales). Der Raum zwischen den Stimmlippen ist die *Stimmritze* (Rima glottidis), gelegentlich wird auch – verkürzt – die Bezeichnung Glottis dafür verwendet. Meist benennt man aber mit Glottis die beiden Stimmlippen einschließlich der Stimmritze. Primär dienen die Stimmlippen dem reflektorischen Verschluß der unteren Luftwege zum Schutz vor fehlgeschluckten Nahrungsbestandteilen, Schleimhautabsonderungen oder eindringenden Fremdkörpern. In den Kehlkopf gelangte Teilchen werden nach Verschluß der Stimmlippen und Sprengen dieses Verschlusses während der Ausatmung herausgeschleudert (Hustenstoß). Beim Pressen ermöglichen die fest verschlossenen Stimmlippen eine erhebliche Druckerhöhung im Bauchraum. Sekundär erzeugen die Stimmlippen den Grundschall der Stimme.

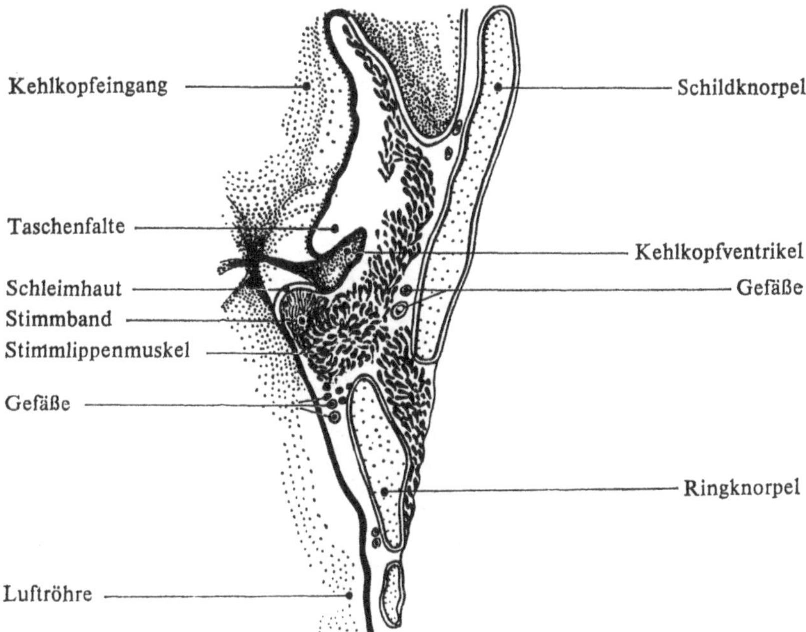

Abb. 46 Frontalschnitt durch den Kehlkopf (in Anlehnung an v. LANZ/WACHSMUTH)

Zwei Bewegungsvarianten der Stimmlippen lassen sich unterscheiden: die *respiratorische Beweglichkeit* und der *phonatorische Schwingungsablauf*. Mit der respiratorischen Beweglichkeit sind die Öffnungsbewegung für die Einatmung (hinten offenes Dreieck) und die Schließungsbewegung gemeint, die zum Aneinanderlegen der Stimmlippen führt und Voraussetzung für die Stimmgebung bzw. für das Pressen ist. Die Bezeichnung phonatorische Beweglichkeit bezieht sich auf die Schwingungsbewegungen der aneinander liegenden Stimmlippen während der Phonation (s. Schwingungsablauf der Stimmlippen). Diese Bewegungen sind mit bloßem Auge wegen ihrer hohen Geschwindigkeit nicht zu erkennen. Um die phonatorische Beweglichkeit der Stimmlippen beobachten zu können, muß man technische Hilfsmittel verwenden (s. Stroboskopie).

Kehlkopfinnenraum. Neben den bereits genannten Stimmlippen umfaßt der Innenraum des Kehlkopfes, der wesentlich enger ist als das Stützgerüst, noch andere Strukturen in einem charakteristischen Relief (Abb. 47). Der Kehlkopfeingang wird durch Schleimhautfalten begrenzt, die von den oberen Spitzen der Stellknorpel zu den Seitenrändern des Kehldeckels ziehen. Der Kehldeckel ist vorn oben über drei Falten mit dem Zungengrund verbunden, so daß auch die Bewegungen

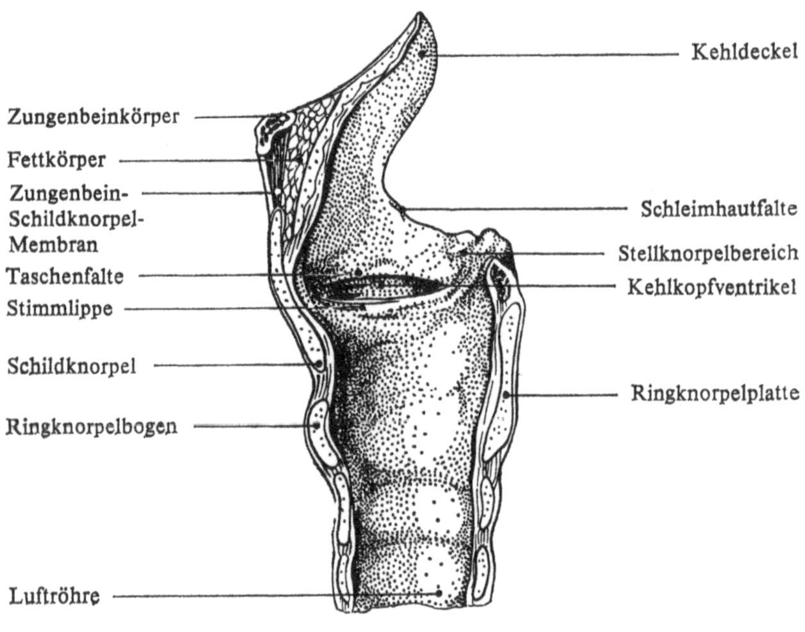

Abb. 47 Kehlkopfinnenraum

des Zungengrundes auf den Kehldeckel übergehen. Unterhalb des Kehldeckels liegen im Kehlkopfinneren die *Taschenfalten*, die annähernd parallel zu den Stimmlippen und oberhalb von ihnen von der Innenfläche der Schildknorpelplatten zur Seitenfläche der Stellknorpel verlaufen. Auch sie werden durch ein Band, das Taschenband, versteift. Die gesamte mit Schleimhaut überzogene Vorwölbung wird Taschenfalte genannt.

Durch häufigen Preßverschluß des Kehlkopfes können sich die Taschenfalten einander nähern und als »falsche Stimmlippen« in Funktion treten. Die damit erzeugte Taschenfaltenstimme klingt rauh und gepreßt und wird manchmal als »Ersatzstimme« gebraucht, z. B. bei psychischen Störungen oder auch nach operativen Eingriffen am Kehlkopf mit Verlust einer Stimmlippe oder beider Stimmlippen.

Unterhalb der Taschenfalten und oberhalb der Stimmlippen befinden sich seitlich Ausbuchtungen, die MORGAGNIschen Taschen (MORGAGNIsche Ventrikel, Kehlkopfventrikel). Ihre Form hat beim Sänger wahrscheinlich Einfluß auf die Schallabstrahlung. Unterhalb dieser Taschen liegen die Stimmlippen, die auch in Respirationsstellung etwas weiter als die Taschenfalten in das Kehlkopflumen vorspringen. Sie lassen sich deshalb sowohl in Phonations- als auch in Respirationsstellung während der einfachen Kehlkopf-Spiegeluntersuchung meist gut beobachten.

Die Einteilung des Kehlkopfinnenraumes in verschiedene Stockwerke orientiert sich am Wandprofil. Der Oberstock reicht vom Kehlkopfeingang bis zu den Taschenfalten, der Mittelstock ist identisch mit den Kehlkopfventrikeln, und der Unterstock geht vom Rande der Stimmlippen ohne scharfe Grenze in die Luftröhre über.

Die Schleimhaut des Kehlkopfes ist von rötlicher Farbe, allein die Schleimhaut der Stimmlippen sieht normalerweise grau-weiß aus. Bei Sängern finden sich häufig verstärkte Gefäßzeichnungen auf den Stimmlippen, die nicht Zeichen einer Entzündung sind, sondern als Ausdruck der hohen Arbeitsleistung des Kehlkopfes gelten. Zahlreiche Drüsen halten die Schleimhaut feucht. Vor allem die Schleimdrüsen der Taschenfalten und des Kehldeckels benetzen die Stimmlippen.

Nach ausschließlicher Mundatmung oder bei sehr wasserarmer Umgebungsluft trocknet durch Verdunstung des Sekrets die Rachen- und Kehlkopfschleimhaut aus. Für ungestörte Stimmlippenschwingungen ist aber eine bedeckende Schleimschicht unerläßlich, und bei fehlender Befeuchtung kann es zu deutlicher Beeinträchtigung des Schwingungsablaufs und damit zur Veränderung des Stimmklanges bzw. sogar zu Heiserkeit kommen. Man tut deshalb Sängern Unrecht, wenn man Klagen über Trockenheit und gleichzeitige Stimmstörungen nicht ernst nimmt und unbehandelt läßt. – Umgekehrt können entzündliche Zustände oder auch stimmliche Überforderungen zu vermehrter Sekretabsonderung, zu »Verschleimung«, führen, ein Zustand, der die Stimmbildung ebenfalls stört.

Wie die Schleimhaut der oberen und unteren Luftwege ist auch die Kehlkopfschleimhaut – mit Ausnahme des Kehldeckels und der Stimmlippen – mit Flimmerhärchen besetzt, deren Reinigungsfunktion schon erwähnt wurde.

Gesamtbewegungen des Kehlkopfes

Die Lage des Kehlkopfes kann sich in ziemlich großem Umfang verändern, nicht nur während des Singens, sondern auch beim Atmen und Schlucken.

Die geringfügigen Atembewegungen des Kehlkopfes sind an die Atemphasen gebunden: Während der Einatmung senkt er sich, und während der Ausatmung bewegt er sich rückläufig.

Die Schluckbewegungen fallen stärker auf: Der Kehlkopf steigt durch die Zungenbeinheber nach vorn oben unter den Zungengrund, wobei auch der Kehldeckel nach unten gekippt und dann schützend über den Kehlkopfeingang gelegt wird. Die Senkung des Kehldeckels kommt aber nicht nur durch den Druck des Zungengrundes während der Aufwärtsbewegung des Kehlkopfes zustande, sondern auch durch Verlagerung eines Fettkörpers, der sich vor dem Kehldeckel befindet. Wenn der Schildknorpel gegen das Zungenbein angehoben wird, weicht der Fettkörper nach hinten aus und drückt den Kehldeckel nach unten.

Während des Singens entstehen normalerweise verschiedenartige Bewegungen, die vor allem individuell variieren. Früher, d. h. bis zur Mitte des vorigen Jahrhunderts, herrschte überwiegend die Ansicht, der Kehlkopf bewege sich entsprechend dem Tonhöhenverlauf beim Singen. Aufwärtssingen gehe normalerweise mit einer Aufwärtsbewegung einher, und auch rückläufig erfolge die Bewegung gleichsinnig. Mit Bekanntwerden einer neuen Gesangstechnik, des Sombrierens (s. gedecktes Singen), wurde man auf das Singen mit unbewegtem oder zumindest wenig bewegtem Kehlkopf aufmerksam.

SEGOND (zit. bei NADOLECZNY, 1923) veröffentlichte 1848 ausführlichere Studien über Kehlkopfbewegungen und hatte gefunden, daß sich der Kehlkopf mit steigender Tonhöhe auch abwärts bewegen könne und umgekehrt. Der Autor wies aber darauf hin, daß bei Läufen und Trillern der Kehlkopf alle Leichtigkeit und Freiheit brauche und dann nach der alten Regel in natürlicher Bewegung auf- und absteige.

Durch mehrere Veröffentlichungen wurde später die Lehre von der Tiefstellung des Kehlkopfes beim Kunstgesang gefestigt und hat sich bis heute erhalten. Bei differenzierterer Betrachtung des Problems ergibt sich jedoch, daß eine bestimmte Kehlkopfstellung, die man von jedem Sänger verlangen müßte und in der alle stimmlichen Äußerungen möglich wären, nicht festgelegt werden kann. Die Stellung hängt ab von der natürlichen Anlage des Kehlkopfes, von der Länge des Halses, von der

Atmung, der Stimmtechnik (Übung, Geschicklichkeit), der Vokalisation u. a. Beziehungen bestehen auch zu den Registern der Stimme. Allgemein gilt, daß der Kehlkopf im Brustregister (Modalregister) tiefer steht als in höheren Registern, z. B. dem Falsettregister.

Bereits 1841 hatte GARCIA (zit. bei NADOLECZNY, 1923) darauf hingewiesen, daß sich beim Aufwärtssingen mit hellem Klanggepräge der Kehlkopf stufenweise hebt, daß er dagegen in seiner tiefsten Stellung verharrt, wenn man mit voller Bruststimme und dunklem Klanggepräge bis zum höchsten Ton der Bruststimmfunktion singt. Die Tiefstellung wird auch beim Singen tiefer Falsettöne eingenommen.

HELLAT (1898, zit. nach LUCHSINGER) fand beim Kunstgesang drei Gruppen: 1. der Kehlkopf steigt und und fällt entsprechend der Tonhöhenbewegung (unausgebildete Naturstimmen, aber auch zahlreiche geschulte Stimmen von Bühne und Konzertsaal); 2. der Kehlkopf sinkt in der Bruststimmfunktion 1 bis 2 mm unter die Ruhelage und bleibt dann unbeweglich (mächtige Stimmen des Theaters); 3. der Kehlkopf bleibt im allgemeinen gehoben (helle Stimmen, Koloratursoprane).

Umfangreiche Untersuchungen hat NADOLECZNY bei Sängern durchgeführt, die folgendes ergaben: Beim inneren Singen, beim Hören und Vorstellen von Tönen und Gesangsklängen kommt es zu »Einstellbewegungen« des Kehlkopfes, zu vorbereitenden Bewegungen, die auf die Entstehung bestimmter Gesangsklänge zielen. Beim Singen einfacher Töne entsprechen die Kehlkopfbewegungen gewöhnlich der Richtung der Tonhöhe, falls nicht eine besondere Schulung dieses natürliche Verhalten beeinflußt. Bei ungeschulten Stimmen sind sie meist stärker ausgeprägt als bei geschulten, doch wirken sich auch der natürliche Spielraum des Kehlkopfes sowie Tonhöhe und Stimmstärke aus. Leise Töne erfordern weniger ausgiebige und langsamere Einstellbewegungen als laute. Immer geht die Einstellbewegung dem Toneinsatz voraus. Bei plötzlich eingesetzten und kurzen Tönen fällt die Einstellbewegung stärker auf und schießt über das Ziel hinaus. Die »Abstellbewegung« verläuft meist rascher und größer als die Einstellbewegung: Der Kehlkopf überschreitet zunächst die Ruhelage und kehrt dann erst allmählich zu dieser zurück. Bei plötzlichem Übergang von leiser zu lauter Stimmgebung tritt der Kehlkopf bei guten Sängern ruckartig nach unten und meist auch nach vorn, aber bei Schwelltönen treten ruckartige Bewegungen um so weniger in Erscheinung, je besser die Sänger geschult sind. Während des Anschwellens senkt sich der Kehlkopf allmählich und tritt meist auch vor. Beim Singen von Tonleitern und Tonfolgen in kleinen und großen Intervallen steigt und sinkt der Kehlkopf bei den meisten Sängern, besonders bei den Sängerinnen, in kleinen Stufen (natürliche Bewegung), die den Einzeltönen entsprechen und der Tonhöhe folgen. Bei Kunstsängern kann die Kehlkopfbewegung dem Tonhöhenverlauf entgegengesetzt sein (Gegenbewegung). Die

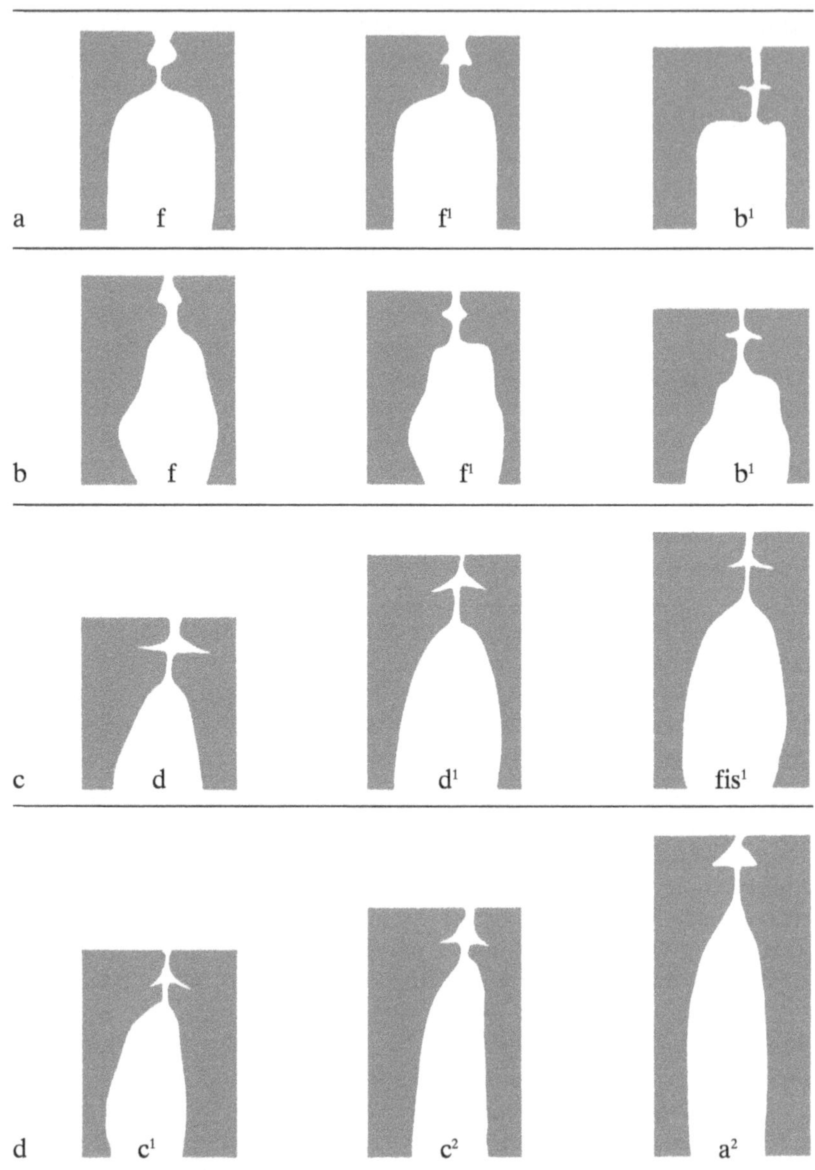

Abb. 48 Kehlkopfbewegungen bei Sängern, zunehmende Tonhöhen (Profildarstellung des Kehlkopfinnern, schematisch nach Röntgenuntersuchungen von FROMMHOLD und HOPPE);

a, b Opernsänger, Tiefertreten des Kehlkopfes, insbesondere beim höchsten Ton;

c, d Gesangsschüler, Höhertreten des Kehlkopfes beim Singen in die Höhe entgegengesetzte Kehlkopfbewegung geht mit dem sogenannten gedeckten Singen einher und tritt bei tiefen Stimmen häufiger auf als bei hohen. Je besser die Gesangstechnik der Sänger ausgebildet ist, desto kleiner sind im allgemeinen die Kehlkopfbewegungen, namentlich beim Aufwärtssingen, und um so weniger erscheint auch der Registerwechsel in der Kehlkopfbewegung.

Ausgedehnte Röntgenuntersuchungen von FROMMHOLD und HOPPE (1965) zur Funktion des Kehlkopfes bei Gesangsstudenten und namhaften Sängern haben bestätigt, daß die Kehlkopfbewegungen mit zunehmender Stimmschulung abnehmen (Abb. 48). Auch das Zungenbein verändert bei den besten Sängern seine Stellung im gesamten Stimmumfang nicht nennenswert.

Die bisher veröffentlichten Beobachtungen über die Gesamtbewegungen des Kehlkopfes beim Singen erlauben den Schluß, daß eine Tiefstellung (s. Sängerformanten) bzw. eine weitgehende Ruhigstellung für den Kunstgesang günstig ist und angestrebt werden sollte. Dabei müssen individuelle Unterschiede ebenso Berücksichtigung finden wie verschiedene Stimmfunktionen. Erzwungene Kehlkopfbewegungen oder Fixationen des Kehlkopfes in bestimmten Stellungen sind unphysiologisch und können stimmschädigend wirken.

Schwingungsablauf der Stimmlippen

Die Stimmlippen schwingen im Bereich der vorderen zwei Drittel, die durch Weichteile gebildet werden (membranöser Teil), das hintere Drittel im Bereich der Stellknorpel (knorpeliger Teil) bewegt sich phonatorisch nicht. Die Schwingungsbewegungen erfolgen nicht allein in der Horizontalebene, sondern zugleich in vertikaler Richtung (Abb. 49). Zusätzlich zu dieser »Grundbewegung« und bis zu einem gewissen Grade unabhängig von ihr erfolgt die »Randkantenverschiebung«, eine Eigenbewegung der gegenüber Muskelkörper und Stimmband verschieblichen Schleimhaut (Abb. 50). Dabei rollt die Schleimhaut ellipsenförmig ab.

Die Beschaffenheit der Randkantenschleimhaut wirkt sich erheblich auf den Stimmklang aus. Schon sehr geringfügige Veränderungen, z. B. umschriebene Entzündungen, Trockenheit oder kleine Knötchen, können das Abrollen der Schleimhaut beeinträchtigen und zu Heiserkeit führen. Für eine klare, leise und weich einsetzende und modulationsfähige Stimme ist vorauszusetzen, daß die Randkantenverschiebung der Schleimhaut normal und seitengleich abläuft. Detaillierte Untersuchungen erfolgten durch MUSEHOLD (1898), SCHÖNHÄRL (1960) u. a. Zusätzlich zu der verschieblichen Schleimhaut ist für die Kopplung der Schwingungen ein dünner Schleimüberzug erforderlich. Aus Experimenten mit exzidierten Kehlköpfen weiß man, daß die Anblaseluft ange-

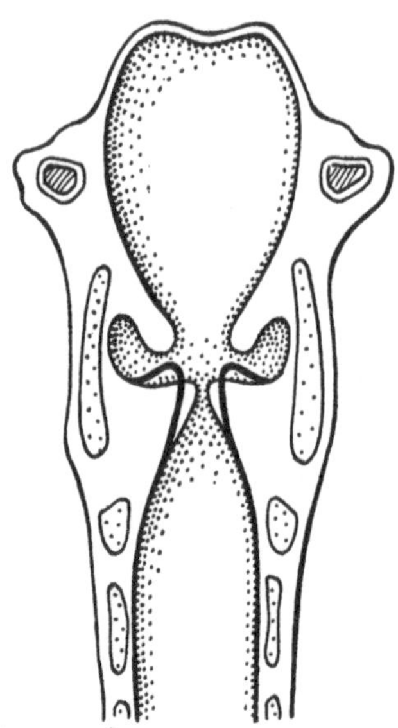

Abb. 49 Grundbewegung der Stimmlippen während des Schwingungsablaufes (nach SCHÖNHÄRL)

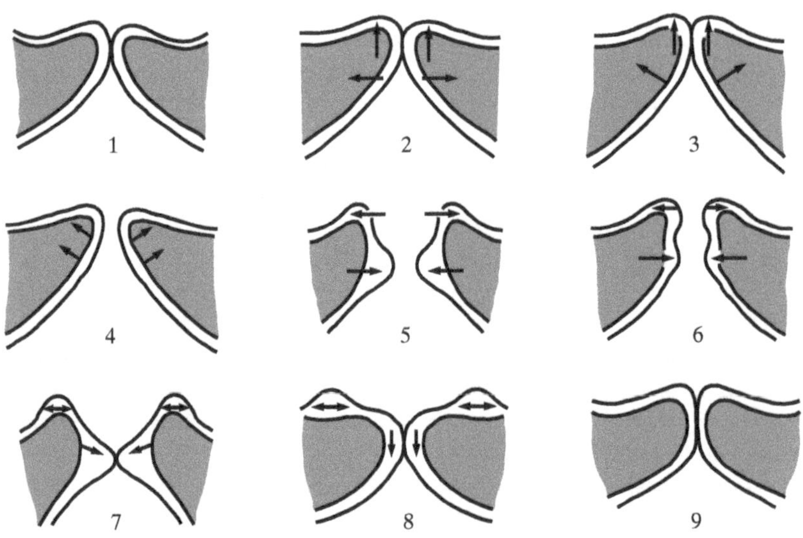

Abb. 50 Randkantenverschiebung und Grundbewegung der Stimmlippen während des Schwingungsablaufs (nach SCHÖNHÄRL)

feuchtet werden muß, weil andernfalls die Stimmlippen schnell austrocknen, und dies bewirkt, daß die Schwingungen trotz richtiger Einstellung der Stimmlippen selbst bei gesteigertem Anblasedruck zum Stillstand kommen.

Der Schwingungsablauf ändert sich bei Variation von Tonhöhe und Stimmstärke. Mit zunehmender Tonhöhe nehmen die Schwingungsweiten und die Ausprägung der Randkantenverschiebungen ab, dagegen vergrößern sich diese beiden Schwingungsmerkmale bei ansteigender Stimmstärke. Außerdem wird dann auch der zeitliche Ablauf der Schwingungen geändert. Mit zunehmender Stimmintensität verlängert sich die Schlußphase gegenüber der Öffnungsphase, und die Stimmlippen kehren schneller in die Mittenposition zurück (s. a. Abb. 52).

Theorie der Stimmerzeugung

Die heute gültige Theorie der Phonation geht aus von der Wechselwirkung zwischen den Muskelkräften im Kehlkopf und dem Atemdruck bzw. der Luftbewegung während der Ausatmung, die an der Glottis wirksam wird (myoelastisch-aerodynamische, syn. muskuloelastisch-aerodynamische Theorie). Danach werden die Stimmlippenschwingungen zunächst durch den subglottischen (von unten an der Glottis wirksamen) Druckanstieg und die Einstellung der Kehlkopfmuskeln bestimmt, genauer von Masse, Länge und Spannung der Stimmlippen. Der Anblasedruck löst den Schluß der Stimmritze, es kommt zum Ausströmen der Luft und zu einem Druckabfall unterhalb der Stimmlippen.

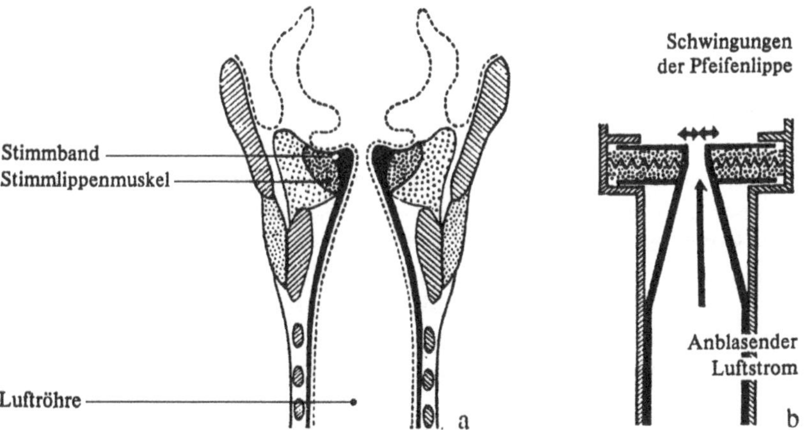

Abb. 51 Der Kehlkopf als Polsterpfeife (modifiziert nach v. Lanz/Wachsmuth); a Frontalschnitt durch den Kehlkopf, b Polsterpfeife

Die myoelastischen Kräfte überwiegen wieder, und die Stimmlippen schließen sich. Der nachfolgende Druckanstieg führt erneut zum Auseinanderweichen der Stimmlippen. Bei periodischem Wechselspiel dieser Kräfte entstehen sogenannte selbsterregte, regelmäßige Stimmlippenschwingungen, die den Stimmschall erzeugen.

Selbsterregte Schwingungen sind bekannt vom Klappern eines Topfdeckels: Wenn der Dampf einer kochenden Flüssigkeit so viel Druck entwickelt hat, daß der Deckel angehoben wird, entweicht ein Teil des Dampfes, der Druck sinkt ab, und der Deckel fällt zurück. Danach steigt der Druck wieder an, und das Spiel beginnt von neuem.

Modellversuche mit einer Polsterpfeife (Abb. 51) durch EWALD (1898) haben diese Theorie gestützt (myoelastische Theorie). TONNDORF (1925) sah die aerodynamischen Vorgänge während der Stimmgebung differenzierter und wies darauf hin, daß die für Flüssigkeiten gültigen Strömungsgesetze nach BERNOULLI auch auf die Luftströmungsverhältnisse im Kehlkopf anwendbar sind. Der Abfall des statischen Druckes in der Enge zwischen den Stimmlippen wirkt zusätzlich zu den myoelastischen Kräften und unterstützt die Schließungsbewegung im Sinne einer Sogwirkung (s. a. VAN DEN BERG, 1958).

Die Sogwirkung strömender Flüssigkeiten hat jeder beim Duschen hinter einem dünnen Kunststoffvorhang schon einmal erlebt: Je weiter man den Hahn aufdreht, desto kräftiger strömt das Wasser und desto schwieriger wird es, sich des Vorhangs zu erwehren, der sich um den Körper schlingen will.

SMITH (1960) präzisierte die myoelastisch-aerodynamische Theorie, nachdem er die Bewegungsvorgänge von verschieblicher Schleimhaut (als Membran) auf dem Polster der Stimmlippenmuskulatur einer genaueren Beobachtung unterzogen hatte (Membran-Polster-Theorie).

Die neurochronaxische Theorie der Stimmerzeugung von HUSSON (1950), nach der allein einzelne Nervenimpulse und muskuläre Aktionen die Stimmlippenschwingungen erzeugen, ohne daß ein anblasender Luftstrom erforderlich wäre, gilt als widerlegt. Es gibt keine Muskelfasern, die am Stimmband ansetzen, um es nach der Seite bewegen zu können. Reizversuche am Kehlkopfnerv und Untersuchungen der Stimmlippenschwingungen ließen erkennen, daß keine Beziehungen zwischen Reizfrequenz und hörbarem Ton bestehen und daß ohne anblasende Luft keine Schwingungen auftreten. Ab etwa 70 Reizimpulsen pro Sekunde kommt es zur Dauerkontraktion, zum Krampf der Vokalismuskulatur.

Auch wenn die einzelnen Stimmlippenschwingungen nicht allein durch Nervenimpulse angeregt werden, so haben nervale Steuerungsmechanismen für die Stimmerzeugung eine hervorragende Bedeutung. So konnte WYKE (1976) nachweisen, daß bei der Phonation ein hochintegriertes, komplexes neurologisches System wirksam ist, dessen Steuerungsvorgänge durch ein zeitlich präzise festgelegtes dreiteiliges Reflexgeschehen bestimmt werden: 1. willensmäßige Einstellung der

Stimmlippenmuskulatur vor Phonationsbeginn, 2. Reflexsteuerung der Kehlkopfmuskulatur während der Phonation durch Sinneszellen im Innern des Kehlkopfes (Druckrezeptoren in der Schleimhaut, Spannungsrezeptoren in der Muskulatur, Stellungsrezeptoren in den Gelenken), 3. Korrektureinstellung durch akustische Selbstkontrolle der Stimme nach Phonationsbeginn.

Die Forschungen über die menschliche Stimmerzeugung sind noch nicht abgeschlossen. Immer wieder ergeben sich Besonderheiten, die allein mit den Grundsätzen der klassischen myoelastisch-aerodynamischen Theorie nicht erklärt werden können. Sie betreffen das subglottale Druckverhalten und die Luftströmung ebenso wie biomechanische Faktoren im Schwingungsablauf der Stimmlippen und vor allem akustische Phänomene in den Ansatzräumen, auch in ihrer Wirkung auf die Stimmlippenfunktion.

Stimmfunktionen

Tonhöhe. Zur Steigerung der Tonhöhe ist eine Zunahme der Stimmlippenspannung erforderlich, zur Senkung der Tonhöhe eine Spannungsabnahme. Tonhöhenänderungen basieren im wesentlichen auf verschiedenen Einstellungen des Spannapparates (s. Muskulatur des Kehlkopfes). Eine Spannungserhöhung ist zunächst durch eine veränderte »Rahmeneinstellung« möglich. Wird der Ringknorpelbogen an den Schildknorpel gekippt, kommt es zur Verlängerung und Anspannung der Stimmlippen und damit zur Tonerhöhung (Abb. 52 nach Wendler, 1966). Die Feineinstellung erfolgt durch die Vokalismuskeln im Zusammenwirken mit der gesamten inneren Kehlkopfmuskulatur. Ist dieser Kippmechanismus erschöpft, verlängern sich die Stimmlippen nicht mehr oder nur noch unbedeutend. Eine weitere Steigerung der Spannung für das Aufwärtssingen macht dann eine Neueinstellung im Vokalissystem notwendig, welche Massenänderungen der Stimmlippen ermöglicht. Dabei wird die Einstellung des Schildknorpel-Ringknorpel-Rahmens im wesentlichen beibehalten. Die rückläufige Funktion im Spannapparat führt zu einer Spannungsminderung der Stimmlippen.
Außerdem wirken sich von außen am Kehlkopf angreifende Mechanismen (s. dort) auf Tonhöhenvariationen aus: An der unteren Grenze des Tonhöhenumfangs erfolgt die Entspannung und Verkürzung der Stimmlippen nicht primär durch den Vokalismuskel, weil eine aktive Verkürzung nicht gleichzeitig die nötige Entspannung gewährleisten kann, sondern durch verschiedene am Kehlkopf angreifende Kräfte, vor allem durch den Ringknorpel-Rachen-Muskel.
Da der Zug der Luftröhre am Kehlkopf die »Rahmeneinstellung« dahingehend beeinflußt, daß eine Anspannung und Verlängerung der Stimmlippen gefördert wird, muß das Bilden hoher Töne durch ver-

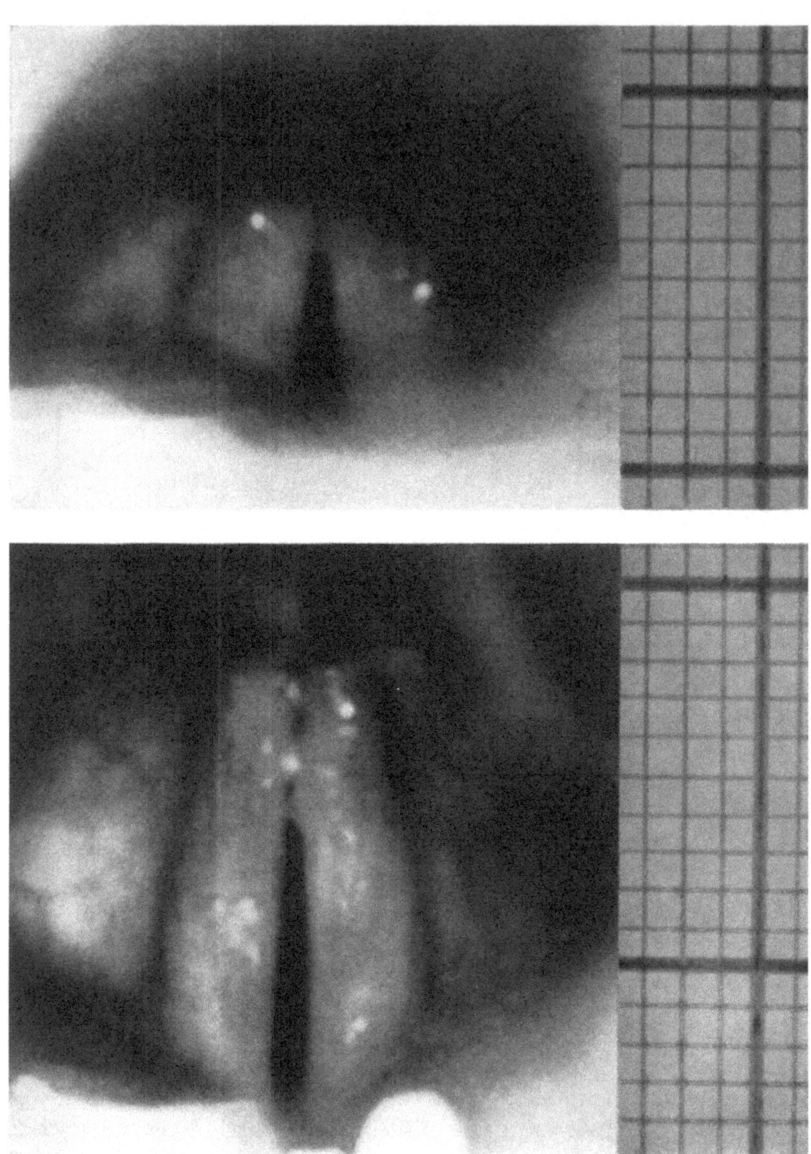

Abb. 52 Stimmlippenverlängerung beim Aufwärtssingen (nach WENDLER); oben: Tonhöhe Ais, unten: Tonhöhe h; rechts im Bild: Millimeterraster

stärkten Trachealzug erschwert sein. Dieser verstärkte Zug der Luftröhre entsteht bei stark nach hinten geneigtem Kopf, nach tiefem Einatmen sowie bei hohem Kehlkopfstand. Zweifellos lassen sich aus diesen Zusammenhängen gesangspraktische Schlußfolgerungen ziehen. Letztlich beeinflußt der subglottische Druck die Tonhöhe: Zunehmender Atemdruck führt zur Tonerhöhung. Die mittlere Strömungsgeschwindigkeit (d. h. der Luftverbrauch) steigt von mittleren zu hohen Tönen an. Allen Vokalen, die in gleicher Tonhöhe gesungen werden, liegt der gleiche subglottische Druck zugrunde. Lediglich beim Ein- und Absetzen eines Tones wird meist ein geringgradiger Anstieg bzw. Abfall gefunden. Der mittlere Tonhöhenumfang umfaßt bei untrainierten Stimmen etwa 2 Oktaven, bei Sängern 3 bis 4 Oktaven.

S t i m m s t ä r k e. Die Stimmstärke ist vor allem eine Funktion des Anblasedrucks unterhalb der Stimmlippen. Zwischen subglottischem Druck und Stimmintensität besteht bei gleichbleibender Strömungsgeschwindigkeit in physiologischen Grenzen eine sehr enge Beziehung, d. h. vor allem der Ausatmungsdruck wird bei zunehmender Stimmstärke intensiver. Allerdings geht bei höheren Tönen größere Intensität meist mit einer vermehrten Strömungsgeschwindigkeit einher. Bei Änderungen der Stimmstärke ändert sich auch der Schwingungsablauf der Stimmlippen (s. dort, Abb. 53).

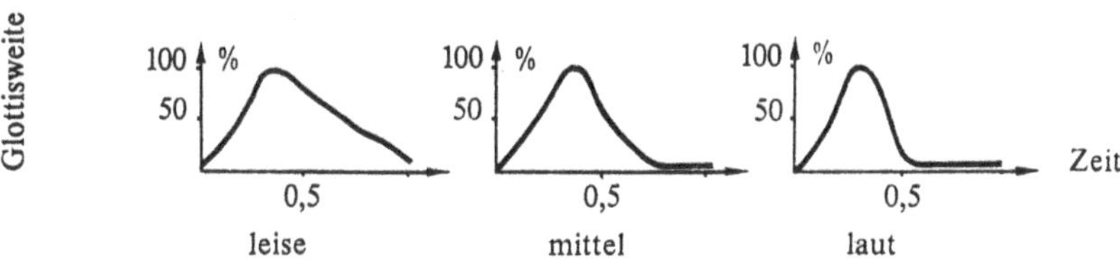

Abb. 53 Änderung der Phasenverhältnisse zugunsten der Schußphase bei ansteigender Stimmstärke. Senkrechte: Glottisweite in Prozent, Waagerechte: Dauer einer Schwingungsperiode

In der Umgangssprache bewegt sich der Schalldruck, gemessen bei einem Mikrophonabstand von 30 cm, zwischen 60 und 70 Dezibel (dB), beim Singen werden bei hohen Tönen im Forte 110 bis 115 dB erreicht, das bedeutet eine etwa 100 000fache Energiesteigerung im Vergleich zum Sprechen (s. Akustische Grundlagen). Der Dynamikumfang ändert sich in Abhängigkeit von Vokal und Tonhöhe. Bei erwachsenen Sängern wurden durchschnittlich 27 dB gemessen (Morosow, 1977). Eigene Untersuchungen ergaben Werte, die von Stimmgattung und Schulungsgrad abhingen: bei Frauen 18 bis 27 dB, bei Männern 22 bis 30 dB (Seidner, 1984). Alle Stimmgattungen zusammen erreichen vom leisesten Ton in der Tiefe bis zum lautesten Ton in der Höhe einen mittleren Dynamikumfang von 55 dB (65 bis 120 dB).

K l a n g f a r b e. Die Klangfarbe, das Timbre der menschlichen Stimme, läßt sich nicht nur nach ihren akustischen Komponenten, sondern auch nach dem Ort sowie der Art und Weise ihres Entstehens beschreiben. Untersuchungen des primären Kehlkopfschalls, d. h. des unmittelbar von den Stimmlippen abgegebenen Schalls, der durch die Ansatzräume noch unbeeinflußt ist, zeigen ein undifferenziert aufgebautes Spektrum, dessen Teiltöne in ihrer Intensität ziemlich gleichmäßig um 12 dB pro Oktave abfallen. Dadurch erhält dieser Schall einen eher geräuschartigen Charakter und ist nicht jenem Stimmklang vergleichbar, der durch den Mund abgestrahlt wird. Durch unterschiedliche Bedingungen im Glottisbereich kann es aber schon zu verschiedenen Primärspektren kommen, die sich auf die Klangfarbe des abgestrahlten Klanges auswirken. Anlagebedingte Eigenschaften wie Länge und Dicke der Stimmlippen, das Verhältnis ihrer muskulären und bindegewebigen Anteile, die Schleimhautbeschaffenheit, die Ausprägung von Seitendifferenzen und Steuerungsmechanismen durch das Nervensystem sind dabei von Bedeutung. Besonders hervorzuheben sind auch die Phasenverhältnisse im Schwingungsablauf.

Bei stimmgesunden Personen entsprechen Schwingungen geringer Amplitude und kurzer Schlußphase einfacheren Klängen mit wenigen Teiltönen. Unter Steigerung des subglottischen Druckes kommt es zur Erhöhung des Stimmlippenwiderstandes mit Vergrößerung der Schwingungsweiten und Verlängerung der Schlußphase. Es entstehen komplizierter zusammengesetzte Klänge mit mehr Teiltönen (u. a. WINCKEL, 1952). Gleichzeitig gehen unter physiologischen Bedingungen Geräuschkomponenten zurück. Bei Steigerung der Tonhöhe verringert sich infolge der zunehmenden Grundfrequenz, die den Abstand zwischen den Teiltönen bestimmt, die Teiltonzahl. Dabei kommt es aber zu einer Verbreiterung des Teiltonspektrums und ebenfalls zu einer Reduzierung von Geräuschanteilen (WENDLER, 1969).

P h o n a t i o n s d a u e r. Zur Beurteilung der Glottisfunktion wird immer wieder empfohlen, die Phonationsdauer zu bestimmen. Bei Sängern ist sie aber von derart untergeordneter Bedeutung, daß man darauf verzichten kann, sie zu messen.

Erstens beeinflussen das Ergebnis zahlreiche Faktoren, z. B. Tonhöhe, Lautstärke, Vokalisation und Raumakustik, aber auch Alter, Geschlecht, Emotionen, Stoffwechsellage, Trainingszustand u. a., und zweitens kommt es beim künstlerischen Singen weitaus mehr auf die Qualität der sängerischen Klangbildung an als auf die Tonhaltedauer. Nur bei ausgeprägten pathologischen Verhältnissen läßt sich die Phonationsdauer heranziehen, z. B. zur Therapie-Verlaufskontrolle.

Register

Die Beobachtung verschiedener, aber in sich gleichartiger Klangbereiche der Stimme führte dazu, den Begriff des Registers von der Orgel zu entlehnen und auf die menschliche Stimmfunktion zu übertragen. Das Vorhandensein von Stimmregistern ist nicht Ausdruck einer ungünstigen Veranlagung oder eines krankhaften Zustandes, sondern es entspricht normalen physiologischen Verhältnissen.

Manchmal werden Ausgangspunkt und Ziel einer sängerischen Ausbildung verwechselt: Das Ziel ist der Registerausgleich (bzw. der Registerangleich, s. u.), der in höchster Vollendung Register-Klangunterschiede nahezu unhörbar macht, aber der natürliche Ausgangspunkt sind mehr oder weniger deutlich unterscheidbare Register.

Vor allem während des Aufwärtssingens im Forte sind manchmal bestimmte Tonhöhenbereiche schwierig zu überwinden, sie beanspruchen zumindest eine bestimmte Aufmerksamkeit oder erfordern sogar eine Neueinstellung des Stimmapparates. Werden diese »Schaltstellen« nicht beachtet bzw. ist kein Angleich an die Töne jenseits dieser Bereiche möglich, so läßt sich die Stimme in der gleichen Funktion nur noch wenige Tonschritte weiterführen. Danach ergibt sich eine Klangänderung, die als Sprung auffallen und in der klassischen Tradition unkünstlerisch wirken kann.

Die Registerproblematik der menschlichen Stimme, vielfach diskutiert und bis heute nicht in allen Einzelheiten geklärt, hat eine Fülle subjektiver Anschauungen hervorgerufen. Verwirrung entstand vor allem dadurch, daß physiologische Standpunkte, die sich überwiegend auf die Kehlkopffunktion bezogen, und sängerische Standpunkte, die mehr die Klangausformung beachteten, miteinander rivalisierten. Zusätzliche Mißverständnisse traten auf, weil einerseits Register auf bestimmte Tonhöhenbereiche bezogen wurden, andererseits aber auf unterschiedliche Stimmintensitäten.

Die nunmehr vorhandene Fülle von Beobachtungen und Untersuchungsbefunden weist deutlich darauf hin, daß man in Registerdiskussionen einseitige Standpunkte aufgeben und sowohl die Kehlkopffunktion als auch besondere akustische Phänomene in den Ansatzräumen beachten muß. Vielleicht gelingt dann eine gewisse Entwirrung in der Registerfrage, wenn man sich einerseits an den natürlichen Voraussetzungen orientiert und eine »Grobstruktur« – teilweise auch unabhängig von den Stimmgattungen – beschreibt und andererseits die artifiziellen Überformungen in Betracht zieht und eine »Feinstruktur« definiert. Dabei ist es unmöglich, die Sprachverwirrungen der letzten 250 Jahre aufzuarbeiten, wiederzugeben oder gar aufzulösen. Dennoch wollen wir nicht vollständig auf historische Bezüge verzichten.

Die erste *Registerdefinition* gab GARCIA etwa im Jahre 1850 (zit. nach GUTZMANN, H. sen.): »Wir verstehen unter Register eine Reihe von

aufeinanderfolgenden homogenen, von der Tiefe zur Höhe aufsteigenden Tönen, die durch die Entwicklung desselben mechanischen Prinzips hervorgerufen sind und deren Natur sich durchaus unterscheidet von einer anderen Reihe von ebenfalls aufeinanderfolgenden Tönen, die durch ein anderes mechanisches Prinzip hervorgerufen sind. Alle demselben Register angehörigen Töne sind infolgedessen von einerlei Natur, gleichviel, welche Modifikationen sie hinsichtlich des Klanggepräges oder der Stärke erleiden können. Die Register decken einander in einem Teil ihres Gebietes, so daß die in einer gewissen Region vorhandenen Töne zu gleicher Zeit zwei verschiedenen Registern angehören können und daß die Stimme dieselben, sei es im Sprechen, sei es im Singen, angeben kann, ohne sie miteinander zu verwechseln.«
NADOLECZNY erweiterte den Registerbegriff und definierte ihn im Jahre 1923 folgendermaßen: »Unter Register verstehen wir eine Reihe von aufeinanderfolgenden gleichartigen Stimmklängen, die das musikalisch geübte Ohr von einer anderen sich daran anschließenden Reihe ebenfalls unter sich gleichartiger Klänge an bestimmten Stellen abgrenzen kann. Ihr gleichartiger Klang ist durch ein bestimmtes konstantes Verhalten der Obertöne bedingt. Diesen Tonreihen entsprechen an Kopf, Hals und Brust bestimmte objektiv und subjektiv wahrnehmbare Vibrationsbezirke. Die Stellung des Kehlkopfes ändert sich beim Übergang von einer solchen Tonreihe zur anderen beim Natursänger stärker als beim Kunstsänger. Die Register sind hervorgerufen durch einen bestimmten, ihnen zugehörigen Mechanismus der Tonerzeugung (Stimmlippenschwingung, Stimmritzenform, Luftverbrauch), der jedoch einen allmählichen Übergang von einem ins angrenzende Register zuläßt. Eine Anzahl dieser Klänge kann jeweils in zwei angrenzenden Registern, aber nicht immer in gleicher Stärke hervorgebracht werden.«

Der Überschneidungsbereich zweier Register wird als das Gebiet *amphoterer Klänge* bezeichnet (MERKEL, 1857).

Die beiden angeführten Definitionen können sicher nur der Ausgangspunkt für eine Grobdefinition von zwei Registern sein, wobei es fragwürdig erscheint, einfach an das Brust- und das Kopfregister im herkömmlichen Sinne zu denken.

In der Gesangspraxis wird noch immer sowohl bei Männern als auch bei Frauen ein tieferes *Brustregister* (die Bruststimme) von einem höheren *Kopfregister* (der Kopfstimme) abgegrenzt. Als Unterscheidungsmerkmale gelten vor allem Vibrationsempfindungen im Bereich von Brustkorb und Kopf sowie klangliche Besonderheiten: Die Bruststimme klingt überwiegend »dick«, dunkel und kräftig, die Kopfstimme mehr »schlank«, hell, sogar weich und zart. So verständlich diese sehr einfache Einteilung auch erscheinen mag und so praktikabel sie erfahrenen Sängern und Gesangspädagogen vorkommt, sie läßt sich nur bedingt aufrechterhalten. Es ist nicht möglich, bei Frauen und Männern bzw. Sängerinnen und Sängern gleichlautende Registereinteilungen vorzunehmen. Wir beziehen damit Grundpositionen, die auch bei MILLER und SCHUTTE (1994) sowie MILLER (1994) hervortreten, auch wenn wir eine andere Nomenklatur verwenden und Register überwiegend aus Sicht der phoniatrischen Praxis darstellen.

Wir gehen jetzt davon aus, daß sich die Definitionen von GARCIA und NADOLECZNY (s. o.) auf eine Grundstruktur der menschlichen Stimme sowohl bei Frauen als auch bei Männern beziehen, wobei wahrscheinlich mehr die Männerstimme beachtet wurde.

Die Basisstruktur wird bei Männern einerseits durch die übliche, beim Sprechen und Singen am häufigsten angewendete Stimmfunktion gebildet (*Modalregister* nach COLTON, 1972; herkömmlich: Brust- *und* Kopfregister) und andererseits durch das *Falsettregister.* Bei der Frauenstimme ist eine den Männern vergleichbare Registerstruktur nur dann zu erkennen, wenn man – in traditioneller Weise – einerseits das auch beim Sprechen benutzte *Brustregister* und andererseits das *Kopfregister* einbezieht.

Hier beginnen geschlechtsspezifische Nomenklaturprobleme. Man könnte das weibliche Brustregister zwar auch als Modalregister bezeichnen, aber für das weibliche Kopfregister kann nicht einfach der Begriff Falsettregister stehen, obwohl in diesem Bereich falsettähnliche Klänge möglich sind. Das übliche Kopfregister, die Kopfstimme einer Sängerin, ist klanglich so unmißverständlich festgelegt und als akustisches Phänomen ein so eindeutiger Bestandteil stimmtechnischer und künstlerischer Arbeit, daß eine Begriffsänderung Verwirrungen nicht auflösen, sondern neu schaffen würde. Andererseits kann man die männliche Falsettstimme nicht einfach als Kopfregister bezeichnen – was mitunter geschehen ist – und die unterhalb davon liegenden Oktaven lediglich als Brustregister.

Die unmittelbar nachfolgenden Ausführungen beziehen sich weiterhin auf die naturgemäß vorhandene »Grobstruktur« der Stimmregister, d. h. bei Männern auf das Modal- und das Falsettregister und bei Frauen auf das Brust- und das Kopfregister.

Männliche Register. Läßt man einen stimmlich nicht professionell geschulten Mann in bequemer Lautstärke (aber eher etwas lauter als zu leise) von der Tiefe oder Mittellage eine Tonleiter in die Höhe singen, so geschieht das ohne grundsätzliche Klangänderung und mit ansteigendem Pegel bis ungefähr e^1 bis g^1 (Modalregister). Dann erfolgt ein plötzlicher Wechsel in das Falsettregister (Fistelregister, s. u.), wobei die Töne zunächst an Intensität verlieren, beim Weitersingen aber wieder an Stärke gewinnen können. Das Register reicht unterschiedlich weit, häufig bis c^2, d^2, manchmal e^2, f^2, selten g^2 (Abb. 54). Fordert man den Probanden auf, die eben eingenommene Falsettfunktion beizubehalten und so laut wie möglich in die Tiefe zu singen, so geht das zwar mit einem deutlichen Schallpegelverlust einher, ist aber bis e oder c, zuweilen sogar tiefer möglich. Somit ergibt sich der in der Registerdefinition erwähnte Bereich amphoterer Klänge, in unserem Beispiel (Abb. 54) von e bis g^1. Das heißt zunächst nicht generell, daß sich in diesem Bereich Stimmklänge »mischen« lassen, sondern lediglich, daß in einem bestimmten Tonhöhenbereich sowohl in der einen als auch in der anderen Art gesungen werden kann.

Mit Falsett beschreiben wir also die höchsten Töne der Männerstimme, die einen weiblichen Klangeindruck hervorrufen, manchmal weich und flötenartig klingen, manchmal aber auch schrill, flach und wie gepfiffen. Wir verstehen unter Falsett weder das sogenannte Mittelregister (s. dort) noch die leisen Töne der Männerstimme im Modalregister, mezza voce (s. u.).

Der im Deutschen gebräuchliche Begriff *»Fistelstimme«* läßt sich im Vergleich mit der internationalen Literatur nicht bewahren und muß dem Oberbegriff *Falsett* zugeordnet werden. Es erscheint günstig, ein ungeschultes, natürliches Falsett (engl. natural falsetto) von einem

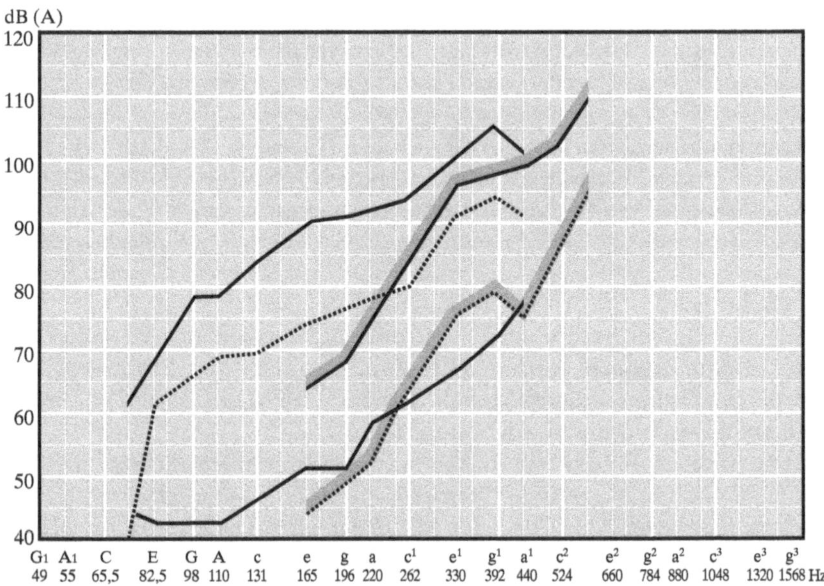

Abb. 54 Singstimmprofile (durchgezogene Kurven) mit spektraler Bewertung (hoher Formantpegel, unterbrochene Kurven) beim lauten Singen eines semiprofessionellen Sängers, Vokal /a/; Modalstimme (laut) von D bis g^1, Falsettstimme von e bis d^2 mit deutlicher Abschwächung in der Tiefe sowie einem Absinken des hohen Formantpegels (schattierte Kurven)

geschulten, künstlerisch gebrauchten Falsett (engl. artistic falsetto) zu unterscheiden. Beide lassen sich zwar nicht scharf trennen, da manchmal sehr günstige natürliche Veranlagungen vorkommen, die fast schon künstlerisch genutzt werden können, aber die Fistelstimme würde dem natürlichen Falsett zuzuordnen sein, die männliche Altstimme (der sog. Countertenor) dem künstlerischen Falsett (s. a. besondere stimmliche Erscheinungsformen).

Zwischen Modal- und Falsettstimme bestehen nicht nur die deutlichen Klangunterschiede, die von GARCIA und NADOLECZNY beschrieben wurden, sondern auch das zugrunde liegende »mechanische Prinzip« ist ein anderes. In der Modalstimme schließen die Stimmlippen vollständig, im Falsett nur unvollständig bzw. verkürzt. Außerdem verschmälert sich der schwingende Stimmlippenrand erheblich (Abb. 55). Die Obertonstruktur unterscheidet sich bei diesen Stimmanwendungen grundsätzlich, wobei im Falsettregister die hohen Formanten (Sängerformanten) abgeschwächt werden und die Grundwelle durch Formantabstimmung verstärkt hervortritt.

Untersuchungen der Modal- und Falsettfunktion führten zu gut abgrenzbaren Ergebnissen (SCHUTTE und SEIDNER, 1988). Bei der Modalstimme ist ein vollständiger Glottisschluß vorhanden, bei der Falsettstimme ein unvollständiger, besser: verkürzter. Diese Befunde lassen sich nicht nur lupenstroboskopisch, sondern auch elektroglottographisch nachweisen. Als Ausdruck der vollständigen Schlußphase ergibt sich ein »Rundkurventyp«, als Resultat der verkürzten Schlußphase ein »Spitzkurventyp«. Bei zukünftigen Diskussionen ließe sich also die Elektroglottographie zur Objektivierung von natürlichen Registern gut verwenden. Die mittlere Luftströmungsgeschwindigkeit fällt bei mittellautem modalem Singen in der Tiefe gering aus und nimmt beim Aufwärtssingen allmählich zu, während sie beim ungeschulten Falsett stets hoch ist.

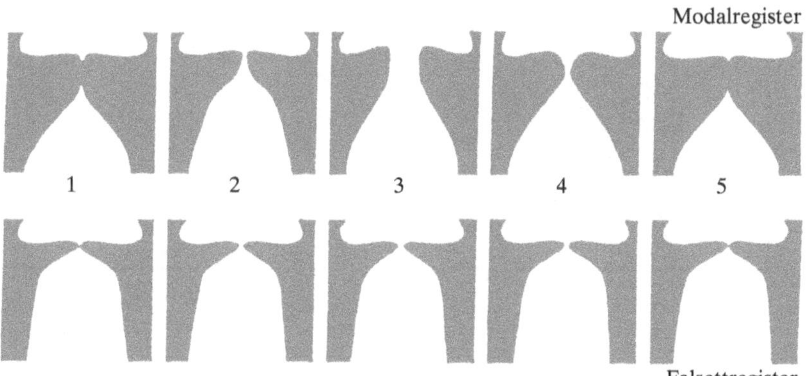

Abb. 55 Schematische Darstellung der Bewegungsphasen am Stimmlippenrand im Modalregister (oben) und im Falsett (unten) (in Anlehnung an HIRANO)

Das Einbeziehen der Stimmdynamik führte zu besonders interessanten Ergebnissen (Abb. 56). Bei einem Schwellton, ausgehend vom extrem leisen Singen, bei dem die Ansatzräume akustisch kaum wirksam werden und keine Obertöne nachweisbar sind (Zone 1), kann man sich entscheiden, welche Differenzierung man glottal und resonatorisch vornimmt. Einerseits ist es möglich, den vollständigen Glottisschluß einzustellen, beizubehalten und die Stimme bis zum Vollton der Modalstimme kontinuierlich anzuschwellen (Zone 2 und 3 nicht abgrenzbar). Dann erreicht man die obere Grenze des abgebildeten Singstimmprofils. Andererseits kann der »indifferente« Kehlkopfklang der Zone 1 zum Falsett crescendiert werden, indem man den verkürzten Glottisschluß einstellt und möglichst lange beibehält. Diese Stimmgebung läßt sich aber nicht bis zur größtmöglichen Stimmstärke gebrauchen (Zone 2). Die obere Grenze des Singstimmprofils erreicht man nur dann, wenn man den verkürzten Glottisschluß aufgibt und in den modalen, vollständigen Schluß wechselt, was meist mit einem Klangsprung einhergeht. Also auch im Intensitätsbereich zeigen sich Registerstrukturen zwischen Modal und Falsett mit amphoteren Klängen, hier im Bereich der Zone 2. Da im mittleren Tonhöhenumfang der Männerstimme die Falsettfunktion üblicherweise nicht benutzt wird, gibt es keine Erfahrungen, ob hier ein Registerangleich trainiert werden kann oder nicht.

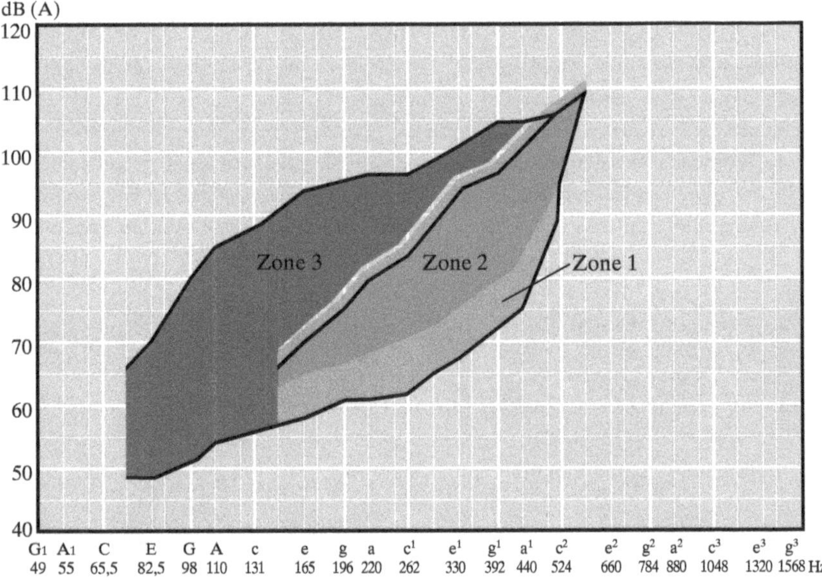

Abb. 56 Singstimmprofile, die drei Zonen begrenzen:
Zone 1 indifferente leise Stimmgebung,
Zone 2 Modalstimme oder Falsettstimme,
Zone 3 Modalstimme

Innerhalb des männlichen Modalregisters ist es nicht möglich, weitere klare Unterscheidungen zu treffen und dabei ein höheres »Kopfregister« und ein tieferes »Brustregister« eindeutig abzugrenzen. Das heißt selbstverständlich nicht, daß bei der gesangstechnischen Schulung des Modalregisters bestimmte Ausgleichsvorgänge zwischen höheren und tieferen Bereichen keine Rolle spielten. Es handelt sich dabei aber um die artifizielle »Feinstruktur« (s. Übergangstöne, passaggio) und läßt sich nicht mit den Vorgängen vergleichen, die Sängerinnen zwischen dem Kopf- und dem Brustregister beachten müssen (s. u.).

Wenn NADOLECZNY die an Kopf, Hals und Brust wahrnehmbaren Vibrationsbezirke erwähnt, so müssen nicht unbedingt nur Brust- und Kopfregister im herkömmlichen Sinne gemeint sein. Die Modalstimme kann auch mit Vibrationsempfindungen im Brustbereich einhergehen und die Falsettstimme mit Vibrationsempfindungen im Kopfbereich.

Der Hinweis GARCIAS, daß im amphoteren Bereich die Sprechstimme in beiden Registern unverwechselbar benutzt werden kann, gibt unserer Interpretation ein besonderes Gewicht. Der Mann verwendet ja beim üblichen Sprechen seine Modalstimme, die beim Rufen bis c¹ oder manchmal höher reicht, wie zahlreiche Messungen von Sprechstimm-

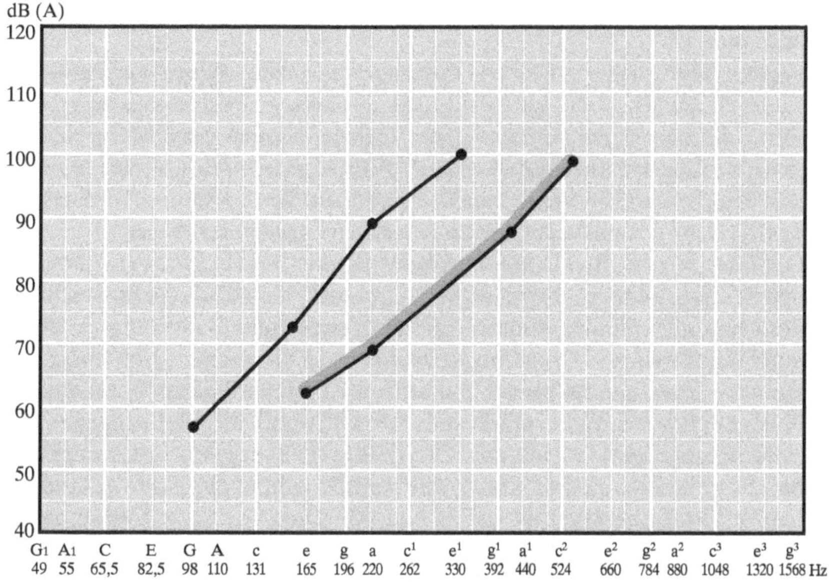

Abb. 57 Männliche Sprechstimmprofile vom ungespannten Sprechen in Indifferenzlage bis zum Rufen, links mit Modalstimme (Umgangssprechen), rechts mit Falsettstimme (»Bauchreden«) eine Sexte höher; beide Stimmanwendungen mit einem Dynamikumfang um 40 dB(A) und 21 Halbtönen

profilen (s. dort) zeigten. Dabei läßt sich auditiv weder eine Brust- und Kopfstimme unterscheiden, noch trägt die Sprechstimme dazu bei, ein etwa vorhandenes Brustregister zu begrenzen wie das bei Frauen geschieht (s. u.). Er kann aber auch beim Sprechen die klanglich völlig andere Falsettfunktion benutzen, die Bauchredner künstlerisch anwenden und einer Puppe zuordnen (s. Abb. 57 und 76). Bei Frauen ist Vergleichbares im Brust- und im Kopfregister möglich.

Die dröhnend und »prasselnd« klingenden und manchmal sogar als rauh eingeschätzten tiefen Töne bei Baßstimmen werden *Stroh-* oder *Kehlbaßregister* genannt (amerik. vocal fry, pulse). Der Strohbaß ist durch eine typische Stimmlippeneinstellung mit einer spezifischen Schwingungsform gekennzeichnet, die sich von den Mustern des Modalregisters deutlich unterscheidet. Die selten während einer Erkältung oder nach stärkerem Alkoholgenuß auftretenden strohbaßähnlichen Klänge sind auf eine durch entzündliche Schwellung bedingte vorübergehende Massenzunahme der Stimmlippen zurückzuführen.

Weibliche Register. Bei Frauen ist es möglich, ein im unteren Drittel des Tonhöhenumfanges liegendes *Brustregister* von einem höheren *Kopfregister* abzugrenzen, das aus physiologischer Sicht dem männlichen Falsett ähnelt und am typischen »kopfigen« Stimmklang zu erkennen ist.

Lupenstroboskopisch und elektroglottographisch sind die gleichen Unterschiede wie bei der männlichen Modal- und Falsettstimme zu finden, nur nicht so stark ausgeprägt. So wie die Stimmlippen mit ansteigender Tonhöhe gespannt und verdünnt werden, nimmt die Kontaktfläche zwischen ihnen ab. Bei Spektralanalysen dominiert im weiblichen Kopfregister eine Verstärkung der Grundwelle durch Formantabstimmung (s. dort), d. h. der 1. Formant wird auf den 1. Teilton (Grundton) verschoben.

Die Grenze zwischen Brust- und Kopfregister liegt bei Frauen, namentlich bei Sopranen, im Forte nahezu eindeutig bei g^1 / a^1 und läßt sich bei der Messung von Singstimmprofilen mit spektraler Bewertung (s. dort) auch objektivieren. Sie ist im Kurvenverlauf als leichte (Abb. 58) oder stärkere Einsenkung, manchmal auch als Plateaubildung zu erkennen. Nur selten wird durch stärkeren Kraftaufwand das Brustregister bis etwa d^2 eingesetzt (s. Belting). Oberhalb von a^1 beginnt fast immer der beschriebene Kopfstimmklang, der beim Singen in die Höhe deutlicher hervortritt. Interessant ist, daß bei der Messung von Sprechstimmprofilen die weibliche Rufstimme, die fast ausnahmslos im Brustregister gebildet wird, auch bei g^1 endet. Auf diese Weise ergibt sich eine weitere Markierung an der natürlichen Grenze zwischen den beiden weiblichen Hauptregistern. Mit dem typischen Kopfstimmklang der Frau kann nur gesungen, aber nicht gerufen werden, ein Sprechen in diesem Bereich ist nur mit deutlich geringerer Intensität möglich (s. u.).

Ausbildungen im Musicalbereich verlaufen bei Frauen manchmal problematisch, wenn einerseits im Schauspielunterricht die natürliche Bruststimme eingesetzt und zwangsläufig oft zur Rufstimme gesteigert wird und andererseits im Gesangsunterricht die Kopfstimme erübt werden soll. Gesangspädagogen sind dann mit einer Divergenz von Brust- und Kopfregister konfrontiert, die sich nur angleichen läßt, wenn die Kopfstimmfunktion beim Singen entwickelt und nicht von der isolierten Bruststimmfunktion ausgegangen wird. Andererseits gehört es gegenwärtig wohl auch zum professionellen Stimmgebrauch, beides zu können: Register mit stimmtechnischer Perfektion isoliert einzusetzen und andererseits geschickt anzugleichen. Übrigens haben wir bei Männern niemals eine derartige Registerproblematik erlebt.

Stimmtechnisch gut geschulte Sängerinnen vermeiden grundsätzlich (besser: so gut es geht), beim Singen die Bruststimme zu verstärken und dadurch klanglich von der Kopfstimme zu isolieren, aber möglich ist es schon, und es läßt sich sogar ausmessen (Abb. 59). So ergibt sich auch hier ein Bereich amphoterer Tonhöhen, die im gezeigten Beispiel von a bis a¹ reichen.

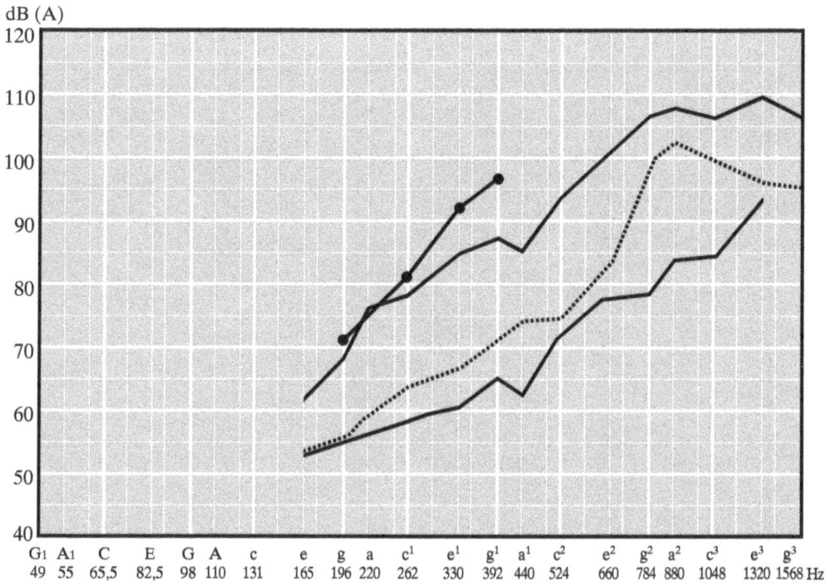

Abb. 58 Stimmumfangsprofile von einer Gesangsstudentin, Vokal /a/; Singstimmprofile von e bis e³ und g³ mit spektraler Bewertung beim lauten Singen (unterbrochene Kurve), Sprechstimmprofil (links, mit Punktmarkierungen für 4 Lautstärkestufen) von g bis g¹; stärkere Ruf- als Singstimme, Registerwechsel zwischen Brust- und Kopfregister bei g¹ / a¹

Manchmal werden Anfängerinnen zu Beginn ihrer Gesangsausbildung vorgestellt, die beim Aufwärtssingen den Registerwechsel g^1 / a^1 nicht mühelos bewältigen. Vor allem dann, wenn sie etwas unterspannt singen, knarrt oder kippelt die Stimme, und es fällt schwer, den Kopfklang in einem unauffälligen Übergang zu erreichen. Fast nie liegt die problematische Tonhöhe tiefer als g^1, manchmal jedoch höher, a^1 bis c^2, selten auch bis d^2. Wir empfehlen in solchen Fällen Übungen, die von einer höher liegenden und gut beherrschten Kopfstimmfunktion ausgehen und dann in die Tiefe über den Registerwechel hinweg gesungen werden. Es wäre nicht angemessen, die Bruststimme mit stärkerer Anspannung einzusetzen, um den Registerwechsel zu überwinden.

In dem erwähnten weiblichen Kopfregister können außerdem Gesangstöne erzeugt werden, die wie das natürliche männliche Falsett klingen. Sie werden üblicherweise nicht im traditionellen Konzert- und Operngesang angewendet, aber in der Jazz- und Popularmusik, im Chanson, beim Jodeln und gar nicht so selten von kindlichen oder jugendlichen Chorsopranen (»Chormädchenfalsett«). Diese Stimmgebung geht mit einem weichen, flötenartigen und vibratoarmen Klang einher, der sich mit anderen Stimmen gleicher Art gut mischt und als leichter, schwebender Sopranklang sehr geschätzt wird.

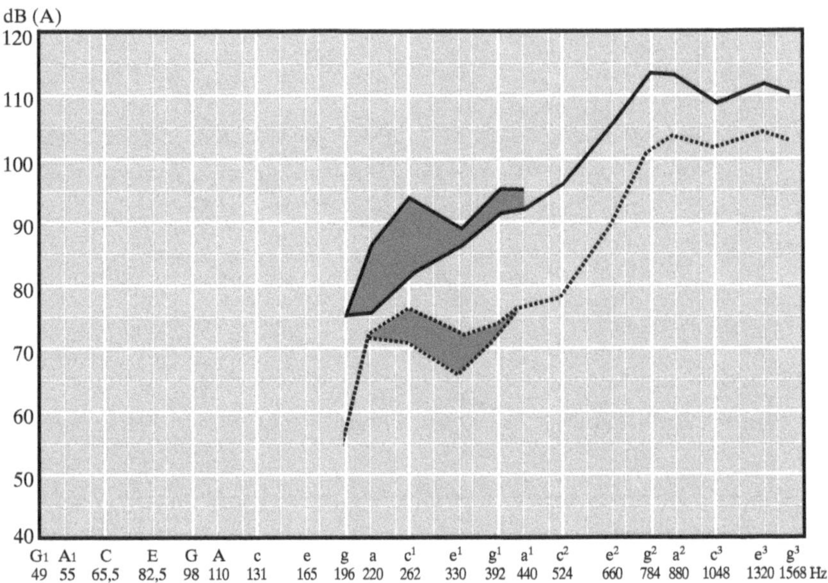

Abb. 59 Singstimmprofile von einer Opernsolistin, Koloratursopran, Vokal /a/; lautes Singen (durchgezogene Kurve) einschließlich spektraler Bewertung (gestrichelte Kurve); das laute Singen zwischen a und a^1 (Graubereich) wird beruflich nicht angewandt und wurde nur zu Demonstrationszwecken gesungen.

Bei der phoniatrischen Tauglichkeitsbeurteilung für ein Gesangsstudium ist dann manchmal zu klären, daß für eine Berufsausbildung diese kindliche Singart aufgegeben und eine »frauliche«, vollklingende und ausdrucksstärkere Kopfstimme angenommen werden muß. In Zusammenarbeit mit Gesangspädagogen läßt sich das Problem schnell lösen.

Auch wenn die weibliche Sprechstimme einschließlich des Rufens im Bereich des Brustregisters liegt, so wird doch manchmal auch die Kopfstimme mit dem weniger gespannten und leiseren Falsettklang benutzt. Manche Frauen kippeln beim Alltagssprechen dezent zwischen Brust- und Falsettstimme, aber manchmal wird auch unterbewußt – bei emotional gesteigertem oder gar exaltiertem Reden – die Falsettstimme deutlich kontrastierend zur Bruststimme eingesetzt. Sehr selten erfolgt der bewußte künstlerische Einsatz der Falsettstimme durch Bauchrednerinnen. Damit sind weitere Beispiele gefunden, die Analogien bei den natürlichen Registern der Männer und Frauen erkennen lassen. Für die in herkömmlicher Weise als Brust- und Kopfregister bezeichneten Bereiche gilt dies aber nicht.

Im Schwingungsablauf der Stimmlippen ist im Brustregister ein vollständiger Schluß zu sehen, im Kopfregister aber ein unvollständiger oder verkürzter. Der Grad des bei stroboskopischen Untersuchungen zu erkennenden schmalen Glottisspaltes hängt von der »Registerausprägung« ab.

In der Falsettfunktion des Kopfregisters ist ein etwas breiterer Spalt erkennbar, der sich beim Anschwellen zur typischen Kopfstimme verschmälert. Diese Verschmälerung gelingt allerdings übergangslos, ohne plötzliche funktionelle Änderung und ohne Klangsprung.

In diesem Zusammenhang sind die Untersuchungsergebnisse von WENDLER (1966) zur Stimmlippenlänge beim Aufwärtssingen erwähnenswert, die auf den Zusammenhang von Rahmenfunktion des Kehlkopfes (Funktion des Krikothyroideus, »Kippmechanismus« zwischen Ring- und Schildknorpel, s. dort) und Registerbildung bei Frauen hinweisen. Beim Aufwärtssingen vom unteren Tonhöhenumfang her erfolgt zunächst eine Spannungserhöhung durch Stimmlippenverlängerung mittels des Kippmechanismus. Mit Beginn des Kopfregisters (er lag bei 50 % des Tonhöhenumfanges der Probandinnen und könnte damit dem bereits beschriebenen Registerwechsel g^1 / a^1 entsprechen) ist jedoch eine Stimmlippenverlängerung kaum noch zu erkennen. Nachdem der Kippmechanismus, der im Brustregister vorwiegend zur Tonerhöhung wirksam wird, erschöpft ist, erfolgt eine Neueinstellung des Vokalissystems zur weiteren Tonhöhensteigerung im Kopfregister.

Das höchste Register der Soprane, das *Flageolett- oder Pfeifregister* (auch als Flötenregister bezeichnet), zeigt sich als natürliche Veranlagung bei sehr hoch »zwitschernden« Säuglingen oder bei kreischenden Frauen. Besondere Voraussetzungen für eine Ausbildung zum Koloratursingen sind damit allerdings nur selten gegeben. Der Klang des Flageolettregisters wird durch die Namensgebung gut charakterisiert und läßt sich vom Kopfregister meist deutlich unterscheiden. Es wird mit einer spaltförmig geöffneten Glottis und sehr kleinen, horizontalen Stimmlippenschwingungen erzeugt, oder Schwingungen lassen sich überhaupt nicht nachweisen. Stimmschallanalysen zeigen einfach strukturierte Klänge, wobei die Harmonischen nicht mehr in die Nähe von Formanten rücken. Die Dominanz der Grundwelle geht mit einem stärkeren spektralen Gefälle einher (MILLER, 1994; WALKER, 1988). Eine differenzierende Vokalisation ist nicht mehr möglich.

MILLER und SCHUTTE (1993) schlossen aus elektroglottographischen Untersuchungen und sub- und supraglottischen Druckmessungen auf eingeschränkte Stimmlippenschwingungen bei offener Glottis. Manchmal waren aber auch die Kurven der weiteren Amplituden zu sehen, wie sie im Kopfregister vorkommen. Nach akustischen Messungen definierten die Autoren, daß das Flageolettregister oberhalb jenes Punktes beginnt, an dem sich der Vokaltrakt nicht mehr darauf einstellen läßt, den 1. Formanten einem Anstieg der Grundwelle folgen zu lassen.

Stroboskopische Untersuchungen von KEILMANN und MICHEK (1993) ergaben, daß kein Stimmlippenschluß vorhanden ist, es bleibt permanent ein kleiner Spalt. Die Schwingungen erfolgen horizontal und in ganzer Länge. Nur 2 der 10 untersuchten Sängerinnen konnten das hohe Register auch in die Tiefe singen (und damit einen weiteren Bereich amphoterer Töne bilden). Schmalband-Spektralanalysen zeigten im Vergleich zur Grundwelle eine Abschwächung im Sängerformantbereich. Keine der Sängerinnen hatte die Pfeifstimme im Gesangsunterricht erlernt, da eine Stimmschädigung befürchtet wurde.

Gesangspädagogen kennen die besonderen stimmtechnischen Probleme und wissen, daß ein Flageolettregister nicht einfach als hoher Teil der Kopfstimme eingeschätzt und geschult werden kann. Bereits bei etwa b^2 muß eine andere Einstellung im Vergleich zu einem lyrischen Sopran erfolgen, wenn die Sängerin beispielsweise f^3 erreichen will.

Registerangleich, Registerausgleich. Der »Registerausgleich« der Sing- und Sängerstimme kann nach den unterschiedlichen natürlichen Voraussetzungen bei der Registerbildung kein einheitliches Phänomen sein. Bei Registern, die vorwiegend auf einem unterschiedlichen Schwingungsverhalten der Stimmlippen beruhen, also Modal- und Falsettregister bei Männern und Brust- und Kopfregister bei Frauen, ist im Grunde ein Ausgleich nicht möglich, sondern lediglich ein Angleich. Er gelingt mehr oder weniger gut und läuft stets Gefahr, wieder aufgegeben zu werden, z. B. wenn Frauen in der Tiefe klangvoll singen und dann das Brustregister mehr oder weniger isoliert einsetzen müssen. Bei Männern ist der Angleich von Modal- und Falsettregister auch möglich, wenn Skalen oder Schwelltöne vorsichtig und langsam

gesungen werden, aber die Klangunterschiede zwischen Ausgangspunkt und Ziel der Stimmleistung lassen sich nicht ausgleichen, sondern eben nur angleichen, unter Vermeidung eines Klangsprunges, d. h. einer plötzlichen Funktionsänderung. Registerangleich kann ermöglicht werden, wenn der physiologische Mechanismus für das anzustrebende Register schon behutsam eingesetzt wird, ehe der Mechanismus des gerade benutzten Registers ausgeschöpft ist.
Leichter gelingt es zweifellos, Tonfolgen innerhalb eines Registers auszugleichen, z. B. durch gezielte stimmtechnische Schulung sogenannter Übergangstöne (passaggio, s. u.), um besser in den oberen Bereich des Tonhöhenumfanges zu gelangen. Jedoch zeigt sich dabei auch, daß sich Registerangleich und -ausgleich gar nicht immer scharf unterscheiden lassen, da bei Frauenstimmen der Übergang von Brust- und Kopfregister nicht getrennt von den Übergangstönen geübt werden kann. Auf jeden Fall geht es bei diesen Erörterungen nicht mehr um die Grobstruktur der Register, also um die natürlichen Voraussetzungen, sondern um die Feinstruktur, d. h. um die artifiziellen Überformungen, die überwiegend durch besondere Einstellungen der Ansatzräume gelingen. Spätestens hier endet unsere Kompetenz, es beginnt die Zuständigkeit der Gesangspädagogik. Deshalb erfolgen jetzt nur noch wenige Bemerkungen.
Das sogenannte *Mittelregister* wird in Publikationen derart unterschiedlich definiert, daß eine Stellungnahme schwerfällt. Muß dieses Register nicht als eine überwiegend gesangspädagogische Fiktion, als ein Bekenntnis oder Arbeitsprinzip aufgefaßt werden, um die stets vorhandenen Register mit Aufmerksamkeit und Konsequenz an- oder auszugleichen? Man sollte ein Mittelregister weder in Zweifel ziehen noch sich derart fixieren, daß bestimmte Tonhöhenbereiche festgeschrieben werden. Bei der Realisierung geht es nicht nur um Tonhöhe und Intensität des Singens, sondern auch – oder vor allem – um den Klang. In diesem Zusammenhang sind die *Übergangstöne* zu erwähnen, die wohl nicht als eigenes Register, sondern vielmehr als ein Bereich des Registerausgleichs (s. o.) zu betrachten sind. Es handelt sich um einen Tonhöhenbezirk der hohen Mittellage (bei Männern im Modalregister, bei Frauen im Kopfregister), der vor allem beim Aufwärtssingen eine besondere Aufmerksamkeit erfordert. In ihm soll – vor allem im Mezzoforte oder Forte – die Gefahr gebannt werden, nicht weiter in die Höhe singen zu können. Durch Einstellung der Stimmlippenspannung und eine besondere Einstellung der Ansatzräume soll im Grunde ein »Wegkippen« in die Falsettfunktion, so wie es Laien tun, vermieden werden. Im Einzelfall ist zu erwägen, ob eine gedeckte Tongebung (s. dort) das richtige Singen der Übergangstöne erleichtern kann.

Tonhöhenangaben für die Übergangstöne erfolgen nicht einheitlich und variieren auch individuell, überwiegend hat sich aber ergeben: Baß a bis d^1, Bariton h bis e^1, Tenor d^1 bis f^1, Alt und Mezzosopran mit geringen Unterschieden h^1, c^2 bis d^2, e^2, Sopran d^2 bis f^2. Manchmal werden auch etwas größere Bereiche genannt.

Während die Problematik der Übergangstöne vor allem auf einen Tonhöhenbereich ausgerichtet ist, gehört die Frage des klangvollen Pianosingens in den Intensitätsbereich. Eigentlich handelt es sich auch hier darum, durch besondere gesangstechnische Mittel die Falsettfunktion zu vermeiden, die als inhomogen auffällt und traditionell als unkünstlerisch gilt. Die Männerstimme ist dabei stärker betroffen als die Frauenstimme. Wir stimmen mit MILLER (1994) überein, diese Stimmanwendung *Halbstimme* (mezza voce) zu nennen.

Es erhebt sich die Frage der Nomenklatur. Da es sich lediglich um das leise Singen im Modal- bzw. Kopfregister handelt, sollte der Begriff nicht so verstanden werden, als beschriebe er ein eigenes Register. Manche nennen die Stimmanwendung Falsett, aber eine Falsettfunktion ist es gerade nicht, die soll ja vermieden werden. (Betroffen mußten wir mehrfach erleben, daß der Klangunterschied zwischen Falsett- und Halbstimme gar nicht gehört wird.) Denkbar wäre auch »Voce finta«, aber der Begriff »Halbstimme« drückt eigentlich den Intensitätsbezug am deutlichsten aus.

Es gehört zu Definition der Halbstimme, daß sie ohne grundsätzliche Klangänderung kontinuierlich zur Vollstimme crescendiert werden kann, was bei der Falsettstimme nicht möglich ist.

Registersprung, Registerbruch. Klanglich deutlich wahrnehmbare Registerwechsel haben nicht von vornherein Krankheitswert oder sind generell als unkünstlerisch einzuschätzen, da in manchen Genres ein Klangsprung nicht nur nicht vermieden, sondern als Effekt angestrebt und geübt wird, d. h. beim Bauchreden, Jodeln, Chanson-, Jazz- und Popsingen, Belting, ja sogar beim klassischen Singen als besondere Überraschung. Derartige Registersprünge lassen sich von pathologischen Verhältnissen, den Registerbrüchen, durchaus abgrenzen. Dabei ist ein Registersprung unerwünscht, aber nicht vermeidbar, es kann sogar eine Behinderung der Kommunikationsfähigkeit von Krankheitswert bestehen, wie z. B. bei der Mutationsfistelstimme. Es ist ein schnelles Kippeln der Sprechstimme möglich, oder sie wird sogar für einige Sekunden in dem einen oder dem anderen Register gebraucht (männlich: Modalregister/Falsett, weiblich: Brustregister/Falsetteinstellung der Kopfstimme). Beim Singen kann es bei weiblichen Jugendlichen mit sogenannter unvollständiger Mutation zu einem Auseinanderweichen von Brust- und Kopfstimme kommen, z. B. zur Divergenz zwischen einer kräftigen und auch klangvollen Brustimme und einer dünnen, flachen und heiseren Kopfstimme.

Es ist nicht möglich, daß diese Ausführungen unwidersprochen bleiben, aber sie stellen einen Versuch dar, verschiedene Sichtweisen zu bündeln und sowohl Stimmgebung als auch Klangbildung aus physiologischen, stimmtechnisch- gesangspädagogischen und klinischen Blickwinkeln zu berücksichtigen.

Vibrato und Tremolo

Dem *Vibrato* der menschlichen Stimme liegen rhythmische Schwankungen der Tonhöhe zugrunde, die mit gleichzeitigen, eventuell nur diskreten Änderungen von Lautstärke und Klangfarbe einhergehen. Die drei Komponenten verschmelzen zu einer bestimmten Klangqualität und lassen sich auditiv nur schwer voneinander unterscheiden. Im Höreindruck dominieren Tonhöhenänderungen, und es genügt, sich bei Erörterungen des Vibratophänomens vor allem auf die Frequenzschwankungen zu konzentrieren. Das Vibrato wirkt in einem gewissen Grade ästhetisch befriedigend und erhöht die Ausdrucksmöglichkeiten der Stimme (»Beben«). Es ist als einer der feinsten Gradmesser einer gesunden und gesangstechnisch gut geschulten Sängerstimme anzusehen. Ein ausgeglichenes und zugleich variables Vibrato spricht aber auch aus physiologischer Sicht für eine leistungsfähige Stimme und ist das Ergebnis regelmäßiger Spannungsänderungen vor allem der Atem-Kehlkopf-Balance. Neben den subglottischen Druckschwankungen wird dem äußeren Stimmlippenspanner (M. cricothyroideus) eine besondere Bedeutung für die Tonhöhenänderungen zugemessen (SUNDBERG, 1987).

Das Vibrato ist nach neurophysiologischen Grundlagen ein komplexes, bisher in seiner Gesamtheit noch weitgehend unerklärtes Phänomen, an dessen Entstehung ein übergreifendes neuromuskuläres System beteiligt sein muß. Von endoskopischen Untersuchungen ist bekannt, daß auch die Muskeln der Ansatzräume im Rachen- und Zungenbereich rhythmische Aktivitäten in der Vibratofrequenz aufweisen. Die differenziert geregelten Spannungs- und Entspannungszustände sind gleichbedeutend mit rasch wechselnden muskulären Arbeits- und Erholungsphasen, so daß die Stimme stärkeren Belastungen ausgesetzt werden kann.

Umfangreichere Publikationen liegen von SEASHORE (1938), BARTHOLOMEW (1942), GOLDHAN (1972), FISCHER (1993) und DEJONCKERE und Mitarb. (Hrsg., 1995) vor.

Angaben über eine »normale« und als »schön« empfundene Vibratofrequenz fallen natürlich unterschiedlich aus, da ästhetische Wertungen stets mit eingehen. Hörgewohnheiten, Klangvorstellungen und Emotionen beeinflussen die Beurteilung in erheblichem Maße. Außerdem muß man stilistische Besonderheiten beachten.

Ein langsameres, mit stärkeren Frequenzschwankungen einhergehendes Vibrato kann man bei der dramatischen »Elektra« (STRAUSS) begeistert annehmen, lehnt es aber bei der lyrischen »Pamina« (MOZART) als »unnormal« und »unschön« ab. Zugleich ist es möglich, daß ein schnelleres und mit geringeren Tonhöhenschwankungen erzeugtes Vibrato einer guten MOZART-Sängerin bei Passionen von BACH negativ auffällt.

Nach den Untersuchungsergebnissen mehrerer Autoren (s. o.) wird eine Vibratofrequenz von 5 bis 7 Schwingungen pro Sekunde (Hz) als normal und schön eingeschätzt. Diese Angaben beziehen sich aber auf die erste Hälfte unseres Jahrhunderts, in der ein schnelleres Vibrato offenbar häufiger akzeptiert wurde als in unserer Zeit. Es hängt wahrscheinlich mit der stärkeren Verbreitung des dramatischen bzw. heldischen Singens zusammen, daß gegenwärtig eine Vibratofrequenz von 5 Hz oder gering darunter für gut befunden wird.

Geschlechtsunterschiede wurden bisher nicht hervorgehoben, aber SHIPP und Mitarb. (1980) fanden bei Sängern der Stockholmer Oper unterschiedliche Vibratofrequenzen: etwas höhere bei den Sängerinnen (5,9 Hz) gegenüber den Sängern, deren Frequenz im Mittel 5,4 Hz betrug.

Die Tonhöhe schwankt überwiegend um einen Halbton (± 1/4 Ton), die Intensität (genauer: der Schalldruck) um 2 bis 3 Dezibel. Die Frequenz der Tonhöhen- und Intensitätsschwankungen ist zwar gleich, die Phasenverhältnisse können aber divergieren. Meist verlaufen beide Vibratoarten gleichsinnig, dann geht eine Tonerhöhung auch mit einer Intensitätszunahme einher, manchmal aber auch gegensinnig, dann fällt eine Tonerhöhung mit einer Intensitätsabnahme zeitlich zusammen. Die Erklärung ergibt sich daraus, daß die vom Kehlkopf herrührenden Tonhöhenschwankungen auf jeweils günstigere oder ungünstigere Resonanzverhältnisse in den Ansatzräumen treffen. Das Klangfarbenvibrato (Timbrevibrato) entsteht auf die gleiche Weise, indem durch die Frequenzschwankungen periodische Änderungen der Teiltonstruktur und damit der Klangfarbe ausgelöst werden.

Nach HARTLIEB (1960) sind es drei »Schwingungssysteme«, die das Vibrato bestimmen: das »große Schwingungssystem Zwerchfell« (Atemwellen von 4 - 5 Schwingungen je Sekunde), das »mittlere Schwingungssystem Kehlkopf« (federnde Bewegungen des Kehlkopfes in seinem Aufhängesystem, 6 - 7 Schwingungen je Sekunde) und das »kleine Schwingungssystem Glottis« (Stellknorpelbewegungen während der Stimmgebung, 8 - 9 Schwingungen pro Sekunde). Die einzelnen Funktionen sollen sich im Vibrato der normalen Sängerstimme komplex zeigen und zu einer Vibratofrequenz von 5 - 6 Schwingungen je Sekunde (Intensitäts- und Tonhöhenänderungen) führen. – Die Ergebnisse bedürfen der experimentellen Absicherung.

Konstant verlaufende Vibratowellen gelten meist nicht als schön und wirken ermüdend, Schwankungen erhöhen dagegen das Ausdrucksvermögen einer Stimme. Im Alter besteht aufgrund verminderter Muskel-

spannung und -elastizität die Neigung zu stärkeren Abweichungen mit auffällig großen Tonhöhenschwankungen.
Die von der üblichen Norm abweichenden schnelleren Vibratoschwankungen (8 - 10 - 12 Pulsationen pro Sekunde), die den Eindruck des Zitterns, Flackerns oder Meckerns hinterlassen, werden in Publikationen nahezu einheitlich als *Tremolo* bezeichnet. Der allgemeine Sprachgebrauch kennzeichnet damit aber auch die zu großen Tonhöhenschwankungen bei normaler Vibratofrequenz und vor allem die zu langsamen Vibratovarianten (»Alterstremolo«). Nicht selten fallen dabei auch ausgeprägte rhythmische Bewegungen der Zunge und des Unterkiefers auf, die sich willentlich nicht beeinflussen lassen. Im englischen Sprachgebrauch heißen die langsamen Schwankungen »*wobble*«.
Auch wenn die Bewertung des Vibratos aufgrund subjektiver Faktoren nicht einheitlich erfolgen und manchmal recht schwierig sein kann (s. a. Auditive Beurteilung), so ist es in der Praxis doch relativ leicht möglich, pathologische Erscheinungen zu erkennen. Nach unserer Erfahrung handelt es sich dabei ausschließlich um zu langsame Vibratoformen.
Bei der Einschätzung des Pathologischen geht es nicht allein darum, eine gewisse Unterschreitung der üblichen Vibratofrequenz oder eine Überschreitung der Tonhöhenvariationen zu bemerken, sondern auch um den allgemeinen Eindruck einer unflexiblen, ja starren und nicht beherrschten Funktion.

Mitunter fallen bei Tauglichkeitsuntersuchungen für das Gesangsstudium – ausschließlich bei Bewerberinnen – pathologische Vibratoformen auf. Drei Hauptursachen ließen sich ermitteln: Singefreudige Gesangslehrerinnen, deren Altersvibrato sich auf die Schülerin übertrug, Überforderung der Stimme durch dramatische Partien ohne angemessene Stimmtechnik, einseitige und forcierte Atemschulung unter Vernachlässigung der spezifischen sängerischen Klangbildung. Mehrfach erlebten wir, daß Gesangspädagoginnen durch konsequente und geduldige stimmtechnische Arbeit, vor allem durch Vermeidung von Überfunktionen, das auffällige Phänomen zum Verschwinden brachten.

Wenn über Jahre bezüglich des Stimmtyps schwere oder zu schwere Partien gesungen werden, stellt sich gar nicht so selten ein schaukelndes Vibrato ein, das nicht nur durch eine langsame Frequenz, sondern auch durch erhebliche Tonhöhenschwankungen hervortritt. Meist ist dann in der Feinabstimmung zwischen Atem- und Kehlkopffunktion bereits eine Dekompensation eingetreten, die es gesangstechnisch schwierig oder sogar unmöglich macht, kompensierend neue motorische Muster aufzubauen. Wenn altersbedingte bzw. klimakterische Veränderungen hinzukommen, kann überwiegend nur noch eine ungünstige Prognose gestellt werden. Es ist deshalb wichtig, bei stark belasteten Stimmen, vor allem unter den häufig sehr hohen Leistungsanforderungen der

Oper, beginnende »Vibratoentgleisungen« zu erkennen und durch gründliche gesangstechnische Schulung wieder rückgängig zu machen. Nicht unumstritten ist die Frage, ob sich ein Vibrato anbilden läßt oder nicht. Manche Gesangspädadogen sehen im Stimmvibrato eine natürliche Veranlagung, die kaum beeinflußt werden kann, andere wiederum betrachten es als ein entwicklungsfähiges und veränderbares Phänomen.

Die natürliche, sängerisch unentwickelte Stimme klingt meist vibratofrei oder vibratoarm, und erst durch regelmäßiges Singen, meist im Zusammenhang mit Gesangsunterricht, stellt sich früher oder später das Vibrato ein. Es erhebt sich dabei grundsätzlich die Frage, ob dieser Vorgang nicht auch aktiv gelenkt werden kann. Wenn beispielsweise ein »Chormädchenfalsett« (s. dort) zur fraulichen Stimme gewandelt werden muß, damit ein Gesangsstudium möglich wird, gehört zu dieser Wandlung auch die Schulung des Vibratos. Gesangspädagogen, die im Vibrato eine natürliche und wenig entwicklungsfähige Anlage sehen, gehen von der – auch verständlichen – Annahme aus, daß für eine Berufsausbildung gewisse Voraussetzungen, wie ein stabiles Vibrato und ein schönes Timbre, vorhanden sein und nicht erst aufgebaut werden müssen.

Will man das Vibrato bei einer »geraden« Stimme entwickeln, so muß man voraussetzen, daß es als eine hochdifferenzierte Funktion komplex gesteuert wird. Willentliche Bemühungen, die gezielt auf die Atem- oder Kehlkopffunktion gerichtet sind, führen sicher nicht zum Ziel. Dagegen ist mit lockeren Stakkato-, Koloratur- oder Schwelltonübungen zu erreichen, Atemdruck und Kehlkopfspannung im Sinne einer gut ausbalancierten Stützfunktion zu koordinieren und Überspannungen zu vermeiden, die eine Entstehung des Vibratos behindern. Am wichtigsten erscheinen jedoch auf das Vibrato gerichtete Klangvorstellungen (»Klangideal«) und emotionale Ausdrucksbereitschaft. Die Hörkontrolle dominiert gegenüber der Kontrolle durch Bewegungsempfindungen. Diese Feststellung trifft auch zu, wenn ein stärker hervortretendes Vibrato geglättet werden muß, z. B. für die Musik des Generalbaßzeitalters.

Tonträger zum Nach- oder Mitsingen oder auch zum Aufbau von Klangvorstellungen können wirkungsvoll genutzt werden, wenn eine strenge Auswahl getroffen wird. Die Klangbeispiele müssen natürlich in das pädagogische Konzept passen und sollten die individuellen stimmlichen Besonderheiten des Schülers oder Studenten ebenso berücksichtigen wie seinen aktuellen gesangstechnischen Leistungsstand.

Insgesamt ist festzustellen, daß Gesangspädagogen das Vibrato in seinen vielfältigen Erscheinungsformen, vor allem als ein variables Ausdrucksmittel, viel weniger in methodische Überlegungen einbeziehen als es Streicher und Bläser tun.

Wir untersuchten 10 Opernsolisten (je 2 der Stimmgattungen Sopran, Alt, Tenor, Bariton und Baß) und ließen auf 3 Tonhöhen im Hauptanwendungsbereich der Stimmgattung jeweils drei Vokale (/a/, /u/, /i/), p, mf und f singen. Um zu prüfen, ob das Vibrato bewußt verändert werden kann, gaben wir für jede einzelne Stimmleistung die Suggestion, das Vibrato normal, ausdrucksvoller oder weniger ausdrucksvoll zu gebrauchen. Hörbeurteilungen und elektroakustische Computeranalysen ergaben, daß vor allem das Tonhöhenvibrato verändert wurde. Bei Ausdrucksverminderung nahm es deutlich ab, bei Ausdrucksverstärkung verhielt es sich umgekehrt, allerdings weniger deutlich. Diese Grundtendenz nahm vom p zum f zu. Die Sänger gaben an, den bewußten Gebrauch des Vibratos als ein Ausdrucksmittel erst während der Bühnenpraxis erlernt zu haben, nicht jedoch im Gesangsunterricht (s. NAWKA und Mitarb., 1993; SEIDNER und Mitarb., 1995).

Der *Triller* läßt sich als musikalische Variante regelmäßiger Tonhöhenschwankungen definieren, die in ihrer Frequenz meist dem Tonhöhenvibrato entsprechen. Allerdings dominieren auf den Kehlkopf gerichtete Willensimpulse, und das klangliche Ergebnis wird einer genauen, steuernden Hörkontrolle unterzogen. Er ist als eine besondere gesangstechnische Fertigkeit anzusehen, die am besten gelingt, wenn sie – wie auch die Koloratur – der Vibratofrequenz angepaßt wird. Die Tonhöhe ändert sich etwa um einen Halb- oder Ganzton. Früher galten Triller als Vollendung einer gut geschulten Stimme und begründeten den Ruhm manches Sängers. Nicht nur die Güte, sondern auch die Höhenlage der Verzierung wurde bewertet.

Nach den Untersuchungen von NADOLECZNY (1923) verdankt der Triller seine Entstehung einer fortlaufenden Schüttelbewegung des Kehlkopfes nach oben vorwärts und unten rückwärts, die teils willkürlich, teils unwillkürlich rhythmisiert wird. Gleichartige Mitbewegungen der Zunge und des weichen Gaumens sind zu beobachten. Je gleichmäßiger und schneller die Trillerschläge ablaufen, desto reiner und »richtiger« klingt der Triller. In hoher Stimmlage kann der Triller besser realisiert werden als in tiefer. Die Ausführung gilt als Maß einer guten Stimmschulung.

Die kurzen Tonrepetitionen, die in der Barockzeit als Verzierung üblich waren (ital. trillo), werden meist unabhängig von der Vibratofrequenz gesungen, langsamer (2 bis 6,9 Hz) oder schneller (7,5 bis 12,4 Hz) (HAKES und Mitarb., 1990).

Klangbildung

Bau der Ansatzräume

Die Gesamtheit der Räume, die oberhalb der Stimmlippenebene gelegen sind, bildet die Ansatzräume oder den Vokaltrakt (in vereinfachender Analogie zur Akustik auch als »Ansatzrohr« bezeichnet). Sie beginnen unmittelbar oberhalb der Stimmlippen. MORGAGNIsche Ventrikel, Taschenfaltenregion und der Kehlkopfeingang hinter dem Kehldeckel gehören also schon dazu. Dieser innerhalb des Kehlkopfs liegende Anteil verändert seine Gestalt während der Phonation nur wenig und trägt so zur individuellen Prägung des Stimmklangs bei. Rachen, Mundhöhle und Nasenhaupthöhlen formen die Klangräume oberhalb des Kehlkopfes, begrenzt durch die knöchernen Strukturen von Wirbelsäule, Schädelbasis und Gesichtsschädel. Der muskuläre Mundboden mit der Zunge und die Wangen- sowie Lippenmuskulatur bilden einen wesentlichen Teil der unteren, seitlichen und vorderen Wände. Zahlreiche Muskeln ermöglichen außerordentlich vielgestaltige Formveränderungen und bewirken zusammen mit der Schleimhautauskleidung eine hochgradige Dämpfung des Systems, das den primären Kehlkopfschall resonatorisch überformt.

Der *Rachenraum* erstreckt sich in seinem unteren Abschnitt, dem *Kehlrachen*, vom Eingang der Speiseröhre bis zur Zungenwurzel. Von der Zungenwurzel bis in die Höhe der vorderen und hinteren Gaumenbögen, zwischen denen die Gaumenmandeln (Tonsillen) gelegen sind, reicht der *Mundrachen*. Die Zungenwurzel und die Gaumenbögen bilden zusammen die Schlundenge (Isthmus faucium), die Rachen und Mundhöhle miteinander verbindet. Von der Höhe der Gaumenbögen aus schließt sich nach oben zur Schädelbasis hin der *Nasenrachen* an, der nach vorn durch die hinteren Öffnungen der Nasenhaupthöhlen, die Choanen, begrenzt wird. Auf jeder Seite des Nasenrachens findet sich eine Öffnung der beiden Ohrtrompeten (EUSTACHIsche Röhren, Tubenöffnungen), die der Belüftung der Mittelohrräume dienen. Am hinteren Rachendach, das von der knöchernen Schädelbasis gebildet wird, hat das Rachenmandelgewebe (adenoide Vegetationen) seinen Platz. Es ist vor allem im Kindesalter stark ausgeprägt und kann die Nasenatmung durch Verlegung der hinteren Nasenöffnungen behindern (im Volksmund »Polypen«). Während der Pubertät bildet sich die Rachenmandel meist zurück.

Der gesamte Rachen erstreckt sich als schlauchartiges Gebilde aus Bindegewebe, Muskulatur und Schleimhaut von der Schädelbasis bis zum Eingang der Speiseröhre. Nach vorn bestehen offene Verbindungen über die Choanen zu den Nasenhaupthöhlen, über die Schlundenge zur Mundhöhle und nach unten über den Kehlkopfeingang zum Kehlkopfinneren.

Die *Mundhöhle* (Abb. 60) ist der am meisten veränderliche und damit für die Lautbildung wichtigste Bereich der Ansatzräume. Bis auf den harten Gaumen, der die Mundhöhle nach oben gegen die Nase abgrenzt, sind alle seine Wände beweglich.

Der *weiche Gaumen* oder das Gaumensegel (Velum palatinum) setzt die obere Begrenzung der Mundhöhle nach hinten fort. Durch ein kompliziertes Muskelsystem läßt sich das Gaumensegel heben und spannen. Das gehobene Gaumensegel kann zusammen mit der seitlichen und hinteren Rachenmuskulatur einen ringmuskelartigen Abschluß des Mundrachens gegenüber dem Nasenrachen bewirken (velopharyngealer Sphinkter). Die Vorwölbung an der hinteren Rachenwand wird PASSAVANTscher Wulst genannt. Gleichzeitig ist das Gaumensegel über Muskelzüge mit der Zungenwurzel zu einer funktionellen Einheit verbunden, die im Zusammenhang mit dem Schluckakt wirksam wird. Das in der Mitte des Gaumensegels herabhängende Zäpfchen (Uvula) ist nur für bestimmte Formen der R-Laut-Bildung von Bedeutung. Der muskuläre *Mundboden*, zwischen den beiden Ästen des Unterkiefers ausgespannt, ist eng mit der *Zungenmuskulatur* verbunden, die in verschiedenen Richtungen angeordnet ist und so eine außerordentliche Beweglichkeit und Formbarkeit der Zunge ermöglicht. Die daraus folgenden unterschiedlichen Gestaltungen des Mundhohlraumes bilden die Grundlage für die Erzeugung verschiedener Vokale. Muskelzüge, die unter Einbeziehung des Zungenbeins zum Aufhängesystem des Kehlkopfes und zum Eingang der Speiseröhre führen, gewährleisten den Funktionsablauf beim Schlucken. Durch diese Beziehungen können sich Zungenlage und Zungenaktivität zusätzlich auf Stimmgebung und Klangbildung auswirken.

Lippen und Wangen, die die Mundhöhle vorn und an den Seiten begrenzen, gehören zum System der Gesichtsmuskulatur (mimische

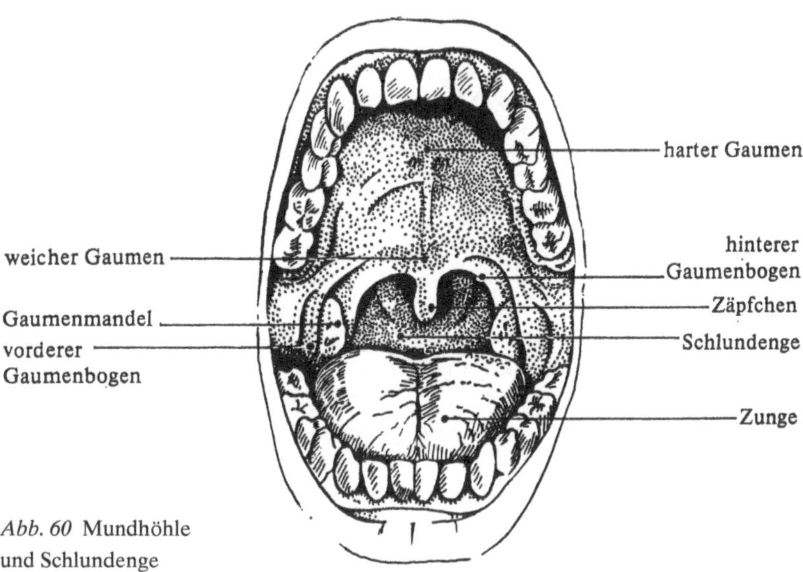

Abb. 60 Mundhöhle und Schlundenge

Muskulatur), dessen Aufbau aus verschiedengerichteten geraden Faserzügen und aus ringförmigen Anordnungen sehr vielfältige und feinabgestimmte Bewegungen gestattet. Diese Bewegungen werden über den Gesichtsnerv, den Nervus facialis, gesteuert.

Die Beweglichkeit des *Unterkiefers*, der von sehr kraftvollen Muskeln gehalten wird, dient nicht nur der Nahrungsaufnahme und dem Kauen, sondern bildet auch eine wichtige Voraussetzung für die Artikulation. Das gleiche gilt für die Zähne. Im Kindesalter umfaßt das Gebiß 20 Zähne, im Erwachsenenalter 32.

In der Mundhöhle enden vorn unter der Zunge und seitlich gegenüber den oberen Backenzähnen Ausführungsgänge von Speicheldrüsen, die bei der Nahrungsaufnahme Verdauungssekrete absondern.

Das Grundgerüst der *Nase* ist teils knöchern und teils knorplig aufgebaut. Durch die in der Mitte gelegene Nasenscheidewand (Septum)

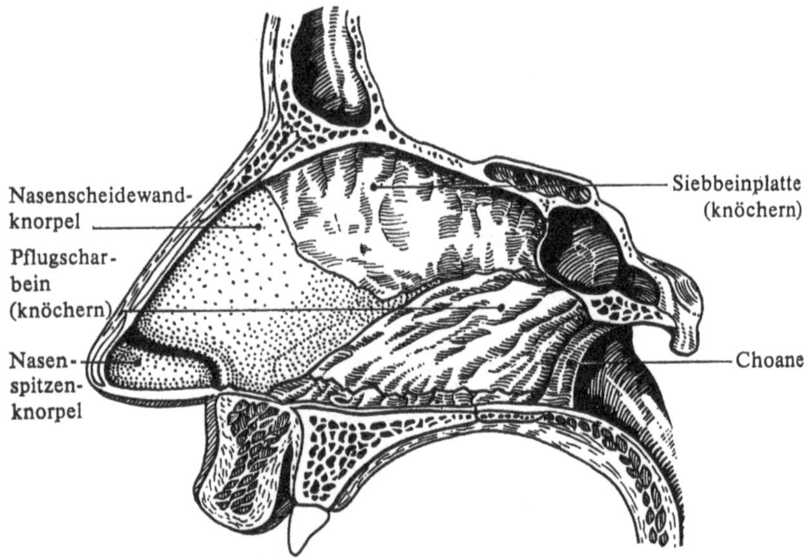

Abb. 61 Aufbau der Nasenscheidewand

wird sie in zwei Nasenhaupthöhlen getrennt. Normalerweise ist die Nasenscheidewand (vorn knorplig, hinten knöchern, Abb. 61) mehr oder weniger gekrümmt, und häufig zeigt sie kantenförmige Vorsprünge (Leisten).

Von den seitlichen Nasenwänden ragen auf jeder Seite drei Nasenmuscheln (untere, mittlere und obere) in den Nasenraum hinein. Sie sind mit Gefäßschwellkörpern ausgestattet und können durch Volumenänderungen die Luftströmungsverhältnisse in der Nase regulieren. In den angrenzenden Schädelknochen befinden sich die Räume der Nasennebenhöhlen: Kieferhöhlen, Stirnhöhlen, Siebbeinzellen und Keilbeinhöhlen (Abb. 62).

Während die Nasenhaupthöhlen auch als Resonanzräume für den Stimmklang und für die Bildung bestimmter Laute von großer Bedeutung sind, ist der Einfluß der Nasennebenhöhlen in diesem Zusammenhang unwesentlich.

Alle Ansatzräume sind von Schleimhaut ausgekleidet. Aufgrund unwillkürlicher Nervenimpulse wird eine ständige Absonderung von Schleim gewährleistet, der für die normalen Funktionen dieser Räume sowohl bei der Nahrungsaufnahme als auch bei der Stimm- und Lautbildung unerläßlich ist. Dabei führt zu wenig Schleim ebenso zu Beeinträchtigungen wie zu viel.

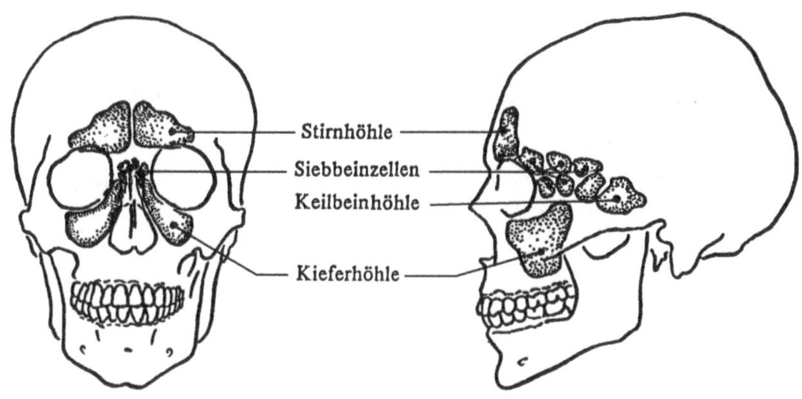

Abb. 62 Nasennebenhöhlen

Wirkungsweise der Ansatzräume

Wenn man sich den Ansatzraum von der Glottis bis zu den Lippen vereinfacht als ein Rohr von 17,5 cm Länge vorstellt (das entspricht etwa dem Mittel bei männlichen Erwachsenen), dann liegen aufgrund der resonatorischen Eigenschaften die ersten vier Formantfrequenzen dieses Rohres bei 500, 1500, 2500 und 3500 Hertz. (Diese Werte stimmen in erster Annäherung mit den Formanten des sog. neutralen Vokals [Schwa-Laut] recht gut überein.) Jeder Formant basiert auf einer stehenden Welle, deren Amplitudenmaximum in Glottishöhe und deren Amplitudenminimum an der Mundöffnung liegt.

Im Bereich der Mundöffnung kommt es zu einer teilweisen Reflexion der von der Glottis ausgehenden Schallwellen. Unter günstigen Bedingungen kann dann die zur Glottis zurückkehrende Welle (je nach Phasenlage) von dort wieder so reflektiert werden, daß sich eine stehende Welle mit kontinuierlicher Anregung des Resonators, also des Ansatzraumes, ausbildet. Für die nur kurz dauernden Vokale beim fortlaufenden Sprechen ist die Bildung solcher Wellen von untergeordneter Bedeutung, beim Singen (mit oft lang ausgehaltenen Vokalen) aber ermöglichen sie erst die voll ausgeprägten Verstärkungseffekte der Resonanz.

Der niedrigste Formant entspricht ¼ der Wellenlänge, der 2., 3. und 4. Formant entsprechen jeweils ¾, 1¼ und 1¾ der Wellenlänge (nach Sundberg, 1977, Abb. 63).

Das Hohlraumsystem der Ansatzräume verstärkt durch Resonanz (s. Akustische Grundlagen) bestimmte Anteile des primären Kehlkopfschalls und verändert ihn dadurch in charakteristischer Weise (Abb. 64). Im Zusammenhang mit der Klangbildung lassen sich dabei mehrere Komponenten unterscheiden. Grundlage für die akustischen Eigenschaften der Ansatzräume bilden die anatomischen Strukturen. Sie lassen sich vom Willen nicht beeinflussen und prägen damit die Voraussetzungen für den individuellen Stimmklang. Der wenig variable Kehlkopfinnenraum und bestimmte, gewohnheitsmäßig fixierte muskuläre Einstellungen tragen ebenfalls zum typischen Stimmklang einer Person bei. In ähnlicher Weise wie die Ausmaße der Klangräume wirkt

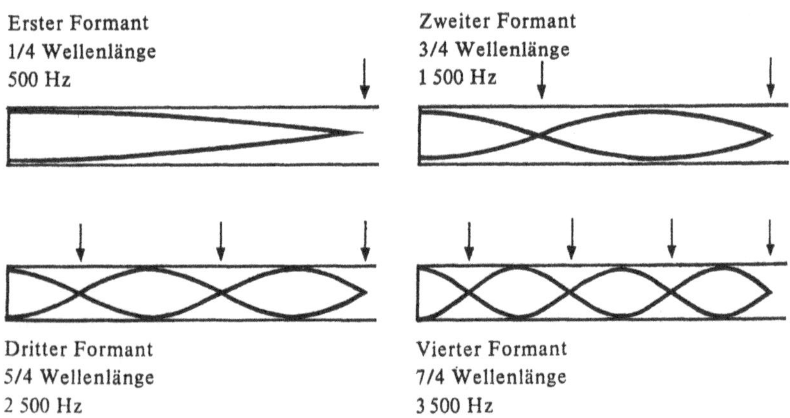

Abb. 63 Die ersten vier Formanten als stehende Wellen in zylindrischen Röhren (schematisches Äquivalent für den Vokaltrakt). Bei Einengungen oder Erweiterungen des Querschnittes an den Stellen von Amplitudenminima (Pfeil) wird die Formantfrequenz entsprechend gesenkt bzw. erhöht. Der entgegengesetzte Effekt tritt auf an den Stellen von Amplitudenmaxima (nach Sundberg).

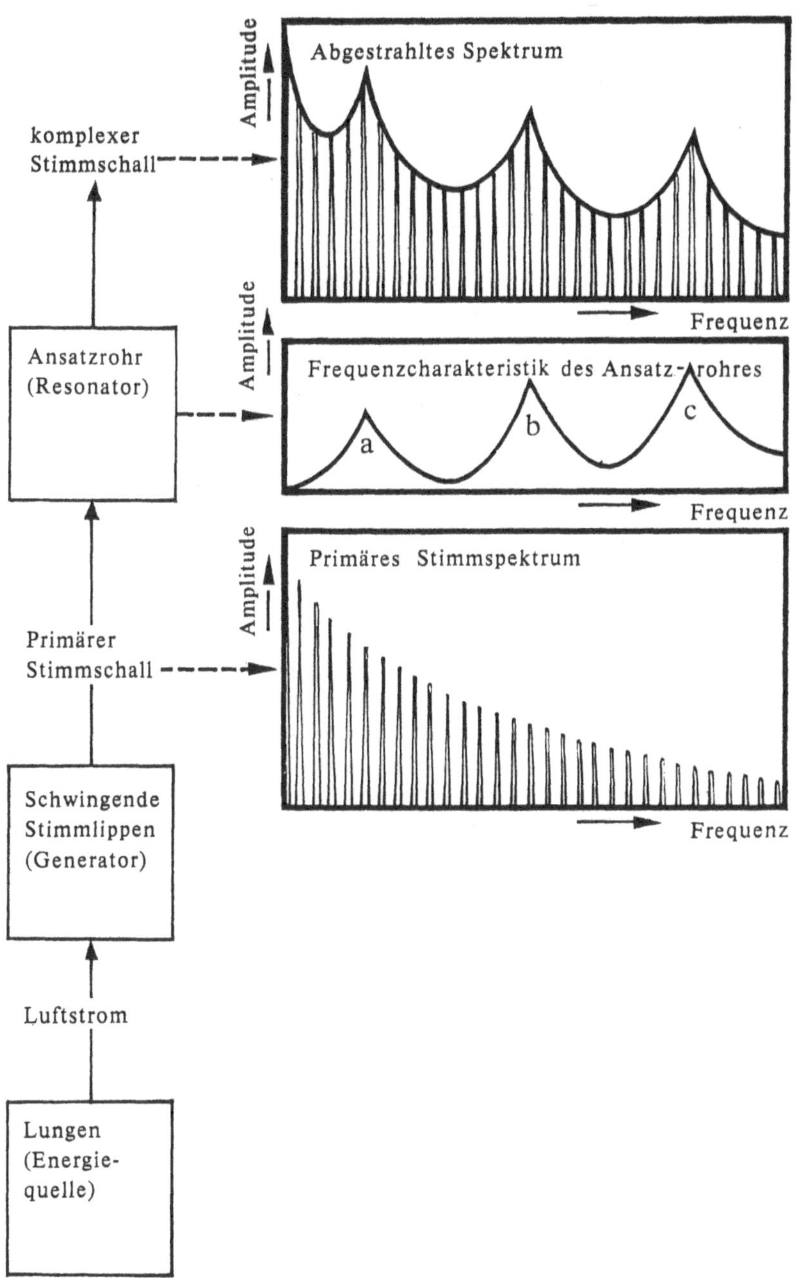

Abb. 64 Einfluß des Vokaltrakts auf die Ausprägung des komplexen Stimmschalls (in Anlehnung an SUNDBERG)

sich ihre gewebliche Auskleidung mit Bindegewebe, Muskulatur und Schleimhaut aus. Diese Größen bestimmen die Dämpfungseigenschaften der Resonanzräume und deren akustische Kopplung. In Abhängigkeit vom nervalen Erregungszustand ergibt sich schon ohne Einfluß des Willens eine Vielzahl von Einstellungsvarianten, die unterschiedliche Klangfärbungen der Stimme bedingen.

Da der Kehlkopf in seiner Höheneinstellung verschiedene Positionen einnehmen kann, läßt sich die Länge des Vokaltrakts von der Glottis bis zu den Lippen in gewissen Grenzen verändern. Dies wirkt sich auf die Resonanzverhältnisse aus und kann den individuellen Stimmklang merklich beeinflussen. Willentliche Verformungen der Ansatzräume in ihrer Gestalt durch muskuläre Aktivität bilden die Grundlage für die Artikulation der Lautsprache, wobei hier zunächst einmal nur verschiedene Vokaleinstellungen erwähnt werden sollen. Sänger müssen darüber hinaus lernen, ihre Ansatzräume in so optimaler Weise einzustellen, daß besonders günstige resonatorische Verhältnisse geschaffen werden, die sowohl eine leistungsmäßig effektive als auch eine künstlerisch ausdrucksreiche Formung des Stimmschalls ermöglichen.

Die Bedeutung der MORGAGNIschen Ventrikel fand unterschiedliche Beurteilung. Da bei Personen mit sehr guten Stimmen häufig große Ventrikel beobachtet wurden, nahm man an, daß diese Räume zwischen den Stimmlippen und den Taschenfalten bereits als Resonatoren wirken (FLACH, 1964). Andere Autoren (z. B. MINNIGERODE, 1966) vertraten die Ansicht, daß die Ventrikel nicht als Resonatoren, sondern als ein Trichter funktionieren, der eine richtungsbestimmte Bündelung der Schallabstrahlung bewirkt und so zu einer Verstärkung der Stimmleistung beiträgt.

Bei der Einstellung der Ansatzräume zur Ausbildung einer ganz bestimmten Vokalfarbe – diese Vorstellungen gehen auf HELMHOLTZ (1896) zurück – wird der Vokaltrakt in zwei Räume geteilt. Durch entsprechende Wölbung der Zunge entsteht eine Stelle kleinsten Querschnitts, der »Artikulationspunkt«, der das Größenverhältnis von Mund- und Rachenhöhle bestimmt. Jeder dieser beiden Räume erzeugt einen der beiden Vokal-Hauptformanten. Für die gehörmäßige Wahrnehmung und für die Erkennung der Vokale ist das Verhältnis der Rauminhalte maßgebend. Der Vokaltrakt funktioniert nach dieser Vorstellung als ein System von zwei gekoppelten Resonatoren. Diese Partialraumtheorie der Vokalartikulation geriet in Schwierigkeiten, als die oberhalb der Hauptresonanzen liegenden Formantgebiete entdeckt wurden; sie konnte aus ihren Voraussetzungen nur zwei Formanten mathematisch ableiten. Aus eingehenden Untersuchungen von FANT (1960) ging hervor, daß die Gesamtheit der Formanten eines Vokals

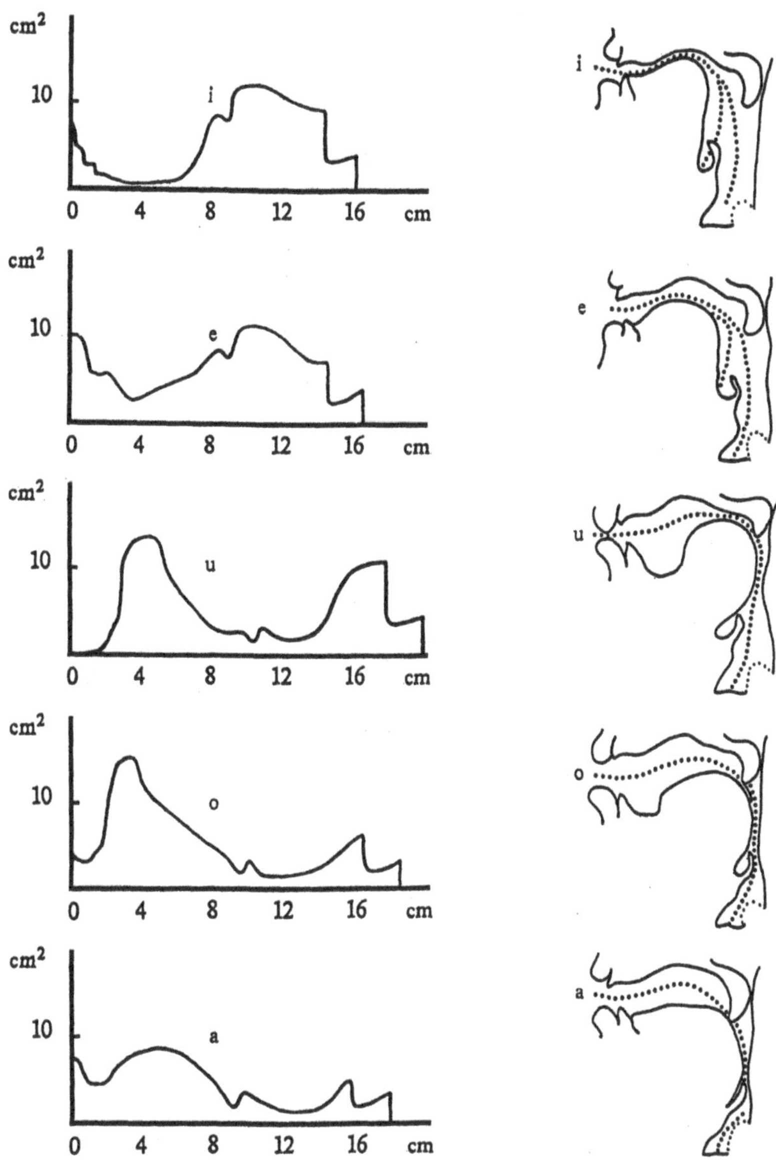

Abb. 65 links: Area Funktionen bei den 5 Hauptvokalen; Beschreibung des Vokaltrakts durch den Verlauf seines Querschnitts (in cm^2) als Funktion des Abstands von der Lippenöffnung (in cm); rechts: Profil des Vokaltrakts mit entsprechender Stellung der Artikulatoren (Lippen, Kiefer, Zunge, Gaumensegel, Kehlkopf) bei den gleichen Vokalen (nach FANT)

ihren Ursprung im Resonanzmechanismus des Vokaltrakts als Ganzes bzw. der in ihm umschlossenen Luftsäule hat. Nicht nur das Verhältnis von zwei Teilvolumina, sondern der gesamte Verlauf des Querschnittes (die sog. area function) bestimmt die Resonanzfrequenzen (Abb. 65).

Wenn man sich den Vokaltrakt vereinfacht als ein schlauchförmiges Gebilde vorstellt (»Ansatzrohr«), dessen Querschnitt sich in seinem Verlauf ändert und an das der Nasenrachen und damit die Nase bei geöffnetem Gaumensegel angekoppelt werden kann, so läßt sich daraus das sogenannte Röhrenmodell des Vokaltrakts ableiten. Es zeigt die Änderungen des Querschnitts im Verlauf der Länge von der Glottis bis zu den Lippen. Die Länge und ein charakteristischer Querschnittsverlauf bestimmen die Artikulationseinstellung für die Filterwirkung bei einem bestimmten Laut. Einige Frequenzbereiche aus dem primären Kehlkopfschall können das System in dessen Resonanzfrequenzbereichen besonders leicht passieren und werden als Formanten verstärkt, andere werden behindert und abgeschwächt (Abb. 66).

Veränderungen der Gestalt der Ansatzräume werden durch ihre beweglichen Anteile, die Artikulatoren, erreicht: Lippen, Kiefer, Zunge, Gaumensegel und Kehlkopf. Dabei beeinflußt die Kieferöffnungsweite vorwiegend den ersten Formanten (Ansteigen mit zunehmender Öffnung) und die Zungenkörperstellung den zweiten. Eine Rundung der Lippen und ein Tiefstellen des Kehlkopfes bewirken durch die damit verbundene Verlängerung des Vokaltrakts eine generelle Absenkung aller Formanten.

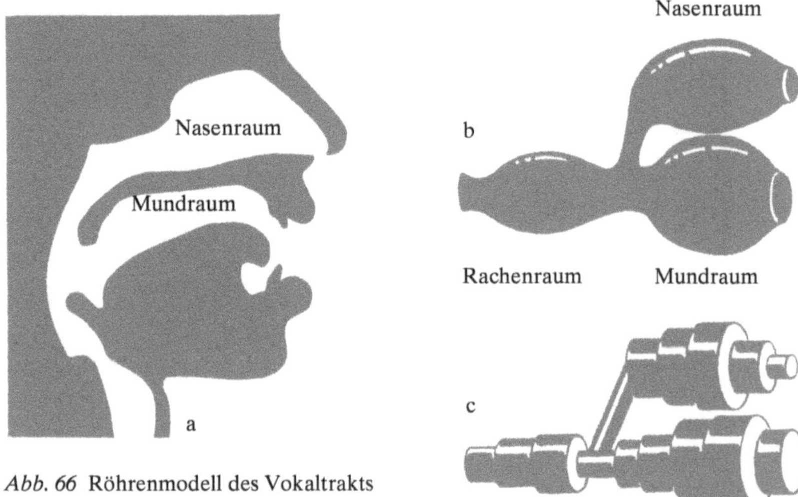

Abb. 66 Röhrenmodell des Vokaltrakts
a Längsschnitt durch die anatomischen Strukturen
b Hohlraum-Modell in Schlauchform
c Röhrensegmente mit unterschiedlichem Durchmesser

Stimmsitz und Vokalausgleich

Die Erscheinung, die Gesangspädagogen als guten Stimmsitz bezeichnen, entspricht in ihren physiologischen Grundlagen einer optimalen Einstellung in bezug auf die akustische Kopplung von Glottisgenerator und Ansatzräumen sowie auf die Schallabstrahlungsverhältnisse, und zwar bei allen stimmlichen Leistungen. Ein guter Stimmsitz ist die Voraussetzung für eine tragfähige Stimme. Bezeichnungen wie »Vordersitz der Stimme« oder »vorne singen« geben dabei sowohl den Höreindruck als auch die subjektiven Vibrationsempfindungen wieder, wenn die optimale Einstellung gefunden ist. Die Vibrationsempfindungen im Nasen- und Stirnbereich zeigen den Sängern diese Einstellung an. Als bewährte Vorstellungshilfe dient dabei die Aufforderung, »in die Maske« zu singen. Dagegen führen die Ausdrücke »Stirnresonanz« und »Nasenresonanz« leicht zu der sicher falschen Vorstellung, daß diese Regionen durch Resonanz entscheidend zur Klangbildung beitragen.

Flach, Schwickardi und Köhler (1973) konnten anhand von Röntgenuntersuchungen feststellen, daß Gesangsstudenten mit kleinen oder fehlenden Stirnhöhlen meist nicht in der Lage waren, den Stimmsitz über solche Vibrationsempfindungen zu kontrollieren. Andererseits kamen Studenten mit normal oder groß ausgebildeten Stirnhöhlen in ihrer Entwicklung rascher voran. Insofern sind die Nasennebenhöhlen wahrscheinlich doch von Bedeutung für die bewußte Formung des Stimmklangs. Ihre Wirksamkeit als Resonanzräume ist aber von untergeordneter Bedeutung, wie zahlreiche akustische Untersuchungen mit Schallmessungen in den Nebenhöhlen oder mit Stimmanalysen bei Ausschaltung des Nebenhöhleneinflusses (z. B. durch Wasserfüllung) bisher belegt haben.

Der Begriff »Stimmführung« geht über das, was mit der Bezeichnung »Stimmsitz« erfaßt wird, noch hinaus und bezieht auch die Vorgänge des »Stützens« (s. dort) in die Beurteilung ein.

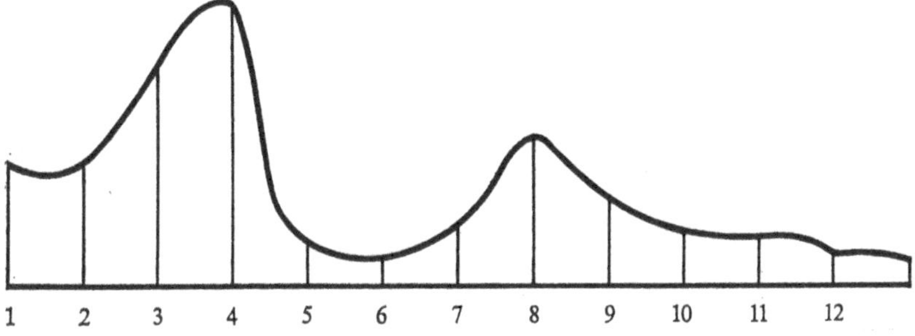

Abb. 67 Spektrum einer Qualitätsstimme, Tonhöhe e[1] (325 Hz), Vokal a (nach Winckel)

D i e S ä n g e r f o r m a n t e n. Die ersten wichtigen Feststellungen über die physikalisch erfaßbaren Merkmale der hier genannten stimmlichen Eigenschaften gehen auf die grundlegenden Untersuchungen WINCKELS (1953, Abb. 67) zurück. Danach weist die Qualitätsstimme in mittlerer Lage und bei mittlerer Intensität durchschnittlich zehn Teiltöne bei einer Toleranz von +2 und -1 Teiltönen auf. Das erste Formantmaximum ist sehr breit. Es kommt zur Ausbildung einer komplexen Farbe, die mehr oder weniger alle Bestandteile der Vokalfarben enthält, mit besonderer Betonung des gerade gewünschten Farbbestandteils. Das zweite Formantmaximum, von WINCKEL um 3000 Hz liegend als sogenannter hoher Sängerformant beschrieben, ist wichtig für die Tragfähigkeit der Stimme. Ebenso bedeutsam ist ein Minimum bei 1500 - 2000 Hz. Oberhalb von 5000 Hz läßt sich keine wesentliche Energie mehr nachweisen.

Weiterführende Untersuchungen, besonders von SUNDBERG (1970, 1972, 1974, 1977), MOROSOW (1977), sowie SCHUTTE und MILLER (1988) haben zu wesentlichen neuen Einsichten über die Wirkungsweise der Sängerstimme geführt. So wies SUNDBERG nach, daß sich »der Sängerformant« aus einer Verschmelzung des 3., 4. und 5. Formanten ergibt, von denen zuweilen auch einzelne besonders hervortreten, so daß es richtiger ist, von »den Sängerformanten« zu sprechen. Ihre Frequenzbereiche liegen zwischen 2 und 4 kHz, manchmal auch noch etwas darüber. Neben den hohen Sängerformanten (F_3, F_4, F_5) wurden auch ein tiefer (F_1) und ein mittlerer (F_2) Sängerformant ermittelt, die sich zum Teil mit den Vokalformanten überlagern und durch ihre Lage weitgehend das typische Timbre verschiedener Stimmgattungen charakterisieren sollen, z. B.

	F_1	F_2	F_3(Hz)
Baß	380-540	760-1100	2100-2500
Bariton	450-540	1100	2500
Tenor	540-640	1300	2500-3000

Je höher die Stimmgattung, desto höher F_2 und F_3, je tiefer die Stimmgattung, desto tiefer F_1. Bei Frauen sind die Grundtonhöhe F_0 und der Formant F_1 praktisch identisch, F_2 tritt deutlicher hervor, und die hohen Formanten bei 3000 - 4000 Hz sind schwächer ausgeprägt. Die unterschiedlichen Klangfarben von Männer- und Frauenstimmen dürften u. a. auch darauf zurückzuführen sein, daß der Vokaltrakt der Frauen nicht einfach eine kürzere Kopie der männlichen Ausführung ist. Die Länge des weiblichen Mundraumes beträgt etwa 85%, die des weiblichen Rachenraumes aber nur etwa 77% der entsprechenden männlichen Dimensionen, d. h. der weibliche Mundraum ist im Vergleich mit den Dimensionen bei Männern relativ größer als der Rachenraum. Für die Erkennung des Geschlechts ist aber der Stimmklang gewöhnlich weniger von Bedeutung als die Tonhöhe.

Bei Patientinnen nach geschlechtsumwandelnden Operationen Mann zu Frau (bei Transsexualismus) läßt sich im Zusammenhang mit operativen Stimmerhöhungen allerdings auch das Gegenteil beobachten. Trotz deutlicher Anhebung der mittleren Stimmhöhe in den weiblichen Bereich akzeptieren manche der Betroffenen ihre neue Stimme zuweilen nicht als Frauenstimme, weil sie vom Timbre her noch zu viele männliche Merkmale aufweist. Da bei diesen Operationen nur die Glottisverhältnisse geändert werden und die klangprägenden Ansatzräume unverändert bleiben, sind die geäußerten Klagen durchaus einleuchtend.

Die Lage der hohen Sängerformanten steigt von den tieferen zu den höheren Stimmgattungen an und entspricht bei Baß und Bariton 2100 - 3000 Hz, beim Tenor 3000 - 3500 Hz, bei Alt, Mezzosopran und Sopran 2500 - 4500 Hz und bei Kindern 3500 - 4000 Hz. Während sich bei Alti-

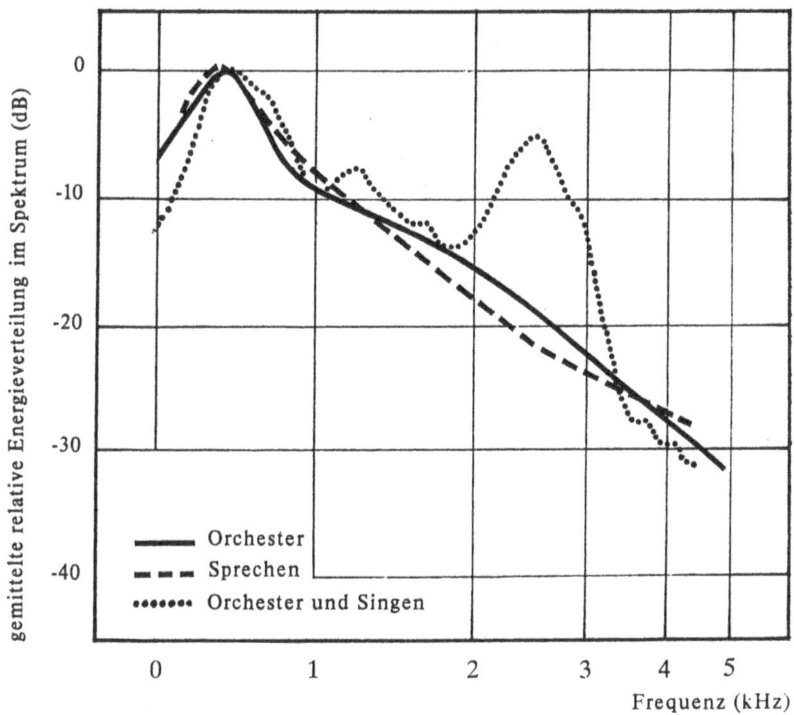

Abb. 68 Idealisierte Mittelwertspektren von normalem Sprechen, Orchestermusik sowie Singen (Jussi Björling) mit lauter Orchesterbegleitung (nach Sundberg)

stinnen der Sängerformant in den meisten Fällen nachweisen läßt, ist er bei Sopranen deutlich weniger ausgeprägt und vokalabhängig über einen größeren Frequenzbereich verteilt (SEIDNER und Mitarb., 1983). Qualitätsstimmen lassen einen schmalen, relativ spitz ausgeprägten hohen Formanten erkennen, der sich über nicht mehr als 1/4 Oktave erstreckt und 30 - 35% der spektralen Gesamtenergie repräsentiert. In den Spektren der Vokale bei weniger guten Sängern nimmt er eine wesentlich breitere Frequenzregion ein und hat nicht selten die Form eines Konus oder eines Trapezes.

Abb. 68 verdeutlicht die fundamentale Bedeutung der hohen Sängerformanten für die Tragfähigkeit und die Durchschlagskraft der Sängerstimme. Vor allem Männer- und tiefe Frauenstimmen vermögen nur mit Hilfe dieser Energiekonzentration in ihrem Spektrum einen vollen Orchesterklang zu überstrahlen.

Für den Chorgesang sind Stimmen mit herausragenden Sängerformanten dagegen eher unerwünscht, weil sie die Homogenität des Chorklanges beeinträchtigen und die Stimmen gleichzeitig singender Solisten am Hervortreten behindern können.

Physiologische Grundlage für die Bildung dieser hohen Formanten ist die Nutzung des Resonanzraumes unmittelbar über der Glottis durch Annäherung der Epiglottis an die Aryregion, verbunden mit einer Tiefstellung des Kehlkopfes und einer Weitstellung des unteren Rachenraumes (DMITRIEW, 1957, 1968; SUNDBERG, 1970). Für die Wirkung der hohen Sängerformanten ist außerdem von besonderer Bedeutung, daß seine Frequenzlage der höchsten Empfindlichkeit des menschlichen Ohres entspricht.

Der Sprecherformant. NAWKA u. Mitarb. (1996) konnten in neueren klanganalytischen Untersuchungen nachweisen, daß zumindest bei männlichen ausgebildeten Berufssprechern ein dem Sängerformanten vergleichbarer Sprecherformant erkennbar ist, der im Frequenzbereich von 3150 bis 3700 Hz einen um etwa 10 dB höheren Energieanteil als bei umgangssprachlichen Sprechstimmen aufweist. Dieses lokale Energiemaximum existiert unabhängig vom dritten Formanten und entspricht in seiner Lage dem Bereich des vierten Formanten. Der Sprecherformant läßt sich wie der Sängerfomant auf eine Optimierung von spektralem Angebot des primären Kehlkopfschalls und resonatorischer Überformung im Vokaltrakt zurückführen.

Formantabstimmung (Formant tuning). Hohe Frauenstimmen liegen mit ihrem Grundton schon oberhalb des orchestralen Energiemaximums und erreichen auch im ganzen höhere Schallpegel, d. h. ihre Stimmen werden von den Orchesterpegeln weniger überdeckt. Dafür haben sie ein anderes Problem. Nicht nur, daß bei hohen Tönen die Grundfrequenz oberhalb der Frequenz des ersten Formanten eines

Vokals liegen kann, die Teiltöne des primären Kehlkopfschalls liegen auch sehr weit auseinander, weil ihre Frequenzen ja ganzzahlige Vielfache der Grundfrequenz sind. So kann sehr leicht der Fall eintreten, daß in einem für einen bestimmten Vokal vorgegebenen Resonanzbereich des Vokaltrakts gar kein entsprechender Teilton vom primären Kehlkopfschall her zur Verstärkung angeboten werden kann. Wie die schematische Darstellung der Abb. 69 zeigt, arbeitet der Vokaltrakt dann uneffektiv. Um die Teiltöne des Primärspektrums mit den Resonanzmaxima des Vokaltrakts in Übereinstimmung zu bringen, gibt es zwei Möglichkeiten: Entweder die Tonhöhe paßt sich mit ihrem Spektrum den Resonanzmaxima an, oder die Resonanzmaxima, d. h. die Formantfrequenzen, werden so verschoben, daß sie mit den Frequenzen der Teiltöne zusammenfallen. In beiden Fällen nimmt die Energie des abgestrahlten Gesamtschalls deutlich zu, weil die resonatorischen Möglichkeiten des Systems optimal genutzt werden. Im unbewußten Bestreben um diesen Effekt kann es dann geschehen, daß entweder zu hoch oder zu tief gesungen wird (distonieren, detonieren), wenn die Abstimmung zugunsten der Formantstruktur erfolgt. Bei der sängerisch zu empfehlenden Formantabstimmung werden dagegen die Formantbereiche, also die Vokalfarben, so in ihren Frequenzen verändert, daß sie auf die der korrekten Tonhöhe entsprechenden Teiltöne tref-

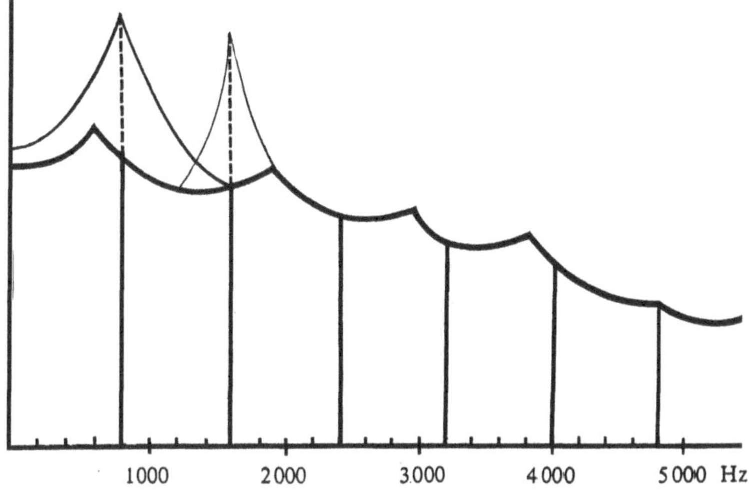

Abb. 69 Prinzip der Formantabstimmung. Die durchgezogene Hüllkurve (dick) gibt die Resonanzmaxima für einen bestimmten Vokal wieder. Die dünnen Linien zeigen die Hüllkurve bei Abstimmung der Formantfrequenzen auf das Spektrum des primären Kehlkopfschalls und die entsprechende Verstärkung der ersten beiden Teiltöne.

fen. Abb. 70 aus einer Studie von SUNDBERG (1978) zeigt dieses Phänomen bei einer Sopranistin, wenn sie die Vokale /a:/, /e:/, /i:/, /u:/ in aufsteigender Tonhöhe singt.
Gesangstechnisch wird dieser Effekt vor allem über eine optimale Anpassung der Kieferöffnungsweite erreicht. Wenn dann bei größerer Mundöffnung die Stimmstärke zunimmt, so liegt das nicht daran, daß aus einem weit offenen Munde mehr Schall heraustreten kann, sondern

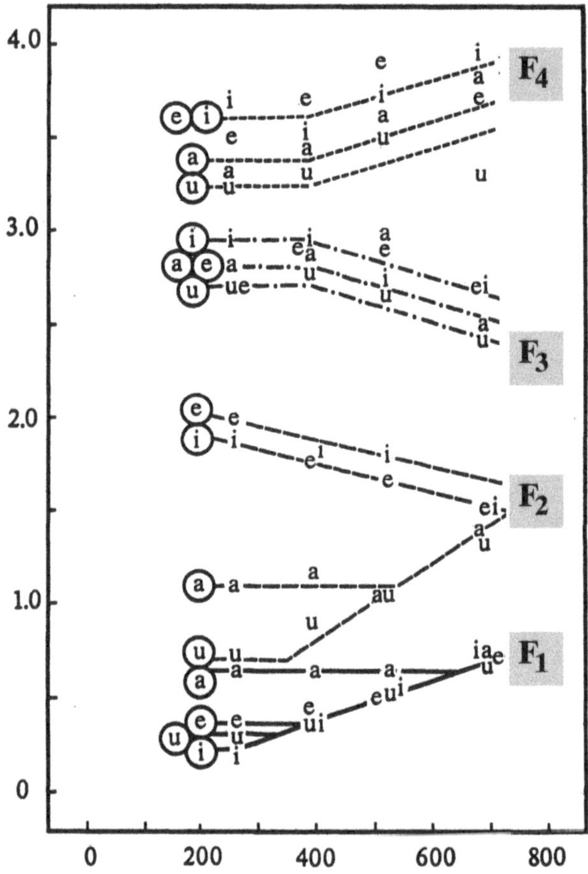

Abb. 70 Frequenzverhalten der vier untersten Formanten (F_1, F_2, F_3, F_4) beim Aufwärtssingen der Vokale /a:/, /e:/, /i:/, /u:/; Sopranistin. Die eingekreisten Buchstaben geben die Frequenzlagen beim Sprechen wieder, die Linien zeigen die Trends beim Aufwärtssingen. Dabei steigen der 1. und 4. Formant mit der Grundtonhöhe stetig an, gleiches gilt für den 2. Formanten der hinteren Vokale /u:/ und /a:/, während dieser für die vorderen Vokale /e:/ und /i:/ absinkt (nach SUNDBERG).

an den akustischen Folgen der Formantabstimmung. Aus der Abbildung wird allerdings auch deutlich, daß sich bei sehr hohen Tönen verschiedene Vokale kaum noch unterscheiden lassen, weil ihre typische Formantstruktur verlorengeht.

Eine zusätzliche Möglichkeit zur Intensitätssteigerung hoher Töne ergibt sich dadurch, daß der 2. Formant durch eine Verschiebung in Richtung niedriger Frequenzen dem ersten Formanten angenähert wird, wie dies z. B. durch Modifizierung eines gesungenen /a/ in Richtung auf ein /o/ geschieht. Es kommt dann zur Ausbildung eines verstärkten »einzigen » Formanten, der die Intensität des 1. Harmonischen, also des Grundtones, stark hervortreten läßt (sog. Hinterzungenvokal-, »back vowel« Strategie, D. G. MILLER, 1994).

Wie sehr diese Formantstruktur der Vokale die abgestrahlte Energie gesungener Töne beeinflussen kann, läßt sich auf Abb. 70 erkennen. SCHUTTE und MILLER (1988) haben bei der Vokalfolge /v i e ɛ a ɔ o u/, gesungen von einem Bariton auf der Tonhöhe c^1 (262), mit Hilfe feinster Sonden die Drucke unterhalb und oberhalb der Glottis gemessen und gleichzeitig den Schall aufgezeichnet. Dabei ergab sich, daß bei völlig gleichbleibendem subglottischem Druck (also ohne jede größere Anstrengung), die abgestrahlte Schallenergie erheblich zunahm (siehe Verlauf des Audio-Signals und des Schalldrucks SPL), wenn beim Übergang zum offenen Vokal /ɛ/ die damit gegebenen Formantfrequenzen zu einer merklichen Verstärkung der entprechenden Teiltöne des primären Kehlkopfspektrums führten. (Abb. 71)

SUNDBERG (1987) wies darauf hin, daß der Gewinn an Stimmintensität bei der Nutzung solcher Techniken bis zu 30 dB betragen kann, und er fügte hinzu, daß es für diejenigen, die große Zahlen lieben, wahrscheinlich noch eindrucksvoller wäre, auf die logarithmische dB-Skala zu verzichten, um dann sagen zu können, daß ein Vokal so mit einer 1000fachen Zunahme an Energie abgestrahlt werden kann.

Aus der Wirksamkeit der hohen Sängerformanten und dem Phänomen der Formantabstimmung läßt sich ableiten, daß die stimmliche Leistungsfähigkeit und Kraft einer Sängerstimme nicht nur von der Effektivität seines Kehlkopfes und seiner Fähigkeit zu großen Atem-Anstrengungen abhängt, wenn es darum geht, hohe Schallpegel zu erreichen. Von größerer Bedeutung ist die optimale Nutzung der Resonanzverhältnisse in den Ansatzräumen. Eine wirklich effektive Steigerung der Stimmleistung wird nicht durch vermehrten Anblasedruck, durch größere Anstrengung erreicht, sondern durch eine effektivere Formung des Stimmschalls in den Ansatzräumen.

Vokalausgleich. Die breite Ausbildung des ersten Formanten im spektrographischen Bild entspricht der gesangspädagogischen Forderung nach Vokalausgleich. Man versteht darunter das Bemühen, den Vokaldualismus zwischen hellen (/e/, /i/) und dunklen (/o/, /u/) Vokalen zu überwinden und eine Vokalform anzustreben, die klanglich eine Verbindung zwischen beiden Gruppen herstellt. Damit möglichst viel Textverständlichkeit gewährleistet ist, muß aber im unteren und mittleren Bereich des Tonhöhenumfangs jeder Vokal in seiner charakteristischen Struktur erkennbar bleiben. Es darf nicht zu einer generellen Neutralisierung kommen. In den höheren Bereichen der Frauenstimmen stößt dieses Bemühen, wie oben erörtert, allerdings an natürliche Grenzen.

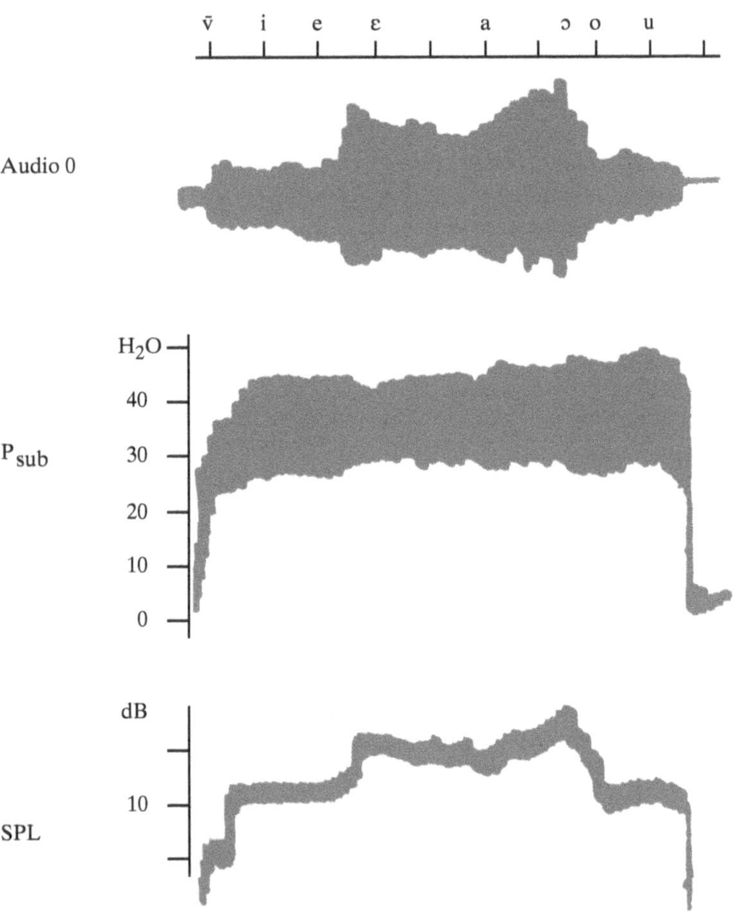

Abb. 71 Simultane Messungen beim Singen einer Vokalfolge, Tonhöhe c[1] (262 Hz), Bariton. Audio: Stimmsignal; Psub: subglottischer Druck; SPL: Schalldruck

Offenes und gedecktes Singen

Als »Decken« bezeichnet man die sehr geringe Abdunkelung der Vokale in höherer Tonlage, um eine zu helle Klangfarbe zu vermeiden und den Registerausgleich zu erleichtern. Es erfolgt unter Tiefstellung des Kehlkopfes, Aufrichtung des Kehldeckels und gleichzeitiger Erweiterung der Ansatzräume. Der etwas sonderbare Begriff »decken« bezieht sich also wiederum auf eine Klangveränderung der Vokale, nicht auf eine bestimmte Organeinstellung. In bezug auf die Kehldeckelfunktion wäre der Begriff geradezu paradox gewählt. Aus Untersuchungen DMITRIEWS (1980) geht allerdings hervor, daß zumindest beim Decken der Männerstimmen im oberen Stimmbereich keine Aufrichtung der Epiglottis erfolgt.

Die gedeckte Tongebung (Voix sombrée, Voix couverte, Voix en dedans) faszinierte im Jahre 1837 durch den Erfolg des französischen Tenors DUPREZ, der in Italien studiert hatte, sowohl die Physiologen als auch das breite Publikum. MANUEL GARCIA, der die aufsehenerregenden Darbietungen miterlebte, berichtete, der Sänger habe seine Partie mit voller Bruststimme gesungen und sogar das c^2 auf diese Weise hervorgebracht. Diese Art zu singen stand im Gegensatz zu der bis dahin allgemein angewandten offenen Tongebung (Voix blanche) und soll zu einer wahren Revolution des Singens geführt haben. Von DUPREZ, der fast ausschließlich die gedeckte Stimmgebung anwandte, wird allerdings berichtet, daß er sich außerordentlich angestrengt habe. Der Sänger hatte in der zweiten Hälfte seiner zehnjährigen Tätigkeit an der Großen Oper Paris keine tragende Stimme mehr und wirkte abgesungen. Beobachtungen über eine forcierte Stimmgebung beim Decken wurden wiederholt mitgeteilt, es ist aber zu bezweifeln, daß die Anstrengung als ein charakteristisches Merkmal des Sombrierens gelten kann.

Einige gesangspraktische Hinweise über die gleichzeitige oder wahlweise Anwendung des offenen und gedeckten Singens finden sich bei Autoren, die 1840 die Gesangstechnik von DUPREZ ausführlich beschrieben haben: DIDAY und PÉTREQUIN (zit. bei NADOLECZNY, 1923). Die Ausführungen zeigen zugleich Gefahren auch durch falsche Anwendung, vor allem durch Übertreibung, und unterstreichen, daß es keine verbindliche Ideallösung gibt. Individuelle Besonderheiten müssen berücksichtigt werden. »Für Tenöre mit genügendem Stimmumfang, aber nicht sehr schönem Organ, sei es vorteilhaft, durch Decken mehr Stärke und Klangschönheit bei einigen hohen Tönen zu gewinnen, die sonst schlecht klingen und nicht verwertbar seien. Dagegen gewinnen von Haus aus glänzende Stimmen mit gewöhnlich offener Tongebung nicht durch das Decken. Zum Koloraturgesang eigne sich das Decken nicht, denn es beraube die Stimme der Leichtigkeit » (NADOLECZNY).

Während die offene Stimmgebung beim Aufwärtssingen einer Tonleiter häufig ein Höherrücken des Kehlkopfes erkennen läßt, also mit einer Verkürzung der Ansatzräume einhergeht, verharrt der Kehlkopf beim gedeckten Singen in tiefer Position. Der Vokalcharakter kann beim Decken besser erhalten bleiben (PIELKE, 1912), die Stimme klingt wärmer, weicher, oft voluminöser. Im Spektrum des Stimmschalls verlagern sich beim Decken die Vokalformanten etwas nach den tieferen Frequenzen, und der Grundton tritt häufig stärker hervor. Der Atemverbrauch steigt beim gedeckten Singen an (LUCHSINGER, 1951).

R. SCHILLING (1914) schlug vor, von gedeckten und ungedeckten Tönen zu sprechen und die Begriffe »offen« und »geschlossen« zur Beschreibung des Vokalcharakters zu verwenden. Der Vorschlag ist begründet, da sich mit »gedeckt« und »ungedeckt« (WINCKEL, 1952: »vorwiegend gedeckt« und »vorwiegend ungedeckt«) die Klangfarbenunterschiede beim Singen kennzeichnen lassen, die gesangstechnisch bedingt sind und den Vokalcharakter nicht wesentlich verändern.

Auch wenn eine Beziehung zwischen Deckvorgang und Registerausgleich besteht und bekannt ist, daß die gedeckte Tongebung den Registerausgleich erleichtert, so ist doch keine feste Abhängigkeit vorhanden: Das Decken kann auch unabhängig von Registerwechseln angewendet werden.

Das gedeckte Singen ist unterschiedlich weit verbreitet und wird uneinheitlich angewandt, es ist auch in starkem Maße von künstlerisch-ästhetischen Leitbildern abhängig. Gefahren liegen besonders in einer zu auffälligen und künstlich wirkenden Verdunkelung (»Verfälschung«), die sogar zu einer Verschlechterung des Stimmsitzes (»Rückverlagerung«) führen kann. Mit gesteigertem Kraftaufwand wird dann versucht, die Klangminderung zu kompensieren. Diese übertriebene Anwendung des Deckens wirkt auf die Dauer sicher leistungsmindernd, wenn nicht gar stimmschädigend und sollte vermieden werden. Es geht eben bei physiologischem Gebrauch um eine diskrete Klangänderung, die ungezwungen anzuwenden ist, die nicht plötzlich eintreten und auch nicht an bestimmte Tonhöhen gebunden sein darf. Individuelle Unterschiede sind hier besonders zu berücksichtigen. Manche Sänger beherrschen den Registerausgleich und verfügen über eine homogene und leistungsfähige Stimme ohne eine zu helle oder zu flache Vokalisation, sie brauchen sich mit einer gedeckten Stimmgebung überhaupt nicht zu befassen. Andere finden den Weg zur Höhe leichter und gewinnen an Stimmklang, wenn sie in der »Übergangslage« oder auch schon in tieferer Lage gering abdunkeln. Schematismus ist also auch hier zu verwerfen. Wir sind mit STERN (1928) der Ansicht, daß »Decken« nicht Selbstzweck sein darf, sondern dazu dienen muß, Übergangstöne vorzubereiten, Verbindungstöne zu regulieren. Der Autor verweist auf die Italiener, die ohne Anwendung einer besonderen, bewußten »Technik« bereits in der Tiefe einer Stimme das hinzufügen, was wir als »Decken« bezeichnen. Beim Höhersingen geschieht die Veränderung »in minimaler, auch für das geübteste Ohr kaum wahrnehmbarer Dosis ... Derart langsam in der Skala vorrückend, gelangt der Italiener zu den ›gefürchteten‹ Übergangstönen. Mühelos, ohne die bisher geführte Stimmlinie zu verlassen, singt er dieselben und gewinnt eben dadurch die Basis für eine leichte und strahlende Höhe.«

Nasalität und Näseln

Während des Sprechens ist das Gaumensegel zusammen mit der umgebenden Rachenmuskulatur ständig in Bewegung. Dabei ergeben sich fortwährende Änderungen in bezug auf die Beteiligung der Nasenhöhlen an der Klangbildung. Für die Nasallaute (/m/, /n/, /ng/) ist eine gesenkte Position des Gaumensegels erforderlich, die Nasenregion wird in den Klangraum einbezogen. Die Verschlußlaute (/p/, /t/, /k/, /b/, /d/, /g/) lassen sich dagegen nur bei Überdruck hinter der Artikulationsstelle bilden; dazu muß der Nasenrachenraum fest abgeschlossen sein. Bei allen anderen Lauten ist das Gaumensegel mehr oder weniger angehoben. Der Grad des Abschlusses wird hier vorwiegend durch lautnachbarliche Beziehungen, durch Vorgänge der Koartikulation, bestimmt. Beim fortlaufenden Sprechen gehen die Bewegungen der Sprechorgane gleitend ineinander über: Die Bildung eines Lautes wird von den artikulatorischen Bewegungen für den vorangegangenen und den folgenden Laut beeinflußt. So erfolgt bei einem Vokal zwischen zwei Verschlußlauten (z. B. »Tat«) keine Lösung des Nasenrachenabschlusses, der Vokal erklingt dann ohne jeden nasalen Beiklang. Zwischen zwei Nasallauten wird diese Ausschaltung des Nasenraumes dagegen nicht erreicht (z. B. »mam«), der Vokal erhält eine nasale Klangkomponente.
Das Ausmaß der Nasalierung beim Sprechen hängt darüber hinaus von dialektalen Einflüssen (z. B. geringe Nasalierung im Sächsischen, stärkere Nasalierung im Mecklenburgischen und Bayerischen), von Vorbildern und Sprechgewohnheiten ab. Dieser normale nasale Beiklang wird als *Nasalität* oder nasale Setzung bezeichnet.
Im Gegensatz zum Sprechen vollzieht sich beim Singen häufig keine selbsttätige Regelung des Nasenrachenabschlusses durch lautnachbarliche Vor- und Nacheinstellungen, weil einzelne Laute, vor allem Vokale, über eine längere Zeit bei fixierter Position der Artikulationsorgane ausgehalten werden. Hier muß die Klangbildung, die zu erlernen ist, auch den nasalen Anteil bewußt berücksichtigen. Man kann davon ausgehen, daß ein gewisser nasaler Beiklang ästhetisch als angenehm empfunden wird und die Tragfähigkeit der Stimme erhöht. Dabei gibt es durchaus unterschiedliche Meinungen, in welchem Grad das Nasale im Rahmen künstlerischer Stimmbildung angestrebt werden soll. Bei

klanganalytischer Betrachtung der spektralen Energieverteilung spricht einiges dafür, daß hohe Männerstimmen durch Nasalität an Tragfähigkeit und Glanz im oberen Bereich des Tonhöhenumfanges gewinnen können.

Beim *Näseln* herrschen krankhafte Veränderungen vor. Die Sprache fällt durch ein Zuviel oder ein Zuwenig an nasalem Klanganteil unangenehm auf, sie wirkt unästhetisch.

Das *offene Näseln* (Hyperrhinophonie, Rhinophonia aperta, Rhinolalia aperta) ist durch ein Zuviel an nasalem Klang gekennzeichnet. Aufgrund organischer Veränderung, z. B. Lähmung des Gaumensegels, Gaumenspalte, oder durch gewohnheitsmäßige Inaktivität kommt es nicht zu dem erforderlichen Abschluß des Nasenrachens gegenüber der Mundhöhle. Der Nasenraum beeinflußt ständig den Stimmklang, und die Explosivlaute können nicht korrekt gebildet werden, es fällt ein »nasales Durchschlagen« bei diesen Lauten auf.

Das *geschlossene Näseln* (Hyporhinophonie, Rhinophonia clausa, Rhinolalia clausa) entsteht bei Einengung oder Verlegung der Nasenhöhlen oder des Nasenrachenraumes. Die häufigste Ursache ist der Schnupfen, bei dem die Schleimhäute und die Muscheln in den Nasenhöhlen mehr oder weniger anschwellen, so daß sowohl die Luft- als auch die Schallpassage behindert ist. Im Kindesalter führen häufig vergrößerte Rachenmandeln zur Behinderung der Nasenatmung und damit zum geschlossenen Näseln. Bei Erwachsenen können starke Verbiegungen der Nasenscheidewand die gleiche Wirkung hervorrufen, aber auch chronische Schnupfenformen, Polypen und Geschwülste der Nase und des Nasenrachens müssen in Betracht gezogen werden. Deshalb gehören alle Formen des Näselns in ärztliche Behandlung.

Einzelheiten zur Problematik von Nasalität und Näseln sowie zusammenfassende Darstellungen, sowohl aus historischer Sicht als auch aufgrund experimental-phonetischer Untersuchungen, finden sich bei Trenschel (1977, 1994).

Knödeln (Rückverlagerung)

Im Gegensatz zur Mundhöhle, der im Zusammenhang mit der Stimmgebung vor allem die Bildung der Sprachlaute zufällt, ist der Mund- und Kehlrachen vorwiegend an der Gestaltung verschiedener Klangabstufungen beteiligt. Die Formung dieses Raumes hat weniger Beziehungen zu der logisch-begrifflichen Sphäre der Sprache als vielmehr zu den stimmlichen Erscheinungen des Gefühlsausdrucks. So findet man einen weiten Rachen bei freudiger, zugeneigter Grundhaltung und einen engen Rachenraum bei Ärger und Angst.

Unabhängig von emotionalen Einflüssen kommt es aber auch beim sogenannten Knödeln (»Gaumig-Singen«) zu einer solchen Einengung, die meist noch mit einer starken Wölbung des Zungengrundes, mit Verengungen im Mund-Rachen-Bereich und mit Hochstellung des Kehlkopfes einhergeht, so daß starke »Rückverlagerung« des Stimmklangs die Folge ist. Klanganalytisch fällt eine Verarmung an Obertönen auf. Hohe und schlanke Stimmen neigen besonders zu dieser unangenehmen Stimmgebung, die nicht immer sehr auffällige Ausmaße annehmen muß und bei geringer Ausprägung das Singen, vor allem in der Höhe, erleichtern kann.

Hören

Die besonderen stimmlichen Leistungen des Menschen sind nicht nur im Bau seines Kehlkopfes begründet. Bei allen höheren Säugetieren finden sich hier sehr ähnliche Strukturen, ohne daß die Vielfalt des menschlichen Stimmklangs erreicht wird. Entscheidend ist die weit fortgeschrittene Differenzierung des Nervensystems, das vor allem auch in der Lage sein muß, kulturelle akustische Ereignisse der Umwelt wahrzunehmen und zu erkennen, zu verarbeiten und zu interpretieren (spezialisierte Perzeption). Das Ohr ist dabei nur der periphere Aufnahmeapparat eines Analysators, der erst im Zusammenhang mit den zentralen Leistungen des Gehirns wirksam werden kann.

Gehörlos geborene Kinder lernen nicht sprechen, wenn nicht durch intensive gezielte Hilfsmaßnahmen über andere Sinnesorgane (Tastsinn, Gesichtssinn) Informationen vermittelt werden, die normalerweise im akustischen Bereich liegen. Dabei bleibt nicht nur die Sprache, sondern auch die Stimme der Gehörlosen immer auffällig, weil die auditive Kontrolle der stimmlichen Äußerungen fehlt.

Äußeres Ohr. Die Ohrmuscheln dienen der Aufnahme des Schalles, der über den etwa 3,5 cm langen, leicht gekrümmt verlaufenden äußeren Gehörgang zum Trommelfell geleitet wird. Sie sind auch für das Richtungshören von Bedeutung.

Mittelohr. Das Trommelfell, eine dünne häutige Membran, grenzt den äußeren Gehörgang gegenüber dem Mittelohrraum ab, der von der Paukenhöhle gebildet wird (Abb. 72).

Die Paukenhöhle ist mit Luft gefüllt und über die Ohrtrompete mit dem Nasenrachenraum verbunden. Beim Schlucken öffnet sich diese Verbindung, so daß die für die normale Funktion erforderliche Luft in den Mittelohrraum eintreten kann, denn die vorhandene Luft wird von der auskleidenden Schleimhaut allmählich resorbiert. Im Mittelohr befinden sich drei Gehörknöchelchen: Hammer, Amboß, Steigbügel, die, gelenkig miteinander verbunden, den Schallantransport vom Trommelfell zum ovalen Fenster des Innenohres und die Ankopplung des über die Luft zugeleiteten Schalls an das Flüssigkeitssystem des Innenohres vermitteln. Da das Trommelfell wesentlich größer ist als die Membran des ovalen Fensters und die Gehörknöchelchen außerdem eine Hebelwirkung ausüben, kommt es zu einer Druckverstärkung im Verhältnis 1 : 22. Wenn Trommelfell und Gehörknöchelchen fehlen, ist erhebliche Schwerhörigkeit die Folge. Aber auch Bewegungseinschränkungen dieses Systems wirken sich im gleichen Sinne aus. Zum Beispiel kann durch Überdruck oder Unterdruck in der Paukenhöhle bei mangelhaftem Druckausgleich über die Ohrtrompete, etwa infolge schneller äußerer Druckänderungen beim Starten oder Landen von Flugzeugen oder während eines Erkältungsinfektes, das Hören beeinträchtigt sein.

Innenohr. Das knöcherne, schneckenförmig gebildete Innenohr ist häutig ausgekleidet und mit Flüssigkeit gefüllt, auf die die am ovalen Fenster auftreffenden Schwingungen übertragen werden. In der zweieinhalbmal gewundenen Schnecke verläuft u. a. die Basilarmembran, die das eigentliche Sinnesorgan, das Cortiorgan, trägt. Die Breite der Basilarmembran, aus straffen Fasersystemen zusammengesetzt, nimmt von der Schneckenbasis zur Spitze hin zu. Auf dieser Membran erfolgt eine Reizverteilung, die dem Resonanzverhalten entspricht: Hohe Töne werden im kurzfaserigen Teil – in der Schneckenbasis – übertragen, tiefe Töne im langfaserigen Teil – zur Schneckenspitze zu. Die Sinneszellen im Cortiorgan sind als Haarzellen ausgebildet, die durch Schwingungen der Basilarmembran in Bewegung geraten, so daß es zu Verbiegungen der Sinneshärchen gegenüber einer Deckmembran kommt. Dabei erfolgt die Umwandlung (Transformation) der physikalischen Schallreize in physiologische Nervenimpulse, die dann über verschiedene Schaltstationen zum Gehirn, und zwar zum Hörfeld des Schläfenlappens, weitergeleitet werden.

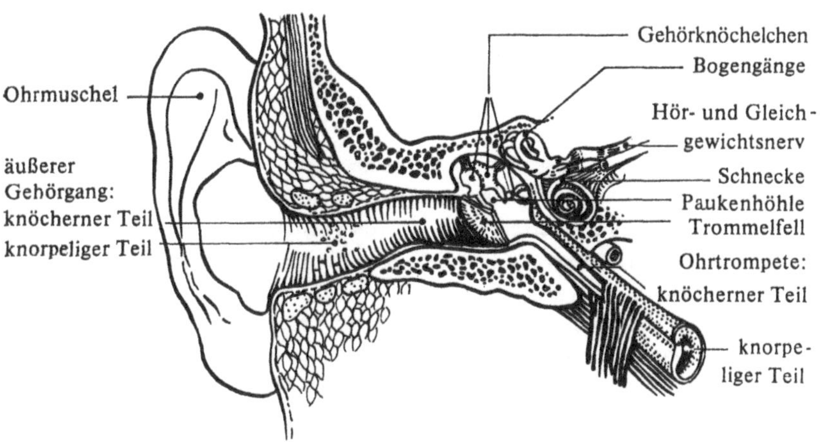

Abb. 72 Übersicht über äußeres Ohr, Mittelohr und Innenohr

Z e n t r a l e s H ö r e n. Die Erregungs- und Ansprechbereiche der einzelnen Schaltstellen werden zentralwärts immer enger, so daß die fortgeleiteten Frequenzbereiche immer schmaler werden. Auf diese Weise läßt sich erklären, daß unser Tonhöhenunterscheidungsvermögen viel feiner ist, als es von der ziemlich groben Reizverteilung auf der Basilarmembran der Schnecke her zu erwarten wäre. Während in der Peripherie bei mittleren Frequenzen nur Tonhöhenunterschiede in der Größenordnung von jeweils 10% zu trennen wären (etwa ein Ganzton), beträgt unsere wirkliche Tonhöhenunterschiedsschwelle 0,3% (etwa 1/40 Ganzton). Hinzu kommen Bahnen, die vom Gehirn aus in die Peripherie führen und nach dem technischen Prinzip der Gegenkopplung die Erregbarkeit des Systems regeln. So ist es möglich, durch aktive Leistungen, durch Zuwendung der Aufmerksamkeit, bestimmte interessierende akustische Erscheinungen aus einem komplexen Schallangebot herauszufiltern und die nicht interessierenden zu dämpfen (z. B. Lauschen auf eine bestimmte Stimme, wenn mehrere Menschen sich gleichzeitig unterhalten). Aber nicht nur in solchen besonderen Fällen, sondern ganz allgemein kann man sagen, daß die Fähigkeit zur Informationsauswahl eine wesentliche Eigenschaft unserer Sinnesorgane ist.

Beim fortlaufenden Sprechen z. B. wird ein Informationsinhalt von etwa 100 000 bit (Einheit der Informationsmenge) je Sekunde ausgesandt. Das Bewußtsein des Menschen kann aber nur etwa 50 bit je Sekunde verarbeiten. Eine wichtige Aufgabe der Hörwahrnehmung besteht also darin, den außerordentlich großen und reichhaltigen Informationszustrom zu reduzieren und nur diejenigen Informationen auszuwählen, die für die Sinnentnahme wesentlich sind.

L e i s t u n g e n d e s G e h ö r s. Der Frequenzbereich, der mit dem menschlichen Ohr erfaßt werden kann, liegt zwischen 20 Hz und 20 000 Hz und entspricht 10 bis 11 Oktaven. Die Anzahl der wahrnehmbaren unterschiedlichen Tonhöhen wird auf 800 bis 900 geschätzt. Dabei ist das Tonhöhenunterscheidungsvermögen im mittleren Frequenzbereich mit 0,3% am größten.

In bezug auf die Lautstärke wird bei dieser Tonhöhe ein Bereich von 20 Mikropascal bis 20 Pascal Schalldruck erfaßt (s. Akustische Grundlagen). Bei logarithmischer Darstellung mit der Dezibel-Skala ergeben sich hier von 0 bis 140 dB 14 Zehnerpotenzen, ein kaum vorstellbarer Bereich. Er entspricht etwa der Leistungsfähigkeit einer Waage, deren Empfindlichkeit so abgestimmt ist, daß man mit ihr sowohl Stecknadeln als auch Panzerkreuzer abwiegen kann. Die Zeitdauer, die erforderlich ist, um eine Tonhöhe erkennen zu können, liegt in der Größenordnung von 50 ms.

Die Sinnesorgane sind keine physikalischen Meßgeräte zur wertfreien Analyse der Wirklichkeit, sondern sie erfüllen biologische Funktionen und dienen nicht nur der Aufnahme, sondern, wie bereits erwähnt, auch der Auswahl von Signalen, deren zentrale Verarbeitung und Interpre-

tation auf die Erhaltung des Lebens orientiert ist. Das gilt auch für das Hören. So gibt es für Tonhöhe und Lautstärke keine absoluten Maßstäbe.
Bei tiefen Tönen z. B. sinkt mit zunehmender Lautstärke die wahrgenommene Tonhöhe erheblich ab, bei hohen steigt sie an, und nur im mittleren Frequenzbereich von 1000 bis 3000 Hz bleibt sie annähernd gleich, wenn die Intensität zunimmt. Die Tonhöhe der menschlichen Stimme entspricht der Frequenz der Stimmlippenschwingungen.
Diese sogenannte Grundfrequenz braucht aber im zusammengesetzten Spektrum des Stimmklangs, z. B. eines Gesangstones, nicht enthalten zu sein, um auditiv wahrgenommen zu werden. Wenn zwei reine Töne gleichzeitig erklingen, entstehen im Ohr zusätzlich subjektive Töne, die der Differenz bzw. der Summe der Frequenzen aus den beiden Tönen entsprechen. Die Differenztöne treten meist hervor. Da in einem Klang aus zusammengesetzten Schwingungen, auch im Stimmklang, die Schwingungszahl des ersten Teiltones, des Grundtones, immer gleich der Differenz der Schwingungszahl von zwei aufeinanderfolgenden Gliedern der harmonischen Teiltonreihe ist, wird der erste Teilton auch gehört, wenn er im Spektrum gar nicht vorhanden ist. Die Tonhöhe der Stimme läßt sich also nicht nur direkt aus dem Grundton der Stimmlippenfrequenz wahrnehmen, sondern auch aus der Teiltonstruktur subjektiv ableiten.
Die wahrgenommene Lautheit eines Tones bleibt ebenfalls im mittleren Frequenzbereich zwischen 1000 und 3000 Hz annähernd gleich, wenn bei unverändertem physikalischem Schalldruck die Tonhöhe verändert wird. Mit zunehmender, vor allem aber mit abnehmender Frequenz erscheint der Ton vom Gehör her weniger laut. Verschiedene Vokale, mit der gleichen Intensität bei gleicher Tonhöhe gesungen, erscheinen uns gleich laut, obwohl die akustische Messung, z. B. bei /i/ wesentlich höhere Werte des Schalldrucks anzeigt als bei /u/. Andererseits erscheint uns ein Vokal lauter gegenüber dem gleichen Vokal, wenn sein Spektrum teiltonreicher ist, in bezug auf den meßbaren Schalldruck braucht dabei kein Unterschied zu bestehen.
In der Musik ist der Bezugspegel der unmittelbaren Umgebung von großer Bedeutung. Nach einem Pianissimo erscheint Mezzoforte wie Fortissimo und umgekehrt. Die im musikalischen Sprachgebrauch übliche Klassifizierung von Pianissimo bis Fortissimo gibt eine relative Abstufung wieder, die weitgehend von individuellen Verhältnissen abhängt. Für die Einstufung ist auch der physische Energieaufwand maßgebend, den der Musiker oder Sänger aufbringen muß, um eine gewisse dynamische Stufe einzuhalten. Diese Stufen werden also durch den Grad der Anstrengung wesentlich mitbestimmt.

Leistungen des Zentralnervensystems

Eine Vielzahl von Einstellungen und Bewegungen in den Bereichen des Rumpfes, des Kehlkopfes und der Ansatzräume muß bei der Bildung der Stimme zusammenwirken. Diese außerordentlich komplizierten Vorgänge werden vom zentralen Nervensystem teils unbewußt, teils bewußt gesteuert. Während der Stimmgebung beim Singen überwiegen bewußte Leistungen. Neben der chemischen und physikalischen Atemregulation für Atemvolumen, Atemfrequenz und Atemtyp, die bewußt beeinflußbar sind, und neben willentlichen Muskelanspannungen im Kehlkopf- und Halsbereich kommt aber auch beim Singen den Reflexmechanismen zur Einstellung der Kehlkopffunktion auf den Atemdruck sicher wesentliche Bedeutung zu (s. Theorie der Stimmerzeugung). In der Kehlkopfschleimhaut, in den Kehlkopfmuskeln und auch in den Kehlkopfgelenken wurden Sinnesendstellen gefunden, die dazu dienen, bestimmte Stellungs- und Spannungszustände als Bewegungsempfindungen an das zentrale Nervensystem zu übermitteln, was dann über entsprechende Nervenbahnen Änderungen dieser Zustände herbeiführen kann. Durch vielfältige Vermaschungen verschiedener Systeme kommt es dabei zu einem komplexen Zusammenwirken von auditiven und kinästhetischen Sinnesempfindungen, von unwillkürlichen und willkürlichen Muskelaktivitäten sowie von emotionalen Einflüssen verschiedenster Art. Diese Steuerungsvorgänge bei der Stimmgebung sind heute noch kaum übersehbar und erfordern ein eingehendes, experimentell fundiertes Studium.

Eine besonders wichtige Funktion bei der Kontrolle der stimmlichen Leistungen kommt dem Gehör zu (audio-phonatorische Kontrolle), wobei nicht nur bewußte Regelungen von Tonhöhe, Lautstärke, Klangfarbe und Dauer gesungener Töne erfolgen, sondern auch unbewußte Einflüsse sich auswirken, wenn nicht die Aufmerksamkeit absichtlich auf diese Vorgänge gelenkt wird. So erfolgt unter Lärmeinfluß, also unter Minderung oder gar Ausschaltung der auditiven Kontrolle, reflektorisch eine Zunahme der Lautstärke (LOMBARD-Effekt) und damit eine größere Belastung der Stimmorgane. Schon beim Chorsingen, aber auch beim Singen mit Musikbegleitung, beim Sprechen oder

Singen unter Lärmeinfluß (z. B. im Auto) kann es dann leicht zu stimmlichen Überanstrengungen kommen, wenn diese Zusammenhänge nicht beachtet werden.

Auch die Tonhöhe der Stimme unterliegt auditiven Einflüssen. So läßt sich beim Melodramsprechen beobachten, daß die Sprechstimme, auch wenn ihre Tonhöhe nicht durch Sprechnoten fixiert ist, in ihren Bewegungen weitgehend der musikalischen Linie folgt und einen ganz anderen Verlauf nimmt als beim Sprechen des gleichen Textes ohne Musik (Abb. 73). Dabei ergibt sich allerdings nicht eine unmittelbare Steuerung auf direkt-reflektorischem Wege vom Ohr zum Kehlkopf, sondern es beteiligt sich die gesamte Persönlichkeit.

Kinästhetische Empfindungen sind nicht nur im Bereich des Kehlkopfes, sondern vor allem auch in den verschiedenen Regionen der Ansatzräume von großer Bedeutung. Sie informieren als Lage- und Bewegungsempfindungen sehr differenziert über den Funktionszustand insbesondere von Unterkiefer, Gaumensegel, Zunge und Lippen. Auch die Kehlkopfstellung wird auf diese Weise kontrolliert. Die Kinästhesien sind eine wichtige Voraussetzung dafür, daß die Muskelaktivitäten der Artikulation mit denen der Phonation koordiniert werden können.

Im Zusammenhang mit den zentralen Leistungen bei der Stimmbildung muß schließlich erwähnt werden, daß während der Stimmproduktion eine ständige Verarbeitung der im Zentrum eintreffenden auditiven und kinästhetischen Informationen erfolgt. Sie vollzieht sich als Ver-

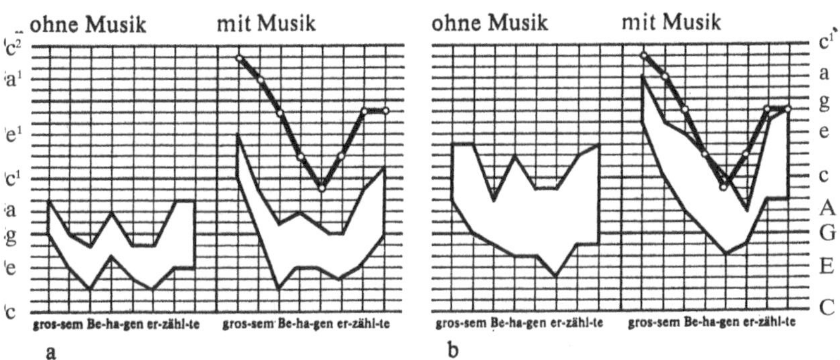

Abb. 73 Tonhöhenverhalten der Sprechstimme im Melodram (Ausschnitt aus »Der Hase und der Igel« von Fritz Reuter); a Streuung der Mittelwerte für die festgestellten Tonhöhen der einzelnen Silben bei 15 weiblichen Versuchspersonen, b Streuung der Mittelwerte für die festgestellten Tonhöhen der einzelnen Silben bei 15 männlichen Versuchspersonen; jeweils in der rechten Abbildungshälfte (mit Musik) zeigt die obere Kontur den Verlauf der musikalischen Linie an.

gleich mit gespeicherten Gedächtniseindrücken und mit den Vorstellungen von den beabsichtigten stimmlichen Leistungen. Dieses Rückkopplungssystem ermöglicht schnellste Korrekturen schon bei geringen Abweichungen.

Mit zunehmendem Lebensalter läßt auch bei Sängern das Hörvermögen mehr oder weniger nach. Es ist oft sehr erstaunlich, wie dann selbst bei ziemlich ausgeprägter Schwerhörigkeit recht genaue Tonhöhen- und Lautstärkeeinstellungen der Stimme auch bei Orchesterbegleitung und im Ensemble noch möglich sind, so daß die Hörminderung nicht selten über längere Zeit nicht auffällt. Solche Erscheinungen weisen auf die außerordentliche Leistungsfähigkeit des kinästhetischen Kontroll- und Regelungssystems hin, wenn es über viele Jahre trainiert wurde.

Da jede stimmliche Äußerung auch »Stimmungsausdruck« und »Stimmungseindruck« ist, werden Hörwahrnehmungen von Stimmen der Umgebung grundsätzlich unter Beteiligung psychischer Vorgänge mehr oder weniger intensiv verarbeitet. Auch aus diesen Einflüssen ergeben sich vielfältige Wechselwirkungen mit der Stimmproduktion.

Besondere stimmliche Erscheinungsformen

Kastratenstimme

Wenn vor der Pubertät der Einfluß der Geschlechtsdrüsen ausgeschaltet wird, tritt kein Stimmwechsel ein, und bei männlichen Jugendlichen sowie auch bei erwachsenen Männern bleiben dann wichtige Merkmale der Knabenstimme erhalten, weil der Kehlkopf keinen Wachstumsschub erfährt und seine kindlichen Dimensionen auch im Erwachsenenalter beibehält. Dieser Zusammenhang war schon im frühen Altertum bekannt. Bei religiösen Riten und auch als Strafe für Kriegsgefangene wurden nicht selten die Hoden abgetrennt. Solche Kastrationen, vor der Geschlechtsreife ausgeführt, dienten ziemlich früh schon auch der Gewinnung bzw. Erhaltung hoher Stimmen. So zitiert LUCHSINGER (1970) eine Quelle, nach der bereits im 4. Jahrhundert n. Chr. Eunuchen im Kirchengesang eingesetzt wurden. Vom 12. Jahrhundert an, als die Gesangskunst der Kastraten in Konstantinopel ihren festen Platz gefunden hatte, kamen solche Sänger und Gesanglehrer auch nach dem abendländischen Rom. Hier hatten zunächst die meist aus Spanien kommenden Fistulanten (»Spagnoletti«) im Vordergrund gestanden, um die hohen Stimmen der Knaben, Soprane und Alte (lat. altus = hoch), zu unterstützen, denn Frauen waren vom Kirchengesang nach dem Grundsatz »taceat mulier in ecclesia« (in der Kirche schweige das Weib) ausgeschlossen.

Dieser in seiner Absolutheit fundamentalistisch anmutende Spruch ist aber eine ungerechtfertigte Verallgemeinerung einer Forderung des Apostels PAULUS, der im Kapitel 14, Vers 34 und 35, seines ersten Briefes an die Korinther geschrieben hatte: »Wie in allen Gemeinden der Heiligen lasset die Frauen schweigen in der Gemeinde; denn es soll ihnen nicht zugelassen werden, daß sie reden, sondern sie sollen sich unterordnen, wie auch das Gesetz sagt. Wollen sie aber etwas lernen, so lasset sie daheim ihre Männer fragen. Es steht der Frau übel an, in der Gemeinde zu reden.« Nicht reden sollten die Frauen in der Gemeinde, also nicht predigen, auch nicht mitreden und entscheiden. Die spätere Auslegung als ein Gebot des vollkommenen Schweigens und damit auch als ein Verbot des Singens geht am Sinn der Apostelweisung vorbei, hatte aber unerhörte Konsequenzen.

Die Fistulanten, auch Falsettisten genannt (s. Register), normale Männer mit normal ausgebildeten männlichen Kehlköpfen, haben die hohen Stimmlagen durch Nutzung ihres Falsettregisters hervorgebracht, so wie dies heute die männlichen Altisten tun. Gegen Ende des 16. Jahrhunderts wandte man sich immer mehr von dieser Art zu singen ab, und 1625 schied der letzte Fistulant aus den Diensten der päpstlichen Kapelle aus. An die Stelle der Fistulanten traten die Kastraten. Obwohl die Kastration bei Todesstrafe – auch für Mitwisser – verboten war, wurde sie von der Kirche geduldet und sogar gefördert. 1588 erschienen die ersten Kastraten als Eunuchen im Diarium der Sixtinischen Kapelle, und Papst CLEMENS VIII. führte kurz danach männliche Soprane offiziell in den Kirchenchor ein. Bald standen Kastraten auch auf den Bühnen, mit ihnen eroberte die italienische Oper damals die gesamte musikalische Welt Europas.

Der Stimmklang der Kastraten unterschied sich aufgrund der abnormen anatomischen Grundlagen – kleiner, kindlicher Kehlkopf bei voll ausgebildetem männlichem Brustkorb und Erwachsenen-Dimensionen der Ansatzräume – sowohl von den Frauen- als auch von den Knabenstimmen. Der unnatürliche Klang wirkte vielfach aufreizend, und das Publikum rief im Enthusiasmus über die gefeierten Solisten »eviva il coltello!« (es lebe das Messerchen). Nach HABÖCK (1927) sollen im 18. Jahrhundert in Italien noch jährlich mehr als viertausend kleine Knaben »dem Messerchen« ausgeliefert worden sein. Alle in diesem Zusammenhang genannten Zahlen müssen aber als in hohem Maße spekulativ angesehen werden, weil die verbotene und daher streng geheimgehaltene Prozedur natürlich die Phantasien beschäftigte und alle möglichen Gerüchte auslöste.

Über das erstaunlicherweise recht lebhafte, häufig bisexuell orientierte Liebesleben der Kastraten gibt es dagegen ziemlich zuverlässige Quellen. So zitiert ORTKEMPER (1993) ein kirchenrechtliches Gutachten des Leipziger protestantischen Konsistoriums aus dem Jahre 1566 über die Voraussetzungen zur Eheschließung eines Kastraten (des unter falschem Namen und unter falschen Umständen eingeführten BARTOLOMEO DE SORLISI, kurfürstlicher Kammerherr in Dresden), daß dieser »zu dem Exercitio venereo (Geschlechtsverkehr) nicht gäntzlich untüchtig, sondern daß er annoch erectionem penis empfinge, den congressum (Beischlaf) halten, auch einem Weibes-Bilde satisfaction thun, und ihre Brunst stillen und extinguiren (löschen) könne«.

Der Reiz der Kastratenstimmen lag in ihrem eigenartig strahlenden Timbre, dem außerordentlich großen Tonhöhenumfang und in einer ungewöhnlich langen Tonhaltedauer. Der berühmte FARINELLI (1705 - 1782) verfügte im Alter von dreiundzwanzig Jahren über einen Umfang von c bis d^3 und konnte seine Töne bis zu 60 Sekunden lang aushalten.

Die besondere Wertschätzung solcher Stimmen in der damaligen Zeit kennzeichnet auch ein Brief von ZELTER an GOETHE aus dem Jahre 1814. Er schrieb nach der Besichtigung des Kölner Domes: »Eine Musik ohne männliche Soprane wird in einem solchen

Raume immer von mäßiger Wirkung sein, wenn sie auch noch so stark besetzt wird.« (Zit. nach LUCHSINGER, 1970)

Bei LUCHSINGER heißt es weiter: »Die Psychologie der Kastratenstimme basiert zum Teil auf der Erkenntnis der geistigen Strömungen, welche die Zeit im Übergang von der Renaissance zum Barock bewegten. Die besondere Wertschätzung der Kastratenstimme im Barock kann als Sinnbild der Erfüllung hermaphroditischer Wunschträume gelten, wie sie die Suche nach dem Stein der Weisen als dem mystischen Symbol des zur Hälfte Männlichen, zur Hälfte Weiblichen bedeutete. Im Barock und in der Folgezeit konzentrierte sich das Stimmideal auf die hohe Stimme; die Baßstimme galt als betont sexuell-brutal (z. B. MOZARTS Osmin in der »Entführung«). Die Kastratenstimme diente zugleich einer stimmlichen Abstraktion, wie sie die Rollen der Barockopern forderten, in denen Götter und Halbgötter agierten. Die Stimme wurde dabei zu einem unpersönlichen und scheinbar vom Körper gelösten Instrument, das die höchsten Anforderungen eines Musikinstrumentes zu erfüllen vermochte, nämlich zu klingen wie die menschliche Stimme.« Andererseits trug der Kastratengesang wesentlich dazu bei, daß die Oper vom echten dramatischen Musiktheater zu glänzender, aber oberflächlich-virtuoser Schaustellerei herabsank. Die Kastraten mit ihren großen Lungen und kleinen Kehlköpfen waren eben in der Lage, den Ziergesang zu außerordentlichen Dimensionen auszudehnen und die schwierigsten Passagen mühelos zu meistern. Ohne besondere Anstrengung erreichten sie eine außergewöhnliche Stimmkraft, die sie auch als wesentliches Merkmal ihres stimmlichen Ideals propagierten. So schrieb der berühmte Gesangslehrer TOSI (1723), seit 1692 gefeierter Kastrat in London, »wer seine Stimme verlieren will, der soll sich nur mit dem Piano einlassen«. Das Klangideal jener Zeit war ein äußerst heller Stimmklang, der mit möglichst weit geöffnetem Munde gesungen wurde. Bis in das 19. Jahrhundert hinein bildete bei allen Gesangschulen dieses Klangideal, das sich letzten Endes auf die unnatürlichen Stimmen der Kastraten gründete, die Grundlage des Unterrichts.

Etwa ab 1820 traten allmählich die weiblichen Hosenrollen (Adriano in »Rienzi«, Page in den »Hugenotten«, Octavian im »Rosenkavalier«) an die Stelle der Kastratenbesetzungen, die bis dahin nicht nur für Frauenrollen, sondern auch für stilisierte Heldenpartien in der italienischen Oper bis zu GLUCKS »Orfeo« und dem Sextus in MOZARTS »Titus« durchaus geeignet erschienen (Heldensoprane statt Heldentenöre). Papst LEO XIII. wandte sich um die Jahrhundertwende entschieden gegen das Kastratenwesen. Der letzte päpstliche Kastrat, Professor ALESSANDRO MORESCHI, sang noch 1914 in der Sixtinischen Kapelle. Von ihm sind mehrere Schallplattenaufnahmen erhalten.

Mit dem Verschwinden der Kastratenstimmen erlosch aber nicht die Faszinationskraft sehr hoher Männerstimmen. Schon wenige Jahre nach den letzten Kastraten, in den zwanziger Jahren unseres Jahrhunderts, tauchten in England die ersten Fistulanten als Countertenöre wieder auf. Anfangs überwiegend als peinlich empfunden und allenfalls belächelt, bewirkten sie bald eine »Renaissance des Falsettierens«. In letzter Zeit haben sie einen epochalen Siegeszug um die ganze Welt angetreten, und das Falsettieren reift gegenwärtig zu einer viel beachteten, stimmtechnisch wie stilistisch weiterentwickelten besonderen Form des Kunstgesangs neu heran.

Männliche Altstimme

Das natürliche Falsett (*natural falsetto*, herkömmlich Fistelstimme, s. dort), das fast jedem Mann zur Verfügung steht, ist manchmal so klangvoll, modulationsfähig und schön angelegt, daß eine Ausbildung für das künstlerische Singen sinnvoll erscheint. Allerdings ist es dann erforderlich, daß sich ein Mann, der den weiblichen Klang der Falsettstimme künstlerisch einsetzt, mit dieser ambivalenten Situation auch identifiziert. Die stimmtechnisch und künstlerisch ausgebildete und bestmöglich entwickelte Falsettstimme (*artistic falsetto*) wird meist durch den männlichen Alt repräsentiert, nur sehr selten durch einen männlichen Sopran.

Wir untersuchten einen Gesangsstudenten, der von einer unschön klingenden und wenig belastbaren Tenorstimme zur männlichen Sopranstimme übergegangen ist. Er verfügt in dieser Lage über einen Tonhöhenumfang von e bis c^3. Zwischen Brust- und Kopfregister (Sopran) wird ebenso bei g^1 / a^1 gewechselt wie zwischen Modal- und Falsettstimme (Tenor). Der Kehlkopf ist normal entwickelt, und Schwingungsbefunde der Stimmlippen sowie Spektralanalysen des Stimmschalls zeigen die typischen Merkmale des Falsettsingens (Seidner, 1995). Der Unterricht weicht nicht von dem ab, der für weibliche Soprane durchgeführt wird, einschließlich des Singens der Übergangstöne.

Der Begriff *Kontratenor* (Countertenor, umgangssprachlich manchmal sogar »Counter« genannt) ist zumindest als ungenau einzuschätzen, da in der Entwicklung zur Polyphonie dem führenden Tenor ein Contratenor altus und ein Contratenor bassus hinzugefügt worden ist. Dem Contratenor altus entspricht die männliche Altstimme. Die letztgenannte Bezeichnung ist zweifellos die zutreffendere, auch deshalb, weil neben dem Altklang der Tonhöhenumfang dieser Stimmgattung (meist bis g^2) zur Verfügung steht.

Reinders (1985) hat durch ihre Studien aus gesangspädagogischer Sicht wesentlich zur Begriffsklärung beigetragen.

An dieser Stelle sei einmal betont, daß eine schöne und leistungsfähige männliche Altstimme nicht durch einen besonders gewachsenen oder gar verwachsenen, verkrüppelten Kehlkopf zustande kommt, wie manchmal geäußert wird, sondern durch eine – physiologisch betrachtet – günstige Abstimmung zwischen der Funktion eines normalen Kehlkopfes und der resonatorischen Überformung in den Ansatzräumen. Auch diese Interaktionen setzen selbstverständlich voraus, daß einerseits eine besondere Veranlagung vorhanden ist und andererseits eine geschickte stimmtechnische Schulung erfolgt.

Beim Vergleich der männlichen Falsettfunktion (Fistelstimme) mit der ehemaligen Kinderstimme, die in einem Knabenchor eingesetzt wurde, fallen enge Beziehungen auf: die Falsettstimme liegt höher und klingt heller, wenn früher Sopran gesungen wurde, und sie liegt tiefer und klingt dunkler bei früherer Altlage (BEHRENDT, 1989).

Laryngostroboskopisch ist die für das Falsett typische fehlende oder verkürzte Schlußphase zu erkennen, die mit einem Auseinanderrücken der Aryknorpel einhergeht, und spektrographisch das steilere spektrale Gefälle mit Verstärkung der Grundwelle durch Formantabstimmung.

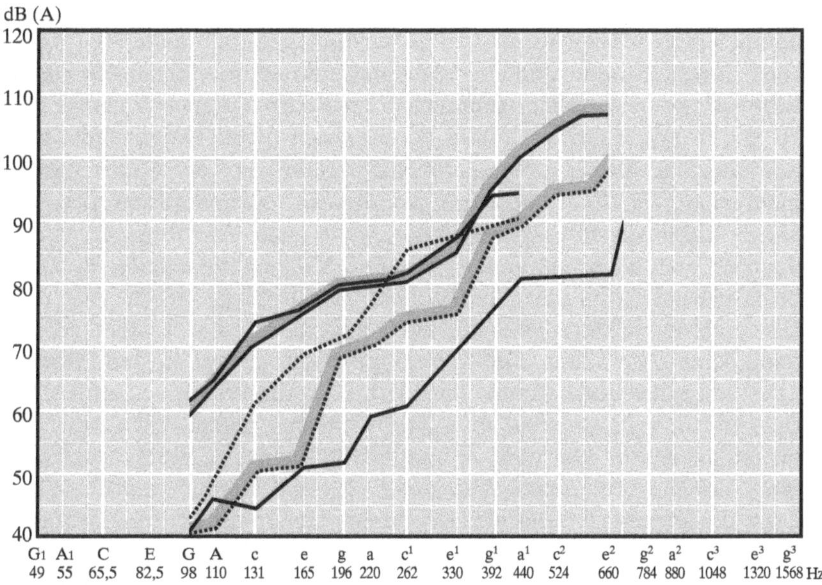

Abb. 74 Singstimmprofile (durchgezogene Kurven) eines Opernsolisten (männlicher Alt), Vokal /u/; Modalstimme (Tenor) beim lauten Singen G bis a¹, Falsettstimme (männlicher Alt, schattierte Kurven) G bis e²; beim lauten Singen decken sich beide Register fast vollständig; hoher Formantpegel (unterbrochene Kurven) beim Tenorsingen höher

Individuelle Unterschiede kommen natürlich vor. Bei einem weltbekannten männlichen Alt (J. K.), in dessen Timbre man auch einen tenoralen Anteil hören kann, ist das spektrale Gefälle gegenüber der Modalstimme (Tenor) nicht so ausgeprägt. In Langzeit-Mittelwert-Spektren ist immer noch ein Sängerformantbereich deutlich zu sehen, und bei der Messung von Singstimmprofilen mit spektraler Bewertung sinkt der Sängerformantpegel gegenüber der Tenorstimme nur relativ geringfügig ab (Abb. 74). Die Abbildung zeigt außerdem die Möglichkeiten des Sängers, die Falsettfunktion bis an die untere Grenze des Tonhöhenumfanges beizubehalten und in der Höhe mit ausgehaltenen Tönen bis e^2 zu führen. Dem Sänger gelingt es, Atem-, Kehlkopf- und Ansatzraumfunktion so präzise aufeinander abzustimmen, daß der unvollständige Glottisschluß nicht zu einem stärkeren Luftverbrauch oder zu einer geräuschhaften Überlagerung der Stimme führt.

Immer wieder erleben wir Zurückhaltung, die männliche Altstimme auszubilden. Abgesehen von der Frage einer beruflichen Perspektive gibt es aus stimmphysiologischer Sicht keine besonderen Vorbehalte. Wer eine Frauenstimme unterrichten kann, ist auch in der Lage, mit einen männlichen Alt zu arbeiten. Die Grundvoraussetzungen sind insofern etwas unkomplizierter, als der bei Frauen typische und stets zu beachtende Registerwechsel zwischen Brust- und Kopfregister nicht so deutlich hervortritt und eine zu laute Stimmgebung dadurch begrenzt wird, daß die Stimme dann in die Modalfunktion umschlägt. Ein männlicher Alt kann sich zwar stimmlich überfordern, indem er zu lange und zu hoch singt, aber verbrüllen kann er sich nicht. In der Tiefe sind besondere Registerprobleme möglich, wenn dort die Falsettstimme nicht so kräftig klingt und durch die Modalstimme ersetzt werden soll. Da es unkünstlerisch wirken kann, wenn man den Registerwechsel deutlich hört, hat es ein Sänger mit einer Modalstimme in der Tenorlage natürlich leichter als in der Bariton- oder Baßlage.

Ein anderes Problem betrifft die »Vorarbeit« zum Unterricht der männlichen Altstimme. Die Meinung ist weit verbreitet, daß für etwa zwei Jahre die Modalstimme unterrichtet werden muß, ehe ein Unterricht in der Altlage möglich ist. Es wird empfohlen, erst einmal die Grundlagen von Haltung, Atmung, Stützfunktion, Kehlkopfeinstellung, Vokalartikulation, Legatosingen, Intonation u. a. zu erüben, erst dann dürfe man sich der spezifischeren Altstimmfunktion zuwenden. Wir sehen dieses Vorgehen als einen wenig nützlichen Umweg an und empfehlen Sofortunterricht. Die erwähnten gesangstechnischen Leistungen lassen sich auch beim Falsettsingen aufbauen, zumal Atmung, Kehlkopf- und Stimmlippeneinstellung sowie Klangbildung in den Ansatzräumen ohnehin anders abgestimmt werden müssen als beim Modalsingen. Muß ein Mensch, der Gambist werden will, zuerst das Cellospiel erlernen?

Das Altus- und das Modalsingen nebeneinander zu unterrichten, halten wir nicht für günstig. Mehrfach kamen Sänger in unsere Sprechstunde, die hauptsächlich als Tenorsolisten tätig waren und nebenher Aufgaben in der Altlage übernommen hatten. Sie fühlten sich überfordert, wenn sie rasch von der einen Stimmgattung in die andere wechseln mußten, was von ihnen verlangt worden war. Wegen der unterschiedlichen physiologischen und damit eng zusammenhängenden gesangstechnischen Anforderungen empfahlen wir, sich für die eine oder die andere Stimmanwendung zu entscheiden.

Inzwischen gibt es jedoch vereinzelt Sänger, die beide Stimmgattungen künstlerisch gebrauchen, sogar während einer Veranstaltung. Ob zukünftig noch mehr Sänger durch ein gezieltes Stimmtraining dazu in die Lage versetzt werden? Lassen sich Gambe und Violoncello durch gezielte Übungen rasch wechseln und professionell gebrauchen?

Jodeln

Das Jodeln ist nicht nur, wie vor mehr als hundert Jahren beschrieben, eine typische Gesangsform der europäischen Zentralalpen, sondern eine besondere Art zu singen, die über die ganze Welt verbreitet ist. Kenner sind in der Lage, alpenländische, mexikanische und texanische Jodler zu unterscheiden. Aber auch in Asien und bei den Buschmännern Südafrikas wird gejodelt. Trotz mannigfacher Unterschiede von musikalischer Form und stimmlicher Gestaltung haben diese Erscheinungsformen des Gesanges charakteristische Gemeinsamkeiten.

Der Effekt des Jodelns liegt in der Kontrastierung zweier deutlich unterscheidbarer Stimmklänge, die zwischen verschiedenen Tonhöhen in rascher zeitlicher Folge sprunghaft miteinander wechseln. Es wird kein bedeutungstragender Text gesungen, sondern sogenannte Jodlersilben dienen einer unmittelbaren sängerischen Äußerung. Da das Jodeln ursprünglich als Verständigungsmittel in weitläufigem, schwer zugänglichem Gelände benutzt wurde, ist es verständlich, daß sich nicht nur landschaftliche, sondern auch berufsbedingte Unterschiede nachweisen lassen.

Grundlegende experimentelle Untersuchungen über das Jodeln stammen von LUCHSINGER (1949), GRAF (1961) sowie von FRANK und SPARBER (1972). Die letztgenannten Autoren fanden bei ihren Analysen österreichischer Jodelgesänge die Silben ha, di, ri, ja am meisten verbreitet, wobei die Silben mit dem Vokal i bevorzugt wurden.

Nach den Beschreibungen von LUCHSINGER weist das Jodeln alle Merkmale des hygienisch gesunden Singens auf, und der Autor vertritt die Meinung, daß aus physiologischer Sicht eher von Kunstgesang als von Naturgesang gesprochen werden sollte. Von den zahlreichen Einzelheiten, die über den Jodelvorgang mitgeteilt worden sind, z. B. Überwiegen der Bauchatmung, Intensivierung des Stützvorganges, Tiefstellung des Kehlkopfes, Erweiterung der Ansatzräume, erscheint am wesentlichsten, daß der Jodler zwischen Modal- und Falsettregister und die Jodlerin zwischen Brust- und Kopfregister (einschließlich Falsettfunktion) übergangslos hin- und herspringen.

Eigene Kehlkopf- und Stimmuntersuchungen von Harzer Meisterjodlern ergaben, daß beim Jodelschlag neben raschen Kehlkopfbewegungen die Glottisbilder der Modal- und der Falsettstimme in schneller Folge wechseln: vollständiger Stimmlippenschluß bei der Modalstimme, verkürzter Schluß beim Falsett. Eines der angefertigten Singstimmprofile zeigt die Registerstruktur deutlich (Abb. 75). Der Jodler benutzt die Modalstimme beim lauten Singen nur bis c¹, um genügend Tonhöhenumfang für seine klangvolle Falsettstimme zu behalten. Während des Jodelns springt er zwischen den beiden Modal-Oktaven und der Falsett-Dezime. Schmalband-Mittelwert-Spektren der Jodel-Falsettstimme ließen die gleichen Charakteristika erkennen, die als typisch für die Falsettstimme gelten: Betonung der Grundwelle und stärkeres spektrales Gefälle gegenüber der Modalstimme (Seidner und Wendler, 1992).

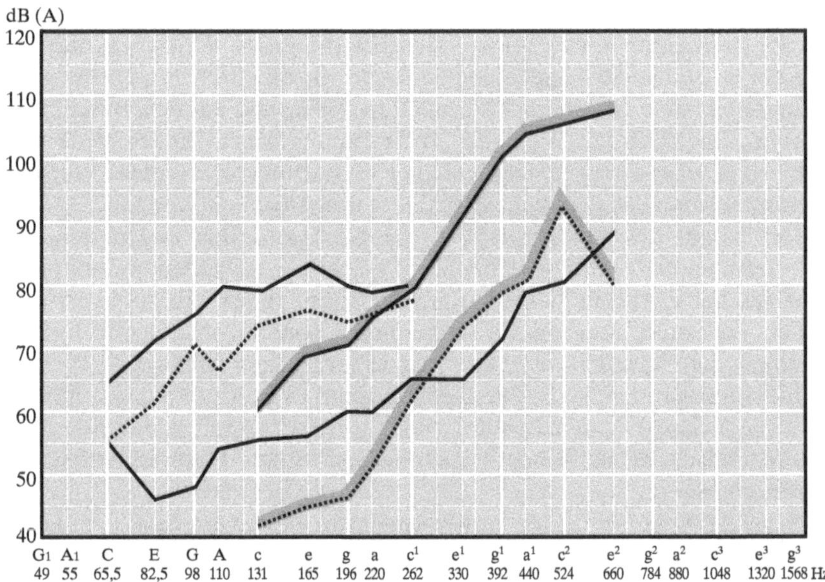

Abb. 75 Singstimmprofile mit spektraler Bewertung von einem Meisterjodler, Vokal /i/; Modalstimme beim lauten Singen C bis c¹, Falsettstimme c bis e² (durchgezogene Kurven); unterschiedliche Pegel der hohen Formanten (unterbrochene Kurven); der Jodelschlag springt zwischen den Tonhöhenbereichen unterhalb c¹ (Modalregister) und oberhalb davon (Falsettregister, schattierte Kurven).

Die von FRANK und SPARBER beobachteten Unterschiede zwischen unausgebildeten und ausgebildeten Jodelsängern können vor allem dadurch erklärt werden, daß sich nicht nur Geschicklichkeit und Stimmschulung auswirken, sondern auch die Qualität der natürlichen Falsettveranlagung. Außerdem hängt die Wirkung einer Jodelstimme auch davon ab, wie gut die Modalstimme (Bruststimme) klingt und ausgebildet ist.

Bauchrednerstimme

Bauchredner bilden ihre Stimme nicht etwa im Bauch, sondern wie jeder andere Mensch im Kehlkopf und in den darüberliegenden Ansatzräumen. Die Schwingungen der Stimmlippen werden durch die Ausatmungsluft angeregt und nicht durch Einatmungsluft, wie man lange annahm. Minimale Artikulationsbewegungen formen die Lautsprache in unauffälliger Weise. Selbst in allernächster Nähe des Artisten bleibt die Illusion erhalten, daß die Stimme von einem anderen Ort her kommt. Dieser Eindruck ist natürlich nicht nur artikulatorisch bedingt, sondern auch dadurch, daß der Zuschauer durch eine meist phantasievoll und auffällig gestaltete Puppe von der agierenden Person abgelenkt wird.

Interessante geschichtliche und auch experimentelle Einzelheiten über das Bauchreden sind einer Monographie von H. GUTZMANN sen. und FLATAU (1894) zu entnehmen: Im Altertum und Mittelalter soll der Glaube an eine prophetische Gabe der Bauchredner geherrscht haben, außerdem betrachtete man die Bauchrednerkunst als Zauberei und Hexerei. Andere meinten, Bauchredner seien von einem Dämon besessen, welcher gemäß seiner eigenen Unreinlichkeit den Bauch der Menschen als Wohnsitz bevorzuge.

Die eigentliche Wirkung der Bauchrednerstimme beruht auf der Falsettfunktion, wie sie Jodler, männliche Altisten oder Sopranisten oder auch Klassik- und Popsänger für besondere künstlerische Effekte benutzen. Vielleicht wollte man die weiche und schwebende Stimmgebung nicht wie gewöhnlich dem Kehlkopf zuordnen und glaubte, sie käme als ein geheimnisvolles Ereignis aus der Tiefe des Körpers. Allerdings benutzen nicht alle Bauchredner für die Puppe das von dem »Modalsprechen« deutlich abweichende »Falsettsprechen«. Manche verstellen lediglich die Modalstimme und setzen auf diese Weise – weniger deutlich – eine oder mehrere Klangvarianten ein. Die vielfältigen und mitunter erheblich voneinander abweichenden Beschreibungen, wie Kehlkopf und Ansatzräume beim Bauchreden eingestellt werden, lassen sich vielleicht auf diese Weise erklären. Jeder Stimmverstellung liegt dann auch eine besondere Organeinstellung zugrunde. Die schönste Wirkung entsteht, wenn Modal- und Falsettstimme kontrastierend gebraucht werden, wahrscheinlich auch deshalb, weil damit ein Geschlechterunterschied assoziiert wird.

Wir untersuchten einen Bauchredner ausführlicher, der vier Stimmgebungen anwendet: seine unverstellte Modalstimme für die eigene Person, eine tiefe, gedrückte und abgedunkelte Modalstimme für einen Frosch, das typische Bauchredner-Falsett für die Sprechstimme eines Vogels und ein Kehlkopfpfeifen für die Singstimme dieses Vogels (Abb. 76). Als kurios ist erwähnenswert, daß der Künstler während des melodiösen Kehlkopfpfeifens zusätzlich ein Blasinstrument spielen konnte.

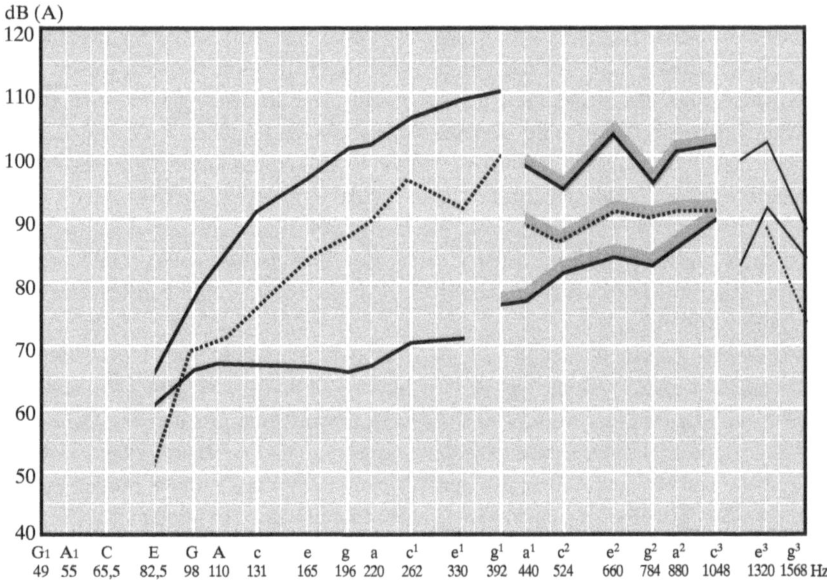

Abb. 76 Singstimmprofile mit spektraler Bewertung von einem Bauchredner, Vokal /a/; Modalstimme E bis g^1, Falsettstimme a^1 bis c^3, Kehlkopfpfeifen d^3 bis g^3; Absinken des hohen Formantpegels von den tieferen zu den höheren Registern

Laryngostroboskopisch ergab sich im Bereich der ersten beiden Stimmanwendungen (e und e^1) ein vollständiger Stimmlippenschluß, im Bereich der Falsettstimme (e^2) der typische verkürzte Schluß und beim Kehlkopfpfeifen (e^3) ein umschriebenes Einspringen der Taschenfalten mit einer Tonerzeugung vielleicht wie bei einer Lippenpfeife. Mittelwert-Spektren der Falsettstimme zeigten wieder ein stärkeres spektrales Gefälle, wobei jedoch eine Dominanz des 2. Formanten – wie auch bei dem Kehlkopfpfeifen – auffiel.

Belting

Als Belting (engl. *belt*: ursprünglich Slang für besonders laut und kraftvoll singen, *belt out a song*, deutsch etwa *bläken*) bezeichnet man eine besondere Art des Singens bei Frauen, das durch kräftigen Gebrauch des Brustregisters auffällt. Es wird im Bereich von g^1 bis d^2 eingesetzt und geht mit stark hochgezogenem Kehlkopf, einer langen Schlußphase der Stimmlippen sowie überhöhtem Atemdruck einher. Durch Höherrücken der Formanten 1 und 2 klingt die Stimme laut, hell, sogar etwas rauh, und sie drückt damit die Erregung der hohen Spannung aus. Da das Brustregister üblicherweise bei g^1, a^1 endet, kann man Belting einen stimmlichen Ausnahmezustand nennen, der einen besonderen Effekt in einem Bereich erzielt, in dem beim klassischen Gesang der Kopfstimmklang bereits dominiert.

Detaillierte akustische Untersuchungen des Belting- und Popsingens im Vergleich zum klassischen Singen liegen u. a. von SCHUTTE und MILLER (1993) vor, insbesondere über die Abstimmung der ersten beiden Formanten mit den ersten 3 oder 4 Harmonischen. Die Hochstellung des Kehlkopfes beim Belting ist erforderlich, um bei offenen Vokalen ein Höherrücken des 1. Formanten zur Abstimmung mit dem 2. Harmonischen zu ermöglichen (ROBISON und Mitarb. 1994).

Da Sängerinnen, die das Belting anwenden, wiederholt mit überanstrengten Stimmen (manchmal sogar mit Phonationsverdickungen an den Stimmlippen) die Sprechstunde aufsuchen mußten, kommt man aus phoniatrischer Sicht rasch zu einer negativen Einschätzung dieser Singweise. Hoher Atemdruck, hochgezogener Kehlkopf und laute Stimmgebung im Brustregister weisen ja auch auf unphysiologische Voraussetzungen hin.

Allerdings kann man nicht generell fordern, künstlerisches Singen müsse physiologisch ablaufen, dann gäbe es keine interessanten Stimmäußerungen mehr. Man kann seiner Stimme eigentlich alles zumuten, wenn es Freude bereitet, wenn es einem Publikum gefällt und wenn man es durchhält.

Ein hoher Atemdruck wird ja auch von Operntenören sowie von traditionellen chinesischen Sängern eingesetzt, wobei letztere sogar mit einem hochgezogenen Kehlkopf singen. Belting führt vielleicht deshalb rascher zu Stimmproblemen, weil drei Risikofaktoren zugleich wirken.

Wenn die Stimme von Natur aus klangvoll und sehr gut belastbar ist, kann Belting sicher bis zu einem gewissen Grade erfolgreich trainiert werden. Treten jedoch Stimmprobleme auf, muß man nach der Ursache fragen, vor allem nach den konstitutionellen und stimmtechnischen Voraussetzungen. Belting kann immer nur ein besonderes Ausdrucksmittel sein und niemals eine eigenständige Gesangsmethode.

Bei einer Studentin traten durch forciertes Sprechen und Singen (Schauspiel und Belting) wiederholt Stimmprobleme mit Belastungsschwäche und Heiserkeit auf, und letztlich mußte eine einseitige, breitbasige Phonationsverdickung an einer Stimmlippe operativ entfernt werden. Nach Stimmübungsbehandlung und Absprachen mit der kooperativ arbeitenden Gesangspädagogin war die Studentin wieder leistungsfähig, schloß das Studium ab und ist jetzt erfolgreich als Musicalsängerin tätig. Sie setzt noch immer die Bruststimme isoliert ein und kontrastiert sie mit einer dünner klingenden Kopfstimme, vermeidet es aber, das Brustregister über die natürliche Grenze hinaus in die Höhe zu pressen (Abb. 77).

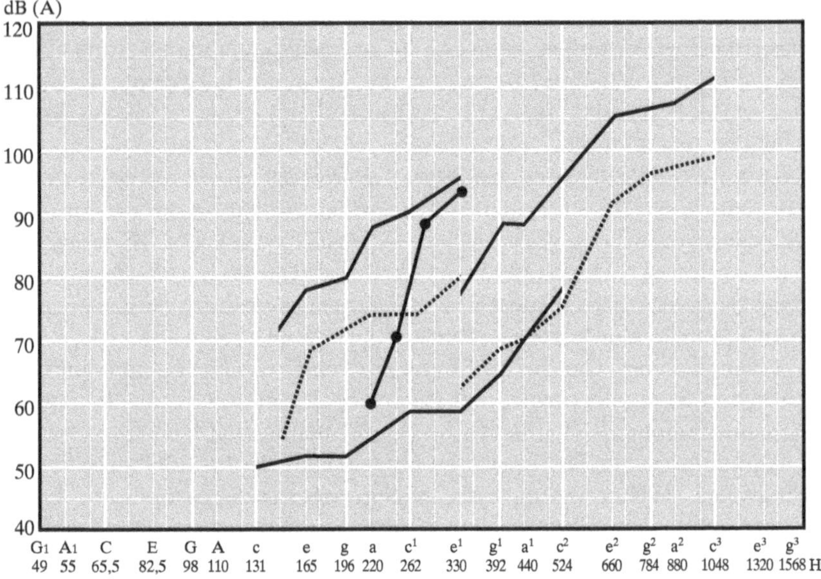

Abb. 77 Singstimmprofile mit spektraler Bewertung beim lauten Singen, Vokal /a/, und Sprechstimmprofil (steile Kurve a bis e^1 mit Punktmarkierungen); starke, klangvolle Bruststimme beim Singen und Sprechen bis e^1 mit hohem Formantpegel, schwächere und klangärmere Kopfstimme von e^1 bis c^3 mit niedrigerem Formantpegel

Obertonsingen

Der zweistimmige Sologesang (bitonales Singen), wie er aus der Mongolei und von Turkvölkern her bekannt ist, setzt Zuhörer immer wieder in ungläubiges Erstaunen. Kann ein und dieselbe Person zu gleicher Zeit zwei Stimmen hervorbringen?

In seinem 1847 erschienenen Buch »Traité complet de l'art du chant« beschrieb Manuel Garcia dieses ungewöhnliche, bereits im 16. Jahrhundert bekannte Phänomen

(CHASTELAIN u. MOLINET, »Sammlung der Wunder unserer Zeit«, um 1520), dem er in St. Petersburg begegnet war, sehr genau: »Der Sänger beginnt mit einem langen Ton, auf dem er sehr hart und hoch einsetzt; danach senkt er die Tonhöhe ab bis zu einem Ton, den er als ›Pedal‹-Ton verwendet und den er nicht mehr verläßt. Über diesem Ton läßt er dann eine ›Kantilene‹ hören ... Einsatz der Atmung, Rötung und Schwellung der Wangen – alles zeigt eine große Anstrengung dieser Sänger an ... Die ganze Zeit über entspricht die (Grund-)Stimme genau dem (Grund-)Klang einer Maultrommel.« GARCIA gab auch musikalische Notierungen von den »Pedal«-Tönen und den darüberliegenden »Kantilene«-Melodien wieder, die er gehört hatte, und dachte über die möglicherweise wirksamen physiologischen Mechanismen nach. So meinte er, vielleicht könnten beide Stimmlippen unterschiedlich, d. h. in verschiedenen Frequenzen schwingen, oder Stimmlippen- und Taschenfaltenschwingungen könnten als zwei voneinander unabhängige Schallquellen agieren. Er hielt diese Erklärungsversuche aber selbst für ungenügend und empfahl seine Beobachtungen einer gründlichen experimentellen Überprüfung durch »den berühmten Professor von Berlin« (gemeint ist offenbar JOHANNES MÜLLER), wodurch diese wichtige Frage zweifellos definitiv geklärt werden könne.

Die Klärung sollte aber noch einige Zeit auf sich warten lassen. DMITRIEW u. Mitarb. (1983) fanden in röntgenologischen Untersuchungen Hinweise dafür, daß eine zweite, supraglottische Schallquelle im eingeengten unteren Rachen hinzutritt. Andere Untersucher, wie TRÂN und Mitarb. (1980), gingen von Resonanzphänomenen in den Ansatzräumen aus. Diese Hypothese konnte durch eigene Experimente mit seitlichen Röntgen-Videoaufnahmen beim zweistimmigen Singen und beim Pfeifen klar bestätigt werden (WENDLER und Mitarb., 1988). Die schon von GARCIA genannte gepreßte Stimmgebung dient der Erzeugung eines möglichst teiltonreichen primären Stimmschalls im Kehlkopf. Danach erfolgt eine selektive Verstärkung einzelner Obertöne aus diesem Spektrum durch Resonanz im Ansatzraum, und zwar in der Mundhöhle, deren Volumen variiert wird. Die Zungenstellung zur Verstärkung einzelner Obertöne, die dann hörbar werden, entspricht dabei genau der Zungenposition beim Pfeifen der gleichen Töne. Für das Maultrommelspielen gilt übrigens das gleiche Prinzip.

Es ist faszinierend, wie genau GARCIA diese Analogie beschrieben hat, ohne die physiologischen Zusammenhänge zu kennen. Bei eingehender Betrachtung seiner Notenbeispiele vom zweistimmigen Singen läßt sich überdies feststellen, daß die Frequenzen der für die Melodie (»Kantilene«) angegebenen Noten genau den zugehörigen Obertönen des notierten Grundtones (»Pedalton«) entsprechen.

Das gleichzeitige Hervorbringen von zwei Stimmen durch ein und dieselbe Person wird also nicht durch eine zusätzliche Schallquelle im Halse dieser Person möglich, sondern dadurch, daß zusätzlich und gleichzeitig zu dem im Kehlkopf erzeugten Grundton einzelne Obertö-

ne aus dessen Spektrum durch isolierte resonatorische Verstärkung hervortreten. Da auch die Ausprägung von Formanten der Lautsprache auf dem Prinzip der Verstärkung von (dann allerdings immer mehreren) Teiltönen des primären Kehlkopfschalls beruht, wird für das Obertonsingen auch die Bezeichnung *Formantsingen* gebraucht.
Nach Studien von TRÂN gibt es technisch zwei unterschiedliche Varianten. Bei der »Einhöhlenmethode« fungiert die gesamte Mundhöhle als ein einziger Resonanzraum. Bei der »Zweihöhlenmethode« wird die Mundhöhle durch Anlegen der Zungenspitze an den harten Gaumen in zwei Hohlräume unterteilt. Die so erzeugte Verstärkung der Obertöne führt zu wesentlich energiereicheren, also lauteren Tönen.

Tab. I Gegenüberstellung der von GARCIA aufgezeichneten Noten zum zweistimmigen Singen (s. Abb. 78). Die Frequenzwerte in Spalte 2 entsprechen der temperierten Stimmung bei a^1 = 440 Hz, Spalte 4 gibt die rechnerisch ermittelten Frequenzwerte des 6., 8., 9., 10., 11., 12., 15. und 16. Obertons zum Grundton c = 131 Hz wieder. Lediglich die Notierung von f^3 weicht mit etwa 3% deutlich hörbar vom entsprechenden 11. Oberton nach unten ab, und e^3 liegt mit seiner Abweichung vom 10. Oberton im Grenzbereich der Wahrnehmbarkeit; bei allen anderen errechneten Obertönen sind keine Unterschiede zu den notierten Tonhöhen zu hören (Differenzen geringer als das Tonhöhen-Unterscheidungsvermögen, s. Hören). (WENDLER u. Mitarb., 1991)

Grundton			
musikalische Tonhöhe c	Frequenz in Hz 131		
Melodietöne			
musikalische Tonhöhe	Frequenz in Hz (temperierte Stimmung)	Ordnungszahl des Obertons zum Grundton c	Frequenz des Obertons aus Grundfrequenz x Obertonzahl
g^2	784	6.	131 x 6 = 786
c^3	1046	8.	131 x 8 = 1048
d^3	1174	9.	131 x 9 = 1179
e^3	1318	10.	131 x 10 = 1310
f^3	**1397**	**11.**	**131 x 11 = 1441**
g^3	1568	12.	131 x 12 = 1572
h^3	1975	15.	131 x 15 = 1965
c^4	2093	16.	131 x 16 = 2096

Abb. 78 Notation von Obertönen durch GARCIA

In Deutschland ist das Obertonsingen vor allem durch die Produktionen von MICHAEL VETTER bekannt geworden.

Den Hinweis auf die oben zitierte Passage aus GARCIAS Buch und die Beziehungen der dort wiedergegebenen Melodienoten zu den Frequenzen der Obertöne des notierten Grundtones verdanken wir Prof. DEJONCKERE aus Utrecht.

Die Sprech- und Sprecherstimme

So wie es sich als zweckmäßig erwiesen hat, zwischen der untrainierten und meist weniger intensiv eingesetzten Singstimme und der ausgebildeten, überwiegend beruflich gebrauchten Sängerstimme zu unterscheiden, so empfiehlt sich eine entsprechend sinngemäße Differenzierung zwischen Sprechstimme und Sprecherstimme ebenfalls.

Singen und Sprechen

Sowohl beim Singen als auch beim Sprechen erfolgt die Bildung der Stimme mit den gleichen Organen und nach den gleichen physiologischen Prinzipien. Bei dieser Betrachtung unterscheiden sich Sprache und Gesang nicht durch eine Grundeigenschaft, sondern nur graduell (STUMPF, 1924). Der Unterschied liegt bei äußerer Betrachtung vor allem in einer Verschiedenartigkeit der melodischen Tonbewegungen. Während beim Gesang sprunghafte Änderungen mit festliegenden Tonhöhen und Intervallen den melodischen Ablauf bestimmen, herrschen beim Sprechen stetige, gleitende Bewegungen des Grundtones vor. Gelegentliche gleitende Tonbewegungen beim Singen (z. B. im Portamento) und feste Tonhöhen und Intervalle im Sprechablauf (z. B. beim Ausrufen) zeigen Übergangserscheinungen an, die die einheitliche Grundlage der Phonationsvorgänge beim Singen und beim Sprechen verdeutlichen. Der Übergang vom Sprechen zum Singen ist aber kaum durch äußere Kriterien meßbar. Er ist psychologischer Natur und besteht in einem Wechsel der Ausdrucksgrundhaltung. Ist dieser Wechsel einmal vollzogen, dann ergibt sich für denjenigen, der singt oder spricht, allerdings eine ganze Reihe von Unterschieden, besonders, wenn man umgangssprachliches Sprechen und künstlerisches Singen (also Sprech- und Sängerstimme) gegenüberstellt, wie dies im folgenden zur besseren Kontrastierung vorwiegend geschehen soll. Beim Sprechen kann nahezu jede Körperhaltung eingenommen werden, einem Sänger sind in dieser Beziehung enge Grenzen gesetzt. Die Atemfunktion läuft beim Singen differenzierter und verzögerter ab als beim Sprechen, und der Stützvorgang wird intensiver erlebt. Der Kehlkopf ist im Kunstgesang meist größeren Belastungen ausgesetzt, nicht nur aufgrund des Tonhaltens bzw. des Bemühens, den Stimmklang so wenig wie möglich zu unterbrechen, sondern auch durch das notwendige Singen in hoher Lage, oft nahe der oberen Grenze des Tonhöhenumfangs. Der Sänger verharrt viel häufiger auf Vokalen oder stimmhaften Konsonanten, er behält also öfter nahezu konstante Einstellungen der Ansatzräume bei, während beim Sprechen ständige Umformungen erfolgen und vielfältigere Bewegungsvarianten auftreten. Im Gesang ist die Melodie eines Satzes festgelegt und wird in bestimmten Tonschritten erreicht. Gleitende Tonänderungen sind nur ausnahmsweise möglich. Beim Sprechen gibt es diese Festlegungen nicht, der gleitende und sich schnell ändernde Melodieverlauf wird umgangssprachlich von der Art der Äußerung und beim künstlerischen Sprechen von der Aussage des Textes und der Interpretation durch den Sprechenden bestimmt. Auch während des gespannten Sprechens ist der benötigte Tonumfang meist nicht so groß wie während des Singens und bewegt sich, von lebhaften emotionalen Äußerungen einmal abgesehen, vorwiegend in den unteren zwei Dritteln des gesamten Tonhöhenumfangs. In der Steuerung durch das Zentralnervensystem liegt wohl der wesentlichste Unterschied zwischen beiden Phonationsarten. Während beim Gebrauch der Umgangssprache der sachliche Inhalt meist im Vordergrund steht und auch unter starkem emotionalem Einfluß die stimmlichen Funktionen weitgehend unbewußt ablaufen, überwiegen beim Singen bewußt gesteuert Stimmbildung und Klangformung. »Singen bedeutet gegenüber dem Sprechen eine grundsätzlich andere Qualität. Das Singen – wobei wir hier immer den Kunstgesang im Auge haben – hat eine eigenständige, vom Spontansprechen des Alltags unabhängige Formstufe erreicht, die als Sonderleistung des betreffenden Individuums anzusehen ist und die auch im Zentralnervensystem einen eigenen, nur für das Singen geltenden Funktionsablauf ausgebildet hat.« (ADERHOLD, 1993) Diese Auffassung kann auch das unterschiedliche Leistungsvermögen vieler Sänger erklären, die stimmlich rascher ermüden, wenn eine Partie durch Dialog unterbrochen wird, als wenn eine größere, rein sängerische Aufgabe zu bewältigen ist. Der rasch wechselnde Gebrauch unterschiedlicher Funktionsabläufe stellt eine besondere Belastung für den Stimmapparat dar.

Wenn man davon ausgeht, daß sowohl beim Singen als auch beim Sprechen die Bildung der Stimme mit den gleichen Organen und nach den gleichen physiologischen Prinzipien erfolgt, muß man erwarten, daß sich die akustischen Eigenschaften der Sprechstimme und der Singstimme im normalen wie im pathologischen Bereich nicht unterscheiden. Eingehende Untersuchungen zeigten aber, daß diese Annahme weder für die normale noch für die gestörte Stimme zutrifft. Zwar sind in allen Fällen die anerkannten myoelastisch-aerodynamischen Gesetzmäßigkeiten bei der Stimmbildung wirksam, unterschiedliche Steuerungen der physiologischen Vorgänge führen aber zu grundlegend verschiedenen Stimmerscheinungen beim Singen und beim Sprechen, so daß man doch, zumindest in Anteilen, auch unterschiedliche physiologische Grundlagen anerkennen muß.

MOROSOW (1977) stellte die physiologischen Aspekte des Singens mit dem Terminus »vokalische Sprache« der Umgangssprache gegenüber, unter anderem deshalb, weil beim Singen die Vokaldauer um mehr als das Zehnfache größer ist als beim Sprechen. Umfangreiche akustische Analysen führten zu einem wichtigen Ergebnis: Die Spektren gesungener Vokale unterscheiden sich grundlegend von den Spektren gesprochener Vokale (SUNDBERG, 1974, 1977; MOROSOW, 1977). Das mittlere Spektrum der Umgangssprache hat sein Maximum im Bereich 200 - 500 Hz und nimmt in Richtung auf die höheren Frequenzen ziemlich gleichmäßig um 12 dB je Oktave ab. Im Gegensatz dazu weist die spektrale Energie der »vokalischen Sprache«, also der Singstimme, einen zweiten Gipfel auf, und zwar je nach Stimmgattung bei 2000 - 3500 Hz. Als hoher Sängerformant wirkt sich dieser Bereich entscheidend auf die Leistung und die Durchdringungsfähigkeit der Sängerstimme aus (s. Stimmsitz und Vokalausgleich).

Der bewußte Einsatz der Sprechstimme mit dem Ziel, bestimmte Wirkungen zu erreichen, gehört vor allem in den Bereich des künstlerischen Sprechens (Sprecherstimme). Die Anforderungen, die dabei an die stimmliche Leistungsfähigkeit gestellt werden, unterscheiden sich grundlegend vom umgangssprachlichen Stimmgebrauch mit seiner überwiegend unbewußten Steuerung. Durch die bewußte Führung und Kontrolle der Stimme während des Sprechvorganges nähern sich einzelne Leistungen der Sprecherstimme den Singstimmfunktionen an. Dabei kann es auch zur Ausbildung eines typischen Sprecherformanten kommen (s. Klangbildung).

Die Sprecherstimme

Die menschliche Stimme ist als Ausdrucks- und Eindrucksphänomen auch Träger wichtiger Information im emotionalen Bereich. SOKRATES soll zu einem Schüler, der sich ihm vorstellte, gesagt haben: »Sprich, damit ich dich sehe!« Dieser Ausspruch, ob authentisch oder nicht, kennzeichnet die Bedeutung von Stimme und Sprache als Wesensäußerung, als Ausdruck und Eindruck einer Persönlichkeit. Auch der Begriff, den wir mit dem Wort »Person« verbinden, charakterisiert dieselben Zusammenhänge. Abgeleitet von persona, im Lateinischen die Schauspielermaske (von personare: hindurchtönen), wird das Wesen des Individuums gleichgesetzt mit dem Klang seiner Sprache, seiner Stimme, mit der hörbaren Äußerung. (Diese ethymologische Ableitung ist auch nicht unumstritten, wird aber gern für eine solche treffende Interpretation herangezogen). Jeder Mensch hat seinen ganz besonderen, ihm eigentümlichen Stimmklang. Er kann ihn absichtlich verändern, aber auch unwillkürliche Schwankungen erheblichen Ausmaßes wirken sich aus. Die seelische Verfassung, »die Stimmung«, in der sich ein Mensch befindet, die Situation, in der eine Stimme erklingt, oder die soziale Position, von der aus gesprochen wird, prägen den Klang einer Stimme oft entscheidend. Bei einer öffentlichen Ansprache klingt die Stimme desselben Menschen anders als bei einer Bitte um Verzeihung oder während eines Gesprächs mit einem geliebten Menschen. Die Stimme der Autorität ist nicht die Stimme der Hilflosigkeit. H. KRECH (1959) erwähnte, daß der napoleonische Schauspieler TALMA, der als erster eine Ableitungsmethode zur Korrektur des falsch gebildeten R-Lautes angegeben hat, allein durch das Hersagen des Alphabets seine Hörer zum Lachen und Weinen gebracht haben soll. Alle diese Erscheinungen lassen sich physikalisch auf Unterschiede der Grundfrequenz, des Schalldrucks, der spektralen Zusammensetzung und des zeitlichen Ablaufs zurückführen. Die Vielzahl der möglichen Variationen und Kombinationen ergibt aber eine solche Fülle von Ausdrucks- und Eindrucksmöglichkeiten, daß eine profunde Analyse der physikalischen, physiologischen und psychologischen Zusammenhänge außerordentliche Schwierigkeiten bereitet. Neben fundierten Aussagen kommt es dabei nicht selten zu psychologischen Spekulationen, die leicht in mystische Regionen geraten können.

Ein angehender Sprecher muß zweierlei lernen: einen physiologischen Stimmgebrauch, damit seine Stimme unter den großen Belastungen nicht versagt, und den bewußten Einsatz stimmlicher Mittel, um bestimmte Wirkungen zu erreichen.

Zum physiologischen Stimmgebrauch gehört vor allem die Orientierung auf die Indifferenzlage, das Sprechen mit optimal angepaßtem Anblasedruck und das Vermeiden häufiger harter Einsätze. Wichtig sind außerdem günstige Bedingungen für die Schallpassage in den Ansatzräumen (Vermeiden von Artikulationsverlagerungen, Verengungen im Rachenbereich, geringen Kieferöffungsweiten, um resonatorische Funktionen optimal zu nutzen). Unphysiologischer (d. h. unökonomischer) Stimmgebrauch führt nicht nur zu frühzeitiger Ermüdung und Erschöpfung des Sprechers, sondern auch zu mangelhafter Ausdrucksfähigkeit. Auch der Hörer, der die muskulären Aktivitäten des Sprechers beim »funktionellen Hören« nachvollzieht, ermüdet dann rasch. Diese Hypothese, von dem Sprechwissenschaftler R. WITTSACK 1951 aufgestellt, wurde später durch Aufzeichnung von Stimmlippenbewegungen auch experimentell in einigen Aspekten unter Beweis gestellt. Wenn also ein Sprecher mit seiner mittleren Sprechstimmlage ständig die Indifferenzlage überschreitet, wird der nachvollziehende Hörer durch eigene Muskelanspannung bald so ermüdet, daß seine Konzentrationsfähigkeit nachläßt. Er kann seine Aufmerksamkeit dem Sprecher nicht mehr zuwenden, die Sprecher-Hörer-Beziehung ist gestört. Vorausgesetzt, der Sprecher bemerkt das, so verdoppelt der Ungeübte gewöhnlich seine Anstrengung. Die Stimme geht noch mehr in die Höhe, aus der Unaufmerksamkeit der Hörer wird Unruhe, und die Stimme des Sprechers geht schließlich über die Köpfe der Hörer hinweg.

Grundlagen der Lautbildung

Die Lautsprache ist ein kompliziertes System von zentralen und peripheren Leistungen. Sie ist gebunden an ein normales Hörvermögen, ein hochdifferenziertes zentrales Nervensystem und an funktionstüchtige Phonations- und Artikulationsorgane. Da es sich beim Sprechen um ein erlerntes Verhalten handelt, sind entsprechende Anregungen aus der Umgebung unerläßlich.
Die stimmhaften Sprachlaute entstehen durch Formung des primären Kehlkopfklanges, zum Teil mit geräuschhaften Überlagerungen, in den Ansatzräumen, dem Vokaltrakt. Je nach der Gestalt des Vokaltrakts, nach seinem Volumen und nach dem Verlauf seines Querschnittes, kommt es zunächst zur Ausbildung von verschiedenen Vokalklängen, die aus harmonischen Teiltönen zusammengesetzt sind. Durch verschiedene Hindernisse, die beispielsweise als Verschlußbildungen oder Engestellen den Schallstrom beeinflussen, entstehen Unterbrechungen und sekundäre Schallquellen, die sich bei stimmhaften Konsonanten dem Stimmschall auflagern oder bei den stimmlosen nur durch den Luftstrom als einzige Schallquelle wirken, ohne gleichzeitige Stimmfunktion. Typische Frequenzanteile im spektralen Aufbau der einzelnen Laute werden *Formanten* genannt.
Als Aussprachenormen sind für das deutsche Sprachgebiet erreichbare Vorbilder zusammengefaßt worden, die als *Standardaussprache* oder *Hochlautung* bezeichnet werden und einmal von SIEBS (Deutschland

und später Bundesrepublik), zum anderen im Wörterbuch der Deutschen Aussprache (DDR) niedergelegt sind. Diese beiden Regelwerke, ein Ergebnis der deutschen Teilung, weisen gewisse Unterschiede auf, die hier nicht näher zu erörtern sind. Es steht zu hoffen, daß bald wieder einheitliche Standards gefunden werden. Ermittelt wurde diese Norm vor allem empirisch. Als Grundlage diente die Aussprache der Sprecher in den Massenkommunikationsmitteln (Rundfunk, Fernsehen).

Die frühere Annahme, daß sich unter der ständigen Einwirkung der Medien Rundfunk und Fernsehen mit vorwiegendem Gebrauch der Standardaussprache ein normierender Effekt auf die deutsche Umgangssprache im Sinne einer allgemeinen deutschen Standardaussprache einstellen würde, hat sich glücklicherweise nicht bewahrheitet. Noch sind die Einflüsse der natürlichen Umwelt stark genug, um eine Vielzahl von Dialekten zu erhalten. Dialektale Färbungen werden inzwischen auch in den Medien Funk und Fernsehen vermehrt bewußt eingesetzt oder toleriert.

Die Standardaussprache ist ein Kulturgut und sollte überall dort angewendet werden, wo Lautsprache offiziell gebraucht wird. Die folgende Beschreibung beschränkt sich auf die Standardaussprache des Deutschen und gibt eine zusammenfassende Darstellung von LINDNER (1977) wieder.

Das System der deutschen Laute besteht aus 19 Vokalen und 21 Konsonanten. Es stimmt mit dem System der Buchstaben teilweise überein; es gibt jedoch wesentliche Abweichungen zwischen Schreibung und Aussprache. Die *Vokale* werden in lange geschlossene, kurze offene, diphthongierte und reduzierte (Nebensilben-)Vokale eingeteilt. Für das Deutsche ist es typisch, daß fast durchgängig zu jeder Klangfärbung eines Vokals eine lange und eine kurze Form existiert. In der Schrift wird dafür zwar der gleiche Buchstabe verwendet, der lange Vokal erfährt aber oftmals durch Hilfsbuchstaben (Dehnungs-h, Doppeltschreibung) eine besondere Kennzeichnung. Damit die Laute von den

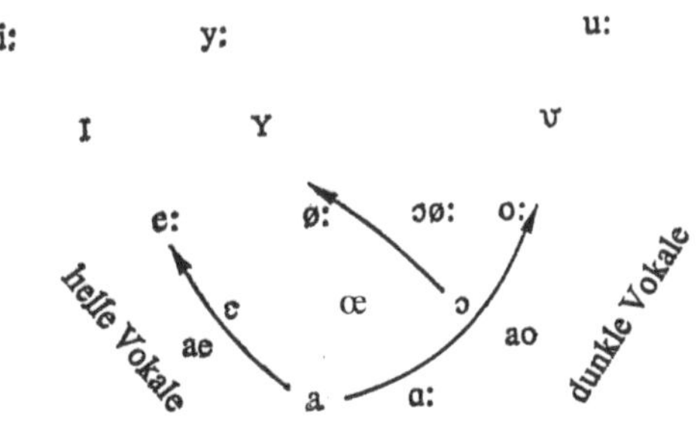

Abb. 79 Ordnungsschema der deutschen Vokale (nach LINDNER)

Buchstaben unterschieden werden können, sind für die Laute spezielle Zeichen der phonetischen Schrift entwickelt worden. Die Zeichen der phonetischen Schrift wurden auf der Konferenz von Kopenhagen 1928 durch die Association Phonetique Internationale (API) festgelegt. Für die deutsche Aussprache sind die folgenden Zeichen wichtig (Tabelle II).

Tab. II Laute der deutschen Sprache mit den Umschriftzeichen der API

Vokale und Diphthonge		
offenes, kurzes i	[i]	wie in Fisch
geschlossenes, langes i	[i:]	wie in Kiel
offenes, kurzes e	[ɛ]	wie in Leck
offenes, langes e	[ɛ:]	wie in ähnlich
geschlossenes, langes e	[e:]	wie in Steg
schwachtoniges e	[ə]	wie in Mitte
helleres, kurzes a	[a]	wie in Stadt
dunkleres, langes a	[ɑ]	wie in Staat
offenes, kurzes o	[ɔ]	wie in hoffen
geschlossenes, langes o	[o:]	wie in Ofen
offenes, kurzes u	[ʊ]	wie in Mutter
geschlossenes, langes u	[u:]	wie in Mut
offenes, kurzes ö	[œ]	wie in können
geschlossenes, langes ö	[ø:]	wie in Öl
offenes, kurzes ü	[y]	wie in Hütte
geschlossenes, langes ü	[y:]	wie in Hüte
Diphthong ei	[ae]	wie in Meister
Diphthong au	[ao]	wie in Laube
Diphthong eu	[ɔø]	wie in Feuer
Konsonanten		
Nasal m	[m]	wie in Maß
Nasal n	[n]	wie in naß
Nasal ng	[ŋ]	wie in eng
seitlicher Engelaut l	[l]	wie in lang
Zungenspitzen-Schwinglaut r	[r]	wie in recht (niederdeutsche Aussprache)
Zäpfchen-Schwinglaut r	[R]	wie in recht (niederdeutsche Aussprache)
stimmloser Engelaut f	[f]	wie in fein
stimmhafter Engelaut w	[v]	wie in Wein
stimmloser Engelaut s	[s]	wie in wissen
stimmhafter Engelaut s	[z]	wie in Wesen

stimmloser Engelaut sch	[ʃ]	wie in schon
stimmhafter Engelaut sch	[ʒ]	wie in Garage
stimmloser vorderer Engelaut ch	[ç]	wie in ich
stimmhafter vorderer Engelaut j	[j]	wie in ja
stimmloser hinterer Engelaut ch	[x]	wie in ach
stimmhafter hinterer Engelaut r	[ʁ]	wie in Haare
Hauchlaut h	[h]	wie in hell
stimmloser Verschlußlaut p	[p]	wie in Pol
stimmhafter Verschlußlaut b	[b]	wie in Bein
stimmloser Verschlußlaut t	[t]	wie in Ton
stimmhafter Verschlußlaut d	[d]	wie in du
stimmloser Verschlußlaut k	[k]	wie in Kind
stimmhafter Verschlußlaut g	[g]	wie in gut

Um die Zeichen der phonetischen Umschrift von den normalen Buchstaben zu unterscheiden, werden dort, wo Verwechslungsmöglichkeiten gegeben sind, die phonetischen Zeichen in eckige Klammern gesetzt. Die Zeichen der phonetischen Schrift enthalten Lautzeichen und Hilfszeichen (sog. Diakritika), durch die die Dauer von Lauten, Betonungen, Silbigkeit usw. gekennzeichnet werden können. Die langen geschlossenen Vokale [ɑ:, e:, i:, o:, u:, ø:, y:] und die offenen kurzen Vokale [a, ɛ, i, ɔ, u, œ, y, ə] bilden innerhalb des Vokalsystems Subsysteme, die sich in Dreiecks- oder Vierecksform anordnen lassen.
In Abb. 79 bilden die A-Vokale die Spitze des Dreiecks; die dunkle Vokalreihe endet beim [u:], die helle beim [i:]. Die anderen Vokale werden nach der Klangverwandtschaft eingeordnet. In den Subsystemen der kurzen und langen Vokale sind die gleichen Grundrelationen vorhanden.
Als *Diphthong* oder Zwielaut wird ein Vokal dann bezeichnet, wenn sich die Einstellung der Organe der Mundhöhle während der Aussprache des Vokals verändert und die Klangfarbe von einem Vokalklang in einen anderen hinübergleitet. Alle drei deutschen Diphthonge sind mit Schließbewegungen des Vokaltrakts verbunden. Sie sind dadurch gekennzeichnet, daß im zweiten Teil des Diphthongs die Dynamik sinkt. Die deutschen Diphthonge sind au, ei und eu. In der phonetischen Schrift sind jeweils Anfangs- und Endklang der Diphthonge angegeben. Sie werden so dargestellt: [ao, ae, ɔø].
Bei den Konsonanten ist ein anderes Einteilungsprinzip nötig. Man gruppiert sie danach, in welcher Art die Hemmstelle ausgebildet wird (Bildungsweise) und an welchem Ort (Artikulationsstelle) diese Hemmstelle liegt. In dieses zweidimensionale Schema lassen sich die Konsonanten einordnen. Zum Teil müssen aber zur genaueren Klassi-

fizierung noch weitere Kriterien (Stimmhaftigkeit – Stimmlosigkeit) herangezogen werden. Eine Übersicht gibt Tabelle III. Es werden folgende Konsonantengruppen unterschieden: Verschlußlaute [b, d, g, p, t, k], Nasallaute [m, ŋ], Engelaute [f, s, ç , x, ʒ, h, v, z, j, ʁ], Schwinglaute ([r] = Zungenspitzen-R, [R] = Zäpfchen-R) und das [l] mit seitlicher Öffnung zwischen Zungenrand und oberer Zahnreihe.

Tab. III Deutsche Konsonanten nach ihren Bildungsorten

Lautbildung erfolgt	bilabial, labio-dental	alveolar-koronal (dental), alveolar-prädorsal	dorsal-palatal, velar-palatal	laryngeal
Engelaute (Reibelaute, Frikative) laterale Enge	v, f	z, s l,	j, ç, ʃ, ʒ, x, ʁ	h
Verschlußlaute (Explosive)	b, p	d, t	g, k	ʔ
Nasenlaute (Nasale)	m	n	ŋ	
Schwinglaute (Vibranten)		r	R	

Standardaussprache und Kunstgesang

Im Wörterbuch der Deutschen Aussprache setzt sich ein Kapitel auch mit einigen Aussprache-Besonderheiten beim Kunstgesang auseinander, die im folgenden zusammenfassend wiedergegeben werden.

Verständlichkeit. In der Gesangsaussprache sind durch die Vertonung oft dynamische und temporale Veränderungen sowie stärkere koartikulatorische Verschleifungen und Bindungen bedingt. Trotzdem wird beim Sologesang und im homophonen Chorsatz gefordert, daß man versteht, was gesungen wird. Entsprechend den musikalischen Voraussetzungen und Möglichkeiten gilt diese Forderung grundsätzlich auch für polyphone Stimmenführung und für Ensemble-Sätze.

Verstärkte Stimmhaftigkeit, eine stärkere Angleichung der Vokale an benachbarte Nasale und fehlende Behauchung der Verschlußlaute innerhalb einer musikalischen Phrase werden zugestanden. Besondere Aufmerksamkeit erfordert die deutliche Bildung der Konsonanten.

Die Forderung nach Verständlichkeit ist natürlich berechtigt. Trotzdem muß eingeräumt werden, daß es physiologisch-physikalische Gesetzmäßigkeiten gibt, die die Verständlichkeit gesungener Sprache zwangsläufig einschränken. Aus Untersuchungen MOROSOWS (1977) geht hervor, daß bei einer mittleren Verständlichkeit von 87% für normale Umgangssprache die gleichen Versuchspersonen beim Singen nur eine Verständlichkeit von 71% erreichen. Dabei zeigt sich, daß die Gesangsverständlichkeit bei Frauen nur 65%, bei Männern dagegen 75% beträgt. Singende Kinder liegen bei 72%.

Als wichtige Ursache ist zunächst der Einfluß der Grundtonhöhe zu nennen, weil die ersten Formanten der meisten Vokale im Gebiet unterhalb von 1000 Hz liegen. Bei hohen Tönen fehlt dieser Formant und die Verständlichkeit wird schlechter. Wie Abb. 80 zeigt, findet sich die größte Verständlichkeit (um 90%) bei Männern im Bereich von A bis c^1 (110 - 262 Hz). Mit zunehmender Grundtonhöhe nimmt die Verständlichkeit ab, unterschreitet aber nicht 50%. Bei Frauen, die im tieferen und mittleren Bereich (e^1 - c^2, 330 - 524 Hz) maximal 90% erreichen, sinkt die Verständlichkeit bei c^3 (1048 Hz) bis gegen 0. Das heißt also, singende Männer sind über einen Bereich von eineinhalb Oktaven zu 80% verständlich, Frauen und Kinder nur in einem Bereich, der kleiner als eine Oktave ist. Als weitere Ursache schlechter Verständlichkeit ist oft die Notwendigkeit anzusehen, unter allen Umständen einen tragfähigen Stimmklang zu formen, selbst wenn die Vokalqualität darunter leidet (s. Stimmsitz und Vokalausgleich).

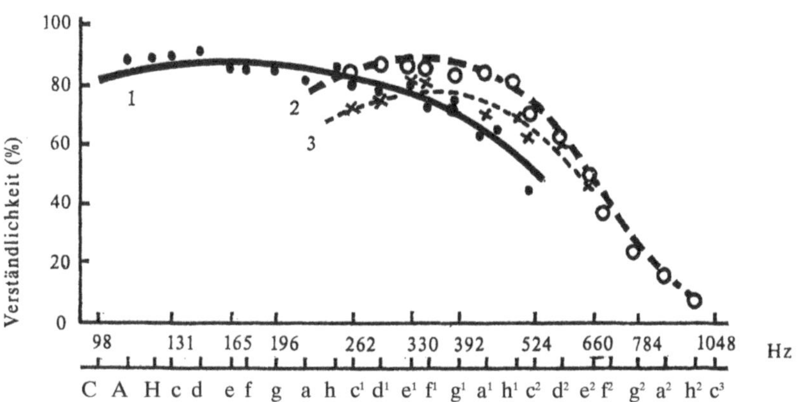

Abb. 80 Textverständlichkeit beim Singen in Abhängigkeit von der Tonhöhe bei Männern (1), Frauen (2) und Kindern (3) (nach MOROSOW)

Auch unterschiedliche Schallstärken bei Vokalen (110 - 120 dB) und Konsonanten (40 - 70 dB) wirken sich ungünstig aus, wobei hinzukommt, daß die relativ lange Dauer der gleichbleibenden Vokalklänge im Mißverhältnis steht zu den sehr kurzen akustischen Übergangsveränderungen beim Wechsel von Vokalen zu Konsonanten. Diese Lautübergänge, sogenannte Transienten, sind für die Informationsübermittlung besonders wichtig (Morosow, 1977). Schließlich muß auch die maskierende Wirkung der Instrumentalbegleitung erwähnt werden.

Vokale. Vokale am Wortanfang werden meist mit weichem Einsatz gesungen, aber auch der physiologische Glottisschlag findet Verwendung. Die Art des Einsatzes (s. Auditive Beurteilung) hängt vor allem vom emotionalen Zustand und von temporalen Momenten ab, wobei der physiologische Glottisschlag meist bei besonderer Akzentuierung auftritt und dann wie in der Standardaussprache gebraucht wird. Das Hinüberziehen von vorangegangenen Silbenauslauten in einen folgenden Vokalanlaut sollte man aus Gründen der Verständlichkeit ebenso vermeiden wie harte Glottisschläge aus Gründen der Stimmhygiene. Stimmhafte Auslaute und Anlaute zwischen zwei Wörtern werden durch leichte Zurücknahme des Stimmtons abgegrenzt.

Besondere Berücksichtigung erfordert für den deutschen Gesang das [ə] der Neben- und Endsilben. Es hat eine stärkere Resonanz als in der gesprochenen Sprache und sollte etwa dem Schwa-Laut entsprechen. Vor allem in der chorischen Arbeit kann auf das Neben- und Endsilben-[ə] nicht verzichtet werden, wenn der Chorklang im Bereich des ästhetisch Annehmbaren bleiben soll. Auf größeren Notenwerten muß bei diesem Laut zeitgerecht ein Diminuendo einsetzen.

Diphthonge. Ein Diphthong besteht auch für den Gesang aus zwei Vokalen. Die Vergrößerung der Haltewerte verlangt eine saubere Artikulation. Diphthonge auf kurzen Notenwerten folgen in der Lautung der Sprechsprache, während man bei langen Notenwerten den ersten Vokal hält, innerhalb einer Figuration z. B. fast bis zum Ende, um dann den zweiten möglichst kurz anzufügen. Dies gilt noch verstärkt für den Chorgesang.

Konsonanten. Während die Vokale grundsätzlich ausgesungen werden, besteht je nach dem Grad der sängerischen Ausbildung und der Scheu vor einem Unterbrechen der Kantilene die Neigung, Konsonanten auszusparen. Erfahrungsgemäß werden hiervon besonders stimmhafte und stimmlose Verschlußlaute betroffen.

Alle stimmhaften Konsonanten sollten beim Gesang einen intensiveren Stimmklang aufweisen als beim Sprechen, so daß der Grundton der melodischen Linie möglichst wenig unterbrochen wird. Das gilt besonders für die Nasale und die stimmhaften Engelaute. Auf die Verständ-

lichkeit kann sich dies allerdings ungünstig auswirken. Bei den stimmlosen Konsonanten darf eine leichte Reduzierung eintreten: Bei den Verschlußlauten wird die Behauchung am Wortauslaut innerhalb der musikalischen Phrase weggelassen und bei den stimmlosen Engelauten das Reibegeräusch etwas vermindert. Doch darf diese Verminderung nicht zur Undeutlichkeit oder zur Assimilation an den entsprechenden stimmhaften Laut führen, weil damit die Verständlichkeit gestört wird. Zu vermeiden sind Portamenti zwischen stimmhaften Konsonanten, besonders zwischen [m], [n], [l], [v], [z], [r] und Vokal (»Anschleifen«). Diese Laute müssen bereits in der Vokaltonhöhe anklingen.
Nach umfangreichen Untersuchungen von ULBRICH (1972) herrschen in der gegenwärtigen Standardaussprache des Deutschen beim gesprochenen R-Laut die Varianten des Reibe-R [ʁ] und das vokalisierte R [ɐ] vor. Im Gegensatz dazu konnte BEYER (1977) in einer Untersuchungsreihe bei namhaften Liedsängern feststellen, daß im Kunstlied nach wie vor das stimmhafte Zungenspitzen-R überwiegt. Da es sich als gut singbar erwiesen hat, sollte es im Kunstgesang auch weiterhin geübt und regelmäßig angewendet werden. Vor Übertreibungen, besonders vor dem Ch-Laut (z. B. in Kirche, Lerche, durch), muß jedoch gewarnt werden.

Sprechablauf

In der Darstellung des Sprechablaufs folgen wir wiederum LINDNER (1977). Wenn ein Sprecher lautsprachliche Zeichen erzeugt, so sind deutliche, aufeinanderfolgende akustische Effekte zu hören, die man als Laute bezeichnet. Insofern besteht das lautsprachliche Zeichen aus einer Folge von Lauten. Diese beim Hören isolierbaren Bestandteile eines lautsprachlichen Zeichens, etwa eines Wortes, bilden aber für den Sprecher ein einheitliches Ganzes und werden auch als solches produziert.
Bei der Erzeugung der Sprachlaute bewegen sich die Sprechorgane kontinuierlich. Wenn es auch zutrifft, daß die Sprechorgane zur Erzeugung eines Lautes eine bestimmte Stellung einnehmen müssen, so ist es doch ebenfalls zutreffend, daß sich die Sprechorgane aus der Stellung, die für die Erzeugung des vorangegangenen Lautes notwendig gewesen ist, in die Stellung bewegen müssen, die für die Erzeugung des folgenden Lautes notwendig wird. Da nicht alle Organe gleichermaßen an der Bildung eines bestimmten Lautes beteiligt sind, bereiten die nicht unmittelbar beteiligten Organe bereits die Positionen der folgenden Laute vor. Daher greifen im zusammenhängenden Sprechen immer

unmittelbar notwendige, vorbereitende und ausklingende Bewegungen ineinander. Dieser Vorgang wird als »Sprechbewegungsgefüge« gekennzeichnet. Zur Heraushebung des lautübergreifenden Charakters ist der Ausdruck *Koartikulation* geprägt worden. Eindrucksvolle röntgenkinematographische Untersuchungen über diese Erscheinungen liegen von KOSSEL (beim Sprechen) und von ECKARDT (beim Singen) vor. Bei der lautsprachlichen Kommunikation ist die Übermittlung des sprachlichen Inhalts an die verwendeten *Sinneinheiten* (semantischen Einheiten) gebunden, die nacheinander ausgesprochen werden.

Die reguläre Redeeinheit ist der Satz, der gewöhnlich auch auf einen Atemstoß, einen Sprechtakt, produziert wird. Diese Regel ist nicht ohne Ausnahme; es gibt kurze Sätze, von denen mehrere zu einem Sprechtakt vereinigt werden. Es gibt lange, erweiterte und komplizierte Satzgefüge, die sich nicht auf einen Sprechtakt produzieren lassen. Die sinntragenden Einheiten des Satzes, die Wörter, werden in der Schrift durch den Wortabstand getrennt. In der Regel verbindet der Sprecher die semantischen Einheiten durch durchgehende Artikulation miteinander. Erst bei der Sinnentnahme erkennt der Hörer die einzelnen bedeutungstragenden Einheiten wieder. Die Erkennung der bedeutungstragenden sprachlichen Einheiten wird dadurch erleichtert, daß die Folge der Laute gegliedert ist. Eine der Gliederungen ist die Zusammenfassung nach Silben. Jede *Silbe* ist durch einen Intensitätsgipfel gekennzeichnet, der im Deutschen meist durch den Vokal gebildet wird. Die Anzahl der Intensitätsgipfel in einem Wort entscheidet über die Anzahl der Silben. Innerhalb der Silben sind die Gesetze der Koartikulation am stärksten wirksam.

Damit man die kommunikative Aufgabe des lautsprachlichen Zeichens besser charakterisieren kann, wird es nach mehreren Dimensionen gegliedert. Dazu dienen in erster Linie Merkmale, die die Laute zu lautübergreifenden Strukturen zusammenfassen: melodischer, dynamischer und zeitlicher Verlauf. Da man die unterscheidbaren Klang- und Geräuschstrecken des lautsprachlichen Zeichens auch als Segmente bezeichnet, werden die übergreifenden auch *suprasegmentale Strukturen* genannt. Mit physikalischen Untersuchungen lassen sich die einzelnen Strukturebenen herauslösen und darstellen. In der Praxis der Bildung lautsprachlicher Zeichen sind sie aber stets innig und unauflösbar zu einem Komplex miteinander verbunden.

Die *Sprechmelodie* (physikalisch exakt: der Verlauf der Grundfrequenz sprachlicher Klänge) ist nur dort verfolgbar, wo die Laute stimmhaft gesprochen werden. Daher ist die Sprechmelodie nicht nur in Sprechpausen unterbrochen, sondern auch dort, wo stimmlose Laute auftreten. Die Sprechmelodie, die sich in der ruhigen, verstandesmäßigen

Rede bei einem Satz etwa in einem Spielraum bis zu einer Oktave bewegt, kennzeichnet in erster Linie den emotionalen Gehalt eines Ausspruchs. Zusammen mit der Sprechdynamik wirkt sie maßgeblich an der Akzentuierung, an der Übermittlung des Satzinhaltes und an der Verbindung einzelner Sätze zu größeren Redeeinheiten mit.
Unter *Sprechdynamik* (physikalisch exakt: Verlauf des Schalldrucks bzw. der Schallintensität sprachlicher Klänge) versteht man die Lautstärke, mit der einzelne Silben oder Wörter produziert werden. Die dabei entstehenden Intensitätsunterschiede können sehr groß sein. Durch starke Intensität werden die wichtigsten Teile der Rede hervorgehoben und gleichzeitig unwichtige durch geringere Hervorhebung in den Hintergrund gerückt. Im Deutschen gelten für das Wort besondere Betonungsregeln. In mehrsilbigen Wörtern liegt der Dynamikgipfel auf denjenigen Silben, die den Wortstamm bilden. Vor- und Nachsilben werden nur betont, wenn sie eine Alternative ausdrücken sollen. Bei zusammengesetzten Wörtern ist das Bestimmungswort betont. Bei der Betonung wirkt bereits die dynamische Hervorhebung mit der melodischen zusammen, wobei größere Dynamik mit höherer Melodielage verbunden ist.
Jedes Sprechen vollzieht sich als Verlauf. Für die Kennzeichnung des *Sprechtempos* dient die Anzahl gesprochener Einheiten in einer bestimmten Zeit. Am gebräuchlichsten ist die Angabe des Sprechtempos in Silben pro Sekunde, wobei jedoch stets angegeben werden muß, ob man darunter die Gesamtzeit oder die reine Sprechzeit, abzüglich der Pausen, versteht. Innerhalb des zusammenhängenden Sprechens ist das Sprechtempo sehr unterschiedlich, denn alles, was schon bekannt ist, wird schnell gesprochen, das Neue, Unbekannte aber langsam. Daher wechselt das Sprechtempo sehr stark. Es wird, wie Dynamik und Melodie, zur Verwirklichung der kommunikativen Aufgaben eingesetzt. Wichtiges im Ausspruch spricht man mit langsamem, Unwichtiges mit hohem Sprechtempo.
Alle drei Mittel der Hervorhebung einzelner Teile der Rede faßt die *Akzentuierung* zusammen. Die akzentuierten Teile der Rede sind dynamisch stärker, melodisch höher und gedehnt. Dadurch wird der Hörer auf die Stellen der Rede aufmerksam, die für das Verständnis besonders wichtig sind. Allein Akzentverschiebungen können (bei sonst gleicher Lautfolge) dazu führen, daß ein Ausspruch unverständlich wird.
Während des zusammenhängenden Sprechens muß der Redestrom von Zeit zu Zeit durch die *Atempausen* unterbrochen werden. Bei richtiger Realisierung reißen sie die Informationsübermittlung nicht auseinander, denn die Pausen verbinden die zwischen ihnen liegenden Teile der Rede sehr stark zu einer Einheit. Deshalb müssen diese Atempausen an

den Stellen der Rede liegen, wo sie auch für den Hörer nützlich sind, das bisher Aufgenommene zu überdenken und zu kontrollieren. Falls ein einfacher Text vorgelesen wird, fallen gewöhnlich die Pausen mit den durch Punkte gekennzeichneten Stellen zusammen.
Bei der Textgestaltung werden manchmal Pausen eingesetzt, die nicht durch die Atmung bedingt sind, sogenannte Staupausen oder *Zäsuren*. Sie dienen dazu, beim Hörer die Gedanken bereits vorauseilen zu lassen und sie dann einzuholen. Richtig angewandt, erzeugen sie Spannung oder (falls die Gedanken in falsche Richtung geschickt wurden) eine komische bzw. überraschende Wirkung. Unrichtig oder zu häufig angewandt, können sie beim Hörer Unbehagen auslösen.

Sprecherziehung des Sängers

Sowohl unter Gesangspädagogen als auch bei Sprecherziehern gibt es nach wie vor unterschiedliche Auffassungen über die Notwendigkeit und die Zweckmäßigkeit einer sprecherzieherischen Ausbildung für Sänger. Negative Wertungen gehen vor allem von der sprecherzieherischen Stimmbildung aus sowie von der Feststellung, daß sich Tonbildung und Klangformung beim Singen und beim Sprechen von der Ausführung her grundlegend unterscheiden. Die Befürworter einer solchen Ausbildung sehen dagegen die Artikulationsschulung und die Erziehung zur Standardaussprache im Vordergrund und verweisen im Zusammenhang mit der Stimmbildung darauf, daß die gleichen Organe nach den gleichen basalen physiologischen Prinzipien sowohl beim Sprechen als auch beim Singen eingesetzt werden. Welche Bedeutung ist nun der Sprecherziehung für Sänger beizumessen?
»Sprecherziehung ist in erster Linie angewandte Phonetik mit normativen Zielsetzungen und Bestrebungen.« (Ulbrich, 1976) Sie umfaßt die Sprechtechnik (Sprechbildung), Ausdrucksschulung (Sprechkunst) sowie die Redelehre. Ihr Ziel ist es, die physischen und psychischen Voraussetzungen für den Umgang mit der gesprochenen Sprache zu verbessern, die als wichtigstes kommunikatives Mittel bei sozialen Interaktionen wirksam wird. Auch im Bereich der Sängerausbildung stellt sich die Sprecherziehung die Aufgabe, die grundlegenden Funktionsbereiche des Sprechens (Respiration, Phonation, Artikulation) und das funktionelle Hören systematisch zu üben sowie die Grundsätze der praktischen Stimm- und Sprechhygiene zu vermitteln. Darüber hinaus nimmt die Arbeit an der sprechkünstlerischen Ausdrucksgestaltung einen wichtigen Platz ein.
Diese Zielstellungen können der Sängerausbildung nur dienlich sein.

Die Erarbeitung der individuellen sprecherischen Höchstform ist eine Voraussetzung für die Aussprache im Kunstgesang, und jede Unsicherheit im Umgang mit der deutschen Standardaussprache (Hochlautung) beeinträchtigt die Wirkung eines Bühnensängers, der oft auch Dialoge sprechen muß, in erheblichem Maße.
Auch die systematische Ausbildung der Sprechstimme ist für den Sänger unerläßlich. Einmal können sich gewohnheitsmäßig fixierte Fehlleistungen der Sprechstimme ungünstig auf die Entwicklung und Anwendung der Sing- und Sängerstimme auswirken, zum anderen fallen unterschiedliche stimmliche Leistungsniveaus beim Singen und beim Dialogsprechen im Musiktheater unangenehm auf. Es muß allerdings eingeräumt werden, daß außerordentlich leistungsfähige, klangschöne Singstimmen zuweilen mit recht unbefriedigenden Sprechstimmqualitäten verbunden sein können. Vor allem bei Tenören sind solche Beobachtungen gar nicht so selten, und man kann vermuten, daß dann eine unvollständige Mutation als Ursache in Betracht kommt. Sicher sind gleichermaßen gute Qualitäten von Sing- und Sprechstimme die besten Bedingungen für eine sängerische Laufbahn. Wenn es um die Beurteilung einer überdurchschnittlich guten Singstimme geht, sollte man aber geringfügige Mängel der Sprechstimme nicht überbewerten. Für die Sprecherziehung ergibt sich hier ein lohnenswertes Arbeits- und Bewährungsfeld. Grundsätzlich sollte sich die Stimmbildung durch Sprecherzieher immer im Rahmen der Sprechstimme halten. Die Entwicklung der Singstimmfunktionen ist ganz den Gesangspädagogen zu überlassen. Jede Einmischung würde hier nicht nur zu Zerwürfnissen zwischen den ausbildenden Lehrern führen, sie könnte sich auch ungünstig auf die Entfaltung der Singstimme auswirken. Eine enge, kollegiale Zusammenarbeit beider Fachrichtungen, die einen ständigen Austausch von Erfahrungen und Beobachtungen ermöglicht, gewährleistet am besten, daß der Schüler von verschiedenen Seiten her mit der gleichen Zielstellung gefördert wird.
Schließlich muß erwähnt werden, daß Übungen zur sprecherischen Ausdrucksgestaltung für den Kunstgesang fundamentale Bedeutung erlangen können. Besonders für den Liedgesang genügt eine Konzentration nur auf die optimale stimmliche Realisierung der musikalischen Substanz eines Kunstwerkes nicht. Jede anspruchsvolle Interpretation erfordert hier auch eine intensive und sachkundige Auseinandersetzung mit dem sprachlichen Text. Die geistige Verarbeitung dieses Textes und seine kompetente sprechkünstlerische Umsetzung bilden eine wichtige Grundlage für die überzeugende sängerische Gestaltung. Gleiches gilt mehr oder weniger auch für den Operngesang in klassischen Partien, obwohl hier unterschiedliche Stilrichtungen das Bild prägen, so

daß auch der rein stimmliche Ausdruck stärker in den Vordergrund rücken kann. Das zeitgenössische Musiktheater, von der Oper bis zum Musical, basiert häufig auf einer engen Verflechtung von sängerischer und sprecherischer Gestaltung, wobei gesamtkörperlicher Bewegungsausdruck noch hinzukommt. Die Sprecherziehung kann viel dazu beitragen, daß hier eine einheitliche künstlerische Leistung erreicht wird, daß kein Bruch zwischen einer wahrhaftigen sängerischen Gestaltung und einer zwar stimmlich wohlklingenden und -tönenden, ausdrucksmäßig aber nicht überzeugenden Sprechwirkung entsteht.
In weitgehender Anlehnung an ULBRICH (1976) sollte ein Übungsplan der Sprecherziehung für Sänger den folgenden Inhalt umfassen:
Gesamtkörperliche Lockerungs- und Spannungsübungen (Entspannungstraining, Haltungsübungen), Atmungsübungen, Stimmübungen (Stimmeinsatzübungen, Übungen zur optimalen Einstellung der mittleren Sprechstimmlage, Übungen zur Entwicklung der Schonstimme und der Kraftstimme, resonanzverbessernde Übungen), Übungen zur Lautbildung (Vokal- und Konsonantenübungen unter Berücksichtigung der Standardaussprache), Hörübungen, Ausdrucks- und Vortragsübungen.

Lebensalter und Stimme

Kindesalter

Unmittelbar nach der Geburt zeigt der erste Schrei des neugeborenen Kindes den Beginn des Lebens außerhalb des Mutterleibes an. Dieser Schrei folgt dem ersten Atemzug. Die Schreie sind zunächst rein reflektorische Erscheinungen im Zusammenhang mit den elementaren Lebensfunktionen. Innerhalb weniger Wochen lassen sich aber an der Art und Weise des Schreiens schon unterschiedliche Gemütszustände des Kindes erkennen. Das Unlustgeschrei bei Hunger und Durst, bei nassen Windeln oder bei Schmerzen trägt zugleich Aufforderungscharakter an die Umgebung, unangenehme Zustände zu beseitigen. Die Stimmeinsätze variieren bereits beim Säugling und zeigen als harte Einsätze Unzufriedenheit an und als weiche Einsätze Zufriedenheit und Wohlbehagen.

Der erste Schrei des Neugeborenen ist als primitiver Reflexschrei (entsprechend der Unreife des zentralen Nervensystems) durch weitgehende Gleichförmigkeit in Höhe und Farbe der Stimme gekennzeichnet und bewegt sich um die Tonhöhe a^1, ohne daß dabei vollkommen monotone Äußerungen vorherrschen. Schon in der Neugeborenenperiode lassen sich gelegentlich Stimmumfänge von fast vier Oktaven (a – f^4) beobachten. Die Dauer des Neugeborenenschreis zeigt verschiedene Erregungsgrade an. Für den Ruhezustand sind kurze, schwache Schreie mit weichen Stimmeinsätzen charakteristisch, für starke Erregung sprechen längere, intensive Schreie mit harten Einsätzen. Der Stimmklang ändert sich bei Neugeborenen nur geringfügig und erinnert entweder an den Vokal a oder an ein offenes e. Sedláčková (1967) unterschied drei Hauptgruppen bei den Schreien der Neugeborenen: 1. Ruhige, übliche, elementare Schreie; 2. Modifikationen ruhiger Schreie; 3. Schreie, bei denen Tonhöhenänderungen dominieren (»Höhenerscheinungen«).

Schon bei Neugeborenen, aber auch beim Säugling gibt es Auffälligkeiten des Stimmklangs während des Schreiens, die auf krankhafte Veränderungen verschiedener Art hinweisen (Hirschberg, 1972).

Die typische »Schreiatmung« des Säuglings zeigt kurze und tiefe Einatmung durch den Mund und langanhaltende Ausatmung. Längerem Schreien, das unentwegt mit harten Stimmeinsätzen beginnt und zu Stimmveränderungen führen kann, sollte durch Beseitigen der Ursache entgegengewirkt werden. Allzu große Fürsorge ist aber auch hier unangebracht, da sich der Stimmapparat nur durch Betätigung trainieren und kräftigen kann.

Die Entwicklung der Säuglingsstimme vollzieht sich unter gleichzeitiger Reifung des zentralen Nervensystems bei zunehmender Funktionsfähigkeit des Hörvermögens und äußert sich in immer stärker differenzierten stimmlichen Leistungen. Höreindrücke verbinden sich mit Bewegungsempfindungen und regeln die Stimmgebung. Von Woche zu Woche differenzieren sich die Schreie und erreichen in ihrer kommunikativen Bedeutung schnell vorsprachliche Stufen. Die Lallperiode zeigt anfangs zwar Merkmale einer modifizierten vokalischen Phonation, geht aber durch das Auftreten von Konsonanten und deren Kombination bald in sprachliche Stufen über. Während des zweiten Lebensjahres wird die Stimme überwiegend und endgültig zum Träger gesprochener Wörter und der sich entwickelnden Lautsprache. Während dieser Zeit stabilisieren sich auch die Klangbilder aller Vokale.

Schon in den vorsprachlichen Stufen, die vorwiegend durch unterschiedliche stimmliche Äußerungen geprägt sind, übt die sprechende Umwelt einen starken Einfluß auf das Kind aus. Obwohl eine verständliche Lautbildung noch nicht möglich ist, werden Melodie, Rhythmus und Betonung der Sprache bereits nachgeahmt. Dabei verarbeiten die Kinder auch gute und schlechte stimmliche Vorbilder. Angesichts der steigenden Zahl von Stimmstörungen sollten diese frühen stimmlichen Entwicklungsetappen aufmerksamer beachtet werden. Stimmbildung beginnt also bereits in den ersten Lebensmonaten.

Die Stimmentwicklung während des Kleinkind-, Vorschul- und Schulalters zeigt sich in einer allmählichen Erweiterung des Tonhöhenumfanges, einem Absinken der mittleren Sprechstimmlage, größerer Modulationsfähigkeit und steigendem Leistungsvermögen. Zugleich spiegelt sich in der zunehmenden klanglichen Differenzierung der Stimme die psychische Entwicklung des Kindes wider.

Unter den Merkmalen, die die stimmliche Leistungfähigkeit bestimmen, erfordert der Tonhöhenumfang besondere Beachtung, weil Überschreitungen der natürlichen Grenzen, vor allem nach oben, der Stimme sicher schaden. Untersuchungen über Tonhöhenumfänge im Vorschulalter (Gless, 1970; Frank und Mitarb., 1970, 1980) finden oft noch nicht die gebührende Beachtung. Die Tonhöhenumfänge der Vorschulkinder sind heute gegenüber den Angaben zu Beginn unseres Jahrhunderts, auf die noch manchmal Bezug genommen wird, ohne Zweifel größer.

Gless wies darauf hin, daß schon im Kleinkindalter, zwischen dem zweiten und dritten Lebensjahr, Tonhöhen um d^2 und e^2 keine Seltenheit sind. Vielfach lassen sich sogar extrem hohe Töne beobachten, die weit oberhalb dieser Grenzen liegen. Der erwähnte

Oktavraum c^1 und c^2 wird bereits im Kindergartenalter von nicht wenigen Kindern mühelos erreicht. Nach FRANK und Mitarb. ergaben sich folgende Umfänge: mit 3 Jahren Jungen und Mädchen h bis h^1, mit 4 und 5 Jahren Jungen b bis c^2, Mädchen h bis c^2, mit 6 Jahren Jungen a bis e^2, Mädchen h bis f^2.

Die Unterschiede gegenüber den älteren Angaben dürften vor allem darauf zurückzuführen sein, daß heute die Kinder in den Kindertagesstätten viel singen. Die Stimmen werden auf diese Weise geübt, und die Tonhöhenumfänge sind eher einer Überprüfung zugänglich, entweder durch Beobachtung beim Singen in verschiedenen Lagen oder beim Vor- und Nachsingen von Tonleitern. Früher fehlte es den Kindern an Erfahrung, mit der eigenen Stimme umzugehen, und deshalb war es oft nicht möglich, die physiologischen Grenzen bei einer Stimmuntersuchung zu demonstrieren.

Weitere Erhebungen über Tonhöhenumfänge bei Vorschulkindern wären sehr zu wünschen. Sie sollten im Zusammenhang mit einer Überprüfung der Liedliteratur möglichst bald vorgenommen werden. Erzieherinnen haben dabei eine besondere Verantwortung zu tragen. Sie müssen in der Lage sein zu erkennen, welche Umfänge den Kindern zugemutet werden können, ohne sie zu überfordern. Andererseits müssen sie ihre Anforderungen hoch genug ansetzen, damit ein den physiologischen Voraussetzungen angemessener Übungseffekt gewährleistet ist.

Mit dem Eintritt in die Schule ist häufig zunächst ein Stillstand in der Singstimmentwicklung zu beobachten, weil andere Bildungs- und Erziehungsaufgaben in den Vordergrund rücken. Es wird viel weniger gesungen als vorher. Etwa von der dritten bis vierten Klasse an setzt dann eine zunehmende Erweiterung des Tonhöhenumfanges ein, die Mädchen und Knaben fast gleichermaßen betrifft. Dabei ist es außerordentlich schwierig, konkrete Angaben für einzelne Altersstufen, etwa nach Jahren, festzulegen, weil die allgemeine *Akzeleration* auch diese Verhältnisse ständig verändert.

Die Geschlechtsreife tritt immer früher ein. In der Zeit von 1840 bis heute ist bei den Mädchen das durchschnittliche Alter beim ersten Auftreten der Menstruation mehr als vier Monate pro Jahrzehnt vorgerückt. Diese Entwicklung hält noch an. Deshalb hat man bei einer weltweiten Untersuchung einer internationalen Kommission (International Research Committee for Study of Changing-Voice Phenomena) mit mehr als 200 000 Untersuchungen an Kinderstimmen auf die Erfassung einzelner Lebensjahre verzichtet und die Altersgruppe sieben bis vierzehn Jahre zusammengefaßt. Danach entspricht der durchschnittlichen Kinderstimme (nicht nach Knaben und Mädchen getrennt) ein Tonhöhenumfang von d bis f^2. FRANK und SPARBER (1970) ermittelten an 5 000 österreichischen Kindern im Alter von sieben bis vierzehn Jahren ebenfalls Durchschnittswerte, unterteilten aber nach Stimmgattungen und kamen zu folgendem Ergebnis: Sopran a bis g^2, Mezzosopran g bis e^2, Alt f bis c^2.

Eigene Untersuchungen (WENDLER, 1968) am Kinderchor einer Berliner Musikschule

(140 Kinder), an der systematische Stimmbildung für alle Kinder verbindlich ist, ergaben größere Umfänge. Der tiefste erreichbare Ton war für alle Stimmgattungen gleich und lag bei d. Der höchste erreichbare Ton war für den Sopran im Mittel h^2, für den Mezzosopran und den Alt g^2. Aus diesen Werten wird deutlich, daß für die Zuordnung zu Stimmgattungen im Kindesalter andere Voraussetzungen bestehen als bei Erwachsenen.

Tiefe Stimmen findet man ausgesprochen selten, die unteren Grenzen und auch die mittleren Sprechtonhöhen sind bei den meisten Kindern sehr ähnlich. Unterschiede zeigen sich besonders in der Ausbildung des Tonhöhenumfangs nach oben, so daß sich hohe Stimmen verhältnismäßig leicht auswählen lassen. Die Einteilung nach mittleren und tiefen Stimmen geht dagegen weniger von der Stimmlage als vom Stimmklang aus. Dieser Gesichtspunkt, der auch bei der Klassifizierung der Erwachsenenstimmen bedeutungsvoll erscheint, ist bei den Kindern ganz besonders wichtig. Leider kommt es dabei immer wieder zu Fehleinschätzungen, weil heisere Stimmen als »tiefe« Stimmen eingeordnet werden.

Neben Überschreitungen des Tonhöhenumfanges und häufigem Brüllen und Schreien in hektischer oder lärmbelasteter Umgebung führt auch zu lautes chorisches Singen bei mangelnder Hörkontrolle nicht selten zu kindlicher Heiserkeit. Eltern und Erzieher sollten sich ihrer Verantwortung für die Stimmentwicklung der Kinder in ihrem Einflußbereich stets bewußt sein. Dabei gehören Stimmübungen für das Singen in die Kontrolle sangeskundiger Pädagogen, und nicht nur Lehrer, sondern auch Vorschulerzieher müssen mit den Prinzipien der Stimmhygiene vertraut sein. Systematische Übungen der Stimme wirken sich günstig aus, wenn sie die natürlichen Leistungsgrenzen und auch die allgemeine körperliche Verfassung der Kinder berücksichtigen. Im übermüdeten Zustand bleibt nicht nur der Übungseffekt aus, sondern es besteht die Gefahr der Überlastung mit ihren schädlichen Folgen.

Kinder, denen die richtige melodische Führung der Singstimme nicht gelingt, werden heute noch oft als »Brummer« disqualifiziert. GLESS (1970) wendet sich mit Recht gegen diese Bezeichnung, die ständig in abwertendem und oft sogar in verletzendem Sinne gebraucht wird und außerdem keine präzise Charakterisierung trifft. Er unterscheidet zwischen Falschsingern, Sprechsingern und Tiefsingern, je nachdem, wie vorgespielte oder vorgesungene Melodien bzw. Melodieteile nachgesungen werden.

Falschsinger: die gesungene Melodie stimmt nicht mit der vorgegebenen überein; *Sprechsinger:* die Wiedergabe erfolgt in Sprechlage ohne Berücksichtigung der vorgegebenen Melodie; *Tiefsinger:* die gesungene Melodie ist in sich richtig, wird aber gegenüber dem Vorbild zu tief wiedergegeben. Bei Untersuchungen an 1362 Schulanfängern stellte GLESS folgende Verteilung fest: Richtigsinger 60%, Falschsinger 30%, Sprechsinger und Tiefsinger je 5%.

Der relativ hohe Anteil von Fehlleistungen beim Singen erfordert gezielte Maßnahmen. Durch phoniatrische oder hals-nasen-ohren-ärztliche Untersuchungen sollten zunächst immer Hörminderungen sowie krankhafte Veränderungen an den stimmbildenden Organen, vor allem am Kehlkopf, ausgeschlossen werden. Auch allgemeine Leistungsschwächen können die normale Entwicklung der Singefähigkeit behindern. In den meisten Fällen lassen sich aber weder organische noch funktionelle Abweichungen von Krankheitswert feststellen. Daraus ergibt sich die pädagogische Aufgabe, eine noch nicht voll ausgebildete Fähigkeit systematisch zu entwickeln. Das erreichbare Niveau wird entsprechend den individuellen Voraussetzungen sicher unterschiedlich sein, aber es besteht kein Grund dafür, mangelhafte Singefähigkeit als etwas Unabänderliches hinzunehmen.

Pubertät

Unter dem Einfluß der Geschlechtshormone kommt es während der Pubertät zu einem relativ raschen Wachstum des Kehlkopfes, besonders bei den Knaben. Während sich im Kindesalter die Kehlkopfdimensionen bei Mädchen und Jungen kaum unterscheiden, beginnt jetzt eine Phase der geschlechtsspezifischen Differenzierung.
Bei den Knaben nehmen die Ausmaße des Kehlkopfes etwa um das Doppelte zu. Besonders auffällig ist die Vergrößerung des horizontalen Durchmessers. Die Schildknorpelplatten bilden vorn jetzt einen Winkel von 90° (gegenüber 120° vor der Pubertät) und verstärken sich im oberen Anteil zum Adamsapfel. Durch die Größenzunahme des Kehlkopfes werden die Stimmlippen um etwa 10 mm länger, und auch ihre Masse nimmt zu.
Die Änderung der anatomischen Verhältnisse führt zu einer Veränderung der Stimme, die als *Stimmwechsel* oder *Mutation* bezeichnet wird. Die Stimme gewinnt an Umfang, die mittlere Sprechstimmlage sinkt um eine Oktave auf A - c und erreicht so den normalen Bereich des Mannes. Da sich die Umwandlungen in einer relativ kurzen Zeitspanne vollziehen, bleiben Störungen der Stimmfunktion meistens nicht aus. Die in der Kindheit erlernten nervalen Steuerungsmechanismen entsprechen nicht mehr den neuen anatomischen Strukturen, die alten Funktionen zerfallen, und der Aufbau neuer Koordinationen wird erforderlich. So klingt die Stimme zunächst belegt oder rauh und zeitweise auch behaucht. Etwa ein Fünftel der Knaben erlebt den Stimmwechsel als *Stimmbruch:* Die Sprechstimme kippt ständig im Oktavabstand plötzlich nach unten in das Modalregister oder von diesem aufwärts in das

Fistelregister. Diese Erscheinung ist ein Ausdruck für die Widersprüche zwischen alten kindlichen Innervationsmustern und neuen männlichen Muskelstrukturen.
Die Mutation beginnt heute aufgrund der allgemeinen Akzeleration schon ziemlich früh. Bei *Knaben* liegt sie meist zwischen dem dreizehnten und fünfzehnten Lebensjahr. Nicht selten lassen sich erste Anzeichen schon mit zehn oder elf Jahren erkennen. Ein Stimmwechsel im siebzehnten Lebensjahr muß als seltener, später Grenzfall angesehen werden.

Vom Verlauf her ist es möglich, drei Stadien zu unterscheiden (SEEMAN, 1955, NAIDER und Mitarbeiter, 1964).

Stadium 1 (Vormutation), Dauer $1/2$ bis 1 Jahr: Stimme belegt bis rauh, dabei oft kräftiger als vorher, auffallende Einschränkung des Tonhöhenumfangs in der Höhe bei unveränderter unterer Grenze.

Stadium 2 (Mutation), Dauer 2 bis 3 Monate: Gestörte Stimmfunktion mit rauhem, auch behauchtem Klangcharakter, zum Teil kippelnd (Stimmbruch, s. o.), erhebliche Einengung des Umfangs mit starker Einschränkung der Höhe und gleichzeitig geringer Erweiterung in der Tiefe.

Stadium 3 (Nachmutation), Dauer $1/2$ bis 2 oder 3 Jahre: Allmähliche Besserung des Stimmklanges bis zu klarer und dichter Stimmgebung, bei männlichen Jugendlichen ausgeprägte Zunahme des Umfangs nach der Tiefe zu und – relativ gesehen – meist auch geringe Erweiterung in der Höhe.

Der Kehlkopfspiegelbefund kann völlig unauffällig sein. Häufig lassen sich aber aufgelockerte, gerötete Stimmlippen mit vermehrten Schleimauflagerungen beobachten. Der oft beschriebene unvollständige Glottisschluß im hinteren Anteil (»offenes Mutationsdreieck«) gehört dagegen zu den selteneren Erscheinungen.
Die *Mutation der Mädchen* läuft wesentlich unauffälliger ab. Im Durchschnitt liegt sie ein Jahr früher als bei den Knaben. Die Stimme sinkt dabei etwa um eine Terz, und nicht selten läßt sich in dieser Zeit ein behauchter Stimmklang beobachten. Diese Veränderung wird oft als Kehlkopfkatarrh mißdeutet. Im Verlaufe des Stimmwechsels erweitert sich der Umfang der Mädchenstimmen immer nach unten zu, während die Höhe unverändert bleiben kann. In einigen Fällen sinkt sie ab, in anderen aber nimmt sie zu, besonders bei systematischer Übung.
Die *Belastbarkeit der Singstimme* während der Mutation, vor allem in Knabenchören, ist schon oft erörtert worden, ohne daß man bis jetzt zu einer ganz einheitlichen Meinung gekommen wäre. Trotzdem setzt sich sowohl von phoniatrischer als auch von gesangspädagogischer Seite die Ansicht immer mehr durch, daß Stimmruhe über längere Zeit bei normal verlaufender Mutation nicht angemessen ist. Allerdings sollte dabei der Mutant ständig kontrolliert und stimmlich geführt werden. Unter

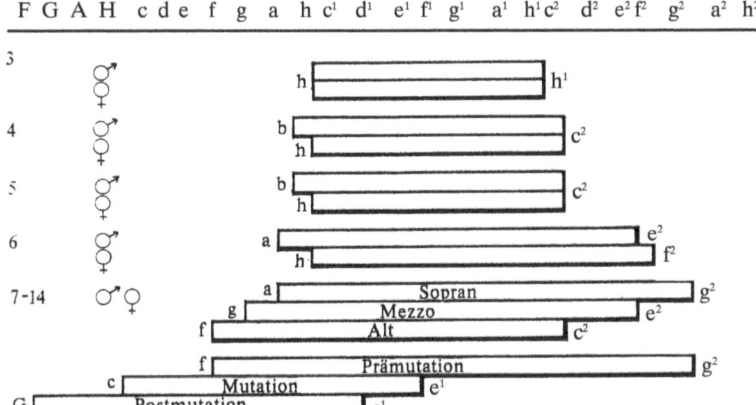

Abb. 81 Stimmumfänge bei Kindern und Jugendlichen (nach Untersuchung an 7200 Probanden von Frank und Thesarek)

sachkundiger gesangspädagogischer Leitung, gegebenfalls mit phoniatrischer Beratung, kann die Singstimme während der Vor- und Nachmutation meist, wenn auch mit Einschränkungen, eingesetzt werden. Wichtig ist vor allem die Beachtung des aktuellen Tonhöhenumfanges und die Vermeidung von Überanstrengungen in bezug auf Lautstärke und Dauer des Singens. Während der Hauptphase der Mutation sollte sich der Gebrauch der Singstimme auf behutsame Übungen im Einzelunterricht beschränken. Angepaßte gesangspädagogische Übungen können wesentlich dazu beitragen, die Dauer der Stimmkrise zu verkürzen, weil die neu einzustellenden Koordinationen auf diese Weise rascher präzisiert und gefestigt werden können. Von Einsätzen in Chören während dieser Zeit ist abzuraten, weil die Hörkontrolle dabei erheblich gemindert und die Regelung der neuen muskulären Einstellungen durch Bewegungsempfindungen noch nicht sicher ist. Überanstrengungen führen dann leicht zu länger dauernden oder bleibenden Stimmstörungen. Das gleiche gilt natürlich auch für übermäßige Belastungen der Stimme durch Rufen und Schreien bei Sport und Spiel.

Jugendalter

Die Phase der Nachmutation verläuft individuell sehr unterschiedlich. Während bei manchen Mutanten wenige Monate genügen, brauchen andere mehrere Jahre, um ihre Stimme zu stabilisieren. Selbst wenn die Sprechstimme bereits wieder klar und dicht klingt und sich gewohn-

heitsmäßig in der neuen männlichen Sprechstimmlage bewegt, ist der gesamte Bereich des Tonhöhenumfangs noch nicht gefestigt. Die Funktionen der Singstimme erfordern in den meisten Fällen mehrere Jahre für ihre volle Entwicklung. Wer eine sängerische Laufbahn anstrebt, dem ist dringend anzuraten, seine Stimme im Anschluß an die Mutation bei kontinuierlichem Training und unter normaler Belastung, aber ohne Überanstrengungen, genügend ausreifen zu lassen.
Häufig rücken Jugendliche bewußt oder unterbewußt von dem traditionellen oder klassischen Ideal einer klaren, dichten, klangvollen und modulationsfähigen Stimmgebung ab und erliegen den täglichen übermächtigen Einflüssen der Pop- und Rockmusik. Viele der Rocksänger sind bekanntlich stimmkrank oder zeigen in ihrem Vortragsstil Merkmale stimmlicher Fehlleistungen. Wer diese Singeweise nachahmt – meist unter maßloser Überforderung seiner physiologischen Möglichkeiten – muß wissen, daß er längerdauernde stimmliche Leistungsschwächen, Belastungsschwierigkeiten und Heiserkeit zu erwarten hat, auch für den Gebrauch der Sprechstimme. Heiserkeit läßt sich aus phoniatrischer und HNO-ärztlicher Sicht nicht nur als Spielart einer »natürlichen« Stimmanwendung oder vielleicht als Schönheitsfehler ansehen, sondern ist als ein Krankheitszeichen zu werten, dessen Ursache erkannt und behandelt werden muß. Zumindest führen die Erfahrungen stimmärztlicher Sprechstunden zu dieser Einschätzung. Es ist zu begrüßen, daß zahlreiche Gesangspädagogen aus dem Bereich der Popularmusik der Ansicht sind, die Ausbildung eines Popsängers müsse für etwa zwei Jahre auf »klassische« Weise durchgeführt werden, damit sich die Grundfunktionen der Stimme einschließlich der besonderen sängerischen Klangbildung entwickeln und festigen können. Erst danach werden die spezifischen Ausdrucksmittel des jeweiligen Genres erübt. Mit diesem Stufenprogramm wird versucht, eine höhere Leistungsfähigkeit zu erreichen und Stimmstörungen vorzubeugen.

Leistungsalter

Die Zeit der höchsten stimmlichen Leistungsfähigkeit liegt im Erwachsenenalter, vom Ende der Nachmutationsphase an bis zum Beginn der stimmlichen Altersveränderungen, und ist häufig geprägt durch stärkste Anforderungen an die Stimme bei intensivster sprachlicher und stimmlicher Kommunikation. Die Stimmgattung hat sich herausgebildet und kann bei entsprechender Veranlagung für den Sängerberuf entwickelt und zum Ausgangspunkt hochdifferenzierter künstlerischer Leistungen werden.

Der Tonhöhenumfang erreicht seine größte Weite und ändert sich im Verlaufe von Jahrzehnten kaum, auch die mittlere Sprechstimmlage bleibt lange stabil. Auf der Grundlage körperlicher Reife findet eine große Vielfalt von psychischen Vorgängen ihren Ausdruck, die menschliche Individualität in einer unendlichen Fülle stimmlicher und sprachlicher Nuancen – nicht nur in künstlerischen Berufen – hervortreten läßt. Im Verlaufe dieser Entwicklung können sich auch Veränderungen im Klangcharakter und im Leistungsvermögen der Sängerstimme ergeben, die einen Wechsel des Faches oder der Stimmlage angezeigt erscheinen lassen. Solche Umstellungen bedeuten oft ein Risiko in einer Sängerlaufbahn und sollten immer von einem sachkundigen Gesangspädagogen und Phoniater geleitet oder zumindest kontrolliert werden (s. Stimmtypen).
Wenn die Stimme ständig bis an die Grenze ihrer Leistungsmöglichkeit belastet wird, dann können sich schon geringfügige Alterungsveränderungen, die sich normalerweise mit fortschreitendem Lebensalter einstellen und bereits während des dritten Lebensjahrzehntes beginnen, deutlich bemerkbar machen. Es kommt zu Stimmkrisen oder Stimmerkrankungen, ohne daß man von einer Altersstimme sprechen kann. Besonders in stimm- und sprechintensiven Berufen erfordert diese Leistungsgrenze aufmerksame Beachtung, wenn die weitere Berufsausbildung nicht gefährdet werden soll.

Rückbildungsalter

Es gibt keine *Alternsveränderungen* der Stimme, die außerhalb der allgemeinen Rückbildungsvorgänge ablaufen, sondern sie sind – das liegt in der Natur der Stimmproduktion – Ausdruck eines komplexen psychophysischen Geschehens. Wie bei anderen Lebenserscheinungen ist auch der Zusammenhang von Alter und Stimmfunktion weniger vom kalendarischen als vom biologischen Alter abhängig. Und auch diese Beziehung erscheint oft diskrepant: die Stimme klingt häufig jünger, als man nach der körperlichen und geistigen Verfassung vermuten möchte. Einen starken Einfluß auf das Altern der Stimme üben die Drüsen der inneren Sekretion aus. Bekanntlich sind Frauen durch die gravierenden hormonellen Veränderungen während des Klimakteriums in ihrer stimmlichen Leistungsfähigkeit, vor allem bei künstlerischen Berufen, besonders betroffen. Die Zeit der Wechseljahre ist oft zugleich eine Zeit der Stimmkrisen, von denen sich die Sängerinnen nur schwer erholen und die auch das Ende einer sängerischen Laufbahn einleiten können. Bei Sängern setzen die Rückbildungsveränderungen meist später ein.

Die Frage einer *Östrogenbehandlung* zur Vorbeugung oder Behandlung klimakterisch bedingter Stimmbeschwerden wird uneinheitlich beantwortet, und unseres Erachtens sollte man sich stets am Einzelschicksal orientieren. Bei relativ rasch zunehmenden stimmlichen Leistungseinbußen kann ein Therapieversuch unternommen werden, wobei die Rücksprache mit einem Gynäkologen dringend zu empfehlen ist. Keinesfalls darf man durch die Behandlung die Hoffnung erwecken, einen natürlichen Verlauf durch eine spezielle Medikation aufhalten zu können.

Habermann (1972) hat darauf hingewiesen, daß die Stimmveränderungen nicht nur vom Kehlkopf ausgehen, sondern auch von Atemapparat, Ansatzräumen und zentralnervösen Regulationen. Die verminderten Atemexkursionen des Brustkorbes reduzieren die Vitalkapazität, die atmende Fläche der Lunge nimmt ab. Die fortschreitende Verknöcherung der großen Kehlkopfknorpel bedeutet Elastizitätsverlust, und die Rückbildung der Taschenfaltendrüsen trägt zum Austrocknen der Kehlkopfschleimhaut bei. Die Stimmlippenfunktion wird außerdem durch Abnahme elastischer Bestandteile, Schwund des Musculus vocalis und Abbauerscheinungen der Schleimhaut beeinträchtigt. Auch die Taschenfalten springen weniger stark hervor, und die Ventrikeleingänge erscheinen breiter. Der Rachen erweitert sich, wird schlaffer und verändert demzufolge die Klangbildung. Aufgrund des Elastizitätsverlustes, des Nachlassens muskulärer Leistungsfähigkeit und als Folge verminderter Präzision in den Koordinationsmechanismen kommt es zu einer Abnahme des Tonhöhenumfanges vorwiegend im unteren Grenzbereich, besteht eine Neigung zum Detonieren und Tremolieren, und höhere Töne lassen sich nicht längere Zeit halten.

Die hypofunktionellen (phonasthenischen) Symptome können mit Resonanzveränderungen im Sinne einer Klangminderung und nachlassender Modulationsfähigkeit einhergehen bzw. durch die geschilderten Veränderungen am Stimmapparat bedingt sein. Die Stimme klingt manchmal behaucht, belegt, brüchig, kippelnd oder scharf und schrill. Alle diese Veränderungen prägen sich in der Singstimme deutlicher aus als in der Sprechstimme. Bei Frauen besteht eine Tendenz zum Absinken der mittleren Sprechstimmlage, bei Männern steigt sie mit zunehmendem Alter meist etwas an und kann sogar als »Greisendiskant« auffällig werden.

Die Gesamtheit der hier aufgeführten Merkmale ist bei voller Ausprägung für die »Greisenstimme« charakteristisch, eine Erscheinungsform der Stimme, die sich allerdings nur selten beobachten läßt. Meist sind nur einzelne Auffälligkeiten und in geringerer Ausprägung festzustellen. Die Altersstimme ist nicht ausnahmslos durch Zerfall differenzierter Funktionen gekennzeichnet. Nicht nur viele Schauspieler erhalten sich eine leistungsfähige und ausdrucksvolle Stimme bis ins höhere Alter, sondern auch Sängern kann dies gelingen, wenn sie über eine besondere Konstitution und eine hervorragende Gesangstechnik verfügen. Allerdings sind die Anforderungen an die Stimme des Sängers in bezug auf Modulations- und Leistungsfähigkeit derart hoch, daß schon geringe altersbedingte Veränderungen die Berufsausübung ernsthaft beeinträchtigen können.

Untersuchungsmöglichkeiten

Phoniatrische Untersuchungen bei Sängern dienen nicht nur der Erkennung von Krankheiten. Nicht selten wird der Phoniater auch zu Rate gezogen, wenn gesangspädagogische Fragen zu entscheiden sind, wenn Sänger in ihrer stimmlichen Entwicklung Schwierigkeiten beobachten, oder wenn es darum geht, die Voraussetzungen für eine Gesangsausbildung zu beurteilen bzw. eine Tauglichkeitseinschätzung vorzunehmen. Die ärztlichen Untersuchungen können dann dazu beitragen, pädagogische Maßnahmen besser zu fundieren oder gezielt auszuwählen. Dabei sind sowohl Bau und Funktionen des Stimmapparates, besonders des Kehlkopfes und der Ansatzräume, als auch die stimmlichen Fähigkeiten und Fertigkeiten einzuschätzen.

Als Grundlage der Befunderhebung sowie einer sinnvollen Einordnung in den Gesamtzusammenhang dienen zunächst die subjektiven Angaben der Sänger. Der Untersucher erhebt dabei die Vor- und Krankengeschichte (Anamnese), die sich vor allem auf folgende Fragen konzentriert: Was fällt auf, wem fällt etwas auf, unter welchen Umständen fällt etwas auf, wie begann es, gibt es Hinweise über auslösende Ursachen oder besondere Hinweise aus dem Verlauf. Nicht nur organbezogene Auffälligkeiten sind interessant, sondern auch psychische Besonderheiten wie Persönlichkeitsstruktur und Verhalten sowie das soziale Umfeld (Familiensituation, Arbeitsbedingungen). Eine allgemeine Anamnese sowie eine HNO-Anamnese ergänzen die Angaben.

Die Erhebung der Anamnese soll immer ein Gespräch sein, das dazu beiträgt, ein vertrauensvolles Verhältnis zum Sänger aufzubauen. Bei Krankheiten der Stimme kommt es ja besonders darauf an, daß der Patient im Stimmarzt nicht nur einen sachkundigen Fachmann, sondern auch einen verständnisvollen Zuhörer findet. Während des Gesprächs achtet man auf Stimmklang, Sprech- und Ausdrucksweise sowie auf Mienenspiel, Mitbewegungen und eventuell vorhandene periphere Verspannungen.

Bei stimmgestörten Kindern interessiert besonders, ob die Heiserkeit wechselhaft und im Zusammenhang mit häufigen Erkältungsinfekten auftrat oder ob Überforderungen bei lebhaftem Temperament durch zu vieles, intensives und lautes Sprechen oder Schreien während des Spiels oder beim Popsingen in Betracht kommen. Das gilt vor allem für die Diagnose funktioneller Stimmstörungen einschließlich der Schreiknötchen. Fragen nach Milieueinflüssen (Heiserkeit in der Umgebung, Schwerhörigkeit anderer Familienmitglieder) vervollständigen das Bild.

Bei akut stimmkranken Sängern ist es wichtig zu wissen, ob die Beschwerden mit einem Erkältungsinfekt oder bei stärkerer Stimmbelastung begannen. Bei häufig wiederkehrenden oder seit längerer Zeit bestehenden Beschwerden muß eine Fülle von Ursachen in Betracht gezogen werden, die viele Fragen aufwerfen, z. B. nach der Stimmentwicklung einschließlich des Mutationsverlaufes, nach Dauer, Intensität und Effektivität des Gesangsunterrichts, nach stimmlichen Belastungen, auch der Sprechstimme, nach der beruflichen Entwicklung einschließlich positiver oder negativer sozialer Einflüsse, nach Stimmgattung und -typ sowie nach Gründen und Befindlichkeit bei einem Wechsel in der Klassifizierung, nach Stimmermüdung und -erholung (s. Funktionelle Stimmstörungen, Dysodie). Aber auch medikamentöse, operative oder übende Behandlungen der Stimme und deren Ergebnisse müssen erfragt werden. Besonderes Augenmerk ist auf chronische Schleimhauterkrankungen, auf Einnahme von Medikamenten (Hormone) und auf die allgemeine Lebensweise zu richten.

Das Symptom der gestörten Stimme läßt sich also oft schon bei der anamnestischen Erhebung nach ursächlichen Zusammenhängen einordnen, wenn biologische, psychische und soziale Bezüge gleichermaßen Berücksichtigung finden.

Auf der Basis dieser Angaben und in Abhängigkeit von den Ergebnissen der klinischen Grunduntersuchungen ist dann zu entscheiden, ob zusätzlich apparative Verfahren angezeigt sind.

Die folgende Zusammenstellung vermittelt einen Überblick über praxisrelevante Methoden und zeigt die Merkmale auf, an denen sich phoniatrische Einschätzungen orientieren. Grundsätzlich ist dabei festzustellen, daß kein Gerät hochdifferenzierte subjektive Beurteilungsmöglichkeiten, insbesondere durch das geschulte Hörvermögen, auch nur annähernd ersetzen kann. Dennoch sind einige apparative Untersuchungsverfahren geeignet, durch eine exakte Dokumentation bestimmter Parameter und deren Vergleichsmöglichkeit eine wichtige Hilfe zu leisten.

Die objektiven Prüfverfahren orientieren sich vor allem auf die Gebiete Atemdynamik, Stimmlippenschwingungen und Stimmschall. Nach wie vor besteht jedoch die Schwierigkeit darin, daß mehrere sich gegenseitig beeinflussende Funktionsbereiche zu analysieren sind, aus denen möglichst wenige, aber informative Meßgrößen gewonnen werden müssen. Dabei sollen apparativer und methodischer Aufwand nicht zu groß werden und die Belastungen für die Sänger gering ausfallen. Bis heute gibt es kein Untersuchungsverfahren, das alle diese Anforderungen erfüllt und den Phonationsvorgang in komplexer Weise erfaßt. Ohne Anwendung der Rechentechnik erscheint eine Realisierung auch zukünftig ausgeschlossen. Gegenwärtig sind Einzelverfahren oder auch deren Kombination mit ein oder zwei anderen Verfahren brauchbar, um speziellen Fragen nachzugehen. Für eine komplexe Einschätzung bietet die übliche klinisch-phoniatrische Untersuchung nach wie vor die besten Voraussetzungen. Ein für stimmliche Leistungen wesentlicher oder sogar entscheidender Faktor ist nicht erfaßbar und stellt im Grunde jedes Meßergebnis in Frage: die Motivation der zu Untersuchenden.

Atmung

Pneumographie. Mit Hilfe der Gürtelpneumographie (GUTZMANN, 1902) werden Umfangsänderungen während der Atmung im Bereich des Brustkorbes und des Bauches erfaßt und aufgezeichnet. Zwei Gürtel in entsprechender Höhe zeigen über ein Schreibgerät Rhythmus, Amplitude und Frequenz der Atembewegungen an, wobei gleichzeitig das Verhältnis und das Zusammenspiel von Brust- und Bauchatmung deutlich wird (Abb. 29). Das Verfahren dient lediglich besonderen Fragestellungen und ist Ausdruck eines mechanistischen Herangehens an die Stimmfunktion.

Spirometrie. Die Spirometrie gehört zu den Grunduntersuchungen der Atmungsfunktion, wobei die Größe der bewegten Luftvolumina besonders interessiert. Über eine Schlauchverbindung vom Mund zum Gerät wird die Atemluft innerhalb eines geschlossenen Systems gemessen (s. Lungenvolumina und -kapazitäten). Die spirometrisch erfaßbaren Größen dienen vor allem dazu, die Lungenfunktion sowie Atmungsbehinderungen im Kehlkopf genauer einzuschätzen, für die Beurteilung der Stimmatmung sind sie jedoch von untergeordneter Bedeutung.

Pneumotachographie. Die Meßmethode dient der Registrierung der Luftströmungsgeschwindigkeit während der Atmung. Durch eine Maske, die Mund und Nase umschließt, oder durch ein Mundstück wird geatmet und gesungen. Aus dem Druckabfall in dem unmittelbar angeschlossenen Meßrohr läßt sich mit Hilfe einer elektronischen Meßanordnung die mittlere Strömungsgeschwindigkeit der Atemluft beim Singen sehr genau ermitteln. Die physiologische Streuung der Meßwerte ist jedoch so groß, daß sich aus ihnen keine Qualitätsmerkmale der Sängeratmung objektivieren lassen. Außerdem werden sängerische Klangbildung und -abstrahlung durch die Maske oder das Mundstück erheblich eingeschränkt, und auch die auditive Stimmkontrolle ist beeinträchtigt.

Messung des subglottischen Druckes. Der Atemdruck unterhalb der Stimmlippen, der subglottische Druck, ist von zentraler

Bedeutung für die Stimmgebung. Besonders beim Singen hängt die stimmliche Effektivität in hohem Maße von der Feinregulierung des subglottischen Druckes im Verhältnis zur Kehlkopfspannung ab. Entsprechende Messungen sind in verschiedenen Varianten möglich, bereiten aber alle gewisse technische Schwierigkeiten und können Sänger erheblich belästigen, so daß die Anwendung in der Praxis nicht in Frage kommt.

Beispielsweise lassen sich unter örtlicher Betäubung dünne Gummischläuche mit Miniatur-Druckmessern durch die Stimmritze in die Luftröhre einführen, oder es erfolgt der Einstich einer Kanüle unterhalb des Kehlkopfes. Außerdem ist die indirekte Messung des subglottischen Druckes in der Speiseröhre möglich, weil dieser Druck unter bestimmten Bedingungen in Beziehung zum Druck in der Luftröhre steht. Dafür wird eine Gummisonde über die Nase in die Speiseröhre eingeführt.

Verfahren, die eine freie sängerische Stimmgebung und Klangbildung behindern und den Probanden oder Patienten belästigen, führen zu Fehleinschätzungen und erscheinen aus unserer Sicht ungeeignet.

Kehlkopf

Beim Betrachten und beim Betasten des Kehlkopfes am äußeren Hals lassen sich Auf- und Abwärtsbewegungen gut erkennen. Während beim Sprechen nur geringe Positionsänderungen auftreten, nehmen sie beim Singen eines größeren Tonumfangs oft erheblich zu. Häufige Bewegungen und große Auslenkungen sprechen für eine unökonomische Stimmgebung und eine wenig ausgeprägte gesangstechnische Schulung.

K e h l k o p f s p i e g e l u n g (indirekte Laryngoskopie). Seit hundertfünfzig Jahren ist die Betrachtung über einen Spiegel mit reflektiertem Licht die am häufigsten angewandte Untersuchungsmethode des Kehlkopfes. Entscheidenden Anteil an der Einführung dieser Methode hatte der berühmte spanische Gesangslehrer Manuel Garcia, der 1854 seine eigenen Stimmlippen mit Hilfe von zwei Spiegeln beim Singen beobachtete (s. Historische Einleitung). Über den in den Rachen eingeführten Spiegel lassen sich Kehldeckel, Stellknorpelregion, Taschenfalten und Stimmlippen in den meisten Fällen sicher beurteilen. Dabei sind Größenverhältnisse, Oberflächenbeschaffenheit, Durchblutungszustand der Schleimhaut und Beweglichkeit der Stimmlippen über die Stellknorpel (Öffnung der Stimmritze bei der Atmung und Schließung bei der Stimmgebung) von besonderem Interesse (Abb. 82). Mit Hilfe eines Mikroskops (indirekte Larynxmikroskopie) sind bei 8- bis 12facher Vergrößerung sehr präzise Beurteilungen der organischen

Strukturen möglich. Ähnliche Befunderhebungen – allerdings nicht stereoskopisch – sind mit einem Lupenlaryngoskop möglich. Dabei wird ein röhrenförmiges Instrument (Endoskop), das mit vergrößernden Optiken ausgerüstet ist, durch die Mundhöhle bis an die Rachenhinterwand eingeführt.

Direkte Kehlkopfuntersuchung (direkte Laryngoskopie). In besonderen Fällen kann die direkte Betrachtung des Kehlkopfes erforderlich werden. Die Untersuchung erfolgt dann in Narkose, und ein über Mund und Rachen eingeführtes gerades Rohr ermöglicht den direkten Einblick in den Kehlkopf. Auch hier wird für die präzise Befunderhebung ein Mikroskop eingesetzt. Diese Untersuchungstechnik, von KLEINSASSER (1968) eingeführt, ist für die Befunderhebung bei Sängern meist nicht erforderlich. Sie dient vielmehr dazu, die Ausdehnung größerer und bei der Kehlkopfspiegelung unübersichtlicher Organbefunde zu bestimmen und spezielle mikrochirurgische Operationen durchzuführen.

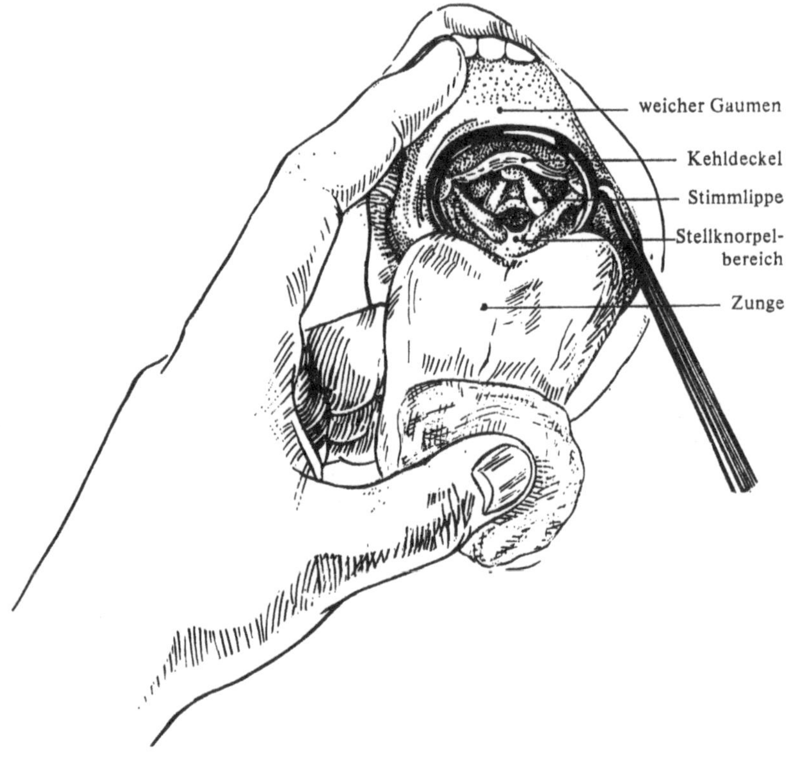

Abb. 82 Spiegeluntersuchung des Kehlkopfes

K e h l k o p f p h o t o g r a p h i e. Photodokumentationen erfolgen gegenwärtig fast ausschließlich über ein Endoskop (hier: Lupenlaryngoskop), mit dem die Kamera verbunden werden kann. In das Lupenlaryngoskop läßt sich über ein Lichtleitkabel sowohl Gleichlicht für die Betrachtung des Kehlkopfes als auch Blitzlicht für die Photoaufnahme einspeisen. Auch bei Gebrauch eines Operationsmikroskopes sind Aufnahmen über einen Photoansatz möglich. Die Photographien dienen meist nur der Dokumentation organischer Kehlkopfbefunde.

S t r o b o s k o p i e. Durch die indirekte Spiegelung des Kehlkopfes mit Impulslicht ist es möglich, die schnellen und für unseren Gesichtssinn nicht wahrnehmbaren Stimmlippenschwingungen sichtbar zu machen.

Wenn in einem dunklen Zimmer ein schnell schwingendes Pendel immer an der gleichen Stelle seines Bewegungsablaufes ganz kurz angeleuchtet wird, so scheint es für unser Auge an dieser Stelle stillzustehen. Verschiebt man den Zeitpunkt der kurzen Anleuchtung gleichmäßig um einen geringen Betrag, so daß das Pendel nicht immer an der gleichen, sondern jeweils an der unmittelbar benachbarten Stelle sichtbar wird, dann haben wir den Eindruck eines scheinbar langsam schwingenden Pendels. Dieses Phänomen nennt man den stroboskopischen Effekt. Er beruht demnach auf einer optischen Täuschung. Schnelle, periodisch aufeinanderfolgende Bewegungen (z. B. auch die Schwingungen der Stimmlippen), die das menschliche Auge nicht mehr aufzulösen vermag, können also sichtbar gemacht werden, wenn man einzelne Phasen des Bewegungsablaufes blitzartig kurz beleuchtet. Durch die Trägheit unseres optischen Sinnes nehmen wir dann ein Scheinbild wahr, das sich z. B. im Falle der Stimmlippenschwingungen aus kurz beleuchteten Phasen mehrerer aufeinanderfolgender Schwingungsperioden zusammensetzt, es entsteht ein Zeitlupeneffekt. Zwischen den Blitzen bleibt die Schwingungsbewegung dem Blick verborgen.

Bei genauer Übereinstimmung von Stimmlippen- und Blitzlampenfrequenz scheinen die Stimmlippen in einer bestimmten Phase stillzustehen (»stehendes Bild«). Bei geringen Differenzen zwischen beiden Frequenzen hat man den Eindruck eines scheinbar langsamen Schwingungsablaufes (»bewegtes Bild«, Zeitlupendarstellung). Die Blitzfrequenz wird über ein Mikrophon durch die Stimme des Probanden gesteuert. Im Falle des bewegten Bildes folgt eine automatische Phasenverschiebung der Lichtblitze. Stroboskopische Befunde wie Regelmäßigkeit der Schwingungen, Weite der Amplituden, Ausprägung einzelner Schwingungsphasen (besonders der Schlußphase) und vor allem die Verschieblichkeit der Schleimhaut am Stimmlippenrand (»Randkantenverschiebung«) erlauben wichtige Schlußfolgerungen auf die Stimmfunktion des Kehlkopfes (s. Abb. 49 und 50). In der Diagnostik der Sängerstimme erscheint uns die Kehlkopfstroboskopie wegen der relativ genauen Schwingungsanalysen unverzichtbar.

Auch die stroboskopischen Untersuchungsbefunde gewinnen durch mikroskopische Vergrößerung wesentlich an Präzision (Mikrostroboskopie, Seidner und Mitarb., 1971). Mit Hilfe dieser Technik, bei der eine Blitzleuchte an ein Mikroskop adaptiert wird, lassen sich darüber hinaus indirekte mikrochirurgische Eingriffe an den Stimmlippen, vor allem zur Stimmverbesserung, unter genauer Kontrolle des Schwingungsverhaltens durchführen. Auch das Lupenlaryngoskop kann über ein Lichtleitkabel mit stroboskopischem Licht versorgt werden (Lupenstroboskopie, Barth, 1977) und ermöglicht eine präzise Schwingungsdiagnostik.

Videoendoskopie. Wird ein Lupenlaryngoskop oder ein Mikroskop benutzt und jeweils zusätzlich eine Videokamera angeschlossen, so lassen sich Kehlkopfbefunde und – bei Gebrauch des stroboskopischen Lichtes – auch Schwingungsbefunde der Stimmlippen auf einem Monitor anzeigen oder mit einem Videorekorder speichern und ausmessen (s. a. Tele-Mikrostroboskopie, Stroboglottometrie, Wendler und Mitarb., 1973, 1981). Die gute Qualität von Videofarbaufnahmen,

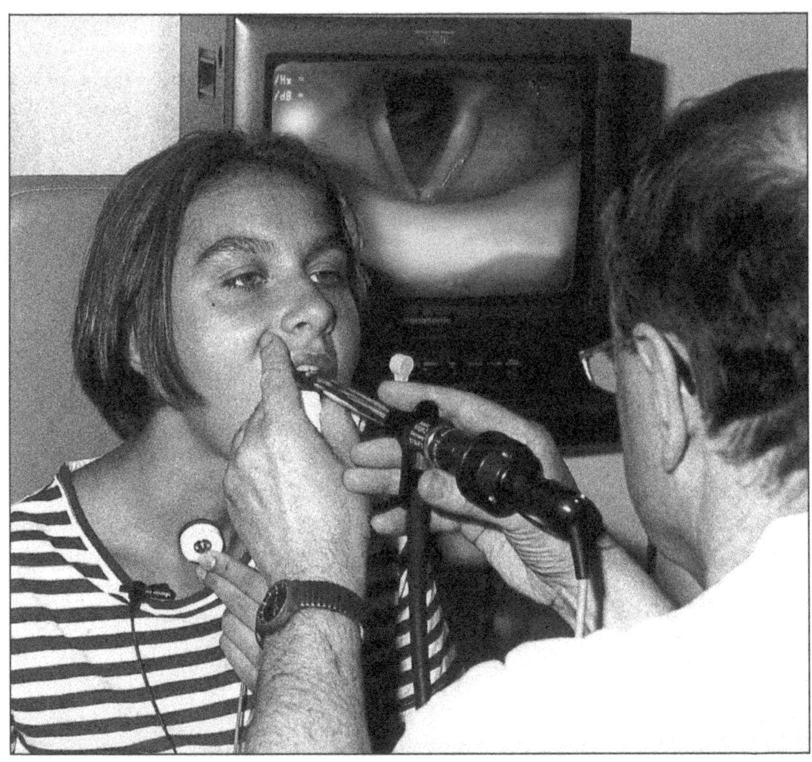

Abb. 83 Untersuchungsplatz mit Lupenendoskop und Fernsehkette

die geringe Dimensionierung der Geräte, vor allem der Kameras, die mühelose Bedienung und die sofortige Kontrollmöglichkeit der aufgenommenen Befunde favorisieren dieses Untersuchungsverfahren ganz allgemein, besonders aber bei der exakten Befunderhebung, wie sie bei Sängern erforderlich ist. Wir benutzen die Videoaufnahmen fast ständig als Argumentationshilfe für bestimmte Therapieentscheidungen sowie für Vergleiche vor und nach Behandlungen. Die früher ablehnende Haltung zahlreicher Sänger gegenüber solchen Videodemonstrationen ist nunmehr in großes Interesse umgeschlagen (Abb. 83).

Hochgeschwindigkeits-Videographie. Filmaufnahmen der schwingenden Stimmlippen mit hoher Geschwindigkeit (3.000 bis 10.000 Bilder pro Sekunde) führten in der lückenlosen Darstellung des Bewegungsablaufs zu wichtigen Informationen. Der hohe technische Aufwand steht aber einem praktischen Gebrauch entgegen. Heute ist es möglich, eine Hochgeschwindigkeits-Videokamera mit einem Mikroskop oder einem Lupenlaryngoskop zu verbinden, um die Stimmlippenschwingungen damit aufzunehmen und mittels eines Computers auszuwerten (Hochgeschwindigkeits-Glottographie, Moser und Kittel, 1990).

Elektroglottographie. Zwei Elektroden werden in Höhe der Stimmlippen beiderseits an der Haut über den Schildknorpelplatten fixiert, und dann läßt man einen hochfrequenten Strom (200 kHz) von sehr geringer, nicht spürbarer Intensität hindurchströmen. Der Strom wird durch Widerstandsänderungen beeinflußt, die während der Stimmgebung auftreten (geringer Widerstand bei geschlossener, größerer Widerstand bei geöffneter Glottis). So erhält man indirekt, z. B. auf einem Registriergerät, einen Kurvenzug als Abbild vom Bewegungsablauf der Stimmlippen. Der Vorteil dieses von Fabre (1957) entwickelten Verfahrens besteht darin, daß die Stimmgebung in keiner Weise beeinträchtigt wird. Es gestattet eine sichere Beurteilung der Grundfrequenz der Stimmlippenschwingungen und deren Regularität sowie die Messung der Vollständigkeit der Schlußphase bei verschiedenen Registern.

Messung der Stimmlippenlänge. Über die Lupenlaryngoskopie, mit der man die Stimmlippen meist in ganzer Ausdehnung übersehen kann, läßt sich die relative Länge als Bezugswert für andere Meßgrößen, z. B. die Schwingungsweite, gut ermitteln (Amplituden-Längen-Quotient nach Arndt, 1986). Messungen der absoluten Stimmlippenlänge sind zweifellos überschätzt worden. Zwar kann man bestimmte Tendenzen angeben (lange Stimmlippen – Tendenz zu tieferer Stimmlage, kurze Stimmlippen – Tendenz zu höherer Stimmlage), aber nur im Zusammenhang mit anderen Befunden sind solche Zuordnungen mit einer gewissen Wahrscheinlichkeit möglich (s. Klassifizierung). Bei Frauen fallen die Unterschiede wesentlich geringer aus als bei Männern.

Röntgenuntersuchungen. Übersichtsaufnahmen des Kehlkopfes haben bei sängerischen Fragestellungen fast keine Bedeutung erlangt. Allenfalls die Computertomographie, bei der Organe schichtweise dargestellt werden, kann in ausgewählten Fällen hilfreich sein. Aus phoniatrischer Sicht ergeben sich wichtigere Kriterien bei der Kehlkopf- und Stimmbeurteilung als bei der Organdarstellung im Computertomogramm. Die gleiche Wertung muß die nichtröntgenologische Magnetresonanztomographie (Kernspintomographie) erfahren.

Elektromyographie (EMG). Bei der Elektromyographie des Kehlkopfes lassen sich Belästigungen des Probanden nicht vermeiden, weil feine Elektroden in die Stimmuskeln eingestochen werden müssen. Man geht entweder durch den Mund über den Rachenraum in den Kehlkopf ein oder von außen durch die Haut und das Stützgerüst des Kehlkopfes. Auf diese Weise lassen sich dann die muskulären Aktivitäten als elektrische Spannungen erfassen und registrieren. Das Verfahren kommt nur bei Lähmungserscheinungen der Stimmlippen in Betracht und verbietet sich natürlich in der üblichen Diagnostik der Sängerstimme.

Ansatzräume

Untersuchungen der Ansatzräume bei Sängern dienen neben den üblichen HNO-ärztlichen und phoniatrischen Befunderhebungen ganz besonders der Aufgabe, günstige oder ungünstige Voraussetzungen für die *Klangformung* und *Lautbildung* zu erkennen. Da alle Funktionen in diesem Bereich auch Ausdruck komplizierter Leistungen des Zentralnervensystems sind, müssen alle Befunderhebungen in diesem Zusammenhang gesehen werden. Im Bereich von *Mund* und *Rachen* interessieren vor allem die Ausbildung und Beweglichkeit der Lippen, die Öffnungsweite des Mundes (Kieferöffnungsweite), die Anzahl und Stellung der Zähne (häufige Bißanomalien: Kopfbiß, offener Biß, Lutschbiß, Kreuzbiß) sowie die Größe, Form, Lage und Beweglichkeit der Zunge.

Als Normen für die deutsche Hochlautung gelten Hoch-Rund-Stellung der Lippen, eine Kieferöffnungsweite im senkrechten Zahnreihenabstand von maximal 25 mm für /a/ und von 10 mm für /i/, kein Zahnreihenschluß und ein ständiger lockerer Kontakt der Zunge mit den unteren Schneidezähnen.

Weiterhin sind von Bedeutung: die Form der oberen Mundhöhlenbegrenzung (Breite und Höhe des harten Gaumens, Beweglichkeit des weichen Gaumens), die Größe der Gaumenmandeln, das Lumen des Nasenrachens, der Abstand des weichen Gaumens von der Rachenhinterwand, die Weite des Mund- und Kehlrachens, die Form und Stellung des Kehldeckels sowie die Weite des Kehlkopfeingangs. Alle krankhaften Veränderungen erfordern besondere Beachtung.

Die Grobbeweglichkeit der Zunge überprüft man, indem man beim wiederholten Herausstrecken darauf achtet, ob Seitenabweichungen vorhanden sind oder nicht. Außerdem soll die Zungenspitze angehoben sowie abwechselnd in die Mundwinkel geführt werden. Die Feinbeweglichkeit ist normal, wenn sich die Zungenspitze bei leicht geöffnetem Mund in angemessener Schnelligkeit entlang dem Lippenrot – rechtsherum und linksherum – bewegen läßt.

Drückt man die Zunge sanft herunter und läßt /a/ phonieren, so heben sich Gaumensegel und Zäpfchen normalerweise an und weichen nicht von der Mittellinie ab. Abweichungen deuten auf krankhafte Verhältnisse hin, z. B. durch Narbenzug oder Lähmung.

Bei der Untersuchung der *Nase* steht die Luftdurchgängigkeit im Vordergrund.

Prüfungen der Durchgängigkeit können auf verschiedene Weise erfolgen. Man kann z. B. eine Glas- oder Metallplatte unter die Nasenöffnungen halten und bei Ausatmung die Größe und Seitendifferenz der entstehenden Atemflecke beurteilen oder auch die Durchgängigkeit beider Nasenhöhlen ausmessen (Rhinomanometrie). Meist ist es ausreichend, zuerst die eine und dann die andere Nasenöffnung zu verschließen und jeweils tief ein- und ausatmen zu lassen. Die durch Turbulenzen entstehenden Atemgeräusche erlauben ausreichend genaue Rückschlüsse auf die Luftdurchgängigkeit der Nase.

Verbiegungen der Nasenscheidewand, Nasenpolypen und Schwellungszustände der Schleimhaut bilden die häufigsten Ursachen für eine behinderte Nasenatmung im Erwachsenenalter. Sehr weite Nasenhöhlen begünstigen eine Austrocknung der Schleimhäute, die sich dann häufig auch auf Rachen und Kehlkopf erstreckt. Die Bedeutung der Nasennebenhöhlen für die subjektiven Vibrationsempfindungen beim Singen wurden bereits erwähnt (s. Klangbildung). Die Größe der Nasennebenhöhlen läßt sich im Röntgenbild ausreichend exakt beurteilen.

Lautprüfung. Systematische Überprüfungen von Einzellauten und Lautverbindungen sollen artikulatorische Fehlleistungen aufdecken, die den Kommunikationsprozeß stören. Jede Lautprüfung setzt Überlegungen zum normalen Befund voraus. Man kann davon ausgehen, daß abnorme Verhältnisse dann vorliegen, wenn die Art der Lautbildung auffällig oder unverständlich und damit für Sprecher und Angesprochene unangenehm ist. Für Sänger sind in jedem Fall die Normen der deutschen Standardaussprache (Hochlautung) maßgebend. Auch geringe dialektale Färbungen, die im persönlichen Gespräch bei beliebigen Personen und sogar bei Angehörigen von Sprechberufen, wie Lehrern oder Kindergärtnerinnen, meist toleriert werden, fallen beim Sänger immer unangenehm auf und beeinträchtigen seine künstlerische Wirkung erheblich. Im Gegensatz zum frühen Kindesalter, in dem nahezu alle Laute fehlgebildet, durch andere ersetzt oder auch ganz ausgelassen werden können, beschränken sich die artikulatorischen Fehlbildungen bei Erwachsenen meist auf die Gruppe der Zischlaute. Bei Sängern ist die Lautprüfung vorwiegend auf die Erkennung mundartlicher Abweichungen gerichtet.

Palatographie (Gaumendarstellung). Wenn sich die Art der Lautbildung, besonders in den hinteren Artikulationszonen, bei der einfachen Untersuchung nicht sicher beurteilen läßt, kann man die Zunge mit einer breiigen Masse bestreichen, die sich farblich von der Schleimhaut abhebt. Daraufhin spricht der Proband den interessierenden Laut aus und öffnet sofort wieder den Mund. Über einen eingeführten Spiegel kann man dann anhand der Breispuren, die am Gaumen zurückgeblieben sind, die Kontaktflächen von Zunge und Gaumen feststellen und damit die Organpositionen bei der Artikulation genauer erkennen.

Röntgen- und Ultraschalluntersuchungen. Bei *Röntgendurchleuchtung* lassen sich die Artikulationsorgane in ihrem Bewegungsablauf gut darstellen, vor allem im seitlichen Strahlengang und bei Gebrauch eines Kontrastmittels. Allerdings dienen solche Untersuchungen nur ausgewählten Fragestellungen, auch wenn die Strahlenbelastung durch den Einsatz von Bildverstärkern stark reduziert worden ist. Alle artikulatorischen Bewegungen der Lippen, des Unterkiefers, der Zunge, des Gaumensegels und auch die Volumenänderungen des Rachens sowie Auf- und Abwärtsbewegungen des Kehlkopfes lassen sich dabei in ihrem Zusammenwirken erfassen und analysieren. Die traditionelle Röntgenkinematographie (KOSSEL, 1972; ECKARDT, 1980) ist durch die Technik der Videoaufzeichnung abgelöst worden, die einen rascheren Zugriff zu den Befunden ermöglicht.

Ultraschalluntersuchungen (Sonographie), die keine Strahlenbelastung mit sich bringen, zeigen auch für die Ansatzräume neue Möglichkeiten auf. Die Unschärfe der Weichteilkonturen ermöglicht aber gegenwärtig noch keine ausreichend präzisen Einschätzungen.

Näselprüfungen. Einem geübten Beobachter bereitet es im allgemeinen keine Schwierigkeiten, auditiv zwischen offenem und geschlossenem Näseln zu unterscheiden und beides von der normalen Nasalität abzugrenzen. In Zweifelsfällen können aber besondere Näselprüfungen hilfreich sein.

Bei der A-I-Probe nach GUTZMANN wird der Proband aufgefordert, die Vokale /a/ und /i/ in schnellem Wechsel laut hintereinander auszusprechen. Währenddessen verschließt der Untersucher die Nase des Probanden (seitlicher Druck auf die Nasenflügel) und gibt sie wieder frei. Eine Klangänderung bei zugehaltener Nase spricht für offenes Näseln, kann aber auch schon bei physiologischer Nasalität auftreten. Bei geschlossenem Näseln und bei gutem Abschluß des Nasenrachens durch das Gaumensegel bleibt der Klang unverändert. Mit Hilfe eines Hörschlauches lassen sich verstärkte nasale Klanganteile und auch sogenannte Durchschlagegeräusche bei unvollkommenem Nasen-Rachen-Abschluß (auffällig vor allem bei Verschlußlauten) verdeutlichen, wenn man das freie Ende des Hörschlauches an die Nase des Probanden hält.

Stimme

Auditive Beurteilung

Die Hörbeurteilung des Stimmklanges hat wie aus künstlerischer so auch aus phoniatrischer Sicht noch immer Vorrang. Ein geschultes und differenziertes Hörvermögen ist bis heute auch nicht durch aufwendige apparative Verfahren zu ersetzen. Bei Kenntnis der physiologischen Verhältnisse, die verschiedenen stimmlichen Äußerungen zugrunde liegen, kann nicht nur die Klangbildung in den Ansatzräumen auditiv beurteilt werden, sondern auch die Tätigkeit der Glottis und die Funktion der Atmung (»Funktionelles Hören«).

Stimmeinsatz und -absatz

Die Art und Weise, wie die Phonation beginnt oder endet, wird als Stimmeinsatz oder -absatz bezeichnet. Der damit verbundene Höreindruck hat feste Beziehungen zum Schwingungsverhalten der Stimmlippen.

G e h a u c h t e r S t i m m e i n s a t z. Der für die Stimmgebung notwendige Atemstrom fließt schon, während sich die Stimmlippen von der Respi-rations- in die Phonationsstellung bewegen. Die Stimmlippen beginnen während der Annäherung allmählich zu schwingen, vorher ist aber bereits Atem als »wilde Luft« unmoduliert verströmt. Dem Stimmklang geht ein hörbares, H-artiges Reibegeräusch voraus.

W e i c h e r S t i m m e i n s a t z. Die Stimmlippen liegen in Phonationsstellung bis auf einen schmalen elliptischen Spalt locker aneinander, und der subglottische Druck wird allmählich wirksam. Gleichzeitig beginnen die Schwingungen ohne ein wahrnehmbares Geräusch. Es kommt weder zur Luftverschwendung wie beim gehauchten Einsatz noch zum Luftstau wie beim harten Einsatz. Der weiche Einsatz gilt beim Gesang aus stimmhygienischer Sicht als optimal und sollte überwiegend Anwendung finden.

Glottisschlageinsatz (fester und harter Stimmeinsatz). Die Stimmlippen legen sich aneinander (Vollverschluß), werden durch den Luftstau unterhalb der Glottis auseinandergetrieben und beginnen plötzlich zu schwingen. Je nach dem zugrunde liegenden Phonationsmechanismus und der auditiv wahrnehmbaren Härte des Glottisschlages wird eine stimmhygienisch akzeptable, physiologische Form (fester Einsatz, weicher Glottisschlag) von einer stimmschädigenden, krankhaften Form (harter Einsatz, harter Glottisschlag) unterschieden. Die physiologische Variante entsteht durch einen nur leichten Schluß der Stimmlippen in Phonationsstellung, so daß ein geringer subglottischer Druckanstieg nötig ist, um den Verschluß mit einem leisen Knacklaut zu lösen. Der feste Einsatz ist Bestandteil der deutschen Standardaussprache beim Sprechen und wird im vokalischen Anlaut auch beim Singen neben dem weichen Einsatz gebraucht. Bei der krankhaften Variante sind die Stimmlippen – und häufig sogar die Taschenfalten – aneinandergepreßt, und der stärker gestaute Atem unterhalb der Glottis sprengt den Verschluß mit einem knallartigen Geräusch, dem die Stimmlippenschwingungen plötzlich folgen. Der Luftverbrauch vergrößert sich gegenüber dem weichen Einsatz.

Dieser harte Einsatz ist nur ausnahmsweise beim gespannten Sprechen oder Singen anzuwenden, da die Gefahr rascher Stimmermüdung besteht. Darüber hinaus kommt es zu besonderen Belastungen für die Schleimhaut am Stimmlippenrand, und die Entstehung von Phonationsverdickungen (»Sängerknötchen«), selten auch von Stimmlippenblutungen, wird erheblich begünstigt. Bei ermüdeten Stimmen oder bei ausgeprägten Stimmstörungen zeigt der harte Einsatz als gepreßter Glottisschlag oder als geknarrter Einsatz (mehrere aufeinanderfolgende Glottisschläge) den Versuch an, die Leistungsschwäche durch Überfunktion zu kompensieren. Der Terminus »coup de glotte« wurde ursprünglich für einen unverspannten Glottisschlageinsatz verwendet, heute gilt er für beide Realisationsarten. Es ist müßig, darüber zu streiten, ob der Glottisschlag im Gesangsunterricht angewendet werden sollte oder nicht. Die Frage einer Stimmschädigung hängt allein von der »Dosierung« des subglottischen Luftstaus und des Stimmlippenschlusses ab.

Der Stimmeinsatz kann während der Spontansprache, beim Reihensprechen, Vorlesen und während des Singens überprüft werden. Tonhöhe und Stimmstärke sind zu berücksichtigen, wobei es am interessantesten ist, leise Stimmanwendungen zu beurteilen. Durch gleichzeitige Registrierung von Schallpegel und Luftströmungsgeschwindigkeit lassen sich die verschiedenen Stimmeinsätze objektivieren (Abb. 84).

E.-M. Krech veröffentlichte 1964 sprechwissenschaftlich-phonetische Untersuchungen zum Gebrauch des Glottisschlageinsatzes in der allgemeinen deutschen Hochlautung und gab eine zusammenfassende Darstellung der Problematik. Forchhammer (1921) wählte die Bezeichnungen »Schließeinsatz« für den gehauchten, »Stelleinsatz« für den weichen und »Sprengeinsatz« für den harten Stimmeinsatz.

STERN (1928) wies mit Recht darauf hin, daß bei der Beurteilung und Bewertung verschiedener Stimmeinsätze – ähnliches gilt wohl auch für die Stimmabsätze – drei Standpunkte zu berücksichtigen sind: stimmbildnerische, künstlerische und stimmhygienische. Meist stimmen sie überein, aber aus stimmtechnischen und vor allem aus künstlerischen Gründen sind Abweichungen, insbesondere vom weichen Stimmeinsatz, durchaus möglich. Wichtig erscheint nur der Grad der Abweichung und die Tatsache, daß ein harter Glottisschlageinsatz nicht gewohnheitsmäßig angewendet wird. Der feste Einsatz kann stimmbildnerisch in dem Bemühen sehr nützlich sein, alle Atemluft in Klang zu verwandeln.

Das *»Ventiltönchen«* nach R. SCHILLING stellt einen weichen, hygienischen Glottisschlag dar, der geflüstert ist. Die Atemluft staut sich zwar unterhalb der Stimmlippen ein wenig an, im Moment der Freigabe der Luft kommt es aber nicht zu Stimmlippenschwingungen. Hauchige oder knarrende Geräusche fehlen normalerweise.

Der Begriff *»Stimmansatz«* (Stimmanschlag, Stimmschlag) bezieht sich nicht auf die Stimmbildung im Kehlkopf, sondern auf die Klangbildung in den Ansatzräumen und gehört zur Kategorie des »Stimmsitzes«. Mit Stimmansatz wird in der Praxis meist die Fähigkeit beschrieben, den optimalen Stimmklang schnell und mühelos in weitgehender Unabhängigkeit von Tonhöhe, Stimmstärke, Register u. a. zu finden.

S t i m m a b s a t z. Das Ende der Phonation kann ähnlich wie der Beginn ablaufen: gehaucht, weich, fest und hart. Es strömt hauchartig Luft durch die Glottis, nachdem die Stimmlippenschwingungen schon beendet sind, oder Atemstrom und Stimmlippenschwingungen hören gleichzeitig und allmählich auf, ohne daß ein Geräusch entsteht. Letztlich ist es möglich, daß die Glottis mit Beendigung der Stimmgebung fest ver-

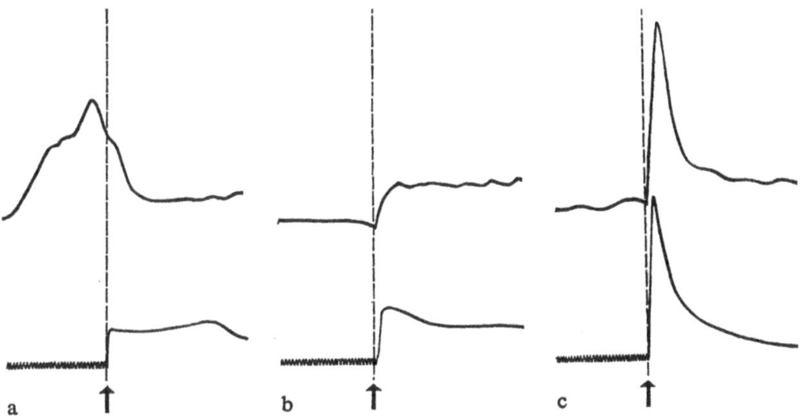

Abb. 84 Stimmeinsätze; a gehaucht, b weich, c hart. Obere Kurve: Luftströmungsgeschwindigkeit, untere Kurve: Stimmschallpegel (Hüllkurve); bei ↑ Stimmeinsatz

schlossen wird. Vor allem bei Sängern ist die Art des Absetzens der Stimme auditiv gut kontrollierbar und gibt Aufschlüsse über die Größe des Atemdrucks und der Kehlkopfspannung. Als physiologisch gilt der weiche Stimmabsatz, er ist auch ein Gradmesser für die Ausgewogenheit des Stützvorganges.

Das »Nachächzen« am Ende eines gehaltenen Tones entsteht dadurch, daß mit Lösung des Stimmlippenschlusses bei Beendigung der Phonation der vorher gestaute Atem nicht schnell genug gebremst und angehalten werden kann. Die mit hoher Geschwindigkeit ausströmende Luft führt entweder zu einem ächzenden Geräusch oder zu einem ächzenden Laut, weil die Stimmlippen erneut zu schwingen beginnen. Manchmal wird durch einen forcierten Glottisschluß versucht, den Atem endgültig zu stoppen. Das Nachächzen ist meist als Anzeichen eines zu hohen Atemdrucks bzw. des »Überstützens« zu bewerten und sollte als Überfunktion eine entsprechende Einschätzung erfahren. Das z. B. bei CARUSO oft wahrnehmbare Nachächzen ist allenfalls als Ausdrucksmittel zu akzeptieren, nicht aber als eine besondere stimmtechnische Fertigkeit, die anzustreben wäre.

Stimmklang

Die auditive Beurteilung des Stimmklanges ist in starkem Maße von den unterschiedlichen Fähigkeiten der Untersucher abhängig, Ausdrucksnuancen der menschlichen Stimme empfindsam aufzunehmen und auch bestimmte Vorstellungen mit dem gehörten Klang zu verbinden. Die Stimme des Sängers mit ihren weiten Ausdrucksbereichen und ihrer nur unsicher zu fassenden gefühlsmäßigen Wirkung läßt sich besonders schwer beschreiben. Dennoch sind alle, die sich mit Stimmeinschätzungen befassen, auf solche Beschreibungen angewiesen.

Um den subjektiven Spielraum in der Hörbeurteilung etwas einzugrenzen und eine Verständigung zwischen verschiedenen Beurteilern besser zu ermöglichen, sollte man einen ästhetischen Aspekt von einem physiologischen unterscheiden, auch wenn beide nicht streng voneinander zu trennen sind, denn es handelt sich nur um verschiedene Sichtweisen auf ein und dasselbe Phänomen. Ästhetisch gesehen ist eine Beschreibung stets weitläufiger, weil z. B. auch ethnische und gesellschaftliche Wertungen und vor allem subjektive Einschätzungen mit eingehen und weil auch außerstimmliche Faktoren wie Sympathie, äußeres Erscheinungsbild u. a. wirken. Physiologisch gesehen engt sich der Beurteilungsspielraum jedoch ein, denn man kann natürliche Merkmale und gesangstechnische Fertigkeiten wie Tonhöhenumfang, Stimmstärke und -dynamik, Stimmsitz, Vokalausgleich, Timbre, Vibrato, Schwelltonvermögen, Beweglichkeit der Stimme u. a. einigermaßen sicher und vergleichbar einschätzen.

Stets sollten Sprech- und Singstimme gleichermaßen berücksichtigt werden. Man achtet auf das Spontansprechen, prüft Reihensprechen und Textvorlesen, jeweils ungespannt und gespannt, sowie Vokalisen oder das Singen von Lied und Arie.

Bereits seit einigen hundert Jahren ist die Unterscheidung von guten und schönen Stimmen üblich. Die Güte der Stimme läßt sich überwiegend verstandesmäßig erfassen, die Schönheit überwiegend gefühlsmäßig. Eine gute Stimme muß nicht schön sein, eine schöne nicht gut.

Panconcelli-Calzia (1956) nannte eine Stimme normal und gut, wenn sie unter Einsatz der für die jeweilige Leistung notwendigen Muskulatur in harmonischem Ausgleich der Funktionen von Atem, Kehlkopf und Ansatzrohr gebildet wird. Der Autor bewertete also im wesentlichen gesangstechnische Fähigkeiten und Fertigkeiten. »Die ›gute‹ Stimme hört sich frei von Nebengeräuschen, Druck, Dauer-Fehl-Überspannungen an, klingt in jeder Höhe beliebig kräftig oder leise, weittragend, fließt resonanzreich, weich und anstrengungslos.« Die gute Stimme ist auch leistungsfähig.

Wir meinen, die ästhetische Seite wird mit der Einschätzung »schön« nur zum Teil beschrieben. Vielleicht sind vor allem durch Musiktheater sowie Pop- und U-Musik andere Maßstäbe entstanden, die zu der Kategorie »ausdrucksvoll« führen. Es gibt ja durchaus »schön« zu nennende Stimmen, die mit »Schöngesang« nach kurzer Zeit langweilig wirken, und »unschöne« Stimmen, gesangstechnisch gut gebildet, die durch ihre starken Ausdrucksmöglichkeiten hervortreten und faszinieren.

Neben physiologischen und ästhetischen Aspekten kommt es darauf an, Abweichungen vom normalen Stimmklang zu erkennen und vor allem auch zu entscheiden, ob krankhafte Veränderungen vorliegen oder nicht. Auch wenn diese grundsätzliche Entscheidung aus phoniatrischer Sicht meist leichtfällt, tritt wie bei der Beschreibung normaler Stimmklänge sogleich die Schwierigkeit auf, mittels einer einfachen, verständlichen und vergleichbaren Nomenklatur bestimmte Erscheinungsformen kranker Stimmqualitäten zu beschreiben und Schweregrade zu kennzeichnen. Beispielweise erwähnte Sonninen (1970) 260 Adjektive, mit denen Heiserkeiten näher gekennzeichnet wurden!

Bei dem Versuch, diese Begriffsfülle zu reduzieren, sollte von dem Oberbegriff *heiser* ausgegangen werden. Darunter sind alle Stimmklänge mit krankhaften Geräuschanteilen zu verstehen. Ihnen liegt entweder »wilde«, unmodulierte Ausatmungsluft zugrunde, und zwar bei unvollständiger oder fehlender Schlußphase der Stimmlippenschwingungen (Stimme *behaucht*), oder es sind Unregelmäßigkeiten im Schwingungsablauf in bezug auf Schwingungszahl (Frequenz), Schwingungsweiten (Amplituden) und Zeitverlauf (Phasen) vorhanden (Stimme *rauh*). Deshalb wählen wir Schlußphase und Regelmäßigkeit der Stimmlippenschwingungen als Größen für die Kennzeichnung der Geräuschkomponenten im Stimmklang. Es hat sich bewährt, die einzelnen Faktoren, R für die Rauhigkeit, B für die Behauchung und H für den Gesamt-Heiserkeitsgrad nach Schweregraden von 0 bis 3 zu klassifizieren (0 = nicht vorhanden, 1 = geringgradig, 2 = mittelgradig, 3 = hochgradig) und durch Indizes zu kennzeichnen. Tabelle IV gibt einen

Überblick über die von uns verwendeten Grundbezeichnungen der Stimmklänge und die Art ihrer Entstehung.

Eine normale Stimme bezeichnen wir als dicht, klar (R 0, B 0, H 0) und mittelgradig steigerungsfähig. Die Stimmlippen schließen und schwingen regelmäßig. Bei mangelhaftem Stimmlippenschluß entsteht eine behauchte oder verhauchte Stimme (B 1 bis B 3). Im Falle der Überfunktion im Glottisbereich ist manchmal eine »gepreßte« Stimmgebung wahrnehmbar. Unregelmäßige Stimmlippenschwingungen führen zu auffälligen harten Stimmeinsätzen oder zu einer belegten Stimme (R 1). Beide Merkmale können zugleich auftreten. Stärkere Stimmklangveränderungen aufgrund von Irregularitäten lassen sich als rauh in verschiedenen Schweregraden oder als knarrend beschreiben (R 2, R 3). Die Merkmale können auch kombiniert vorhanden sein, z. B. gibt es belegte und dichte (R 1, B 0), belegte und behauchte (R 1, B 1) oder rauhe bzw. knarrende und unterschiedlich stark behauchte Stimmen (R 1 bis R 3, B 1 bis B 3). Das wiedergegebene R-B-H-Schema stimmt jedoch nicht immer mit den vielfältigen Erscheinungen in der klinischen Praxis überein. Leichte Schlußschwächen der Stimmlippen können auch zu einem belegten Stimmklang führen, zum Eindruck geringgradiger Rauhigkeit.

Mit »klangvoll« bezeichnen wir einen auditiv auffälligen, besonders günstigen Stimmklang, mit »klangarm« das Gegenteil. Der im Bereich des Normalen angenommene Klang wird nicht näher gekennzeichnet. Gegebenenfalls werden weitere wichtige Eigenschaften zusätzlich notiert, beispielsweise offenes oder geschlossenes Näseln, Tremolieren, Kippeln.

Daß bei der Beurteilung der Sängerstimme weitere Merkmale hinzugezogen werden müssen, die sich vor allem auf die Klangbildung in den Ansatzräumen beziehen, versteht sich von selbst. Es handelt sich dabei um die Klangfähigkeit im Bereich des gesamten Tonhöhen- und Dyna-

Tab. IV Vereinfachte Zusammenhänge zwischen physiologischen, akustischen und auditiven Aspekten des Stimmschalls (nach Wendler)

Genetisch (physiologisch)	**Gennematisch (akustisch)**	**Perzeptiv (auditiv)**
alle Abweichungen vom normalen Schwingungsmuster der Stimmlippen, zusätzliche Schallquellen	Geräuschanteile im Stimmschall	HEISERKEIT H
Irregularitäten der Stimmlippenschwingungen, zusätzliche Schallquellen	Geräuschanteile durch Aperiodizitäten der Grundschwingung des Stimmschalls, Überlagerungen	RAUHIGKEIT R
fehlender Stimmlippenschluß	Geräuschanteile durch Turbulenzen unmodulierter Ausatmungsluft	BEHAUCHTHEIT B

mikumfanges (»Stimmsitz«), um die Klangfarbe (das Timbre), um klangliche Auffälligkeiten wie »Rückverlagerung« der Stimme oder flaches und scharfes, schrilles Singen sowie um besondere stimmtechnische Fertigkeiten, z. B. Schwelltonvermögen, Gleichmäßigkeit des Tonhaltens, Koloratursingen. Unter Umständen hängt der Klang von dem gewählten Vokal ab, und dann fallen entweder die offenen oder die geschlossenen Vokale besser aus (Vokaltyp). Gleichbleibende Stimmqualität bei verschiedenen Vokalen zeigt die Beherrschung des Vokalausgleichs an. Ein Vorschlag für eine Basiseinschätzung ist mit Tabelle V gemacht, sie kann durch individuelle Besonderheiten, die detaillierter beschrieben werden müssen, jederzeit ergänzt werden.
Bei der Beschreibung von Klangqualitäten muß die Stimmintensität berücksichtigt werden (s. Steigerungsfähigkeit), d. h. es ist zu vermerken, bei welcher Intensität geprüft wurde (ungespanntes, gespanntes Sprechen oder Singen). Die in der Musik gebräuchlichen Lautstärkebezeichnungen lassen sich dabei gut verwenden.

Tab. V Auditive Beurteilung der Sing- und Sängerstimme (nach SEIDNER)

Stimmeinsatz	weich, fest, hart, gehaucht
Stimmklang (Kehlkopf)	R 0 1 2 3 knarrend, kippelnd, diplophon B 0 1 2 3 H 0 1 2 3
Stimmabsatz	weich, fest, hart, ächzend
Gesamtklang (einschließlich »Stimmsitz«)	klangvoll, unauffällig, klangarm nasal, nicht nasal, näselnd, kehlig, gaumig, (knödelnd), scharf
Timbre	dunkel (wie Alt, Baß) mittel (wie Mezzosopran, Bariton) hell (wie Sopran, Tenor) natürlich, abgedunkelt, aufgehellt
Stimmstärke	laut, mittel, leise
Register	ausgeglichen, nicht ausgeglichen, divergierend
Vokalausgleich	beherrscht, teilweise beherrscht, nicht beherrscht
Vibrato	ausgeprägt, angedeutet, fehlend gleichmäßig, ungleichmäßig zu schnell, »normal«, zu langsam
Intonation	rein, unrein, falsch
Schwellton	gleichmäßig, ungleichmäßig stark, mittel, schwach lang, mittellang, kurz
Gesangstechnik	Note 1 2 3 4 5 6

Mittlere Sprechstimmlage

Die mittlere Sprechstimmlage bezeichnet eine Tonhöhe, um die sich die Stimme beim Sprechen bewegt und von der sie kurzzeitig nach oben oder unten abweicht. Der Begriff »mittlere Sprechstimmlage« läßt sich sowohl auf ungespanntes wie auf gespanntes Sprechen und auch auf krankhafte Zustände anwenden. Mit *Indifferenzlage* (H. KRECH, 1954) ist unter physiologischen Bedingungen derjenige Tonhöhenbereich gemeint, in dem mit geringstem Kraftaufwand anhaltend und mühelos gesprochen werden kann. Er liegt im unteren Drittel des Tonhöhenumfanges, eine Quarte bis Quinte über der unteren Grenze.

Da Emotionen und Affekte während des Sprechens die Tonhöhenbewegungen stark beeinflussen können (s. Sprechakzente) und es bei großen Auslenkungen der Sprechmelodie nur schwer möglich ist, die mittlere Sprechstimmlage zu bestimmen, bevorzugen wir bei der Untersuchung zunächst ungespanntes Reihensprechen (Zahlen, Wochentage), gefühlsmäßig neutrale oder ruhig zu lesende Texte bzw. ungezwungene Gespräche. Dabei werden meist auch eine natürliche und ungespannte Sprechhaltung eingenommen und die Indifferenzlage am ehesten erreicht. Wiederholte Prüfungen festigen das Ergebnis. Der Vergleich der Sprechstimmlage mit einem Instrument (Klavier, Stimmgabel, Tongenerator) gestattet, die musikalische Tonhöhe oder die Frequenz zu erkennen, auf der gesprochen wird. Während des gespannten Sprechens beim lauten Lesen, Reihensprechen oder Rufen läßt sich die mittlere Sprechstimmlage ebenfalls überprüfen.

Angaben über die mittlere Sprechstimmlage gehören zu jedem Stimmbefund, wobei sich eine Bewertung stets an der unteren Grenze des Tonhöhenumfangs orientieren muß. Nach unseren Erfahrungen sollte man beim ungespannten Sprechen bei Männern G bis c und bei Frauen g bis c^1 als physiologisch einschätzen. Abweichungen, besonders nach der Höhe zu, sind auffällig und können Ausgangspunkt wie auch Bestandteil einer Stimmerkrankung sein. Als Ausnahme ist manchmal die hohe Sprechstimmlage bei unvollständiger Mutation von Männern anzusehen, die nicht über Stimmbeschwerden klagen und sogar im Sängerberuf erfolgreich tätig sein können. Für Sänger kann die Überprüfung nicht nur zur Beurteilung der Sprechstimmfunktion herangezogen werden, sondern auch zur Klassifizierung der Stimmgattung (s. dort).

Kaustimme

Aufgrund der Wesenseinheit von Kau- und Artikulationsbewegungen (FROESCHELS, 1952) können beim lustbetonten Kauen in entspanntem Zustand stimmliche Äußerungen hervorgebracht werden. Diese tiefe, volle und gelöste Stimmgebung wird als Kaustimme bezeichnet. Sie liegt im unteren Bereich der normalen Sprechstimmlage, etwas tiefer als die Indifferenzlage. Das Lusterlebnis des Essens und genußvollen

Kauens wird vom Untersucher suggeriert, und die Prüfung der Kauphonation schließt sich an. Man fordert den Probanden auf, mit geschlossem Munde zu kauen und gleichzeitig die Stimme mitklingen zu lassen. Allmählich werden die Lippen geöffnet.

Steigerungsfähigkeit

Eine gesunde und leistungsfähige Stimme muß in der Lautstärke steigerungsfähig sein. Das Maß der Steigerungsfähigkeit erlaubt Rückschlüsse auf das stimmliche Leistungsvermögen, das z. B. bei Tauglichkeitsuntersuchungen für den Sängerberuf und bei der Beurteilung von Stimmstörungen einzuschätzen ist. Man läßt einen geeigneten Text so laut wie möglich lesen oder treibt den Probanden zu bestimmten Ausrufen an (Achtung! Hallo! Tor! Komm her!). Beim Singen prüft man die Steigerungsfähigkeit vokalabhängig (/a/, /u/, /i/) auf verschiedenen Tonhöhen und läßt gehaltene Töne piano und forte singen. Von besonderem Interesse ist das Schwelltonvermögen (s. dort), da neben dem Grad der Steigerungsfähigkeit weitere wichtige Stimmerkmale erfaßt werden können: Gleichmäßigkeit der Steigerung, Veränderung des Vibratos und der Klangfähigkeit. Neben Vokalisen sollte der ungespannte und gespannte Vortrag geeigneter Gesangsliteratur Berücksichtigung finden.

Der Grad des Lauterwerdens läßt sich nach dem subjektiven Höreindruck zweckmäßig ausdrücken als nicht, schwach (wenig, geringgradig), mittelgradig oder stark (sehr gut, hochgradig) steigerungsfähig. Gleichzeitig kann der Stimmklang bei einem bestimmten Steigerungsgrad beschrieben werden.

Nach unserer Erfahrung haben Probanden, die für den Sängerberuf prädestiniert sind, meist auch eine stark steigerungsfähige Sprechstimme. Ausnahmen gibt es manchmal bei Frauen. Einige können ihre Sprechstimme, die ja ausschließlich im Brustregister eingesetzt wird, nur wenig steigern, sie erreichen aber beim Singen im Kopfregister eine ungewöhnliche Klangfähigkeit. Besonders bei Bühnen- und Konzertsängern, die ohne elektronische Hilfsmittel arbeiten und sich mit großer Stimmkraft in ihrem Beruf durchsetzen müssen, ist die Dynamik der Stimme ein wesentliches Qualitätsmerkmal. Wer schon bei gering gespanntem Sprechen oder Singen seine Steigerungsgrenze erreicht, ist für einen stimmintensiven Beruf weder geeignet noch tauglich. Niemand kann sich über längere Zeit an dieser Grenze bewegen ohne stimmlich rasch zu ermüden oder zu versagen. Starke Steigerungsfähigkeit ist in diesem Zusammenhang gleichbedeutend mit stimmlichen Reserven und spricht auch dafür, daß die Stimme über längere Zeit belastbar ist.

Tonhöhenumfang und Register

Die höchsten und tiefsten Töne der menschlichen Stimme, die singend erreicht werden, begrenzen ihren Umfang. Vom Säuglingsschrei ausgehend, der sich gewöhnlich um a^1 bewegt, vergrößert sich der Tonhöhenumfang im Laufe des Wachstums und erreicht während des frühen Erwachsenenalters die größte Weite, mindestens 2 Oktaven, oft 3, selten 4 oder mehr.

Der physiologische (absolute) Umfang reicht vom tiefsten, leise und locker anklingenden oder summend erreichten Ton bis zum höchsten Ton (auch Falsett- oder Pfeifton). Dieser extreme Umfang ist als eine natürliche Leistungsgrenze interessant, auf die sich die stimmtechnische Schulung – auch im Sinne einer Prognose – ausrichten kann. Allerdings wird bei der Umfangsprüfung die männliche Falsettstimme meist nicht berücksichtigt.

Der kleinere musikalische Tonhöhenumfang gibt den momentanen Bereich an, der für die Unterrichtsarbeit unmittelbar zur Verfügung steht und künstlerisch verwertbar erscheint (Abb. 85). Er wird auch als der Bereich beschrieben, in dem die Töne klangvoll und ohne wesentliche Anstrengung gesungen werden können. Auch wenn er ungenauer als der physiologische zu bestimmen ist, weil den subjektiven Anschauungen der Untersucher immer ein gewisser Spielraum bleibt, erscheint er doch bedeutungsvoll. Zahlreiche Sänger sind ja daran gescheitert, daß ihre Stimmen unter gewaltsamer Ausnutzung des physiologischen Umfanges in die Höhe getrieben wurden.

Die Prüfung kann auf verschiedene Weise erfolgen. Um vergleichbare Werte zu erhalten, sollte der Untersucher jedoch immer in der gleichen Art verfahren. Wir empfehlen, von einem Ton in mittlerer, bequemer Lage und dem subjektiv günstigsten Vokal auszugehen und langsam eine Tonleiter in die Tiefe bis an die Grenze des Umfanges singen zu lassen. Der letzte Ton wird leise und ungespannt in Halbtonschritten erreicht. Für das Prüfen der Höhe sind meist bewegte Vokalisen eines bestimmten Umfangs günstig, mit denen man halbtonweise nach oben fortschreitet. Die Übungen während des Aufwärtssingens sollten mit einer gewissen Gleichmäßigkeit und nicht zu langsam durchgeführt werden, damit der Proband sich auf die erforderliche Spannung der Spitzentöne einstellen kann. Beim Singen einer einfachen Tonleiter in die Höhe erreichen nur die gesangstechnisch gut geschulten Sänger die Töne ihrer oberen Stimmgrenze.

Für vergleichende Angaben muß die Art der Stimmleistung bekannt sein, denn es kann beispielsweise ein hoher ausgehaltener Ton künstlerisch nicht verwertbar erscheinen, während er als Grenzton einer Koloratur sogar besonderen Ansprüchen genügt.

Die Stimmintensität wird nur selten gleichzeitig in eine Umfangsprüfung einbezogen, zumindest erfolgt nicht die Messung der Stimmstärke bei den einzelnen geprüften Tonhöhen. Für gleichzeitige exakte Registrierungen des Tonhöhen- und Dynamikumfanges empfiehlt sich die Messung von Sing- und Sprechstimmprofilen, die Stimmfeldmessung (s. dort).

Die Tonhöhenumfänge im Kindesalter werden meist viel zu gering eingeschätzt (s. Lebensalter und Stimme). Für Soprane in Knabenchören ist das a^2 oder b^2 in der Höhe eine übliche Anforderung, die auch von den Kindern zu bewältigen ist – eine gute Stimmschulung vorausgesetzt. Die Angaben in der Literatur über Tonhöhenumfänge bei Erwachsenen sind uneinheitlich, wahrscheinlich deshalb, weil einmal nicht zwischen physiologischem und musikalischem Umfang unterschieden wurde, zum anderen, weil ungleiche Prüfverfahren Verwendung fanden.

Zum Beispiel beziehen sich die Mitteilungen von Preissler (1939) auf die physiologischen Umfänge. Die Häufigkeitskurven von 600 untersuchten Sängern, einschließlich 129 Berufssängern, geben 2 bis 2 ½ Oktaven wieder. Bei den Männern kommen am häufigsten 35 Halbtöne vor, bei den Frauen 38. Drei Viertel aller Sänger und etwa vier Fünftel aller Sängerinnen besitzen einen physiologischen Umfang von 2 ¾ bis 3 ½ Oktaven.

Nach W. Pfau (1973) variiert das Maximum für alle männlichen Stimmen zwischen 31 und 34 Halbtönen, bei Sopranistinnen sind meist 38 bis 41 Halbtöne festzustellen, bei Altistinnen 34 bis 37. Der Grad der Stimmschulung wirkt sich deutlich aus, denn nicht

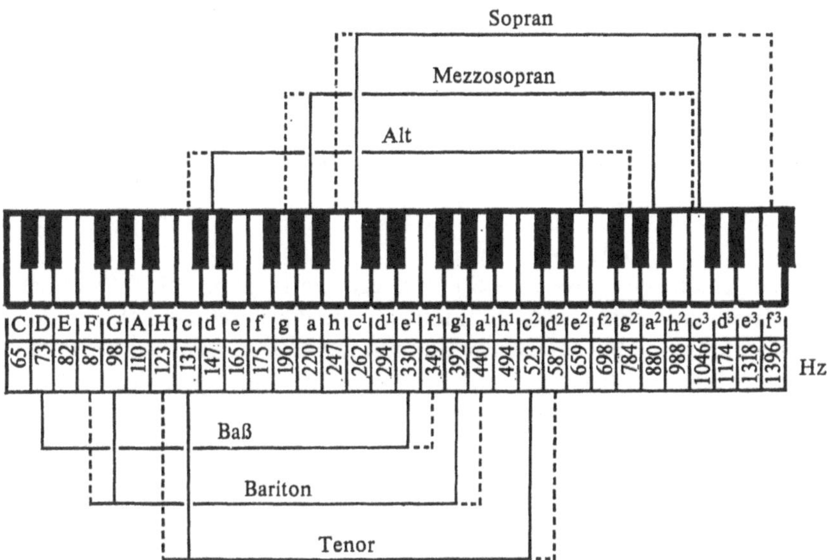

Abb. 85 Tonhöhenumfänge bei verschiedenen Stimmgattungen

ausgebildete Frauenstimmen (Sopran und Alt) kommen nur auf 30 bis 33 Halbtöne. Die größten Umfänge weisen Sopran- und Baßstimmen auf, bei den Männern haben Baritonstimmen die kleinsten Umfänge.

Die Einschränkung des Tonhöhenumfanges kann Zeichen einer beginnenden Erkrankung sein und darf deshalb nicht übersehen werden. Bei Eignungs- oder Tauglichkeitsuntersuchungen für den Sängerberuf sowie für Berufe, die eine leistungsfähige Singstimme erfordern, ist der Tonhöhenumfang regelmäßig zu überprüfen.

Registergrenzen können bestimmt werden, indem man in verschiedenen Lautstärken Tonleitern auf- und abwärts singen läßt. Der Untersucher vermerkt diejenige Tonhöhe oder denjenigen Tonbezirk (manchmal einige Halbtöne), in dem eine deutliche Klangänderung eintritt. Beim Aufwärtssingen liegt die »Schaltstelle« manchmal etwas höher als beim Abwärtssingen (s. a. Register, Übergangstöne). Im Überschneidungsgebiet von Registern werden die sogenannten amphoteren Klänge (s. dort) definiert. Die Register an der oberen und unteren Grenze des Tonhöhenumfanges lassen sich am leichtesten bestimmen, sie fallen schon bei der Umfangsprüfung auf. Man beschreibt, in welchem Maße der Registerwechsel hörbar ist, und drückt die günstigste Variante als Registerausgleich und die ungünstigste als Registerbruch aus. Verläßlichste Resultate ergeben sich, wenn man das Tonleitersingen mit der Messung von Sing- und Sprechstimmprofilen kombiniert.

Schwellton

Der Schwellton (ital. »messa di voce«) gilt bei richtiger Ausführung als eine der schwierigsten gesangstechnischen Leistungen, man könnte ihn sogar als feinsten Gradmesser stimmtechnischer Fertigkeiten bezeichnen. Gewisse Einschränkungen müssen dabei gemacht werden: Lyrischen Stimmen gelingt der Schwellton meist leichter als heldischen bzw. dramatischen, und außerdem kommen zuweilen besonders günstige natürliche Veranlagungen vor.

Nach einem leisen, weichen Stimmeinsatz verlangt man das allmähliche Lauterwerden bis zu größter Intensität und die allmähliche Rücknahme wieder bis zum Piano (»Schwellton mit Umkehr«). Zunächst sollte man einen Ton der Mittellage mit einem subjektiv günstigen Vokal prüfen, anschließend lassen sich andere Tonhöhen und Vokale einbeziehen. Hohe Töne sind schwerer an- und abzuschwellen. Auf die Abhängigkeit des Schwellvermögens von Vokal und Register sei nachdrücklich verwiesen.

Nicht nur die Ausatmungsphase erfordert eine Verlängerung und gleichmäßige Regulierung, auch Stimmlippenspannung und Klangbildung in den Ansatzräumen müssen sich gleichmäßig verändern. Die im Rahmen des Stützvorganges beschriebenen Regelungsvorgänge müssen also perfekt funktionieren, wenn der Schwellton gut gelingen soll. STERN (1928) spricht von einer »Idealisierung des Verhältnisses von Atemdruck und Stimmlippenfunktion«.

Bewertet werden Dauer, Gleichmäßigkeit und Lautstärkeunterschiede beim An- und Abschwellen. Mit Gleichmäßigkeit ist nicht nur die Kontinuität einer Lautstärkeänderung, sondern auch die einer Klangfarbenänderung gemeint.

Messungen der Atem- und Kehlkopfbewegungen durch NADOLECZNY (1923) haben ergeben, daß bei Schwelltönen die Bewegungen der Atem- und Kehlkopfkurven um so ausgeglichener erscheinen, je besser der Sänger geschult ist. Zu Beginn der Tonverstärkung treten am häufigsten Stützbewegungen der Brustatmung auf. Der Kehlkopf senkt sich während des Anschwellens und tritt auch häufig vor, lediglich an der Grenze des Tonhöhenumfanges gibt es Abweichungen von dieser Beobachtung. Die Kurven des Atemvolumens ändern sich bei gut gesungenen Schwelltönen gleichmäßig.

Vibrato

Das Vibrato der Sängerstimme läßt sich am sichersten bei gleichmäßig gehaltenen Tönen oder bei Schwelltönen überprüfen, namentlich bei Anfängern, bei denen es noch nicht so stark ausgeprägt ist. Man kann dann das Vibrato als nicht vorhanden, angedeutet, ausgeprägt bzw. inkonstant oder konstant beschreiben. Darüber hinaus sollte man versuchen, Schnelligkeit und Stärke zu bestimmen: Vibrato wenig, mittel- und sehr frequent bzw. fein-, mittel- und grobschlägig. Als Bezugswert gilt die »Norm«, die natürlich niemals exakt festzulegen ist und in Abhängigkeit von Gesangsstil und subjektivem Empfinden variiert.

Tonhaltedauer

Die Messung der Tonhaltedauer (in Sekunden) hat bei der Qualitätsbeurteilung der Sängerstimme gegenüber den bereits beschriebenen auditiven Merkmalen fast keine Bedeutung. Da die Länge des Tonhaltens von Intensität, Tonhöhe, Register, Vokal, Gesangstechnik u. a. abhängt, ergeben sich vergleichbare Werte nur unter definierten und eingehaltenen Bedingungen. Lediglich bei Erkrankungen, die mit einer ausgeprägten Schlußschwäche der Stimmlippen einhergehen, hat die stark verkürzte Tonhaltedauer einen diagnostischen Wert. Ein stimmgesunder Erwachsener kann den Ton etwa 20 bis 30 Sekunden anhalten, Werte unter 10 Sekunden gelten als sicher krankhaft.

Intonationsgenauigkeit

Abweichungen von einer genauen Intonation (»Genauigkeit der Stimme«) beschreibt man als *Detonieren* (zu tiefe Intonation) oder *Distonieren* (zu hohe Intonation). Bei der Überprüfung sind unterschiedliche Stimmleistungen wie Tonhalten, Koloratur, Schwellton u.a. vokalabhängig ebenso zu berücksichtigen wie das Singen von Lied oder Arie.

Wenn ein Sänger zu tief intoniert, kann eine allgemeine Unterspannung vorhanden sein oder auch eine Überspannung, die zu stimmlicher Ermüdung geführt hat. Fehlfunktionen sind beim unsauberen Singen vor allem in den Bereichen Atmung, Kehlkopf (Über- oder Unterspannung) und zentrale Leistungen (Hörkontrolle, beeinflußt durch Musikalität, Aufmerksamkeit usw.) möglich. Meist ist die Ursache unsauberen Singens nicht in mangelhafter Musikalität zu suchen, sondern in einer unzureichenden sängerischen Klangbildung. Vor allem Detonieren entsteht, wenn sich die Stimme von ihrem optimalen »Sitz« entfernt, weil das notwendige Formantverschieben (»Formant-Abstimmung«, »formant tuning«, s. dort) nicht ausreichend beherrscht wird.

Elektroakustische Methoden

Neben den subjektiven Methoden der Stimmbeurteilung treten immer stärker elektroakustische Untersuchungsverfahren in den Vordergrund, die es ermöglichen, die vielfältigen und flüchtigen Erscheinungen des Sprechens und Singens festzuhalten, bei Bedarf wiederzugeben und weiterführenden Analysen zu unterziehen. Damit lassen sich stimmliche Merkmale objektivieren und vergleichbare Resultate erhalten. Trotzdem muß noch einmal darauf hingewiesen werden, daß die Differenzierungsfähigkeit eines geschulten Gehörs von keinem Meßgerät erreicht wird (s. a. Hören).

Schallspeicherung und -wiedergabe. Für die Stimmaufzeichnung und deren Wiedergabe hat sich die *digitale Audiotechnik* zum wertvollsten und verläßlichsten Verfahren entwickelt.

Bei der Zusammenstellung von Mikrophonen, Rekordern und Lautsprechern zur Stimmbeurteilung müssen hohe Ansprüche gestellt werden, um Verfälschungen bei der Aufnahme und Wiedergabe zu vermeiden. Optimale Voraussetzungen bieten digitalisierte Aufnahmen auf Band oder Compaktdisk, die nicht nur wegen ihrer echten Klangqualität, sondern auch wegen des raschen Zugriffs besonders günstig sind. Außerdem verbessert sich mit dieser Aufnahmetechnik die Qualität nachfolgender Bearbeitungen, z. B. für Grundwellen- und Spektralanalysen.

Neben den apparativen Voraussetzungen kommt den Aufnahmebedingungen große Bedeutung zu. Aufnahmeräume müssen zwar gegen Störschall von außen gut isoliert sein, die *Raumakustik* darf jedoch nicht zu wenig Nachhall aufweisen. Akustisch »trockene« Räume verleiten zu starker Stimmanstrengung, die meist mit Fehlfunktionen einhergeht und zu Überlastungserscheinungen führt. »Wohnzimmerakustik« gilt für Stimm- und Sprechaufnahmen und deren Wiedergabe als optimal.

Es ist dringend zu empfehlen, jede Gesangsausbildung durch regelmäßige Tonaufnahmen zu begleiten. Nicht nur Vorsingen und Veranstaltungen sollten auf diese Weise dokumentiert werden, sondern auch die Arbeitsergebnisse des Unterrichts. Die Aufnahmen lassen sich gezielt zur Stimmkontrolle einsetzen und tragen wesentlich dazu bei, die Hörgenauigkeit zu verbessern. Ebenso wichtig ist es aber, mit Hilfe dieser Dokumentationen einheitlichere Beurteilungen innerhalb eines Ausbildungsinstitutes zu ermöglichen. Gar nicht so selten divergieren subjektive Einschätzungen von Gesangsleistungen erheblich, und anhand der reproduzierbaren Tonaufnahmen läßt sich vielleicht eine ausreichende Verständigung erreichen.

Messung der Stimmstärke. Als Maß für die Stimmstärke empfiehlt sich der *Schalldruckpegel* (s. Akustische Grundlagen), der mit Hilfe von Schallpegelmessern erfaßt und in Dezibel (dB) angegeben wird. Die Geräte bestehen aus Mikrophon, Verstärker und Anzeigeinstrument. Für vergleichende Messungen ist auf die korrekte Einhaltung gleicher Untersuchungsbedingungen zu achten, vor allem auf Raumakustik und Mikrophonabstand. Schallpegelmessungen zur Qualitätsbeurteilung der Sing- und Sängerstimme sind überwiegend aus physiologischer Sicht wichtig und gewinnen an Bedeutung, wenn beim lauten Singen zugleich der Pegel hoher Formanten erfaßt wird (s. Messung von Sing- und Sprechstimmprofilen). Künstlerische Stimmqualitäten lassen sich natürlich nicht messen.

Messung der Tonhöhe. Stimmgrundschwingungen können nach der Schallaufnahme durch ein Luftschall- oder Kehlkopfmikrophon elektronisch nach ihrer Frequenz analysiert und durch ein Anzeigeinstrument angegeben werden. Beispielsweise verfügen Stroboskope über eine solche Anzeigemöglichkeit. Zur Ermittlung der Stimmlippenfrequenz läßt sich auch die Elektroglottographie (s. dort) einsetzen. Mit Hilfe von Kleinrechnern ist es möglich, die mittlere Sprechstimmlage beim fortlaufenden Sprechen zu ermitteln und darzustellen. An die Geräte sind hohe Anforderungen zu stellen, denn es müssen Oktavsprünge vermieden und auch leise und heisere Stimmen erfaßt werden.

Messung von Sing- und Sprechstimmprofilen. Tonhöhenabhängige Intensitätsmessungen der Stimme werden vereinzelt schon seit Jahrzehnten durchgeführt (Übersicht bei SEIDNER und Mitarb., 1985; GRAMMING, 1988). Aber erst mit der Publikation als Phonetographie (WAAR und DAMSTÉ, 1968; Schutte, 1975, 1980) wurden weiterführende Schallpegelmessungen der Sing- und Sängerstimme angeregt. Wir schlugen zunächst die Bezeichnung »Stimmfeldmessung« vor (RAUHUT und Mitarb., 1979) und nannten das Verfahren mit der gleichzeitigen Messung hoher Formantpegel »Spektrale Stimmfeldmessung« (SEIDNER und Mitarb., 1981). Da jedoch ein Flächenmaß die Besonderheiten des Tonhöhen- und Dynamikumfanges einer Stimme nicht wiedergeben kann, halten wir die Begriffe jetzt nicht mehr für angemessen. Wir folgen nunmehr der Empfehlung des Stimmkomitees der IALP (International Association of Logopedics and Phoniatrics) und bezeichnen die Untersuchungsmethode »Messung des Stimmumfangsprofils« (voice range profile measurement). Je nachdem, ob die Singstimme oder die Sprechstimme ausgemessen wird, ergibt sich ein Singstimm- oder ein Sprechstimmprofil.

Bei der Messung der *Singstimmprofile* werden die Tonhöhen, auf denen der Stimmschallpegel zu erfassen ist, entweder von einem Klavier oder einem Tongenerator vorgegeben bzw. akustisch aus dem Stimmsignal ermittelt. Der Proband steht vor einem Meßmikrophon und singt zunächst so leise wie möglich über den gesamten Tonhöhenumfang, anschließend so laut wie möglich. Jeder Ton muß 3 Sekunden gehalten werden, eine Messung von bewegten Tonfolgen bzw. Koloraturen ist nicht möglich. Trägt man die gemessenen Stimmschallpegel Ton für Ton in ein Koordinatensystem ein (X Tonhöhe, Y Stimmstärke) und verbindet die Meßpunkte miteinander, so ergibt sich in Form von Kurvenzügen ein rasch überschaubares Bild der Stimmleistung. Man bewertet Lage, Ausdehnung und Steilheit der Kurven sowie ihr Profil beim leisen und lauten Singen.

Die Aufzeichnung kann auch halbautomatisch mittels eines XY-Rekorders oder computergestützt unter Verwendung eines Druckers erfolgen. Ein Standardisierungsvorschlag zur Stimmfeldmessung/Phonetographie wurde als Empfehlung der Union der Europäischen Phoniater publiziert und betrifft Einsatzmöglichkeiten, Geräteausstattung, Raumakustik, Mikrophonabstand, Registrierungsmöglichkeiten und Terminologie (SEIDNER und SCHUTTE, 1982). Allgemein wird bei einem Mikrophonabstand von 30 cm gemessen, die Untersuchung erfordert dann nicht eine bestimmte Raumakustik. Extreme akustische Bedingungen sind allerdings zu vermeiden, am günstigsten erscheint »Wohnzimmerakustik«. Bei sängerischen Fragestellungen sollten drei unterschiedliche Vokale geprüft werden (/a/, /u/ und /i/), sonst genügt /a/.

Man muß sich darüber im klaren sein, daß die Messungen nur unter physiologischen und nicht unter künstlerischen Gesichtspunkten erfolgen können. So läuft das extrem leise Singen fast ohne Resonanz der Ansatzräume ab und ist nicht einem sängerischen Piano vergleichbar, das deutlich lauter und klangvoller eingesetzt wird. Jedoch ist es auch bei allen sängerischen Fragestellungen stets interessant, wie leicht und wie leise die Kehlkopffunktion anspricht, vor allem dann, wenn Behandlungsverläufe einzuschätzen sind. Die laute Stimmgebung prüfen wir jedoch immer in der kontrollierten Funktion eines sängerischen Fortissimo und lassen ein unkontrolliertes Schreien nicht zu. Bei spezifischen, besonders auch gesangstechnischen Fragestellungen sind natürlich Messungen im Bereich des gesamten Dynamikumfanges der Stimme möglich, d. h. im Bereich zwischen den Kurven des lauten und leisen Singens.

Flächendarstellungen der Stimmfunktionen als Sing- und Sprechstimmfeld (HACKI, 1988) können computergestützt erfolgen und basieren auf einer automatischen Erfassung der Tonhöhen und Schallpegel. Flächenvergleiche eignen sich dazu, die individuelle Stimmgröße zu ermitteln oder Therapieverläufe zu dokumentieren. Zugleich ist die Flächenbegrenzung als Profilverlauf interessant. PABON (1991) führt zusätzlich Jittermessungen durch und strukturiert auf diese Weise Sing- und Sprechstimmfelder nach Stimmqualitäten und stellt Registerareale dar.

Seit Jahrzehnten gilt es als unumstritten, daß die hohen Formanten F3 bis F5, die vor allem stimmgattungsabhängig im Bereich von 2 bis 5 kHz liegen, die Klang-, Trag- und Durchdringungsfähigkeit der Stimme deutlich prägen (s. Akustische Grundlagen, Klangbildung). Sie bilden ein »Formantenbüschel«, das sich mehr oder weniger aufspreizt und bei Sängern stärker hervortritt als bei Nichtsängern (»Sängerformanten«). Da sich diese Formantintensitäten auch bei Nichtsängern nachweisen lassen – ihre Stärke hängt von der natürlichen Veranlagung ab –, spricht man besser von »hohen Formanten« und grenzt sie von den »tiefen Formanten«, den Vokalformanten, ab. Die hohen Formanten kann man als Formantpegel registrieren und damit die Messung von Singstimmprofi-

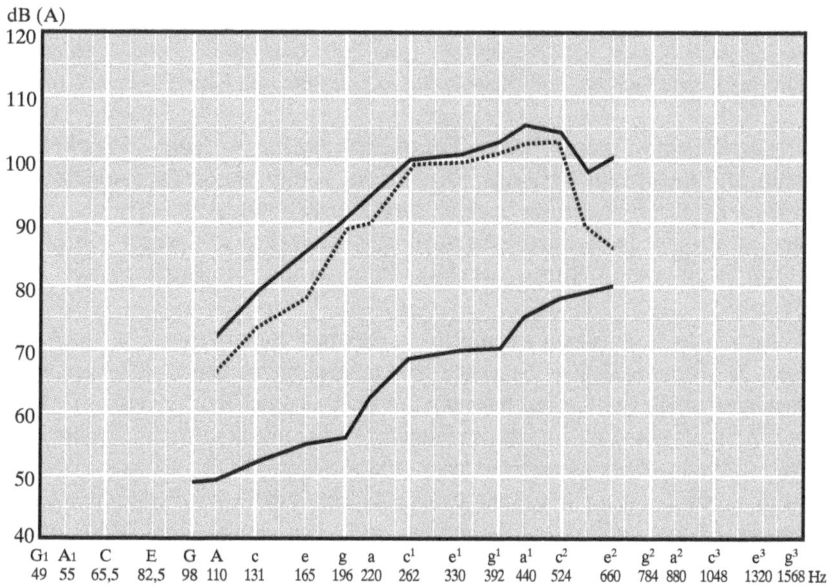

Abb. 86 Singstimmprofile von einem international bekannten lyrischen Tenor (P. Sch.), Vokal /a/; unterer Kurvenzug: extrem leises Singen, oberer Kurvenzug: sängerisches Forte mit gleichmäßigem Kurvenverlauf; stark ausgeprägter hoher Formantpegel ohne Schwankungen (unterbrochene Kurve), d², e² Falsett

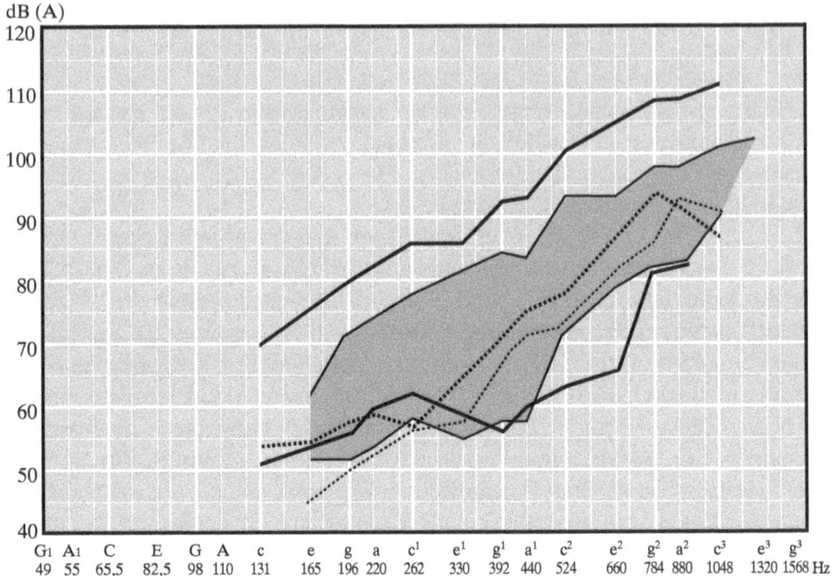

Abb. 87 Singstimmprofile von einer Gesangsstudentin, Vokal /a/; dünne Kurven: Studienbeginn, dicke Kurven: nach zweijährigem Unterricht; Zunahme des Dynamikumfanges (durchgezogene Kurven), Anhebung des hohen Formantpegels (unterbrochene Kurven)

len durch einen wesentlichen Parameter ergänzen (früher »Spektrale Stimmfeldmessung« genannt, jetzt als Messung von Singstimmprofilen mit spektraler Bewertung bezeichnet). Der Formantpegel erreicht beim lauten Singen die größten Werte und wird während unserer Untersuchungen bei dieser Stimmintensität stets simultan registriert (Abb. 86, auch 89).

Durch Vergleich von Singstimmprofilen mit spektraler Bewertung von 30 Berufssängern, 30 Gesangsstudenten der ersten beiden Studienjahre und 30 stimmgesunden Nichtsängern (die Geschlechter innerhalb der Gruppen waren gleich verteilt, jeder Proband sang /a/, /u/ und /i/) sollte herausgefunden werden, durch welches Qualitätsmerkmal sich die drei Probandengruppen am deutlichsten unterscheiden. Es ergab sich statistisch gesichert, daß die weiblichen Probanden mittels des hohen Formantpegels am deutlichsten zu trennen waren, die männlichen Probanden mittels der Differenz von maximalem Stimmschallpegel und hohem Formantpegel. Vokalbezogen erwies sich /u/ als besonders trennscharf (SEIDNER und Mitarb., 1985).

Das Untersuchungsverfahren ist auch geeignet, Ausbildungsverläufe während eines Gesangsstudiums zu dokumentieren. Hierbei ergeben sich in Abhängigkeit von der natürlichen Veranlagung der Studenten und der Art des Unterrichts verschiedenartige Resultate. Häufige

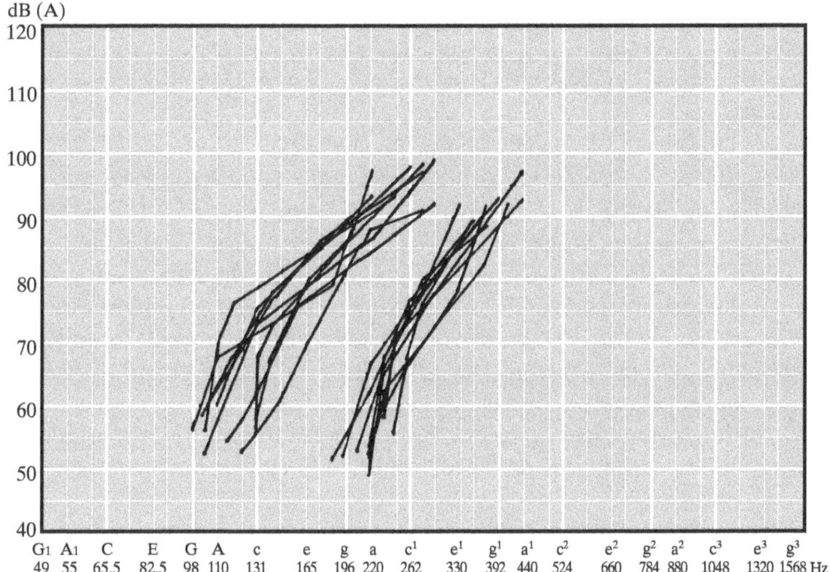

Abb. 88 Sprechstimmprofile; Dynamikumfang von jeweils 10 stimmgesunden männlichen und weiblichen Probanden, ungespanntes Sprechen (Indifferenzlage) bis zum Rufen

Befunde sind eine verbesserte Steigerungsfähigkeit der Stimme und eine größere Klangfähigkeit (Abb. 87). Die Stimmentwicklung verläuft vokalabhängig, deshalb empfiehlt es sich, die eingangs erwähnten drei Vokale zu berücksichtigen. Unter den gleichen Untersuchungsbedingungen wie für die Ermittlung von Singstimmprofilen lassen sich *Sprechstimmprofile* messen (SEIDNER, 1985), wenn eine sofortige Schallpegelanzeige möglich ist (Messung und Anzeige in »Echtzeit«). Man prüft Reihensprechen zunächst ungespannt, dann in mehreren, meist drei Steigerungsstufen bis zum Rufen, wobei es nicht schwierig ist, die jeweils erreichte mittlere Sprechstimmlage auditiv zu bestimmen. Die ermittelten Spitzenschallpegel werden tonhöhenabhängig in das Formular eingetragen, das auch für die Messung von Singstimmprofilen Verwendung findet (Abb. 88).

Es hat sich bewährt, viersilbige Zahlen (z. B. 21 aufwärts) sprechen zu lassen. Das leise Sprechen soll nicht unterspannt erfolgen, sondern mit einer angemessenen Klangbildung in den Ansatzräumen. Es läßt sich vielleicht als ein sanftes Sprechen in der Indifferenzlage beschreiben. Rufen soll zwar in größtmöglicher Lautstärke erfolgen, aber immer noch in einer beherrschten Funktion, bei gesunden Stimmen also mit dichtem und klarem Klang. Unkontrolliertes, dekompensiertes Schreien interessiert nicht und wird nicht registriert. Stimmgesunde bzw. normal steigerungsfähige Stimmen erreichen als Spitzenwert 90 dB (A) oder mehr in einem Tonhöhenbereich von 8 bis 10 Halbtönen (Frauen) bzw. 12 bis 15 Halbtönen (Männer) oberhalb der Stimmlage bei leisem Sprechen.

Frauen benutzen für die Rufstimme ausschließlich das Brustregister und gehen dabei nicht über g^1 / a^1 hinaus. Höhere Töne lassen sich nur singend, aber nicht rufend erreichen. Auch wenn Sänger aufgrund ihrer stimmtechnischen Möglichkeiten den Stimmapparat beim Rufen und Singen in gleicher Weise ausnutzen und die Rufstimme nicht außerhalb einer sängerischen Klangbildung einsetzen (Abb. 89), so achten wir darauf, daß beim Rufen gesprochen und nicht gesungen wird. Interessant erscheint, daß die Messung der männliche Rufstimme nicht dazu beiträgt, ein sogenanntes Brustregister abzugrenzen.

Es ist leicht möglich, auf jeder Schallpegelstufe eine Hörbeurteilung vorzunehmen und diese dem Meßpunkt im Formular hinzuzufügen. Da

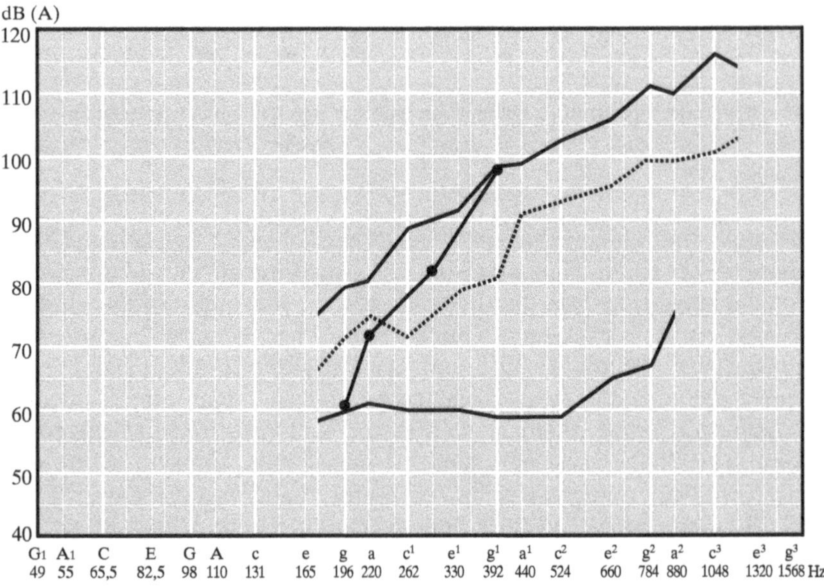

Abb. 89 Singstimmprofile von einer Opernsolistin (lyrischer Sopran), Vokal /a/; durchgezogene flachere Kurven: Gesamtschallpegel leise und laut, unterbrochene Kurve: hoher Formantpegel beim lauten Singen; Sprechstimmprofil von der gleichen Sängerin (steile Kurve links g bis g^1 mit Punktmarkierungen); großer Tonhöhen- und Dynamikumfang beim Singen, glatter Kurvenverlauf durch minimale Pegel- und Klangänderungen, Sing- und Rufstimme auf g^1 mit gleichem Pegel, Registerwechsel g^1 / a^1 nur im Formantpegel erkennbar

es nicht um eine sängerische Beurteilung geht, genügt die RBH-Klassifikation. Bei einer gesunden Sprechstimme, die in der üblichen Weise geprüft wird, steht dann auf vier verschiedenen Schallpegelstufen R0, B0, H0.

Der Vergleich von Sprech- und Singstimmprofilen deckt wichtige Zusammenhänge auf, die vor allem das Singen betreffen. Bei weniger geschulten oder ungeschulten Singstimmen werden die individuellen stimmlichen Möglichkeiten beim Rufen besser genutzt als beim Singen. Diese Auffälligkeit gründet sich wahrscheinlich auf die größere Gewohnheit im Rufen und die geringeren Erfahrungen mit dem Singen (Abb. 58). Daraus läßt sich für Gesangspädagogen ableiten, daß Reserven bezüglich einer technischen Schulung der Singstimme vorhanden sind (vgl. Abb. 89).

Untersuchungen an 100 Studenten (Nichtsänger: 35 weiblich, 25 männlich, Gesangsstudenten und Chorsänger: 25 weiblich, 15 männlich) erhärten diese Aussage. Pegeldifferenzen zwischen maximaler Sprech- und Singstimme sind bei nichtsingenden Studenten deutlich größer als bei singenden, und zwar aufgrund des geringeren Singstimmpegels. Nebenbei ist erwähnenswert, daß die Registerwechsel g^1 / a^1 in den gemittelten Kurven unterschiedlich deutlich hervortreten: bei den Frauen zeigen ihn nur die nichtsingenden Studentinnen beim Übergang in das Kopfregister, bei den Männern alle Probanden beim Wechsel in die Falsettstimme (SEIDNER und WARDIUS, 1987).

Klanganalysen. Die Zerlegung des Stimmschalls in seine einzelnen Komponenten ist für eine objektive Beurteilung des Klangcharakters von großer Bedeutung. Dabei interessieren einmal die Schwankungen der Grundwelle und zum anderen die Verteilung der Energie im akustischen Spektrum, bezogen auf einzelne Teiltöne und deren Intensitäten sowie das Verhältnis von harmonisch aufgebauten Schallanteilen und Geräuschkomponenten.

Klanganalysen der Sängerstimme haben sich vor allem auf den Spektralbereich, speziell auf die Formantstrukturen konzentriert, weniger auf den Grundwellenbereich. Dort führen ja die mit dem Vibrato einhergehenden Grundwellenbewegungen ohnehin zu ständigen Schwankungen, und es erscheint schwierig, hier Qualitätsmerkmale zu bestimmen.

Bei *Regularitätsanalysen* werden kurzzeitige Änderungen der Grundfrequenz, der Schwingungsweiten sowie der Wellenform ermittelt, zueinander in Beziehung gesetzt und als ein Maß der Stimmreinheit angegeben (KITTEL und MOSER, 1981; MOSER, 1984). Große Unregelmäßigkeiten zeigen zwar eine schlechte Stimme an, sehr geringe dagegen noch keine gute. Die im künstlerischen Sinne als schön und ausdrucksvoll geltende Stimme ist nicht auch die reine Stimme aus physikalischer Sicht. Außerdem werden die Messungen stets durch das Sängervibrato beeinflußt. Da die Wirkung der Ansatzräume unberücksichtigt bleibt, ist der Aussagewert dieses Verfahrens zur Qualitätsbeurteilung der Sängerstimme eingeschränkt.

Die Reinheitsindizes von 14 untersuchten Opernsolisten (5 Frauen, 9 Männer) lagen ausschließlich im Negativbereich. Dabei fiel die Unreinheit aufgrund stärkerer Amplituden- und Kurvenverlaufsschwankungen bei Sängern stärker aus als bei Sängerinnen. Im Forte war die Unreinheit bei tiefen Tönen größer, die geringste Unreinheit fand sich beim Pianosingen. Bei Sängern wurde /a/ weniger unrein gemessen, bei Sängerinnen /i/ (SEIDNER und Mitarb., 1989).

Einzelverfahren wie die Messung von Frequenzschwankungen (Jitter) und von Amplitudenschwankungen (Shimmer) im Mikrozeitbereich (in der Größenordnung von einzelnen Schwingungsperioden) dienen sängerischen oder klinischen Fragestellungen bisher nicht.

Spektralanalysen von ausgehaltenen Vokalen, aber auch von fortlaufendem Sprechen und Singen, werden heute fast ausschließlich computergestützt und nahezu in Echtzeit durchgeführt, d. h. sie können mit einer Verzögerung von wenigen Millisekunden auf einem Bildschirm angezeigt werden. In einem Frequenzbereich von 25 Hz bis 20 kHz und einem Dynamikumfang von 60 Dezibel lassen sich Lage, Anzahl und relative Intensität der Teiltöne ausmessen und aufzeichnen. Auf diese Weise kann man spektrale Besonderheiten – natürlich auch im Bereich der Vokal- und Sängerformanten – in einer bisher nicht dagewesenen Schnelligkeit und Präzision erfassen. Die Möglichkeiten, damit bestimmte gesangstechnische Fragen abzuklären, sind bisher nicht annähernd ausgeschöpft worden.

Bei *Langzeitmittelwert-Spektralanalysen* werden Spektren beim fortlaufenden Singen oder Sprechen in Abständen von Millisekunden in einem Rechner gespeichert und gemittelt (Long Time Average Spectra, LTAS). Das spektrale Bild gibt zwar – weitgehend unabhängig von dem gesprochenen oder gesungenen Text – die typischen Merkmale des jeweiligen individuellen Stimmklanges wieder, aber breite Anwendung hat das Verfahren bisher nicht gefunden. Wahrscheinlich gehen durch die Mittelung zu viele wichtige Informationen über den zeitlichen Verlauf verloren.

Die *Sonagraphie* liefert ein besonders anschauliches Bild von der Stimmfunktion. Waagerecht ist der zeitliche Verlauf wiedergegeben, senkrecht kommen die Frequenzbereiche zur Darstellung, und aus dem Schwärzungsgrad oder aus farbigen Abstufungen läßt sich die Intensität in einem bestimmten Frequenzbereich erkennen (Abb. 90 und 91). Mittels eines Konturdisplay können für Bereiche gleicher Intensität differenzierte Abstufungen nach Art von Höhenlinien abgebildet werden. Sonagraphische Analysen zeigen vor allem Frequenz- und Intensitätsänderungen in einzelnen Klangkomponenten an und dienen der genauen Darstellung von Lautübergängen, von Abweichungen in der Lautbildung sowie von speziellen phonetischen Fragestellungen, z. B. für automatische Spracherkennung und Sprecheridentifikation. Auch Heiserkeits- und Näselanalysen sind möglich. Moderne Geräte arbeiten computergestützt als Bestandteile komplexer Meßplätze. Die Sonagramme stehen dann auch in Echtzeit zur Verfügung.

Mit komplexen Meßplätzen lassen sich mehrere Parameter erfassen, analysieren, auf einem Monitor graphisch, aber auch numerisch anzeigen, vergleichen, bearbeiten und ausdrucken, z. B. Mikrophonsignale, Tonhöhen und Tonhöhenverläufe, Stimmschallpegel, auch tonhöhenbezogen als Stimmumfangsprofile, Schmalbandspektren, Langzeitmittelwert-Spektren, Sonagramme, Signal-Rausch-Verhältnisse und Grundwellen-

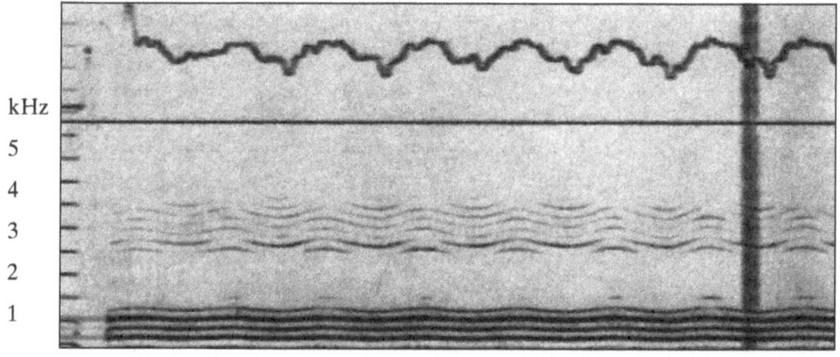

Abb. 90 Sonagramm eines Sängertones mit gleichmäßigem Vibrato, Vokal /a/, Tonhöhe a; unten Frequenzdarstellung mit Schmalbandfilter 45 Hz, oben Amplitudendarstellung

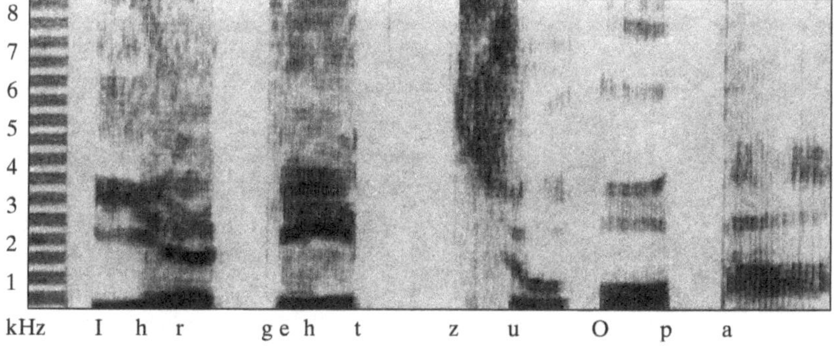

Abb. 91 Sonagraphische Analyse des Testsatzes »Ihr geht zu Opa«

schwankungen. Außerdem ist es möglich, Meßwerte nichtakustischer Untersuchungsverfahren wie Elektroglottographie oder Pneumotachographie (Registrierung der Luftströmungsgeschwindigkeit) synchron darzustellen und auszuwerten.

Komplexe Untersuchung

Wie bei allen Patienten, deren stimmliche oder sprachliche Leistungen überprüft werden sollen, ist es auch bei Sängern erforderlich, sich nicht nur auf den Spiegelbefund sowie die Hörbeurteilung von Sprech- und Singstimme zu konzentrieren, sondern möglichst zahlreiche andere Informationen aufzunehmen. Unverzichtbar ist eine ausführliche Anamnese (s. dort), die sich vor allem auf die Stimmentwicklung, auf frühere Erkrankungen und deren Bewältigung, auf die stimmliche Belastbarkeit sowie eventuell vorhandene Stimmbeschwerden beziehen muß. Aber auch familiäre und berufliche Einflüsse, psychische Besonderheiten wie Persönlichkeitsstruktur, Reaktionsweise in Belastungssituationen und Möglichkeiten der Konfliktverarbeitung sind zu beachten. Fast immer wird für eine komplexe Einschätzung etwas mehr Zeit als üblich benötigt, und die Bewertung von Gesprächsverlauf und -inhalt erfordert besonderes Einfühlungsvermögen. Differenzierte Kenntnisse über die Besonderheiten des Sängerberufs erweisen sich dabei als sehr vorteilhaft. Apparative Untersuchungsverfahren, vor allem akustische, können für Dokumentationen und Vergleiche einzelner Stimmerkmale genutzt werden, eine Gesamteinschätzung der sängerischen Leistungsfähigkeit ist durch sie jedoch nicht möglich.

Tauglichkeitsuntersuchungen

In der vormaligen DDR war für die Bewerbung zu einem Gesangsstudium eine Tauglichkeitsuntersuchung wie für Sprechberufe (Lehrer, Kindergärtnerinnen, Sprachmittler, Schauspieler u. a.) erforderlich. Diese kostenlose stimm- und sprachärztliche Untersuchung wurde üblicherweise von Phoniatern durchführt, erforderlichenfalls aber auch von HNO-Fachärzten gemeinsam mit einem Logopäden bzw. Diplom-Sprecherzieher. Nach der Wende fielen die gesetzlichen Grundlagen für diese Untersuchungen weg, und es ist seitdem den jeweiligen Institutionen oder Studienbewerbern überlassen, phoniatrische Tauglichkeitsbeurteilungen auf privater Basis einzuholen.

Die Notwendigkeit einer Tauglichkeitsuntersuchung für Berufe mit hoher Stimm- und Sprechbelastung muß nicht ausführlich begründet werden. Neben der persönlichen Misere, die eintritt, wenn nach Abschluß eines mehrjährigen Studiums und nach vielleicht nur wenigen Jahren der Tätigkeit ein Berufswechsel erfolgen muß, sind es ökonomische Gründe, die eine Untersuchung sinnvoll erscheinen lassen. Die phoniatrische Tauglichkeitsuntersuchung befaßt sich dabei nicht mit Fragen der Eignung und beurteilt somit nicht, ob die für einen Beruf erforderlichen fachbezogenen Fähigkeiten und Fertigkeiten, z. B. Musikalität, Gesangstechnik, künstlerisches Gestaltungsvermögen, psychische Voraussetzungen u. a. vorhanden sind. Diese Entscheidung müssen die ausbildenden Institutionen treffen und gegebenenfalls durch eine Eignungs- oder Aufnahmeprüfung entsprechend fundieren. Die ärztliche Tauglichkeitsuntersuchung berücksichtigt überwiegend die biologische Seite und prüft die organischen und funktionellen Voraussetzungen im Bereich des Stimmapparates. Bei der Untersuchung von Sängern ist jedoch eine scharfe Trennung der Kompetenzen nicht möglich. Vielmehr ist eine enge Zusammenarbeit zwischen Stimmarzt und künstlerischem Institut dringend zu empfehlen.

Ziel einer Untersuchung zukünftiger Sänger kann es natürlich nicht sein, Einzelheiten einer künstlerischen Entwicklung vorauszusagen. Der Entwicklungsprozeß zu einer technisch gut gebildeten, leistungsfähigen und ausdrucksvollen Sängerstimme hängt von zu vielen fördernden und hemmenden Faktoren ab, als daß frühzeitig exakte Prognosen möglich wären.

Nach dem Anamnesegespräch, das allgemeine Fragen ebenso wie spezifische nach Stimm- und Sprechleistungen berücksichtigen muß, werden die üblichen phoniatrischen Untersuchungsbefunde einschließlich Kehlkopf-Stroboskopie erhoben. Bei Notwendigkeit muß auch das Hörvermögen überprüft und die Beschaffenheit der Nasennebenhöhlen röntgenologisch untersucht werden.

Die Stimmbeurteilung bezieht sich gleichermaßen auf das Sprechen wie auf das Singen. Auditive Einschätzungen haben Vorrang, wobei während des Singens besondere stimmliche Merkmale einschließlich gesangstechnischer Fertigkeiten eingeschätzt werden müssen, z. B. Stimmsitz und Timbre, Vokalausgleich, Registerwechsel, Schwelltonvermögen und Vibratoverhalten. Neben Vokalisen empfiehlt es sich immer, ein Lied oder den Teil einer Arie singen zu lassen. Die Messung von Sprech- und Singstimmprofilen (s. dort) sollte zusätzlich erfolgen. Abgesehen davon, daß bei diesen Untersuchungen der aktuelle Tonhöhen- und Dynamikumfang der Stimme übersichtlich abgebildet und bei der nachfolgenden Tauglichkeitsentscheidung berücksichtigt werden kann, ergibt sich später die Möglichkeit, den Ausbildungsverlauf zu dokumentieren. In Abhängigkeit von Anamnese und Befunden sind gegebenenfalls weitere Untersuchungen zu veranlassen.

Als »tauglich« sind alle Untersuchten mit normalen Befunden zu beurteilen. Als »untauglich« gelten jene, bei denen Abweichungen von der Norm bestehen, die ein Versagen der Stimm- und Sprechleistung während der Berufsausbildung oder -ausübung erwarten lassen.

Dazu zählen alle Fehlbildungen, Formveränderungen, krankhaften Befunde im Bereich des Kehlkopfes (z. B. Stimmlippenknötchen) und der Ansatzräume, welche die Stimm- und Sprechleistung ungünstig beeinflussen und nicht durch konservative oder operative Maßnahmen dauerhaft behoben werden können. Weiterhin müssen alle Stimm- und Sprachstörungen, die einer Behandlung nicht oder nur schwer zugänglich sind, hinzugerechnet werden, z. B. ausgeprägte funktionelle Stimmstörungen, Poltern, Stottern. Chronische, nicht beeinflußbare Erkrankungen der oberen Luftwege und der Ohren sowie beeinträchtigende Hörstörungen (auch einseitige Taubheit) schließen die Tauglichkeit gleichfalls aus.

Allergische Erkrankungen des oberen Respirationstraktes werden unterschiedlich bewertet. Nach unserer Ansicht sollten Allergiker mit Nasenpolypen oder kombinierten Formen (allergischer Schnupfen, chronische Nasennebenhöhlenentzündung, Nasenpolypen, allergisches Asthma) einen Stimmberuf nicht ergreifen. Patienten mit unkompliziertem Heuschnupfen oder mit verwandten leichtgradigen Krankheitsbildern ohne Stimmbeschwerden bescheinigen wir die Tauglichkeit, wenn zugleich eine spezifische Behandlung beginnt (SEIDNER und LOEWE, 1971). Schlösse man alle Allergiker vom Sängerberuf aus, gäbe es bald nur noch wenige Sänger.

Wenn bei Vorliegen einer beeinflußbaren Erkrankung Zweifel bestehen, muß eine Behandlung eingeleitet und nach deren Abschluß durch eine phoniatrische Kontrolluntersuchung die Tauglichkeit erneut überprüft werden. Alle Krankheiten, die eine Tauglichkeit für Sprechberufe ausschließen, werden im gleichen Sinne für den Sängerberuf bewertet. Jedoch sind alle funktionellen Abweichungen wesentlich kritischer zu sehen. Schon geringgradige funktionelle Stimmstörungen schließen die Tauglichkeit meist aus, denn es fehlen bei einem solchen Befund meist die stimmlichen Leistungsreserven, die für den Sängerberuf erforderlich sind.

Mitunter wird eine leichtgradige funktionelle Störung der Sprechstimme unterbewertet, wenn die Singstimme beim »normalen«, d. h. mittellauten oder lauten Singen unauffällig klingt. Beim leisen Singen ist jedoch fast immer ein Belegtsein und ein erschwerter Stimmeinsatz zu hören, und es ist dann ein Übergreifen der Störung auf andere Singstimmleistungen zu befürchten, wenn die Ursache der Sprechstimmstörung nicht erkannt und beseitigt wird. Für die traditionelle, klassische Gesangsausbildung ist auch eine dichte und klare Sprechstimme zu fordern.

Besondere Probleme ergeben sich, wenn ein stimmintensiver Beruf ausgeübt wird und zusätzlich ein Gesangsstudium geplant ist. Meist ist nach einem Arbeitstag die für das professionelle Singen erforderliche Belastbarkeit weder körperlich noch psychisch und stimmlich vorhanden, und die Gefahr der Überlastung droht permanent.

Wenn bei unauffälligen Organbefunden und normaler Sprechstimmfunktion sowie guter sängerischer Veranlagung nur sehr geringe Auffälligkeiten im Stimmklang während des Singens festzustellen sind, bestehen keine Bedenken gegen eine Ausbildung, denn gesangstechnische Fertigkeiten müssen erst erlernt werden. Wegen der Risiken, mit denen ein Gesangsstudium noch immer belastet ist, sollten auch bei geringen Abweichungen von der Norm regelmäßige Kontrolluntersuchungen durchgeführt werden, damit die Beurteilung des Leistungsstandes nicht nur aus gesangspädagogisch-künstlerischer, sondern auch aus phoniatrisch-leistungsphysiologischer und dabei vor allem aus prophylaktischer Sicht erfolgt. Die enge Zusammenarbeit zwischen Gesangspädagogen bzw. Gesangsabteilungen an Musikhochschulen und Konservatorien und einem Stimmarzt ist ebenso wichtig wie die Tauglichkeitsuntersuchung selbst. Bestehen starke Zweifel, so ist es letztlich sinnvoller, die Tauglichkeit nicht zu bescheinigen, auch wenn eine solche Entscheidung zunächst als Härte empfunden wird. Die Beurteilung lautet letztlich nur »tauglich« oder »untauglich«, einzelne Befunde werden nicht mitgeteilt.

Detailliertere Informationen zu diesem Themenkomplex finden sich bei HEIDELBACH (1976), der bisher die umfangreichsten Untersuchungsergebnisse zur Eignungs- und Tauglichkeitsbeurteilung für den Sängerberuf vorgelegt hat.

Klassifizierung der Sing- und Sängerstimme

Die Klassifizierung in Stimmgattungen (Stimmlagen) und Stimmtypen (Stimmfächer) ist vorwiegend für die Darbietung der traditionellen Opern- und Konzertwerke gültig. Sie ergibt sich einmal aus der natürlichen Veranlagung der Sänger und zum anderen aus den Anforderungen in der künstlerischen Praxis. Gesangspartien zeitgenössischer Werke lassen sich nur schwer in althergebrachter Weise klassifizieren, besonders in den Genres der Unterhaltungsmusik. Aber auch dabei sind Klassifizierungsversuche möglich und grundsätzlich notwendig, weil sie Leistungsgrenzen bestimmen, von deren Beachtung oft die sängerische Existenz abhängt. Insbesondere Opern- und Konzertsänger haben nicht nur hochdifferenzierte, sondern auch kraftzehrende Leistungen in großen Räumen zu vollbringen, und bei diesen hohen Anforderungen kann in einer falschen Klassifizierung die Ursache von wiederkehrenden Stimmstörungen oder völligem stimmlichem Versagen liegen.

Die künstlerischen Anforderungen an zeitgenössische Sänger haben sich stark gewandelt, ihre natürlichen Anlagen sind aber im wesentlichen gleich geblieben. Gegen die heute übliche Bühnenverpflichtung als »Sänger nach Individualität« unter Umgehung einer Klassifizierung wie »lyrischer Tenor«, »Heldenbariton«, »Spielalt« usf. ist nichts einzuwenden, wenn nicht nur psychisch-künstlerische Besonderheiten, sondern auch leistungsphysiologische Gesichtspunkte bedacht werden. Besonders junge Sänger, Anfänger, sind auf diese Weise vor Überforderungen zu bewahren.

Theaterregisseure, die Schauspieler singen lassen, verkennen mitunter das natürliche Vorhandensein unterschiedlicher Stimmgattungen. Beim Singen hoher, kaum erreichbarer Töne treiben sie die Künstler zuweilen an, durch übersteigerten Ausdruck das zu erreichen, was ihnen die Natur versagt hat. Stimmbeschwerden, dann auch beim Sprechen, sind zwangsläufig die Folge. Künstlerisches Singen ohne Verstärkertechnik braucht eben doch eine spezifische gesangstechnische Schulung.

Stimmgattungen. Wie allgemein bekannt ist, bezeichnen die Stimmgattungen die hohen und tiefen Stimmlagen beider Geschlechter: Sopran, Alt, Tenor und Baß. Im Chorgesang erfolgt oft die Aufgliederung jeder Stimmgattung in eine 1. und 2. Stimme, im Sologesang kommen Zwischenformen vor: Mezzosopran und Bariton.

Im Grunde ist jede Schematisierung unnatürlich, weil es fließende Übergänge zwischen den hohen und tiefen Lagen gibt. Außerdem läßt sich eine bestimmte Stimmgattung nicht lebenslang festschreiben. Das wird besonders deutlich, wenn manchmal nach jahrelangen Berufserfahrungen, bei einer hochentwickelten Gesangstechnik und sehr guter stimmlicher Belastbarkeit der Wechsel zu einer höheren Stimmgattung erfolgreich vorgenommen wird. Eine Unterteilung in hohe, mittlere und tiefe Stimmgattungen stellt jedoch einen brauchbaren Kompromiß dar, der den Anforderungen in der sängerischen Praxis weitgehend entspricht.

Vor allem zu Beginn einer sängerischen Ausbildung ist es wünschenswert, die natürlichen Anlagen eines Studierenden zu kennen und die Unterrichtsmethodik darauf einzustellen. Gesangspädagogen bewerten vor allem Tonhöhenumfang, Timbre und Sprechstimmlage. Aber gerade bei Anfängern mit ihren gesangstechnisch noch wenig ausgebildeten Stimmen treten oft Schwierigkeiten auf, weil Tonhöhenumfang und sängerische Klangbildung noch nicht voll entwickelt sind oder sogar einem Klangideal »nachgesungen« wird, das nicht den eigenen natürlichen Voraussetzungen entspricht. Wenn ein solches Klangideal fixiert ist, haben Gesangspädagogen mitunter Schwierigkeiten, die natürliche Stimmveranlagung zu erkennen. Grundsätzlich läßt sich nur aus der Kombination verschiedener Merkmale ein einigermaßen verläßliches Urteil bilden.

Immer wieder kommen Sänger in die Sprechstunde, die nach der Länge der Stimmlippen fragen und danach eine Auskunft über die Stimmgattung wünschen. Aus dem Stimmlippenbefund läßt sich aber lediglich ableiten, daß bei langen Stimmlippen eine Tendenz zu tieferer Stimmlage besteht und bei kurzen eine Tendenz zu höherer. Aber auch bei dieser Einschätzung ist man vor Überraschungen nicht sicher und muß sich manchmal über die starke Diskrepanz zwischen Stimmlippenbefund und Timbre der Stimme wundern.

Selbst bei der Berücksichtigung mehrerer Merkmale können Zweifel bestehen bleiben. Dann ist eine gewisse Zeit der sängerischen Entwicklung abzuwarten und später erneut eine Überprüfung vorzunehmen.

Die enge Zusammenarbeit zwischen Gesangspädagogen, die die stimmliche Entwicklung und vor allem die Belastbarkeit gut einschätzen können, und Stimmärzten, die sich auf die anatomischen und physiologischen Merkmale stützen, empfiehlt sich in Grenzfällen immer.

W. PFAU (1973) hat zur Klassifizierung der menschlichen Stimme umfangreiche Untersuchungsergebnisse von 70 ausgebildeten Sängerinnen und Sängern und 100 Musikstudenten veröffentlicht und die gesamte Problematik in einer Monographie übersichtlich dargestellt (Tabelle VI). Ältere Publikationen liegen z. B. von R. SCHILLING (1929, 1931), H. LOEBELL (1932), H. GUTZMANN, jun. (1958) vor.

Der Tonhöhenumfang trägt nur wenig zur Klassifizierung bei, lediglich die untere Stimmgrenze erleichtert manchmal eine Entscheidung. Alt- und Baritonstimmen weisen die kleinsten Umfänge auf. Die mittlere Stimmlage, d. h. die Mitte zwischen dem höchsten und dem tiefsten Ton, kann herangezogen werden. Gute Anhaltspunkte gibt die mittlere Sprechstimmlage, jedoch sind die Unterschiede bei den Frauenstimmen nicht so deutlich ausgeprägt wie bei den Männerstimmen. REINECKE

Tab. VI Klassifizierungsmerkmale der menschlichen Stimme (nach PFAU)

	Sopran	*Alt*	*Tenor*	*Bariton*	*Baß*
Stimmumfang		relativ klein		relativ klein	
Mittlere Stimmlage	höher als gis^1	tiefer als g^1	höher als gis	tiefer als gis	tiefer als gis
Mittlere Sprechstimmlage	höher als gis	tiefer als gis	H–c	A–B	G–Gis oder tiefer
Obere Grenze des Brustregisters	Unterschiede nicht festzustellen; meist h–c^1		f–fis	d–e	cis–d
Kaustimme	Unterschiede nicht deutlich; tiefer als f: Alt wahrscheinlich		höher als G, nicht tiefer als F	Fis–G	F–Fis, auch tiefer als F
Körpergröße	selten größer als 1,70 m		nicht größer als 1,80 m		selten kleiner als 1,70 m meist größer als 1,75 m
Stimmlippenlänge (elastischer Teil)	unter 10 mm	über 12 mm	unter 14 mm		über 15 mm

(1927) wies darauf hin, daß Personen, die hoch sprechen, stets auch eine hohe Singstimme besitzen. Tiefer Sprechende können einer tieferen Stimmlage angehören, aber feste Zusammenhänge gibt es dabei nicht. Nach Registergrenzen sind keine eindeutigen Festlegungen möglich, allein die obere Grenze des Brustregisters, am ehesten bestimmbar, läßt sich unter Vorbehalt bei der Klassifizierung verwenden. Die Klangfarbe wird häufig überbewertet, kann aber für den Erfahrenen aufschlußreich sein. Immer muß man bedenken, daß der Stimmklang willkürlich aufgehellt und verdunkelt werden kann. Die Lage der Kaustimme zeigt – wie die mittlere Sprechstimmlage – bei den Männern deutlichere Unterschiede als bei den Frauen. Die Körpergröße steht in Beziehung zur Stimmgattung, und zwar finden sich mit zunehmender Körpergröße tiefere Stimmen. Bei den Frauen treten die Unterschiede weniger hervor als bei den Männern. Die Stimmlippenlänge nimmt bei den tieferen Stimmen gegenüber den höheren zu. Auch hier drückt sich die Beziehung bei den Frauen nicht so deutlich aus wie bei Männern.

LUCHSINGER (1970) erwähnte neben Besonderheiten des Körperbaus auch die Form des Ansatzrohres und die Tätigkeit der Drüsen mit innerer Sekretion. Größere Räume des Ansatzrohres entsprechen tiefen Stimmlagen, kleinere Räume weisen auf hohe hin. Besonders bei tiefen Frauenstimmen tritt mitunter eine Tendenz zu männlichem Habitus hervor, bei hohen Tenören deuten sich manchmal weibliche Züge an.

Bei Klassifizierungsversuchen der Stimmgattungen von Gesangsstudenten durch HEIDELBACH und SCHWICKARDI (1983) ergaben sich interessante Details, die sich jetzt nur auszugsweise darstellen lassen. So war die Treffsicherheit in der Klassifizierung hoher Stimmen am größten, bei tiefen Stimmen geringer und bei mittleren am geringsten. Bei den tiefen Männerstimmen fiel gegenüber den Tenören eine stabilere Persönlichkeit auf, die Mutation trat später ein und verlief heftiger, die Körpermaße waren größer. Bei den hohen Frauenstimmen wurde gegenüber den Altistinnen eine stabilere Persönlichkeit festgestellt, die Mutation verlief weniger auffällig, und Menstruationsprobleme wurden seltener genannt. Die Körpermaße waren kleiner. Die Autoren betonten ebenfalls die Notwendigkeit einer zusammenfassenden Gesamtbewertung der Einzelbefunde und empfahlen dringend, daß Gesangspädagogik und Phoniatrie eng zusammenarbeiten.

Wir bewerten zwar auch – im Zusammenhang mit anderen Merkmalen – Körperbau und -größe, Stimmlippenlänge, mittlere Sprechstimmlage, Timbre beim Sprechen und Singen, aber wir geben den subjektiven Angaben einen größeren Spielraum. Nicht nur die Stimmanamnese bezüglich der Stimmgattung erscheint uns wichtig, sondern auch das Wohlbefinden während des Singens, der Grad der Anstrengung, Mißempfindungen und Hustenreiz, der Zeitpunkt der Stimmermüdung, die Dauer der Erholung und die Tendenz zu sekundär organischen Veränderungen, insbesondere zu Phonationsverdickungen. Selbstverständlich messen wir regelmäßig Sing- und Sprechstimmprofile, um die Merkmale Tonhöhen- und Dynamikumfang sowie Klangfähigkeit der Stimme vokalabhängig in unsere Gesamtbeurteilung einbeziehen zu können.

Stimmtypen. Die Einteilung der Stimmtypen gilt überwiegend für Bühnensolisten und hat sich erst Ende des 18. Jahrhunderts mit der stimmlichen Spezialisierung auf bestimmte Partien herausgebildet. Wiederum handelt es sich dabei um die Schwierigkeit, sängerische Individualität zu klassifizieren. Eine Typisierung kann nur innerhalb eines gewissen persönlichen Spielraums gelingen. Stimmtypen beziehen sich nur bedingt auf die Stimmgattung und berücksichtigen weniger Höhe und Umfang der Stimme als vielmehr ihre »Struktur«, d. h. ihre Stärke, Klangfarbe, Beweglichkeit, Akzentuierungsmöglichkeiten, Expansivität, ihr Vibrato, ihren Einsatz und Absatz. Aber auch Atemkraft, Gestalt, körperliche Gewandtheit sowie Persönlichkeitsstruktur, Temperament, Ausdrucksvermögen, also die psychischen Voraussetzungen für eine sängerische Aufgabe, werden beurteilt. Die einzelnen Typen (Tabelle VII) ergeben sich demnach aus den individuellen Besonderheiten der körperlichen, psychischen und stimmlichen Veranlagung und Leistungsfähigkeit, aber auch aus den Anforderungen in der praktischen künstlerischen Arbeit. Die Stimmtypen entwickeln sich meist erst während der Berufsausübung, sie können darin aber auch unwandelbar sein. In Zweifelsfällen sollte der Rat eines sachkundigen Stimmarztes eingeholt werden, besonders dann, wenn der Typenwandel mit einem Wechsel der Stimmgattung einhergeht oder gar Stimmbeschwerden auftreten.

Tab. VII Stimmtypen

Sopran:	Soubrette, lyrischer Sopran, jugendlich-dramatischer Sopran, Zwischenfach, hochdramatischer Sopran, Koloratursopran, dramatischer Koloratursopran.
Alt:	Spielalt, dramatischer Alt.
Tenor:	Tenorbuffo, Charaktertenor, lyrischer Tenor, jugendlicher Heldentenor, Zwischenfach, schwerer Heldentenor.
Bariton:	Spielbariton, lyrischer Bariton, Charakterbariton, Zwischenfach, Heldenbariton.
Baß:	Baßbuffo, seriöser Baß, Spielbaß, Charakterbaß.

Mitunter hat man energisch einzuschreiten, wenn z. B. aus einem Baß, der seine klangvolle Falsettstimme bis in den Tenorbereich führen kann, aufgrund seiner körperlichen und geistigen Beweglichkeit ein Tenor-Buffo gemacht werden soll. Bei rascher Stimmermüdung oder verzögerter Erholung nach größeren oder sogar kleineren Partien und mangelhaftem stimmlichem Wohlbefinden ist der Stimmtyp zu bevorzugen, der geringere Kraftleistungen und Anstrengungen verlangt.

Immer einmal wieder – insgesamt zu häufig – klagen junge Patientinnen über Heiserkeit und Belastungsschwäche der Singstimme und weisen infolge Überanstrengung Phonationsverdickungen an den Stimmlippen auf. Die Anamnese ergibt dann nicht selten, daß wegen eines »interessanten« dunklen Timbres dramatische Sopranpartien mit großem Ehrgeiz und Kraftaufwand erübt und berühmten Sängerinnen nachgesungen wurden. Die Patientinnen hatten sich selbst zu diesem Vorgehen entschieden oder waren im Unterricht dazu gedrängt worden. Man fühlt sich in solchen Situationen in das vorige Jahrhundert versetzt, in dem physiologische und pathophysiologische Kenntnisse noch wenig verbreitet und entsprechende Stimmschädigungen nicht vorhersehbar waren.

MARTIENSSEN-LOHMANN (1943) hat aus Sicht der Gesangspädagogin und Künstlerin die verschiedenen Stimmtypen differenziert beschrieben. Ihre Ausführungen sind bis heute lesenswert und geben uns auch hinsichtlich besonderer stimmlicher und körperlicher Merkmale wichtige praktische Hinweise.

Danach fällt der *Soubrettentyp* durch eine helle, bewegliche Stimme ohne großes Volumen auf, das Vibrato schwingt locker, die Gestalt ist meist klein. Die Soubrette verkörpert häufig muntere oder komische Mädchenrollen in Spielopern oder Operetten. Manchmal läßt sich eine mehr lyrische Soubrette von einer Koloratursoubrette abgrenzen. – Der *lyrische Sopran*, meist mittelgroß, ist durch eine runde, weiche und modulationsfähige Stimme gekennzeichnet, die sich vor allem im Kopfregister ausprägt und zu einer großen gesanglichen Linie entfalten kann. Weiche Stimmeinsätze werden bevorzugt, das Vibrato klingt locker. – Der *jugendlich-dramatische Sopran* bildet eine füllige, kräftige und tragfähige Stimme mit festerem Vibrato als der lyrische Sopran, der Stimmklang ist etwas dunkel. Die Gestalt ist eher kräftig als zierlich ausgeprägt. Die Jugendlich-Dramatische kann mehr zum lyrischen Sopran oder mehr zur Zwischenfach-Sängerin tendieren. – Das *Zwischenfach* kommt stimmlich der Hochdramatischen nahe und zeichnet sich durch großes Stimmvolumen und besondere Akzentuierungsfähigkeit aus. – Der *hochdramatische Sopran* entwickelt sich aus dem jugendlich-dramatischen Sopran über das Zwischenfach, aber manchmal auch aus einer dramatischen Mezzosopranistin oder gar einer Altistin. Die Stimme der meist großen und kräftigen Sängerin klingt voll, dunkel, stark und tragfähig. Die gegenüber den vorher geschilderten Stimmtypen auffallende Gespanntheit aller Aktionen geht mit großer Atemspannung, festen Stimmeinsätzen und mit einem wenig elastischen, oft sogar harten Vibrato einher. Die Fähigkeit, Koloraturen zu singen, ist meist nicht vorhanden. Die hochdramatische Sängerin bildet sich oft erst in der Endphase einer beruflichen Entwicklung aus, die sich über viele Jahre erstreckt und einen besonders robusten und leistungsstarken Stimmapparat erfordert. Jugendliche Anfängerinnen gibt es in diesem Fach praktisch nicht. – Der *Koloratursopran* weist den größten Umfang aller Frauenstimmen auf und wendet die oberen Grenztöne als Flageolettregister (Pfeifregister) künstlerisch an. Die hohen Töne werden meist nur im Stakkato gesungen und erlauben keine unterschiedliche Vokalisation. Die Sängerinnen neigen zu einer etwas flachen Singart, die Stimme klingt meist hell und schwingt mit einem schnellen Vibrato. Obwohl sich die Koloratursopranistinnen meist wenig für den dramatischen Gesang eignen, tendieren manche zu einem dramatischen Koloratursopran.

Der *Mezzosopran* läßt sich nicht in gleicher Weise differenzieren und wird entweder als Spielalt (s. u.) oder im dramatischen Fach – bei ausreichender sängerischer Erfahrung und Belastbarkeit sogar im dramatischen Sopranfach – eingesetzt.

Der Wechsel eines Stimmtyps, der ja häufig zu einem dramatischen oder heldischen Fach (s. u.) hin erfolgt, geht meist gleichzeitig mit einem Wechsel zu einer höheren Stimmgattung einher. Stets dürfen solche Veränderungen nur Experimentalcharakter haben, müssen sich pragmatisch an den individuellen Möglichkeiten der stimmlichen Belastbarkeit bzw. der Neigung zu Heiserkeit orientieren und lassen die kategorische Frage nach einem endgültigen Stimmtyp gar nicht zu.

Der *Spielalt* hat vom Wesen her Beziehungen zum Soubrettenfach, manchmal auch zur lyrischen Sängerin, die Stimme liegt natürlich tiefer und ist klanglich wandlungsfähiger. Zum dramatischen Alt, aber auch zum jugendlich-dramatischen Fach oder zum Zwischenfach bestehen keine festen Grenzen. – Der *dramatische Alt* weist eine voluminöse Tiefe auf, bildet eine akzentuierungsfähige Mittellage und Höhe, deren Töne besondere Durchschlagskraft besitzen. Die Stärke der beim Singen eingesetzten Muskelaktionen zeigt die fachliche Verwandtschaft mit dem dramatischen Sopran an. Die Gestalt ist entweder gedrungen und breit oder groß und schlank.

Unter den Frauen gibt es mitunter phänomenale Begabungen, denen keine Klassifizierung gerecht werden kann und die weder einem besonderen Stimmtyp noch einer herkömmlichen Stimmgattung klar zuzuordnen sind. Der Einsatz im Berufsleben wird meist danach entschieden, welche Stimmanwendung mit der größten Ausdrucksfähigkeit, dem besten Befinden und dem höchsten Leistungsvermögen verbunden ist.

Die Männerstimmen lassen sich in ähnlicher Weise typisieren. Der *Tenorbuffo*, häufig von gedrungener Gestalt, verfügt meist über eine helle Stimme ohne auffallend großes Volumen. Er ist in der Stimmgebung besonders wandelbar, die Deklamation überlagert die lyrische gesangliche Linie. Die vom Buffo manchmal verlangte groteske Charakterisierungskunst kann die Stimmgesundheit gefährden. Er darf deshalb die Beziehung zum lyrischen Singen nie vollständig verlieren. Mitunter wird ein *Charaktertenor* gesondert klassifiziert. – Der *lyrische Tenor* verfügt über eine leichte, überwiegend weich einsetzende, bewegliche und helle Stimme mit lockerem Vibrato und einem großen Umfang in der Höhe. Er ist in besonderem Maße in der Lage, relativ homogene gesangliche Linien zu singen. Das Piano klingt falsettähnlich und besonders weich und zart.

Stimmbildner sind mit der Ausbildung dieses Tenortyps vor besondere Aufgaben gestellt, deren Bewältigung mitunter große Geduld erfordert. Wegen der Seltenheit solcher Stimmen entsteht sehr rasch ein Leistungsdruck bei Pädagogen und Studierenden, der dazu führen kann, daß die notwendige Ausdauer und Gelassenheit nicht aufgebracht werden, um die Entwicklung dieser Stimmveranlagung zielstrebig zu fördern und vor allem abzuwarten.

Die Sänger mit dem falsettähnlichen Stimmklang bleiben meist lyrisch und wandeln ihren Stimmtyp nicht. Andere Tenöre, denen diese Klangeigenschaft fehlt, lassen sich zunächst auch als lyrische Sänger einstufen, sie entwickeln sich jedoch später häufig zu heldischen Stimmen. – Der *jugendliche Heldentenor* kann also aus dem lyrischen Tenor hervorgehen, er kann aber auch primär als Stimmtyp existieren. Der Stimmklang wird – vor allem in der Höhe – als metallisch und strahlend beschrieben, stärkere dramatische Akzentuierungen sind möglich. – Das *Zwischenfach* bildet den Übergangstyp zum sogenannten schweren Heldentenor, der sich erst durch die Bühnenrollen Wagners herausbildete und besondere Anforderungen an die stimmliche Leistungsfähigkeit und Belastbarkeit stellt. – Der *schwere Heldentenor* wird nicht nach seinem Körpergewicht definiert, sondern nach seiner stimmlichen Erscheinung. Er ist dem Heldenbariton bzw. der hochdramatischen Sängerin vergleichbar. Die Stimme klingt dunkel, fast baritonal, ist in der Mittellage besonders kräftig, verfügt aber auch in der nicht weitgespannten Höhe über Glanz und Durchschlagskraft. Der Stützvorgang neigt zu starker Anspannung, das Vibrato wirkt oft hart, die Beweglichkeit der Stimme im Sinne einer Koloraturbefähigung ist eingeschränkt. Auch dieser Typ muß sich entwickeln, er existiert nicht als ein Anfängerfach. Er geht aus dem jugendlichen Heldentenor oder aus dem Zwischenfach-Tenor hervor, wird aber auch manchmal von einem Bariton erreicht und verlangt besondere körperliche und stimmliche Robustheit.

Die Stimmtypen der Baritonlage lassen sich ähnlich den Tenören einteilen. Der *Spielbariton* vertritt mit einer mehr leichten Stimmgebung spielerisch-elegante Partien und ist dem lyrischen Fach verbunden, das natürlich beim *lyrischen Bariton* am deutlichsten hervortritt. Der *Charakterbariton* fällt mehr durch seine besonderen Fähigkeiten zu stimmlicher und sprachlicher Charakterisierung auf, wobei fließende Übergänge zum lyrischen Fach möglich sind. Die Bühnenrollen mit den größten stimmlichen Anforderungen in dieser Stimmgattung gestaltet ein *Heldenbariton*. Der Heldenbariton kann sich auch aus einem Baß mit kräftiger und besonders belastbarer Höhe entwickeln.

Der *Charakterbaß* läßt sich manchmal nicht vom Charakterbariton trennen, mitunter singen Künstler beide Fächer. Der *Baßbuffo* verkörpert überwiegend die komische, der *Spielbaß* wie der Spielbariton mehr die spielerische Art, beide Stimmfächer greifen ineinander. Der *seriöse Baß* ist dem Wesen nach ein lyrischer Sänger, er bevorzugt die gleichmäßige gesangliche Linie und zeigt alle dazugehörenden Stimmerkmale. Nicht wenige Bässe singen sowohl das Buffo- als auch das seriöse Fach.

Versucht man nach bestimmten Leistungsanforderungen und unabhängig von Geschlecht und Stimmgattung vergröbert zu klassifizieren, so kann man einen Spiel- oder Buffotyp, einen Charaktertyp, einen lyrischen oder seriösen Typ, einen speziellen Koloraturtyp für die hohe Frauenstimme und einen dramatischen oder heldischen Typ unterscheiden.

Die Klassifizierung von Stimmtypen erfolgt primär aus künstlerischer Sicht und wirft dann keine Probleme auf, wenn nicht schematisch vorgegangen wird und sängerische Individualität ausreichend Berücksichtigung findet. Bei allen Fragen stimmlicher Leistungsfähigkeit trifft man immer wieder auf die beiden unterschiedlichen Kategorien der natürlichen Anlagen einerseits und der von außen kommenden – meist beruflich bedingten – Anforderungen andererseits. Jedes starke Mißverhältnis zwischen beiden Kategorien führt letztlich zu stimmlichen Entgleisungen.

Im Falle zu großer Anstrengung beim Singen oder bei Stimmbeschwerden wie verminderter Belastbarkeit, verzögerter Erholung, Neigung zu Heiserkeit, Mißempfindungen im Kehlkopfbereich, erschwertem Ansprechen der Stimme, also ganz allgemein bei Zeichen der Stimmermüdung, sollte stimmärztliche Hilfe in Anspruch genommen werden. Eine gründliche Untersuchung muß dann die Ursache klären, die häufig in einer falschen Klassifizierung liegt.

Erkrankungen und Gesunderhaltung der Stimme

Krankheitsbilder und ihre Behandlung

Wie alle Lebensvorgänge, so können auch die biologischen Grundlagen für die Stimmbildung von der Norm abweichen. Veränderte Organfunktionen sowie gestörte Allgemeinfunktionen des Körpers zeigen dann krankhafte Verhältnisse an. Auf das enge Zusammenwirken von biologischen, psychologischen und soziokulturellen Ursachen und Bedingungen solcher Zustände sei nochmals hingewiesen. Oft ist die Grenze schwer zu bestimmen, an der unterschiedliche Erscheinungsformen aus dem Bereich »noch normal« in den Bereich »schon krankhaft« übergehen. Das gilt besonders, wenn man stimmliche Hochleistungen, wie sie der Gesang erfordert, in solche Überlegungen einbezieht.

Krankheiten der Stimme äußern sich durch Veränderungen des Stimmklangs im Sinne der Heiserkeit, aber auch durch Einschränkungen der stimmlichen Leistungsfähigkeit und subjektive Mißempfindungen. Dabei geht man zunächst von den Anforderungen an die Sprechstimme bei lautsprachlicher Kommunikation aus, so wie sie zur Aufrechterhaltung sozialer Beziehungen erforderlich sind. Die beruflichen Leistungen der Sprecherstimme (z. B. bei Lehrern, Kindergärtnerinnen) gehen über dieses Maß bereits weit hinaus, und die Funktionen der Sängerstimme umfassen einen so hohen Anteil spezialisierter Fähigkeiten und Fertigkeiten, daß man nicht grundsätzlich von einer Krankheit sprechen kann, wenn jemandem diese Leistungsstufe nicht zur Verfügung steht. Andererseits kann die stimmliche Hochleistung einmal erreicht worden sein, aber zu einem späteren Zeitpunkt läßt sie sich nicht mehr aufrechterhalten. Wenn in solchen Fällen keine organischen Veränderungen nachweisbar sind, ist oft sehr schwer zu unterscheiden, ob krankhafte Abweichungen oder Minderungen besonderer Fähigkeiten und Fertigkeiten vorliegen. Die Arbeitsmedizin schließt Minderungen von Hochleistungsfähigkeiten allgemein nicht in den Krankheitsbegriff ein. In bezug auf sängerische Leistungen, bei denen ständige stimmliche Hochleistungen ja als unerläßliche Voraussetzungen für die Ausübung des Berufs angesehen werden müssen, sind diese Zusammenhänge bisher noch nicht endgültig geklärt.

Versicherungsrechtlich geht das Bundessozialgericht davon aus, daß ein nicht vorbelastetes Stimmorgan selbst unter stimmlichen Höchstleistungen, wie sie z. B. das Opernsingen mit sich bringt, keinen bleibenden, rentenberechtigenden Schaden nehmen kann. Die Einführung von gutachterlichen Einschätzungen der »Berufseinschränkung« und der »Berufsunfähigkeit« ermöglicht aber praktikable Zwischenlösungen. Dabei werden unter bestimmten Bedingungen auch finanzielle Leistungen gewährt, wenn ein spezieller Beruf nicht mehr ausgeübt werden kann, obwohl die Voraussetzungen für eine Berentung nicht gegeben sind.

Kompetent für die Wiederherstellung der Leistungsfähigkeit ist im Krankheitsfalle der Arzt. Bei speziellen Hochleistungen, wie sie das berufliche Singen darstellt, ist der Gesangspädagoge zuständig. Da sich aber Krankheit und spezielle Leistungsfähigkeit schon auf diagnostischer Ebene oft nicht sicher trennen lassen, so daß Stimmarzt und Stimmpädagoge auf enge Zusammenarbeit angewiesen sind, sollten Medizin und Gesangspädagogik auch bei der Überwindung von Problemen der Sängerstimme möglichst gemeinsam vorgehen.

Anlagebedingte Stimmstörungen

Bei ausgeprägten anlagebedingten Veränderungen im Kehlkopfbereich stehen Atembehinderungen im Vordergrund. Es gibt aber eine Reihe von geringgradigen Abweichungen, die sich nur als Störung der Stimmfunktion auswirken. Hierher gehört die *Kehlkopf-Hypoplasie*, bei der ein im Verhältnis zur Körpergröße auffällig kleiner Kehlkopf vorliegt, mit zwar meist klarer und dichter, aber klangarmer und schwacher Stimme. Eine mangelhafte Anlage der Stimmlippenmuskulatur mit unverschieblicher Schleimhaut kann sich als Rinnenbildung am freien Stimmlippenrand, *Sulcus glottidis*, zeigen, mit Beeinträchtigung der Randkantenverschiebung, so daß ein Stimmlippenschluß nur bei größerer Anstrengung möglich ist. Die Stimme klingt dabei belegt bis leicht rauh oder auch behaucht. *Asymmetrien* im Knorpelskelett des Kehlkopfes können einen Schiefstand der Stimmritze bewirken, ohne daß Schwingungsablauf der Stimmlippen und Stimmklang beeinträchtigt sein müssen. Niveauunterschiede beider Stimmlippen mit fehlender oder unvollständiger Schlußphase gehen dagegen stets mit heiseren Stimmqualitäten (belegt, behaucht) einher.

Stellungsanomalien der Aryknorpel werden ziemlich häufig beschrieben. Meist handelt es sich dabei aber nur um Formvarianten kleiner Nebenknorpel, die sich im Schleimhautrelief der Stellknorpelregion markieren, den Stimmklang aber kaum beeinflussen. *Formanomalien des Kehldeckels* wirken sich dann ungünstig auf die Stimme aus, wenn sie die Schallabstrahlung behindern.

Operative Maßnahmen zur Verbesserung anlagebedingter anatomischer Voraussetzungen für die Stimmbildung versprechen wenig Erfolg. Man kann allenfalls versuchen, durch Stimmübungen eine ökonomische, den jeweiligen anatomischen Verhältnissen angepaßte Stimmgebung zu erreichen. Selbst durchschnittliche Leistungen der Singstimme sind dabei aber kaum zu erwarten, und von Ausbildungen zur Sängerstimme, zumindest im Sinne des abendländischen Kunstgesangs, ist in solchen Fällen mit klaren Worten abzuraten.

Entwicklungsbedingte Störungen der Stimme

Da die Entwicklung der Stimme weitgehend von der Aktivität der Geschlechtsdrüsen abhängt, sind Stimmstörungen immer in den Umstellungszeiten zu erwarten, in denen sich der Hormonhaushalt des Körpers grundlegend verändert: Pubertät und Klimakterium.
Mutationsstörungen. Auf das Ausbleiben des Stimmwechsels bei Ausschaltung der Geschlechtsdrüsen wurde im Zusammenhang mit der Kastratenstimme bereits eingegangen. In ähnlicher Weise können sich Erkrankungen der Hormondrüsen auswirken.
Von *unvollständiger Mutation* spricht man, wenn während der Pubertät Stimmstörungen auftreten, ohne daß sich in der allgemeinen Geschlechtsentwicklung Abweichungen zeigen. Die Mutation kann zu spät einsetzen (Mutatio tarda), zu lange andauern (Mutatio prolongata) oder nicht vollständig zum Abschluß kommen (Mutatio incompleta).
Die Ursachen sind bisher noch wenig geklärt. Da sich männliche Geschlechtshormone häufig in normaler Konzentration im Blut nachweisen lassen, geht man von einer sogenannten Rezeptorstörung aus: Die vorhandenen Hormone werden im betroffenen Organ, hier im Kehlkopf, nicht richtig »erkannt«, und das entsprechende Wachstum bleibt unvollkommen. Neben diesen schwer faßbaren hormonellen Faktoren werden auch übermäßige stimmliche Belastungen während der Mutation (»Durchsingen«) in Betracht gezogen.
Die Stimme klingt zu hoch, belegt bis leicht rauh, behaucht und wenig steigerungsfähig, manche Patienten klagen über eine verminderte stimmliche Belastbarkeit. Übungsbehandlungen sind meist sehr langwierig und bringen gewöhnlich nur Teilerfolge. Unter günstigen Umständen entwickelt sich zuweilen auf der Grundlage einer unvollständigen Mutation eine hohe Tenorstimme, wobei die Singstimme im Gegensatz zur Sprechstimme ganz klar und dicht klingen kann.
Bei Tauglichkeitsuntersuchungen für das Gesangsstudium sollte man Bewerbern mit einer unvollständigen Mutation nicht grundsätzlich vom Studium abraten, wenn die Sprechstimme nur gering auffällig klingt und die Singstimme keine pathologischen Merkmale zeigt und wenn vor allem keine stimmlichen Belastungsschwierigkeiten

angegeben werden. Wir empfehlen ein Probejahr und sprechen uns mit dem zuständigen Gesangspädagogen ab. Letztlich erfolgt eine gemeinsame Entscheidung.

Die *Mutationsfistelstimme*, unkorrekt auch als persistierende Knabenstimme bezeichnet, ist Ausdruck rein funktioneller Fehlleistungen. Trotz normaler und abgeschlossener Organentwicklung wird die hohe Kinderstimmlage beibehalten. Meist stehen psychische Ursachen im Vordergrund (starke Bindung an die Mutter, Furcht vor dem Erwachsenwerden und vor der selbständigen Bewährung). In einigen Fällen liegt aber auch motorische Ungeschicklichkeit vor. Die jungen Männer sind nicht fähig, die neuen größeren Dimensionen ihres Kelhkopfes in der richtigen Weise zu gebrauchen. Die Stimmlippen werden durch übermäßige Kontraktion der äußeren Spannmuskeln (Mm. cricothyroidei) so sehr angespannt, daß die Stimme meist nur im Fistelregister anspricht. Bei Druck von vorn auf den Schildknorpel wird die muskuläre Überspannung aufgehoben, und die Stimme schlägt sprunghaft nach unten in den Bruststimmbereich (Modalregister) um. Damit ist bereits die Behandlung eingeleitet, die mit entsprechenden Übungen meist schnell zu einem dauerhaften Erfolg führt.

Mutationsstörungen bei Mädchen fallen weniger auf. Die mittlere Sprechstimmlage ist dann erhöht, die Stimme wirkt für längere Zeit klangarm und behaucht. Systematische Stimmübungen erleichtern den Übergang zur klaren und dichten Frauenstimme. Nur selten liegen krankhafte Verhältnisse vor. Das ist der Fall, wenn die Sprechstimme stärker kippelt und wenig gesteigert werden kann und wenn die Patientinnen vor allem über eine verminderte stimmliche Belastbarkeit klagen. Manchmal fällt beim Singen eine Divergenz zwischen Kopf- und Brustregister (s. dort) auf, die eine nur geringe Rückbildungstendenz zeigt, auch wenn intensiv geübt wird.

Klimakterische Stimmstörungen. Im Verlaufe des Klimakteriums kommt es bei Frauen durch den Funktionsausfall der Geschlechtsdrüsen und die damit verbundenen hormonellen Umstellungen oft zu Stimmveränderungen, die eine Tendenz zur Vermännlichung (Virilisierung) der Stimme erkennen lassen. Zeitpunkt, Verlauf und Ausmaß dieser Veränderungen zeigen sehr große individuelle Unterschiede. Die Stimme wird dabei im allgemeinen tiefer, die mittlere Sprechstimmlage sinkt ab, der Umfang erweitert sich nach unten bei gleichzeitiger Einschränkung der Höhe, im Spektrum nimmt die Teiltonzahl zu, die Stimme klingt kräftiger und weist mehr oder weniger männliche Anklänge auf. Geräuschkomponenten können hinzutreten. Solche Veränderungen, die im biologischen Entwicklungsprozeß begründet sind, lassen sich durch therapeutische Maßnahmen gegenwärtig praktisch kaum beeinflussen, und in vielen Fällen bedeuten sie das natürliche Ende einer sängerischen Laufbahn. Nur wenigen Frauen gelingt es, ihre stimmlichen Leistungen funktionell an die neuen Verhältnisse anzupassen. Als besonders wichtig muß in diesem Zusammenhang hervorgehoben werden, daß jede Überforderung während der Umstellungszeit die Ausprägung bleibender Leistungsminderungen beschleunigt, und jede Sängerin ist gut beraten, wenn sie sich auf kleinere Aufgaben beschränkt, die sie dann oft noch längere Zeit erfolgreich ausführen kann. Außerdem ist gerade während der Wechseljahre eine intensive gesangstechnische Schulung unerläßlich.

Hormonell bedingte Stimmstörungen

M e n s t r u a t i o n. Unmittelbar vor und während der Menstruation kommt es aufgrund hormoneller Einflüsse zu geweblichen Veränderungen, die durch vermehrte Wasserbindung und auch durch erhöhte Gefäßdurchlässigkeit gekennzeichnet sind. Diese gesteigerte Gewebedurchsaftung bewirkt u. a. auch eine Massenzunahme der Stimmlippen, die mit einer Tendenz zur Senkung der Stimme bei gleichzeitiger Einschränkung der Höhe verbunden ist. Dabei kann die Stimmstärke zunehmen. In den meisten Fällen handelt es sich nur um geringgradige Varianten eines physiologischen Zustandes, ohne daß krankhafte Abweichungen vorliegen. Wenn keine besonderen Anforderungen an die Stimme gestellt werden, bleiben diese Erscheinungen im allgemeinen unbemerkt. Dagegen geben mehr als drei Viertel aller Sängerinnen stimmliche Beschwerden bzw. Auffälligkeiten während der Menstruation an (LACINA, 1968; FLACH und Mitarb., 1969), die als Trockenheit, Verschleimung, Brennen, Schwellungs- und Druckgefühl, Atemschwäche und mangelhafte Stützfunktion beschrieben werden. Die Sängerinnen empfinden ihre Stimme als behaucht oder heiser, weniger modulationsfähig, Stimmsitz, Glanz und Tragfähigkeit lassen nach, und das Singen in der Höhe strengt an. Außerdem wirken sich die bekannten Allgemeinbeschwerden leistungsmindernd auf die Stimme aus. Neben den subjektiven Angaben lassen sich auch objektiv Veränderungen nachweisen, oft sogar bei Sängerinnen, die selbst keine Auffälligkeiten beobachten. Im Kehlkopf zeigten sich eine geringe Schleimhautschwellung mit verstärkter Gefäßzeichnung, vermehrte Schleimabsonderung und ein unvollständiger Stimmlippenschluß. Da Beschwerden und Befunde von Fall zu Fall unterschiedlich ausgeprägt sein können, lassen sich keine allgemeingültigen Verhaltensregeln aufstellen. Größere und exponierte Partien sollten einer Sängerin während der Menstruation jedenfalls nicht abverlangt werden, denn die Anstrengungen, die dabei erforderlich sind, um stimmliche Indispositionen zu überwinden, können zu bleibenden organischen Schäden an den Stimmlippen führen. Bei kleineren Aufgaben entscheiden Stimm- und Kehlkopfbefunde. Meist können solche Anforderungen durch gesangstechnische Anpassung erfüllt werden, ohne daß ein Schaden entsteht. Regelmäßige, lang anhaltende und starke stimmliche Beschwerden während der Menstruation gehen bei der Anwendung von medikamentösen Ovulationshemmern (Anti-Baby-Pillen) oft deutlich zurück (s. dort).

Schwangerschaft. Die während der Schwangerschaft beobachteten Veränderungen im Kehlkopf stimmen mit denen während der Menstruation weitgehend überein. Dabei kommt es aber bei den meisten Sängerinnen zu Änderungen des Timbres, die sich subjektiv wie objektiv günstig auswirken. Die Stimme wird klangvoller, wärmer und kräftigt sich in der Höhe. Diese Befunde können auch nach der Entbindung bestehenbleiben. Verschlechterungen der Stimme (Heiserkeit, Kraftlosigkeit) treten selten auf und sind dann meist Ausdruck stärkerer organischer Veränderungen. Normalerweise kann eine Sängerin bis zum siebenten oder achten Monat der Schwangerschaft ihren Beruf ausüben, auch wenn die Atem- und Stützfunktion etwas beeinträchtigt ist und entsprechende Umstellungen erfordert. Grundsätzlich ist jedoch während der zweiten Hälfte der Schwangerschaft Schonung in jeder Beziehung notwendig. Anstrengende stimmliche Leistungen sollten dann auch vermieden werden.

Hormonbehandlung. Bei der medikamentösen Hormonanwendung erfordern die Geschlechtshormone besondere Beachtung. Während weibliche Hormone die männliche Stimme praktisch nicht beeinflussen, treten bei Frauen, die männliche Hormone als Medikamente erhalten, schwere Störungen der Stimme auf. Es kommt zu einer Vermännlichung (Virilisierung, Androglottie). Dabei ändern sich die Dimensionen des Kehlkopfes nicht, nur die Stimmuskulatur nimmt zu, und die Dehnbarkeit der Stimmbänder wird größer (Bauer, 1967). In ähnlicher Weise wie das männliche Geschlechtshormon (Testosteron) wirkt eine Gruppe von synthetisch gewonnenen Medikamenten, die als anabole Steroide oder Anabolika bezeichnet werden und dem Aufbau von körpereigenem Eiweiß dienen. Auch Kombinationspräparate, die weibliche und männliche Hormonkomponenten enthalten und häufig bei klimakterischen Beschwerden angewendet werden, lösen nicht selten Vermännlichungen der Stimme aus. Anfangs ermüdet die Stimme nur leicht, »sie klingt ganz fremd«, sagen die Frauen. Beim Singen ist die Intonation unsicher. Bald erscheint der Stimmklang zunächst belegt, dann rauh und brüchig oder kippelnd. Schließlich wird die Stimme erheblich gestört, die Register divergieren in auffälliger Weise. Die Stimme klingt männlich. Die individuelle Empfindlichkeit gegenüber solchen Hormonpräparaten schwankt außerordentlich stark, so daß sich Nebenwirkungen auf die Stimme im voraus kaum sicher einschätzen lassen. Neben der Tagesmenge ist die Dauer der Behandlung von Bedeutung. Durchschnittlich kann man bei regelmäßiger Anwendung von Testosteron z. B. nach zwei bis drei Monaten mit einer Vermännlichung der Stimme rechnen. In extremen Fällen führt aber schon eine einzige Injektion eines Anabolikums zur voll ausgeprägten Androglottie, während andere Frauen jahrelange Gaben von Testosteron ohne jede Nebenwirkung tolerieren. Auch bei Tablettenanwendung muß mit einer Vermännlichung der Stimme gerechnet werden. Mädchen in der Pubertät scheinen besonders gefährdet zu sein. Jede Sängerin sollte über diese Zusammenhänge informiert sein und sich in Zweifelsfällen mit ihrem Arzt beraten, ob eine entsprechende Behandlung unvermeidlich ist. Es gibt Krankheiten, die solche Medikamente erfordern, auch wenn stimmliche Störungen dabei in Kauf genommen werden müssen.

Ovulationshemmer, Anti-Baby-Pillen. Auch diese Medikamente, die heutzutage in großem Maße Anwendung finden, gehören bekanntlich zu den Hormonpräparaten. Sie enthalten zwar keine männlichen Hormone, aber synthetische Komponenten, die unter Umständen in ähnlicher Weise wirken können. Die pharmazeutische Industrie ist bemüht, derartige Seitenwirkungen auszuschalten, und hat in letzter Zeit deutliche Fortschritte erzielt (WENDLER und Mitarb., 1995), stimmliche Nebenwirkungen ließen sich praktisch nicht mehr nachweisen. Trotzdem sollten Sängerinnen, die solche Medikamente regelmäßig einnehmen, sich in Abständen von etwa drei bis sechs Monaten phoniatrisch kontrollieren lassen. Andererseits wurde bereits darauf hingewiesen, daß bei erheblichen Beeinträchtigungen der Stimme während der Menstruation die versuchsweise Anwendung von Ovulationshemmern sogar zu empfehlen ist, denn die Leistungsminderungen zur Zeit der sogenannten Abbruchblutung während der Tablettenpause treten gegenüber den Beschwerden während der normalen Menstruation meist deutlich zurück.

Funktionelle Stimmstörungen

Funktionelle Dysphonien sind Krankheiten der Stimme, die durch eine Störung des Stimmklanges (vorwiegend im Sinne von Heiserkeit) und/oder eine Einschränkung der stimmlichen Leistungsfähigkeit (vor allem durch verminderte Belastbarkeit) sowie durch subjektive Mißempfindungen (Kratzen im Hals, Fremdkörpergefühl, Schmerz) gekennzeichnet sind. An den stimmbildenden Organen, z.B. am Kehlkopf, sind primär keine krankhaften Veränderungen zu erkennen.

Früher galt für die funktionellen Stimmstörungen häufig der Begriff *Phonasthenie* (Stimmschwäche) als Synonym, jedoch wurden damit konstitutionelle oder gewohnheitsmäßige Faktoren zu einseitig hervorgehoben. Auch die älteren Bezeichnungen *Rheseasthenie* (Störungen der Sprecherstimme) und *Kleseasthenie* (Störungen der Ruf- bzw. Kommandostimme) finden heute weniger Anwendung. Ein weiterer gebräuchlicher Ausdruck ist dagegen *Dysodie* für Störungen der Sing- und Sängerstimme, und alle berufsbedingten Stimmstörungen werden auch als *professionelle Dysphonien* zusammengefaßt.

Sprechen und Singen sind bei Störungen durchaus nicht immer in gleichem Ausmaß betroffen. Wenn die Sprechstimme heiser klingt, ist meist auch das Singen gestört, zumindest beim leisen und weichen Einsetzen in mittlerer und tieferer Lage. Die Stimme braucht dann einen stärkeren Kraftaufwand und klingt auch nicht völlig klar. Beim lauteren Singen, vor allem in der Höhe, können diese Auffälligkeiten verschwinden, weil größere Muskelspannung und bessere Nutzung der klangformenden Ansatzräume oft kompensierend wirken und die vorhandene Stimmstörung nicht hervortreten lassen. Keinesfalls darf in einem solchen Falle eine gestörte Sprechstimme als nebensächlich oder lediglich als ein Schönheitsfehler abgetan werden. Allerdings sind auch Stimmstörungen über den gesamten Tonhöhen- und Dynamikumfang sowohl beim Sprechen als auch beim Singen möglich, besonders dann, wenn ein ausgeprägter Krankheitsbefund im Kehlkopf vorhanden ist. Im Gegensatz dazu kann bei unauffälligem Sprechen das Singen gestört sein, vor allem bei mangelhafter Gesangstechnik oder unzureichendem Training.

Die Entstehung der funktionellen Dysphonien ist bis heute nicht eindeutig geklärt, wahrscheinlich deshalb nicht, weil auf mehreren Funktionsebenen Störungen möglich sind, die sich überlagern und besonders in ihren zentralnervösen Anteilen nicht oder nur ungenau erkennbar sind. Ein pragmatischer Standpunkt wird eingenommen, wenn wir in das Zentrum der Aufmerksamkeit die Konstitution stellen, die für alle physischen, psychischen und gewohnheitsmäßigen Leistungen eine wesentliche Grundlage bildet (Abb. 92).

Der Konstitutionsbegriff wird unterschiedlich definiert, er sollte sich aber keinesfalls – wie bei KRETSCHMER – vorrangig am Körperbau orientieren. Konstitution im weiteren Sinne kennzeichnet die in der Erbanlage begründete und unter Einbeziehung der Umwelt verwirklichte Gesamtverfassung eines Organismus, Konstitution im engeren Sinne meint die anlagebedingte individuelle Ganzheit des einzelnen Menschen, d. h. das Erscheinungs-, Funktions- und Leistungsgefüge.

Konstitutionelle Merkmale, die für einen Stimmberuf bedeutsam erscheinen, dürfen also nicht nur auf die Stimme bezogen werden. Eine überdurchschnittliche Stimmveranlagung durch günstige Verhältnisse in bezug auf Bau und Funktion des Kehlkopfes sowie der Ansatzräume, insbesondere auch deren akustische Abstimmöglichkeiten, hat zwar einen gewissen Vorrang, aber auch körperliche Stärke, allgemeine Belastbarkeit, Persönlichkeitsstruktur, Stabilität des Herz-Kreislauf-Systems, neurovegetative Erregbarkeit oder Irritabilität, Steuerung und Arbeitsweise des Muskelsystems, Schleimhautbeschaffenheit u. a. wirken sich wesentlich aus.

Sängerische Gewohnheiten, die in ständiger Wechselwirkung mit den individuellen physischen und psychischen Voraussetzungen entstehen, können sich in allgemeiner und in spezieller Form ausprägen. Bei letzterer werden durch unbewußte oder bewußte Lernvorgänge stimmtechnische Fertigkeiten erworben, die als besondere Phänomene ebenso entwicklungs- und leistungsfähig wie störanfällig sind. Daß die Umwelt, speziell in den beruflichen und familiären Verhältnissen, in besonderem Maße positiv oder negativ auf die Stimmqualität einwirkt, muß nicht betont werden. Vor allem Künstler reagieren auf ihre Umgebung sensibler, rascher und intensiver als andere, und nie darf die Diagnostik und Therapie funktioneller Stimmstörungen soziale und psychische Bezüge außer acht lassen.

Durchaus nicht immer treten die Störungen so stark auf, daß sie klinisch relevant werden. Im außerklinischen, privaten wie beruflichen Bereich gibt es »normalerweise« eine Fülle stimmlicher Entgleisungen, die entweder selbst erkannt und korrigiert werden

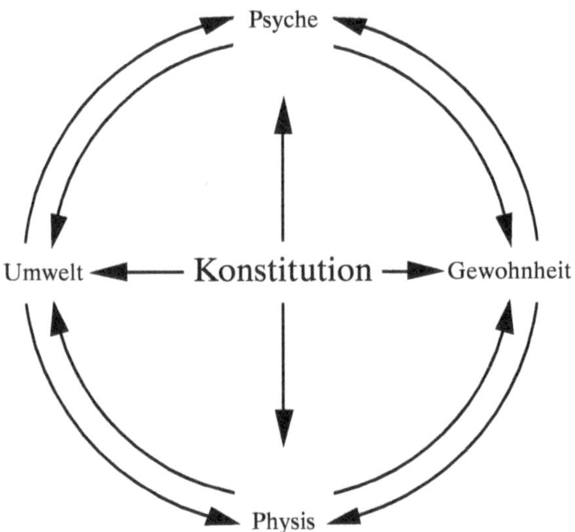

Abb. 92 Wechselwirkungen zwischen ursächlichen Faktoren bei funktionellen Stimmstörungen

oder auf die man sich einstellt. Die Störungen müssen nicht unbedingt mit wesentlichen Leistungsminderungen einhergehen, dauern manchmal sogar längere Zeit an und werden mitunter sowohl von den Betroffenen als auch von ihrer Umgebung akzeptiert. Beispielsweise gibt es lebhafte Sänger, die ständig mit Überfunktionen sprechen und singen, dabei über keinerlei Beschwerden klagen und voll leistungsfähig sind. Ein Arzt wird erst bei Belastungsschwierigkeiten, Leidensdruck und/oder fehlender Akzeptanz aufgesucht. Vor allem ein ausgeprägtes Mißverhältnis zwischen den konstitutionellen Voraussetzungen und den Umweltanforderungen führt dazu, daß noch akzeptable Störungen ohne Krankheitswert (außerklinischer Bereich) sich zu nicht mehr tolerierten Störungen mit Krankheitswert (klinischer Bereich) entwickeln. Jeder robuste, stimmgewaltige und mit bester Gesangstechnik ausgestattete Sänger kann in eine solche Situation geraten, wenn er von seiner Umwelt stark überfordert wird.

Mit einer Häufigkeit von 7 bis 10% (Sprechen und Singen betreffend) sind funktionelle Dysphonien weit verbreitet. Die Betroffenen klagen neben Heiserkeit in verschiedenen Schweregraden häufig über mangelhafte stimmliche Belastbarkeit oder gar stimmliches Versagen im Zusammenhang mit längerdauernder stimmlicher Beanspruchung oder akuter Überforderung. Gleichzeitig erholt sich die Stimme nicht rasch genug, die Ruhe über Nacht oder über das Wochenende reicht nicht mehr aus. Neben Beschwerden im Sinne von Heiserkeit und Belastungsschwäche sind subjektive Mißempfindungen wie Druck, Kratzen, Brennen, Kloßgefühl, ja sogar Schmerzen zu nennen, die im Kehlkopf, aber auch im Rachen angegeben werden. Nicht selten sieht man in diesen Bereichen trockene Schleimhaut, aber auch eine Verschleimung der Stimmlippen ist möglich (»Ermüdungskatarrh«, s. u.).

Dysodie

Die funktionelle Störung der Sing- und Sängerstimme wird nach Flatau (1906) als Dysodie bezeichnet. Diese Abgrenzung ist zu rechtfertigen, weil einige Befunde auffallen, die sich auf besondere Singleistungen beziehen und nicht oder fast nicht für das Sprechen gelten.

Theodor Simon Flatau (Abb. 93) hat als HNO-Arzt und Musikologe an der Berliner Charité die Stimmheilkunde mitbegründet und als Dozent für Stimmphysiologie und Gesangstheorie an der Hochschule für Musik in Berlin gelehrt. Von seinen zahlreichen Publikationen ist die Monographie »Die funktionelle Stimmschwäche (Phonasthenie) der Sänger, Sprecher und Kommandorufer« hervorzuheben, worin er als erster nachdrücklich auch auf die menschliche und soziale Bedeutung funktioneller Stimmstörungen hinweist und zugleich fordert, diese Erkrankungen stärker in ärztliches Denken und Handeln einzubeziehen. Er schildert bereits die sekundär organischen Veränderungen bei primär funktionellen Dysphonien und erkennt quantitative und qualitative Fehlbelastungen der Stimme als deren Hauptursache an. Die konstitutionellen und psychischen Faktoren schätzt er später als bedeutungsvoll ein.

Abb. 93 Theodor Simon Flatau

Definition. Gewisse Fähigkeiten und Fertigkeiten im Singen müssen schon vorhanden gewesen sein, ehe man bei Störungen von »Dysodie« sprechen kann. Unmusikalische Falschsinger leiden also nicht an einer Dysodie. Die Definition funktioneller Dysphonien (s. o.) ist hier dahingehend zu ergänzen, daß die Leistungseinschränkung durch ein Nachlassen oder einen Verlust besonderer, natürlich vorhandener oder erworbener stimmlicher Fertigkeiten auffallen kann. Man sollte demzufolge nicht nur Berufssänger berücksichtigen, sondern auch Laiensänger, Kinder eingeschlossen.

Zuweilen ergibt sich die Frage, ob Mutationsverläufe von Krankheitswert sowie funktionell bedingte, sekundär organische Veränderungen wie Ermüdungskatarrh, Schlußschwäche, verstärkte Gefäßzeichnung und Phonationsverdickungen (herkömmlich: Knötchen, Randödeme, Polypen) an den Stimmlippen noch zu den Dysodien zu rechnen sind. Wir halten es aus systematischen Gründen für besser, sekundäre Stimmlippenveränderungen entsprechend dem organischen Erscheinungsbild mit einer eigenen Beschreibung oder Diagnose zu kennzeichnen. Eine Zwischenstellung nehmen die hormonell bedingten Stimmstörungen (s. dort) ein, die mit organischen Veränderungen einhergehen können, ohne daß sich ein auffälliger Spiegelbefund zeigt.

Ursachen. Ursächlich kommen meist mehrere innere und äußere Einflüsse in Betracht, die oftmals nebeneinander wirken oder sich gegenseitig beeinflussen (Abb. 94). Manchmal muß man dann verschiedene Ursachen nach ihrer Bedeutung werten und einordnen, mitunter tritt der entscheidende krankmachende Faktor aber auch erst im Verlaufe wiederholter Gespräche oder einer Behandlung hervor.

von innen

Reaktionsweise des zentralen und des vegetativen Nervensystems · Persönlichkeitsstruktur, emotionale Ansprechbarkeit · Konstitution · Geschlecht, Hormone · Alter · Hörvermögen · Stimmgattung und -typ · Allgemeinerkrankungen · Erkrankungen der Atemwege

von außen

Genußmittel · Lebensrhythmus · Überlastung · Konflikte, Neurotisierung · Berufsjahre · stimmtechnische Schulung, künstlerische Qualifikation · Arbeitsatmosphäre · Schallpegel der Umgebung (Chor-, Orchesterlautstärke) · Lärmbelästigung · Raumakustik · Publikumsbezug · Raumklima · Regionalklima

Abb. 94 Äußere und innere Einflüsse beim Singen

Als häufigste Ursachen sind zu nennen: mangelhafte konstitutionelle Voraussetzungen (körperlich, psychisch, stimmlich), Überlastung durch Singen, aber auch durch Sprechen (»Rhesiogene Dysodie« nach FLATAU), psychische Faktoren, z. B. eine unzureichende Motivation für bestimmte Aufgaben oder übergroße Lebhaftigkeit, schließlich allgemeine Leistungsschwäche bzw. Anfälligkeit. Bezogen auf die Stimme sind vor allem hervorzuheben: Überforderungen durch anstrengende Probenarbeit oder zahlreiche Vorstellungen mit zu wenigen Ruhephasen, häufig eine zu kurze oder mangelhafte Ausbildung mit stimmtechnischen Defiziten, falsche Klassifizierung von Stimmgattung oder Stimmtyp. Besonders das Singen in zu hoher Lage und das Forcieren durch zu starke dramatische Akzente fördern die Erkrankung.
Beschwerden. Die Beschwerden und Befunde betreffen vor allem die subtilen Funktionen. Die Stimme spricht nicht leicht genug an, der weiche Stimmeinsatz bereitet Mühe oder gelingt nicht, es kommt zwangsläufig zu pathologischen Einsätzen. Das Pianosingen ist gestört, die Töne brechen sogar ab, vorwiegend bei geringer Stimmintensität. Die Beherrschung des Stimmsitzes läßt nach, wodurch die Modulationsfähigkeit der Stimme beeinträchtigt und der Vokalausgleich gestört ist. Es kann sogar zu Stimmklangveränderungen bis zur belegten oder behauchten Stimme kommen, unter Umständen ist die Tonhaltedauer verkürzt. Der Schwellton gelingt nicht kontinuierlich, vor allem nicht während des Abschwellens, und es ergeben sich Schwierigkeiten bei Registerwechseln. Die Intonation verliert ihre gewohnte Sicherheit, es kommt zum Detonieren oder Distonieren. Der Tonhöhenumfang wird eingeengt, besonders in der Tiefe, und das Vibrato verliert seine Weichheit und Elastizität. Die Höhe und das Forte werden nur durch gesteigerten Kraftaufwand erreicht. Im Hals entstehen die oben genannten Mißempfindungen. Die Stimme ermüdet rasch, das Singen strengt an und bereitet Unlust.
Befunde. Die Kompensationsversuche der stimmlichen Leistungsschwäche sind zu hören und an muskulären Überfunktionen auch zu sehen, vor allem als Verspannungen im Halsbereich und als ungewollte mimische, gestische und körperliche Mitbewegungen.
Es versteht sich von selbst, daß eine ausführliche Stimm- und Berufsanamnese stets unverzichtbar ist. Ein einfühlsames, vertrauensvolles Gespräch erleichtert es den Sängern, auch über besondere psychische Belastungen zu sprechen. Persönliche Probleme, d. h. vor allem familiär oder beruflich bedingte Schwierigkeiten, sind in ihrer Wirkung auf die Stimme besonders schwer zu erkennen und zu bewerten und erfordern Feingefühl und Erfahrung. Niemals kann man es bei einem kurzen Wortwechsel und einer raschen Kehlkopfspiegelung bewenden lassen.

Da insbesondere bei Sängern auch geringgradig ausgeprägte Befunde erkannt bzw. ausgeschlossen werden müssen, ist die Untersuchung des Kehlkopfes mit einem Lupen- oder Mikrostroboskop unverzichtbar.

Die Kehlkopfbefunde weisen oft nur unerhebliche Abweichungen von der Norm auf. Aufgelockerte Stimmlippenschleimhaut mit diffuser Verschleimung (sog. »Ermüdungskatarrh«) oder lokaler Schleimbildung, verstärkte Gefäßzeichnung oder sogar leichte Randbetonungen können vorhanden sein.

Erst der konsequente Einsatz von Lupen- und Mikrostroboskopie mit gleichzeitiger Stimmklangbeurteilung hat diskrete Befunde hervortreten lassen, die bisher unerkannt geblieben sind, die »funktionellen Stimmlippenknötchen« (SEIDNER, 1991). Man bezeichnet sie besser als »funktionelle Phonationsverdickungen« (s. u.). Es handelt sich um sehr schmale, spindelförmige Schleimhautbetonungen an der »typischen« Stelle zwischen vorderem und mittlerem Stimmlippendrittel, die lediglich stroboskopisch kurz vor der Schlußphase zu erkennen sind. In Respirationsstellung beobachtet man bei der einfachen Spiegeluntersuchung keine Randbetonungen, die Stimmlippen erscheinen glatt. Lediglich bei Vergrößerung sind angedeutet Epithelveränderungen zu sehen, die morphologisch fast nicht hervortreten. Zumindest sind sie nur derart angedeutet vorhanden, daß eine operative Entfernung überhaupt nicht in Frage kommt. Stimmbeschwerden bestehen in unterschiedlichem Ausmaß, und an Therapiemaßnahmen kommen Stimmschonung, milde Inhalationen und nach etwa einer Woche vorsichtige stimmtechnische Übungen in Betracht. Bei stärkerer Stimmbelastung können sich die Befunde zu manifesten Phonationsverdickungen verstärken und sich nach stimmlicher Entlastung auch wieder auf das Niveau der funktionellen Verdickungen zurückbilden. Wenn technisch gut und ohne häufige Überlastungen gesungen wird, kann – ohne Einschränkung der Berufsfähigkeit – die Stimme sogar klar sein. Die funktionellen Phonationsverdickungen sind Übergangserscheinungen zwischen funktionellen Stimmstörungen und den sekundär organischen Gewebsveränderungen an den Stimmlippen.

Die Hörbeurteilung der Stimme muß das Sprechen ebenso berücksichtigen wie das natürliche Singen (Lied, Arie) und das experimentelle Singen (Vokalisen). Die Dokumentation der Sprechstimme kann nach dem RBH-System erfolgen, die der Sing- und Sängerstimme nach dem vorgeschlagenen Untersuchungsschema (s. Auditive Beurteilung). Die Messung von Sprech- und Singstimmprofilen (mit spektraler Bewertung) hat sich als besonders nützlich erwiesen, Stimmbefunde auch bei Dysodien darzustellen und für Verlaufsbeobachtungen heranzuziehen (Abb. 95).

B e h a n d l u n g. Im Falle eines akuten Verlaufs durch kurzzeitige Überforderungen, wie sie jeder Sänger einmal erleidet, helfen einige Tage Stimmruhe wesentlich und stellen das volle sängerische Leistungsvermögen wieder her. Bei wiederholt auftretenden oder über Wochen (oder länger) bestehenden Beschwerden wird über eine ausführlichere Anamnese versucht, die Ursache zu erkennen. Treten dann auch psychische Faktoren hervor, führt ein geduldiges und einfühlsames Gespräch, das fachspezifische Probleme einschließt, fast immer zu ausreichenden Resultaten und macht eine Psychodiagnostik und -therapie meist entbehrlich. Medikamente können manchmal für kurze Zeit unterstützend eingesetzt werden, sind aber generell von untergeordneter Bedeutung. Wenn die Dysodie allerdings als Krankheitszeichen eines Allgemeinleidens auftritt, ist entsprechende Diagnostik und Therapie durch den Praktischen Arzt oder einen anderen Facharzt erforderlich.

Häufig liegt den Beschwerden und Krankheitszeichen eine schon längere Zeit vernachlässigte Gesangstechnik zugrunde. Eine systematische

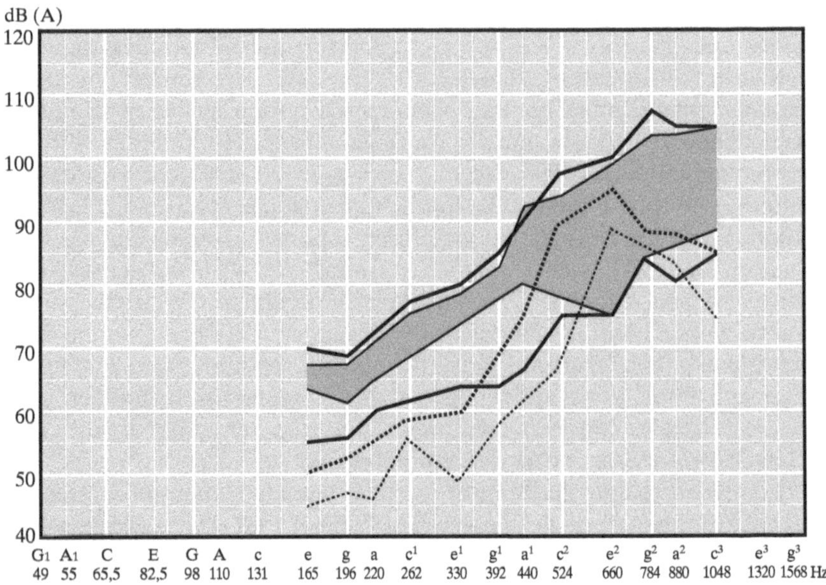

Abb. 95 Singstimmprofile eines lyrischen Soprans (Vokal /i/) vor konservativer Therapie (dünne Kurven, schatttierter Bereich) und danach (dicke Kurven) wegen akuter Stimmermüdung; nach Behandlung Verbesserung des hohen Formantpegels (unterbrochene Kurven) und leichteres Ansprechen der Stimme beim leisen Singen vor allem im Brustregisterbereich

Übungsarbeit unter Leitung eines fachkundigen Gesangspädagogen ist dann dringend zu empfehlen. Hierbei ergibt sich auch die Möglichkeit, die Klassifizierung zu überprüfen und gegebenenfalls zu korrigieren. Für uns ist es besonders erfreulich, wenn wir auf einen Pädagogen treffen, der physiologisch orientiert unterrichtet und mit dem wir uns dann gut verständigen können. Manche Gesangspädagogen zeigen eine ungewöhnliche Kooperationsbereitschaft, stimmliche Auffälligkeiten im Grenzbereich zwischen Stimmgesundheit und -krankheit durch Übungen zu korrigieren.

Phonationsverdickungen der Stimmlippen

Da eine exakte morphologische Klassifizierung der meist als Knötchen bezeichneten unterschiedlichen Gewebsverdickungen am Stimmlippenrand nicht möglich ist – auch nicht durch feingewebliche Untersuchungen – und bestimmte Ursachen nicht zu typischen Veränderungen führen, empfehlen wir, die neutrale Bezeichnung *»Phonationsverdickungen«* (KITTEL, 1989) zu bevorzugen. Der Begriff vermeidet die Schwierigkeiten einer unklaren Nomenklatur und soll in Kurzform ausdrücken, daß es sich um sekundär organische Veränderungen bei primär funktioneller Störung der Stimme (hier: der Sing- und Sängerstimme) handelt. Dennoch gehen wir zunächst auf die herkömmlichen Bezeichnungen »Knötchen und Polypen« ein.
Die Diagnose »Stimmlippenknötchen« wird bis heute von vielen Sängern und künstlerischen Leitern als Bezeichnung für eine nahezu unheilbare Krankheit gefürchtet bzw. als ein Signal für das Ende einer sängerischen Laufbahn angesehen. Diese Einschätzung ist nicht mehr gerechtfertigt, da sich die Behandlungsmöglichkeiten gegenüber früher erheblich verbessert haben und mit einer Wiederherstellung der Stimme gerechnet werden kann. Dabei soll nicht geleugnet werden, daß die Therapie von »Sängerknötchen« nach wie vor eine der diffizilen Aufgaben in der phoniatrischen Praxis darstellt, vor allem deshalb, weil man sich niemals allein am Organbefund orientieren darf. Einerseits muß man die Ursachen erkennen, beachten und behandeln, und andererseits sind die stimmlichen Auswirkungen solcher Veränderungen in jedem Fall sorgfältig einzuschätzen. Fast immer liegt eine funktionelle Singstimmstörung, eine Dysodie, zugrunde. Die Auswirkungen auf die Stimme reichen von äußerst geringgradigen (zuweilen sogar überhaupt nicht wahrnehmbaren) bis hochgradigen Beeinträchtigungen.
Stimmlippenknötchen werden kleine Verdickungen am freien Rand der Stimmlippen genannt, die meist nur die Größe einer Stecknadelspitze oder eines Metallstecknadelkopfes haben. Nicht selten, vor allem im

akuten Zustand und bei Frauen, finden sie sich symmetrisch an beiden Stimmlippen, und zwar am Übergang vom vorderen zum mittleren Drittel. Anfangs handelt es sich um wäßrige (ödematöse) Verdickungen der äußeren Schleimhautschicht, später erfolgen meist bindegewebige (fibröse) Umwandlungen.

Leider wird fast jede glatte Schleimhautverdickung am Stimmlippenrand als Knötchen bezeichnet. Meist sind aber die Veränderungen an den Stimmlippenrändern breitbasig ausgeprägt und nicht knötchenförmig eng umschrieben und kommen überwiegend einseitig vor. Die breitbasigen Verdickungen können unterschiedlich breit und lang sein, manchmal ist der Stimmlippenrand sogar fast in gesamter Ausdehnung befallen. Man benennt sie dann besser als Randödeme. Bei umschriebenen Befunden kann die Abgrenzung zu sogenannten Polypen, also zu kugelig aussehenden Schleimhautverdickungen, durchaus schwierig sein.

Stimmlippenpolypen sind teilweise ähnlich aufgebaut wie die sogenannten Knötchen, nur größer, teilweise weichen sie aber feingeweblich auch davon ab. Polypen treten vorwiegend bei Männern in der mittleren Altersgruppe auf. Bei Sängern sieht man jedoch meist keine ausgeprägten kugelförmigen Befunde, sondern lediglich polypartige Randödeme. Voll entwickelte, große Polypen zählen eher zu den Seltenheiten, da Sänger eine Heiserkeit nicht so lange hinnehmen und relativ frühzeitig einen Arzt aufsuchen. Polypen erfordern immer eine operative Behandlung, die den bei Knötchen beschriebenen Prinzipien folgt und in der Regel zu einer vollständigen Wiederherstellung der sängerischen Leistungsfähigkeit führt, wenn ursächliche Zusammenhänge entsprechend berücksichtigt werden.

Die nachfolgenden Ausführungen konzentrieren sich auf die sogenannten Stimmlippenknötchen.

Während der lupen- oder mikrostroboskopischen Untersuchung beschreiben wir, welche Einschränkungen der Schwingungsfähigkeit vorhanden sind und ob überhaupt bzw. bei welcher Stimmintensität eine vollständige Schlußphase eintritt. Fast immer sieht man bei Gewebsverdickungen eine Reduktion der Schwingungsweite und vor allem der Randkantenverschieblichkeit. Bei doppelseitigen Befunden findet sich bei geringen Intensitäten eine »Sanduhrglottis«, und die Schlußphase tritt – allerdings auch bei einseitigen Befunden – erst bei Intensitätssteigerung auf. Die Rückbildungstendenz von Verdickungen erkennt man u. a. auch daran, daß die Schlußphase im Beobachtungsverlauf bei geringeren Intensitäten zustande kommt als vorher (Wendler, 1967).

Für die Entstehung werden konstitutionelle, hormonelle, entzündliche und mechanische Ursachen diskutiert. Als Hauptursache gilt die stimmliche Überanstrengung mit hyperfunktionellen Anzeichen, entweder bei ständiger Überschreitung der konstitutionell bedingten Leistungsgrenzen, bei unökonomischem Stimmgebrauch, z. B. bei falscher Gesangstechnik, oder bei gleichzeitig vorhandenen entzündlichen Prozessen im Kehlkopfbereich. Der konstitutionelle Faktor betrifft vor allem auch die Neigung der Stimmlippenschleimhaut, bei Überlastung umschriebene Gewebsverdickungen zu bilden. Bei entzündlichen Erscheinungen genügt manchmal schon eine normale stimmliche Beanspruchung, um Phonationsverdickungen entstehen zu lassen. Andererseits bilden sich die beschriebenen Veränderungen nicht bei jedem Sänger, der seine Stimme überlastet.

Nach der Geschlechterverteilung überwiegen im Kindesalter die Knaben, während bei Erwachsenen vor allem Frauen betroffen sind. Auffällig ist die geringe Anzahl von Patienten mit Phonationsverdickungen in der Zeit der Pubertät. Aus dieser Verteilung geht hervor, daß offenbar geschlechtsspezifische Faktoren von Bedeutung sind.

Die Patienten klagen über Heiserkeit und geminderte stimmliche Belastbarkeit. Im Anschluß an stimmliche Belastung stellt sich eine auffällige Stimmschwäche ein, anfangs mit Erholung nach einigen Tagen, später erst nach längerer Stimmschonung, z. B. während des Urlaubs. Zunächst sind die leichte Ansprechbarkeit der Stimme und das Pianosingen gestört, die Nuancierungsfähigkeit läßt generell nach, die Zeit des Einsingens verlängert sich, und der Kraftaufwand beim Singen muß gesteigert werden. Auch die Sprechstimme klingt belegt, manchmal sogar knarrend, müde und angestrengt.

Sind die Phonationsverdickungen durch plötzliche Überanstrengung oder durch Stimmbelastung während eines akuten Erkältungsinfektes aufgetreten, ist es nicht erforderlich, eine ausführlichere Stimmprüfung durchzuführen. Anamnese, Stimmlippen- einschließlich Schwingungsbefund sowie Sprechstimmklang reichen aus, um den Befund zu fixieren und die Therapie festzulegen. Unter Stimmruhe (ungespanntes Flüstern ist selbstverständlich erlaubt), milden Inhalationen oder lokalen Wärmeanwendungen und eventuell gründlicher Infektbehandlung bilden sich die Verdickungen nach einigen Tagen wieder zurück. Eventuell muß man auch eine Woche oder zwei Wochen Geduld haben. Die Sänger sollten nicht eher in das Berufsleben zurückkehren, bevor nicht der Befund vollständig zurückgebildet, die Ursache der Erkrankung abgeklärt und eine ausführliche Beratung erfolgt ist.

Immer wieder wird die irrige Meinung geäußert, Flüstern sei generell unphysiologisch und deshalb stimmschädigend. Die Turbulenzen der Atemluft, die während des ungespannten Flüsterns zur Artikulation benutzt werden, entstehen physiologischerweise im unteren Rachenbereich und beanspruchen die stimmbildenden Strukturen des Kehlkopfes überhaupt nicht. Jeder, der einmal eine sehr schwere Kehlkopfentzündung durchmachen mußte, weiß, daß dabei leises Flüstern mühelos und beschwerdefrei möglich ist, während jede andere Stimmgebung, sogar eine ungespannte, schmerzhaft sein kann.

Eigene Untersuchungen mit einer Glasfaseroptik (SEIDNER und NAWKA, 1992) haben ergeben, daß sich die Stimmlippen während des ungespannten Flüsterns lediglich respiratorisch sanft bewegen. Da keine Schwingungen auftreten (nach EYSHOLDT auch nicht bei Hochgeschwindigkeits-Videoaufnahmen), wird der gewünschte Effekt, den Stimmlippenrand ruhigzustellen, beim Flüstern wirkungsvoll erreicht. Allerdings ist in diesem Sinne nicht das gespannte, gepreßte Flüstern gemeint. Das geht mit muskulären Hyperfunktionen einher, die auch Taschenfalten und Kehlkopfeingang beteiligen. Wenn man aber den Patienten das ungespannte und gespannte Flüstern vorführt und darauf hinweist, welche Art anzuwenden bzw. zu unterlassen ist, kann man Mißverständnisse leicht vermeiden und eine gute therapeutische Wirkung erzielen. Möchte ein Patient nicht flüstern, sondern lieber schweigen, so sollte man ihn natürlich nicht daran hindern.

Bei über Wochen oder Monaten bestehenden Phonationsverdickungen bevorzugen wir die mikrochirurgische Abtragung in örtlicher Betäubung. Allerdings entschließen wir uns niemals überstürzt zu diesem Eingriff, sondern erst dann, wenn Stimmruhe und abschwellend wirkende Inhalationen über etwa zwei Wochen erfolglos waren und sich weder Organ- noch Stimmbefund wesentlich gebessert haben. Außerdem ist zu berücksichtigen, ob nach wie vor Stimmbeschwerden vorhanden sind, ob der Beruf in diesem Zustand noch weiter ausgeübt werden kann und ob es keine Möglichkeit gibt, die Funktionsstörung stimmtechnisch zu kompensieren. Als typischer Stimmbefund ist zu nennen, daß sich der Klang bei Steigerung zwar bessert, die Stimme aber nicht vollständig klar wird. Allenfalls tiefe Männerstimmen können dann einen unauffälligen Sprechstimmklang aufweisen.

Übrigens beeinflußt die Konsistenz der Veränderungen (»weiche« oder »harte« Knötchen) diese Entscheidung nicht. Es ist sogar wesentlich günstiger, weiche (ödematöse) Verdickungen zu operieren als harte (fibröse), und man sollte nicht durch unnütz langes Warten zulassen, daß sich die weichen verhärten.

Vor dem Eingriff erfolgt stets eine genaue Stimmbeurteilung des Sprechens und Singens, und außerdem dokumentieren wir die Stimme für einen prä- und postoperativen Vergleich durch Tonbandaufnahmen sowie durch die Messung von Sprech- und Singstimmprofilen (s. dort). Immer findet ein ausführliches Gespräch statt, in dem alle Befunde noch einmal besprochen und auch die Chancen und Risiken des geplanten Eingriffes erörtert werden. Videoaufnahmen des Kehlkopfes dienen nicht nur der Befunddokumentation, sondern auch als Argumentationshilfe im Gespräch. Die Operation findet nach Injektion eines beruhigend wirkenden Medikamentes und örtlicher, oberflächlicher Schleimhautbetäubung ohne Narkose unter einem Mikrostroboskop (s. dort) statt.

Die Stimmlippen werden mit Hilfe des üblichen Kehlkopfspiegels eingestellt und dann über das Mikrostroboskop betrachtet. Nach sorgfältiger und wiederholter stroboskopischer Beobachtung der Randkantenverschiebung während leiser Phonation und auch der Schwingungsbeeinträchtigung durch die Gewebsverdickung läßt sich exakt festlegen, wo der Eingriff zu begrenzen ist. Zur Abtragung verwenden wir einen kleinen, seitlich abgewinkelten Doppellöffel, mit dem das kranke Gewebe gefaßt und tangential zum Stimmlippenrand – vollständig schmerzlos – abgezupft wird. Nach Abtragung eng umschriebener und nicht bindegewebig veränderter Verdickungen schwingt die Stimmlippe meist sofort wieder vollständig, die Stimme setzt weich und mühelos ein und klingt dicht und klar. Die Schwingungskontrolle der Stimmlippen sowie die Hörbeurteilung der Stimme während des Eingriffs hat sich als Vorteil gegenüber den heute üblichen Operationen in Narkose herausgestellt, die solche wichtigen Funktionskontrollen nicht gestatten. Unter mikrostroboskopischer Kontrolle ist es also sehr gut möglich, einerseits den pathologischen Gewebsbefund präzise zu entfernen und andererseits die Randkantenschleimhaut zu schonen, von deren Schwingungsfähigkeit es abhängt, ob ein Sänger seinen Beruf ausüben kann oder nicht.

Nach dem Eingriff ist Stimmruhe erforderlich, die Operierten sollen schweigen oder ungespannt flüstern. Ohne besondere Einflüsse, wie z. B. das Auftreten eines Erkältungsinfektes, findet die erste Kontrolle nach einer Woche statt. Der dann meist vorhandene leichte Reizzustand an der operierten Stimmlippe erfordert keine Therapie.

Nach zwei Wochen kann man davon ausgehen, daß die Abtragungsstelle vollständig verheilt ist, und es erfolgen dann bereits die ersten Übungen unter stimmhygienischen Gesichtspunkten. Es geht dabei nicht um den künstlerischen Stimmgebrauch, sondern lediglich um Grundfunktionen wie weiche Stimmeinsätze, guten Stimmsitz und Vokalausgleich, Schwelltonvermögen, Beweglichkeit der Stimme u. a. Übungen kleinen Umfanges (Terz, Quinte) in geringer bis mittlerer Lautstärke bei unbedingter Vermeidung von Spitzentönen sind zu bevorzugen. Das Hauptproblem bei diesen Übungen besteht darin, die meist vielfältig vorhandenen Überfunktionen abzubauen. Sie betreffen die Atembewegungen und den Atemdruck ebenso wie die Kehlkopfspannung – hörbar an den Stimmeinsätzen – und die Vokalartikulation. Alle Überspannungen in den Bereichen Mimik, Gestik, Kopf- und Körperhaltung erfordern besondere Aufmerksamkeit. Auch wenn man immer wieder feststellen muß, daß sich eine »Verwilderung« gesangstechnischer Grundfunktionen eingestellt hat, so ist man doch erstaunt, wie rasch und präzise Sänger positiv reagieren und die stimmtechnischen Probleme beseitigen können. Es erhebt sich natürlich sofort die Frage nach der Stabilität solcher Erfolge. Nach etwa 5 bis 6 Sitzungen streben wir die Absprache mit einem Gesangspädagogen an, der die bisherigen Übungen weiterführt und die Stimme zum künstlerischen, berufsmäßigen Einsatz bringt. Immer folgen am Ende die oben erwähnten Stimmdokumentationen zum Vergleich mit den präoperativen

Befunden (Abb. 96 und 97). Eine berufliche Belastung ist in der Regel 4 bis 6 Wochen nach dem Eingriff wieder möglich.

Wir haben in unserer Abteilung mit der geschilderten Operationsmethode mehr als 5000 Patienten operiert, die überwiegend an Phonationsverdickungen der Stimmlippen litten. Die Ergebnisse bei den 86 zum Teil hochprofilierten Sängerinnen und Sängern, die sich in dieser großen Patientengruppe befanden, lassen sich insofern als sehr gut bezeichnen, als alle Operierten ihren Beruf wieder ausüben konnten. Das mittlere Alter der Patienten betrug 39 Jahre, Frauen waren doppelt so häufig befallen wie Männer, Solisten mehr als dreimal so häufig wie Choristen. Solosoprane bildeten zahlenmäßig die größte Patientengruppe. Einseitige Befunde sahen wir viermal häufiger als doppelseitige. Bei 61 nachuntersuchten Patienten diagnostizierten wir nach durchschnittlich 9 Jahren Berufstätigkeit lediglich 6 Rezidive. Von diesen wurden 2 belassen, da sie zu keiner beruflichen Gefährdung führten, 4 Patienten wurden nachoperiert. Diese Patienten waren bis zur erneuten Untersuchung nach mehr als 5 Jahren beschwerde- und rezidivfrei.

Die Behandlung der Phonationsverdickungen bei Sängern ist unter Ausnutzung moderner Therapiemöglichkeiten also chancenreich und

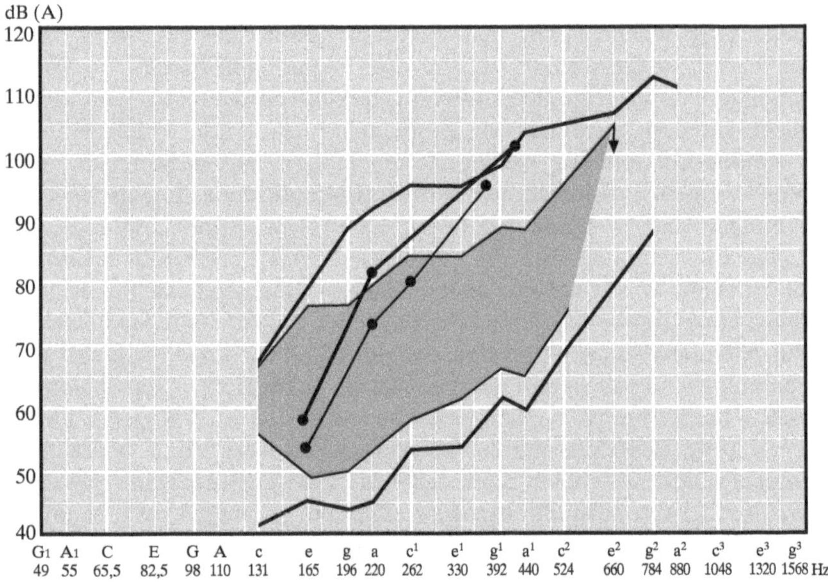

Abb. 96 Sprech- und Singstimmprofile einer Schlager- und Popsängerin (Vokal /a/) vor Abtragung von doppelseitigen Phonationsverdickungen (dünne Kurvenzüge, schattierter Bereich) sowie danach (dicke Kurvenzüge): Zunahme des Tonhöhen- und Dynamikumfanges nach dem Eingriff; Abbrechen des Fortetones auf e² vor der Operation (Pfeil)

wenig riskant geworden, und die wiederholt beschriebenen Gefahren solcher Eingriffe sind fast vollständig überwunden. Allerdings muß die zugrunde liegende funktionelle Stimmstörung nach ihrer Ursache erkannt und prophylaktisch berücksichtigt werden. Bei vielen Sängern ist es erforderlich, die Lebensweise konsequenter auf die besonderen Belastungen im Beruf einzustellen und während eines akuten Erkältungsinfektes die Stimme nicht (oder nicht stärker) zu belasten. Es empfiehlt sich, die Gesangstechnik durch Unterricht zu verbessern oder zu erhalten und die individuellen sängerischen Leistungsgrenzen genauer zu beachten. Die traditionellen und noch immer notwendigen Klassifizierungen in Stimmgattungen und Stimmtypen werden leider viel zu häufig entweder mißachtet oder zu leichtfertig vorgenommen. Hier ergeben sich besondere Möglichkeiten, eine nützliche Zusammenarbeit zwischen Stimmärzten und Gesangspädagogen zu verwirklichen. Manchmal muß man die Patienten lediglich mit Nachdruck darauf hinweisen, Überlastungen zu meiden. Mitunter raten wir prophylaktisch zu Kehlkopf- und Stimmkontrollen.

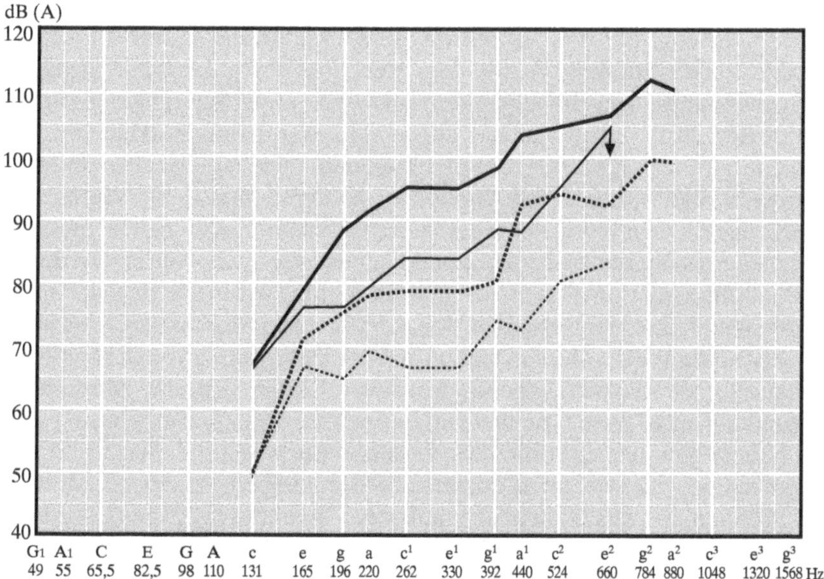

Abb. 97 Sängerformantpegel (gepunktete Kurvenzüge) von der gleichen Stimme während des lauten Singens über den gesamten Tonhöhenumfang; dünne Kurvenzüge vor Abtragung, dicke Kurvenzüge danach: Zunahme des Sängerformantpegels nach dem Eingriff; als Bezug sind noch einmal die Kurven vom lauten Singen (Gesamtschallpegel) aus Abb. 96 übertragen.

Entzündungen der oberen Atemwege

Die vorwiegend durch Viren im Zusammenhang mit sogenannten Erkältungskrankheiten ausgelösten akuten Entzündungen der oberen Atemwege gehen meist auch dann mit erheblichen Stimmstörungen einher, wenn der Kehlkopf nicht unmittelbar betroffen ist. So behindert ein Schnupfen die normale Nasenatmung, und der Stimmklang wird im Sinne des geschlossenen Näselns verändert. Gleichzeitig fallen die Schutzfunktionen der Nase aus, und der Kranke ist durch die nachteiligen Folgen der Mundatmung beeinträchtigt. Oft verschwellen die Ohrtrompeten, wodurch sich die Hörkontrolle der Stimme verschlechtert (Schwerhörigkeit infolge mangelhafter Belüftung des Mittelohres). Bei Entzündungen der Rachenschleimhaut stören Schmerzen im Hals, vermehrte Schleimproduktion und Schluckzwang die kinästhetische Kontrolle in diesem Bereich und damit eine differenzierte Stimmgebung.

Schleimhautentzündungen der oberen Atemwege erfordern immer eine ärztliche Untersuchung, wenn die Einsatzfähigkeit eines Sängers beurteilt werden soll. Greift die Entzündung auf den Kehlkopf über, kommt es durch Schwellung der Stimmlippen zu einer größeren Massenbelastung, die sich als Schwingungsbehinderung auswirkt (Amplitudeneinschränkung, Aufhebung der Schleimhautverschieblichkeit, Schwingungsunregelmäßigkeiten) und so zu einer Senkung der mittleren Sprechstimmlage, zu leichter stimmlicher Ermüdbarkeit und vor allem zu Heiserkeit führt. Hinzu kommen vermehrte Schleimauflagerungen, die während der Phonation flottieren und dabei Geräusche erzeugen. Die meist gleichzeitig in das Entzündungsgeschehen einbezogenen Schleimhäute der oberen und unteren Luftwege verändern durch Beeinflussung von Resonanz- und Dämpfungseigenschaften der nach unten und oben angrenzenden Ansatzräume den Stimmklang in charakteristischer Weise. Durch Übergreifen der Entzündung von der Schleimhaut auf die darunterliegende Muskulatur kann sich eine Muskelentzündung entwickeln (vor allem im Bereich des Vokalismuskels), die eine ohnehin geminderte stimmliche Leistung noch weiter reduziert. Schon geringfügige Schwellungszustände der Stimmlippen – auch ohne Rötung – können im Zusammenhang mit einer Beeinträchtigung des Allgemeinbefindens und mit subjektiven Mißempfindungen bereits dazu führen, daß der berufliche Einsatz von Sängern, aber auch von Schauspielern und Angehörigen pädagogischer Berufe, nicht mehr zumutbar bzw. sogar gefährlich ist. Stimmliche Belastungen bei akuten Entzündungen führen oft zu sekundären Schädigungen, z. B. funktionellen Stimmstörungen, Phonationsverdickungen (»Knötchen«), Polypen.

Wenn entsprechende Beschwerden erst kurz vor größeren Veranstal-

tungen auftreten, müssen die persönlichen Risiken der Sänger und die öffentlichen Interessen gewissenhaft abgewogen werden. Die Risiken betreffen natürlich nicht nur eine längerdauernde Stimmstörung, sondern auch die Gefahr des Abbruchs einer Partie während der Vorstellung. Große und anstrengende sängerische Aufgaben sollten auch bei beginnendem Infekt nicht übernommen werden. Bei kleineren Partien kann man großzügiger sein und einem Auftritt zustimmen, wenn die entzündlichen Erscheinungen gering ausgeprägt sind, die Stimmlippen stroboskopisch regelrecht schwingen, die Stimme unauffällig klingt und sich der Künstler in der Lage sieht, die Störung stimmtechnisch zu kompensieren. In Ausnahmefällen lassen sich Veranstaltungen durch medikamentöse Maßnahmen vor und während der stimmlichen Leistung zwar noch aufrechterhalten, anschließend müssen aber unbedingt Stimmruhe, gezielte Behandlung und phoniatrische bzw. laryngologische Kontrolle gewährleistet sein. Einige Male erlebten wir akzeptable Ersatzlösungen: Der erkrankte Sänger, der unbedingt Stimmruhe einhalten mußte, agierte stumm artikulierend auf der Bühne, während ein Kollege die Partie im Orchestergraben oder in der Seitenbühne sang.
Für eine Behandlung der akuten Kehlkopfentzündung steht eine weitgehende Stimmschonung, am besten absolute Stimmruhe, für zunächst eine Woche an erster Stelle, verbunden mit Rauchverbot. Medikamente, vor allem als Inhalationsmittel, können den Heilungsprozeß nur unterstützen. Gewarnt werden muß in diesem Zusammenhang vor Heißinhalationen mit ätherischen Ölen, weil dabei häufig starke Reizwirkungen ausgelöst werden, die den Entzündungsprozeß noch verstärken und verlängern. Bei einer Kehlkopfentzündung sollte sich jeder Sänger im eigenen Interesse von einem Facharzt beraten lassen.

Kehlkopflähmungen

Lähmungen im Kehlkopf betreffen vor allem die Beweglichkeit der Stimmlippen in den Stellknorpelgelenken und gehen u. a. auf eine Schädigung des Nervus recurrens zurück (Rekurrensparese). Eine gelähmte Stimmlippe kann während der Atmung nicht zur Seite geschwenkt werden, und bei der Stimmgebung erreicht sie meist nicht die Mittellinie und damit nicht den notwendigen Kontakt zur Gegenseite. Bei doppelseitiger Stimmlippenlähmung besteht deshalb starke Atemnot, die Glottis läßt sich nicht genug öffnen. Bei einseitiger Stimmlippenlähmung fällt als Symptom besonders die Heiserkeit auf, die darauf zurückzuführen ist, daß die Glottis während der Phonation nicht geschlossen und die Stimmlippe nicht ausreichend gespannt bzw. in ihrer Spannung verändert werden kann. Stimmlippenlähmungen schließen eine Tätigkeit als Sänger aus. Es muß aber darauf hingewiesen werden, daß sich solche Lähmungen oft nach längerer Zeit (bis zu eineinhalb Jahren nach Beginn der Lähmung) spontan vollkommen zurückbilden können, so daß sogar die Sing- und Sängerstimmfunktion in vollem Umfang zurückkehrt.

Mandeloperation und Begradigung der Nasenscheidewand

Auch bei Sängern erfolgt der Entschluß zu diesen Eingriffen nur nach ärztlichen Gesichtspunkten. Gesangspädagogische Überlegungen in bezug auf eine mögliche Stimmverbesserung können für den Entschluß zur Operation nicht maßgebend sein. Eine Verbesserung der Stimme ist dabei zwar möglich, läßt sich aber in keinem Falle sicher vorhersagen. Entsprechende Spekulationen bei mangelhafter sängerischer Veranlagung müssen eindeutig zurückgewiesen werden.
Auch der Entschluß zur Mandeloperation (Tonsillektomie) bei Sängern folgt den allgemeinen Richtlinien und berücksichtigt die heute geübte Zurückhaltung gegenüber diesem Eingriff. Eine Stimmverschlechterung ist kaum zu erwarten, wenn die Operation in korrekter Weise durchgeführt wird. Substanzdefekte und Narbenzüge, die die Beweglichkeit des Gaumensegels spürbar einschränken, bleiben dann meist aus. Stimmübungen sollten zwischen dem siebenten und zehnten Tag nach der Operation beginnen und sind nicht nur auf die veränderten Resonanzverhältnisse (Vergrößerung des Rachenraumes durch die fehlenden Mandeln), sondern auch auf die Schlußfunktion des Gaumensegels zu richten. Studierende mit ihrer noch nicht gefestigten Gesangstechnik passen sich meist schneller an die neuen Verhältnisse an als bereits langjährig tätige Berufssänger.
Über eine Empfehlung zur Begradigung der Nasenscheidewand (Septumresektion, Septumplastik) kann bei Sängern im Einzelfall etwas großzügiger entschieden werden. Als Grundlage gilt aber auch hier das Ausmaß der Funktionsstörung im Sinne der behinderten Nasenatmung und der daraus möglicherweise erwachsenden Komplikationen. Für die sängerische Klangbildung reicht eine normale Durchgängigkeit der Nase völlig aus. Eine gewisse Tendenz zur Verbesserung des Stimmklangs nach solchen Eingriffen wurde wiederholt beschrieben.
Operationen im Bereich der Nasennebenhöhlen, die gegenwärtig fast ausschließlich über das Naseninnere, die Nasenhaupthöhlen, durchgeführt werden, folgen ebenfalls medizinischen Notwendigkeiten. Meist sind es chronische Entzündungszeichen im Bereich der Nase und des Nasenrachens, die einer intensiven konservativen Behandlung getrotzt haben und eventuell dazu zwingen, auch die Nasennebenhöhlen zu ope-

rieren. Diese Eingriffe verlaufen außerordentlich gewebsschonend und verfolgen meist nur das Ziel, normale Belüftungsverhältnisse zu schaffen und dann die kranke Schleimhaut auf natürliche Weise ausheilen zu lassen. Manchmal muß der Eingriff mit einer Operation der Nasenscheidewand kombiniert werden. Bei Sängern erlebten wir wiederholt eine Zunahme der nasalen Resonanz und eine verbesserte Klangfähigkeit beim Singen.

Übungsbehandlung der Stimme

Übende Behandlungsverfahren finden in verschiedenen medizinischen Bereichen Anwendung, weil sie sich bei der Korrektur von funktionellen Störungen vielfach bewährt haben. Auch organische Veränderungen lassen sich durch systematisches Training oft in gewissem Umfang kompensieren. Da jede Art von Übung immer mit Lernprozessen verbunden ist, ergeben sich hier häufig Überschneidungen von medizinischen und pädagogischen Zuständigkeiten. Dieser Zusammenhang wird bei Störungen der Sing- oder Sängerstimme besonders deutlich und erfordert ein kollegiales Zusammenwirken von Phoniatern und Gesangspädagogen.

Vor Beginn einer Stimmübungsbehandlung sind organische Veränderungen und Mitursachen nach Möglichkeit zu beseitigen (z. B. entzündliche Reizzustände oder Phonationsverdickungen an den Stimmlippen, Nasennebenhöhlenentzündungen, behinderte Nasenatmung, chronische Bronchitis). Jede Übungskorrektur der Singstimme setzt im allgemeinen normale organische Verhältnisse voraus. Ein nicht zu lang bemessener Zeitraum der Stimmruhe (ein bis zwei Wochen) erleichtert meist die beabsichtigte Umstellung der funktionellen Abläufe. Es stehen verschiedene methodische Hilfsmittel zur Verfügung, die im Rahmen unterschiedlicher Übungsverfahren vor allem darauf abzielen, nervale und muskuläre Überspannungen zu reduzieren und Unterspannungen auszugleichen. Dabei kommt es darauf an, die Übungen sinnvoll in eine ganzheitliche Betrachtung des stimmgestörten Menschen einzubeziehen, die biologische, psychologische und soziokulturelle Bezüge gleichermaßen umfaßt. Von einer schematischen Anwendung bestimmter Techniken ist kein Erfolg zu erwarten.

Atemübungen gehen von Haltungskorrekturen aus (aufgerichtete Wirbelsäule, lockerer Schultergürtel) und sollen die physiologische kombinierte Atmung mit ausgeglichener Beteiligung von Brustkorb und Zwerchfell bewußt einsetzen. Ohne gleichzeitige Stimmübungen ist hier die Gefahr mechanistischer Entgleisungen besonders groß, und es ist deshalb keineswegs gerechtfertigt, die Atemtechnik als Hauptelement der Stimmbehandlung in den Vordergrund zu stellen. Außerdem muß stets berücksichtigt werden, daß Atemübungen – wenn sie zweckmäßig erscheinen – nicht im Widerspruch zu der im Rahmen der Gesangsausbildung erarbeiteten Atemführung stehen dürfen, denn diese gilt zu Recht als ein sehr wesentliches Element der Sängerstimmbildung. Unterschiedliche Meinungen zwischen Arzt und Gesangspädagogen sollten sorgfältig geklärt werden, ehe eine Behandlung beginnt.

Summ- und Resonanzübungen basieren auf einem geringen Muskeltonus in den Ansatzräumen (schlaffes Gaumensegel) und dienen der Reduzierung von Überfunktionen im gesamten Bereich des Stimmapparates. Gleichzeitig lassen sich durch das Erspüren von Resonanzen in Form von Vibrationsempfindungen in der Stirn-, Nasen- und Mundregion optimale Kopplungsverhältnisse herbeiführen und kontrollieren. Die von PAHN (1964, 1968) angebenen Nasalierungsübungen wirken sich in gleichem Sinne aus.

Die sogenannte *Kaumethode* (Chewing approach, FROESCHELS, 1952) basiert auf der Doppelfunktion der Organe, die sowohl der Nahrungsaufnahme als auch der Stimmformung und damit dem Sprechvorgang dienen (s. Untersuchungsmöglichkeiten, Kaustimme). Da die stammesgeschichtlich ältere Funktion (hier die Kaufunktion) allgemein als weniger störanfällig gilt, nutzt man sie zur Optimierung der jüngeren Funktion, der Stimm- und Lautbildung, indem man beim Kauen die Stimme mitklingen läßt. Dabei soll die Nahrungsaufnahme ein lustbetonter Vorgang sein, damit sich der Zustand der »faukalen Weite« (weiter Rachenraum) einstellt, der sich entspannend auf alle an der Stimmbildung beteiligten Organe auswirken soll.

Lockerungsübungen (z. B. Lippenflatterübungen, Kieferschütteln) dienen der Entspannung der Artikulationsmuskulatur und wirken sich bei gleichzeitiger Stimmgebung auch günstig auf muskuläre Überspannung im Glottisbereich und die Kopplungsverhältnisse in den Ansatzräumen aus.

Atemwurfübungen (FERNAU-HORN) bringen Spannungselemente in die Behandlung. Durch schnelle Kontraktion der Bauchmuskeln wird das Zwerchfell nach oben bewegt, die eingeatmete Luft entweicht stoßartig und wird zu kräftigen Phonationen auf Silben wie pah, peh, pih usw. genutzt. Die Bewegungen der Bauchdecke läßt man mit aufgelegter Hand kontrollieren.

Kraftübungen, wie Armstoß- und Armwurfübungen, betonen die muskuläre Spannung während der Stimmgebung noch mehr. In der Ausgangsposition stehen die Oberarme seitlich waagerecht, Unterarme senkrecht nach unten, die Fäuste sind geballt. Während die Arme mit einem kräftigen Ruck nach unten gestoßen werden, ruft der Übende Silben, die mit einem Verschlußlaut beginnen, wie bei den Atemwurfübungen. Die Silben finden ebenfalls Anwendung bei vorwärtsschleudernden Kreisbewegungen eines Armes, wobei die Rufsilben jeweils bei der Abwärtsbewegung des Armes erklingen.

Die sogenannte *Akzentmethode* nach S. SMITH (1980) berücksichtigt den physiologischen Wechsel von Spannung und Entspannung und geht von emotional betonten Bewegungen des ganzen Körpers aus, in die rhythmisierte stimmliche Äußerungen mit gehauchten und überlufteten Einsätzen (Ausnutzung des BERNOULLI-Effektes, s. Theorie der Stimmerzeugung) einbezogen sind. Die Übungen werden in drei verschiedenen Grund-Tempi ausgeführt (»Largo«, »Andante«, »Allegro«) und entsprechen einer ganzheitlichen Konzeption, bei der Körperbewegung, Atmung, Stimmgebung und Sprechablauf durch bestimmte Akzentuierungen so miteinander verbunden werden, daß sie eine Übungseinheit bilden. Da bei Sängerinnen die Gefahr besteht, durch diese Übungen die Sprechstimmfunktion im Brustregister zu isolieren, ist die Akzentmethode wiederholt durch Gesangsübungen erweitert worden.

Auch die *atemrhythmisch angepaßte Phonation* nach COBLENZER und MUHAR (1976) betont die engen funktionellen Zusammenhänge zwischen Atmung, Stimmgebung und Bewegung und baut methodisch auf der koordinierenden Wirkung rhythmischer Übungen auf.

Bewußtes Training aller körperlichen und geistigen Funktionen kennzeichnet das methodische Vorgehen von FELDENKRAIS, der die Atmungsvorgänge, die Koordinierung der Beuge- und Streckmuskeln, die Beckenbewegungen, die Kopfhaltung, die Raumorientierung als Mittel zu koordinierter Handlung, die Bewegungsbeziehung von Augen und Körper bis zur Vervollständigung der Ich-Bildung in seine Übungen einbezieht.

Die ALEXANDER-*Technik* setzt auf Eutonie, das heißt auf ausgewogene Wohlspannung im Sinne einer optimalen Spannungsbalance des physiologischen Grundtonus, die sich nicht nur auf muskuläre Einstellungen, sondern auf die gesamte Persönlichkeit beziehen soll.

Die *kommunikative Stimmtherapie* GUNDERMANNS (1977), empfohlen besonders als komplexe Stimmheilkur, aber auch als ambulante Gruppenbehandlung, läßt sich kennzeichnen als eine stimmungsgetragene, situationsgebundene und partnerbezogene Übungsbehandlung. Ihr Ziel ist immer eine ganzheitliche Korrektur, niemals nur die oberflächliche Verbesserung der Stimmleistung, sondern eine Optimierung der Gesamtleistungen stimmgestörter Patienten, die als »Stimmungsträger« sowohl mit dem Therapeuten als auch untereinander verschiedene Situationen lautsprachlicher Kommunikation erleben.

Stimmübungen, von denen nur eine kleine Auswahl Erwähnung finden konnte, lassen sich nicht aus Büchern erlernen. Auch die hier genannten Methoden erfordern, wenn sie praktiziert werden sollen, Anleitung und Kontrolle durch einen erfahrenen Therapeuten.

Stimmhygiene

Unter »Stimmhygiene« bei Sängern fassen wir alle auf die Stimme gerichteten Maßnahmen zusammen, die der Gesunderhaltung und der Leistungssteigerung dienen und die helfen, Stimmstörungen zu verhüten. Hierbei wirken sich auch besonders die Beziehungen aus, die zwischen Individuum und natürlicher und soziokultureller Umwelt bestehen.

Eine Vielzahl spezieller stimmhygienischer Gesichtspunkte fand bereits in voranstehenden Kapiteln Berücksichtigung, sie sollen nicht noch einmal aufgeführt werden. Allgemeine Hinweise und einige Empfehlungen, aus der phoniatrischen Praxis zusammengefaßt, sind aber zusätzlich notwendig.

Die Lebensweise eines Sängers beeinflußt wesentlich sein körperliches und geistiges Befinden und wirkt sich damit auf die stimmliche Leistungsfähigkeit aus. Neben den Forderungen nach ausreichendem Schlaf, nach regelmäßiger leichter sportlicher Betätigung oder leichten körperlichen Arbeiten – möglichst an frischer Luft – sollte die Ernährung beachtet werden. Asketische Eßgewohnheiten sind durchaus nicht als Ideallösung anzusehen, vielmehr müssen die individuellen Besonderheiten und die jeweiligen stimmlich-künstlerischen Leistungsanforderungen Berücksichtigung finden. Zu starke Körperfülle bietet meist ungünstige Voraussetzungen für das Singen.

Die unterschiedlichen Belastungen bei Proben und Aufführungen verlangen eine angepaßte Kost, wobei eine wenig voluminöse, vitaminreiche, nicht blähende, fettarme, aber kalorienreiche (kohlehydratreiche) Nahrung zu empfehlen ist. Zur Befeuchtung der Schleimhaut wendet jeder Sänger sein »Hausmittel« an, und Ratschläge erübrigen sich. Saftige Früchte (Äpfel, Apfelsinen) oder getrocknetes Obst werden häufig bevorzugt. Milch verschleimt und wird deshalb meist gemieden. Kaffee und schwarzer Tee wirken individuell verschieden. Der eine Sänger braucht Anregung und gehobene Stimmung durch diese Genußmittel, der andere vermeidet sie wegen der begleitenden Verschleimung. Tee wirkt langsamer und anhaltender und ist vielleicht empfehlenswert. Während von koffeinhaltigen Genußmitteln – individuell dosiert und in Maßen gebraucht – keine stimmschädigende Wirkung zu erwarten ist, führen Alkohol- und Nikotingenuß auf die Dauer zu Leistungseinbußen. Nicht wenige Sänger meiden am Tag vor einer großen Partie den Alkohol völlig.

Die Gefahren des Rauchens sind durch Aufklärungsarbeit hinreichend bekannt. Neben der allgemeinen Häufung von Herz- und Gefäßleiden und dem bevorzugten Krebsbefall der Atemwege sind es entzündliche Schleimhautveränderungen, die Sänger beeinträchtigen können, z. B. entzündliche Reizzustände der Kehlkopf-, Luftröhren- und Bronchialschleimhaut (chronische Bronchitis) oder auch Trockenheit. Die Schadstoffe des Tabakrauches wirken zusätzlich zu den umweltbedingten Schädigungen der Schleimhaut. Die Unsitte des Rauchens ist auch an Theatern noch weit verbreitet, und häufig wird sogar den Nichtrauchern der notwendige Schutz versagt. Glücklicherweise läßt sich eine zunehmende Tendenz zur Schaffung nikotinfreier Räume beobachten, so daß die Belästigung durch unerwünschten Tabakrauch deutlich abgenommen hat. Gegebenenfalls sind gesundheitliche Interessen gegenüber Uneinsichtigen nachhaltig durchzusetzen.

Alle Maßnahmen, die der Abhärtung dienen, schützen nicht nur die oberen Atemwege vor Infektionen, sondern stärken auch die körperliche und stimmliche Leistungsfähigkeit insgesamt, z. B. gymnastische Übungen, morgendliche kalte Duschen oder Wechselduschen, Trockenbürsten, Höhensonne in der kalten und dunkleren Jahreszeit. Als wirkungsvollstes Abhärtungsmittel gilt die Sauna, die wöchentlich besucht werden sollte. Häufig lassen sich dadurch auch negative Auswirkungen ungünstiger Arbeitsbedingungen (trockene Probenräume, Zugluft im Theater) mildern.

Bestimmte Lebensgewohnheiten zu empfehlen, findet rasch seine Grenzen. Entweder wirkt es naiv oder es wird als Eingriff in die persönliche Lebenssphäre angesehen. Unter den heutigen erhöhten Leistungsanforderungen im Sängerberuf wird jeder selbst sehr schnell herausfinden, was sein körperliches und stimmliches Leistungsvermögen erhöht und was nicht, und er wird daraus seine Schlußfolgerungen ziehen. Meist richten sich schon Studenten während des Studiums auf eine der Stimme angemessene Lebensweise ein. Grundsätzlich gilt, daß eine gesunde und einer sportlichen Tätigkeit angenäherte Lebensweise zu bevorzugen ist.

Der Zusammenhang zwischen psychischer Verfassung und stimmlicher Leistungsfähigkeit ist bekanntlich sehr eng. In günstigen Fällen wirkt er sich positiv aus, indem sich von der Psyche her die stimmlichen Ausdrucksmöglichkeiten in der künstlerischen Arbeit erweitern lassen, aber auch negative Rückwirkungen sind möglich. Die rasche Ansprechbarkeit des Künstlers vor allem im emotionalen Bereich bedingt auch eine stärkere Störanfälligkeit. Berufliche Belastungen können sich dabei ebenso negativ auswirken wie familiäre Konflikte. Ein geduldig geführtes, vertrauensvolles Gespräch gibt Hinweise genug, ob man mit einer Beratung auskommt oder – wohl nur in seltenen Fällen erforderlich – einen klinischen Psychologen zu Rate ziehen muß. Häufig wünschen sich Patienten mit psychisch bedingten oder psychisch überlagerten Stimmstörungen eine medikamentöse Behandlung, vor allem durch beruhigend wirkende Arzneimittel. Wir sind in der Verordnung solcher Medikamente äußerst zurückhaltend, da sie an den Krankheitszeichen angreifen und nicht die Ursache beseitigen. In einer besonderen Situation ausnahmsweise anwendbar, können sie auf die Dauer Schaden anrichten, da sie den Künstler in eine verhängnisvolle Abhängigkeit zwingen. Die Ursache der Leistungsschwäche aufzudecken und zu behandeln, ist zwar oft mühevoll und verlangt viel Geduld von Arzt und Patient, aber nur auf diese Weise kann den Betroffenen geholfen werden (s. auch Funktionelle Stimmstörungen, Dysodien). Die gleichen Feststellungen gelten für Beeinträchtigungen durch das sogenannte Lampenfieber. Ein besonderer Erregungszustand während der öffentlichen künstlerischen Arbeit gilt als völlig normal und macht eine Darbietung für den Zuhörer häufig erst interessant. Wenn die Grundfunktionen des Singens nicht gestört sind, liegen auch keine behandlungsbedürftigen Verhältnisse vor. Sind die elementaren Funktionen jedoch beeinträchtigt, muß die Ursache herausgefunden und beseitigt werden. Aus stimmhygienischer Sicht ist noch einmal auf die Zeichen der Stimmermüdung hinzuweisen (s. Dysodie). Sie sollen immer Beachtung finden und zu Stimmschonung oder Stimmruhe veranlassen. Normalerweise erholt sich eine ermüdete Stimme nach einigen Stunden, mindestens über Nacht, eventuell kann eine sehr anstrengende Partie auch eine Pause von etwa zwei Tagen notwendig machen. Längere Zwangspausen zeigen krankhafte Zustände an. Gewaltsame Kompensationsversuche bei ermüdeter Stimme führen häufig zu länger anhaltenden Stimmstörungen. Mit dem ungenauen, meist aber verständlichen Begriff »sängerischer Instinkt« wird umschrieben, daß Sänger in komplexer Weise spüren müssen, was ihre Stimme leistungsfähig erhält und was ihr zugemutet werden kann. Erneut sei an die Künstler appelliert, eine ärztlich verordnete Stimmruhe einzuhalten. Sie steht bei verschiedenen Stimmstörungen im Vordergrund aller Behandlungsmaßnahmen und verlangt häufig eine besondere Geduld unter Zügelung des Temperaments. Absolute Stimmruhe kann manchmal innerhalb von wenigen Tagen zum Vollbesitz der Stimme zurückführen, während sich bei Nichteinhaltung eine Behandlungsdauer von mehreren Wochen ergibt. Auch die künstlerischen Leiter sollten ärztliche Bemühungen verständ-

nisvoll unterstützen und nicht unbedingt verlangen, daß die Künstler »nur« markieren oder den Proben stumm beiwohnen. Auch der innere Nachvollzug des Singens geht – abgesehen von der auftretenden nervlichen Anspannung – mit Aktivitäten im Bereich des Stimmapparates, auch mit Stimmlippenbewegungen, einher.
Für jeden Sänger muß es selbstverständlich sein, regelmäßig Gesangsunterricht zu nehmen oder sich zumindest stimmtechnisch überprüfen zu lassen. Der Verlust subtiler gesangstechnischer Fertigkeiten schreitet vor allem bei Bühnensängern rasch voran und führt schnell zu spürbaren Leistungsminderungen, vor allem bei einem altersbedingten Nachlassen der Leistungsfähigkeit. Ideal wäre, wenn jedem Opernhaus ein erfahrener »Stimmtechnik- und Konditionstrainer« zur Verfügung stünde, der stets für stimmliche Gesundheit und Leistungsfähigkeit sorgen kann.
Nicht nur Instrumentalisten, auch Sänger müssen täglich üben und sich für Proben oder Aufführungen einsingen. Das Einsingen und Üben sollte die Grundfunktionen Atmung, Stimmsitz, Vokalausgleich, Einsätze, Registerausgleich, Schwelltonvermögen usf. berücksichtigen und darf normalerweise nicht länger als 10 bis 15 Minuten dauern. Werden Töne an der oberen Grenze des Tonhöhenumfangs gebraucht, kann eventuell zusätzlich etwas Zeit nötig sein, vor allem nach dem Schlafen. Wenn die erforderliche Einsingzeit eine halbe Stunde überschreitet, liegen keine normalen Verhältnisse mehr vor. Auch beim Üben ist auf Ermüdung zu achten, weil unangepaßter Ehrgeiz zu häufigen Überforderungen und zu Stimmstörungen führen kann. Wiederholtes Üben für kurze Zeit ist effektiver als längeres Üben hintereinander. Kein Sänger kann von sich verlangen, zu jedem beliebigen Zeitpunkt stimmlich in bester Verfassung zu sein. Bei körperlicher oder geistiger Ermüdung ist von der Stimme nichts zu erwarten, und Ausruhen bringt in einem solchen Falle mehr als eine gewaltsame Stimmanwendung.

Stimmbildung bei Kindern und Jugendlichen

Für einen Teil der im Erwachsenenalter beobachteten Stimmstörungen sind die Ursachen sicherlich in stimmlichen Funktionsfehlern zu suchen, die im Kindesalter erworben wurden. Neben der angeborenen Veranlagung wirkt sich bei der Stimme in besonderem Maße der Einfluß der Umgebung aus, und gewohnheitsmäßig angenommenes Verhalten kann die Qualität einer Stimme entscheidend prägen. Deshalb ist man sich allgemein darüber einig, daß die sorgsame Pflege der Stimme im Kindes- und Jugendalter von grundlegender Bedeutung für die spätere Stimmentwicklung sein kann. Nicht nur Ärzte, auch Musikerzieher haben entsprechende Forderungen wiederholt und nachdrücklich vorgetragen (s. PREU, 1961, PAHN, 1968). Dazu ist es zunächst einmal notwendig, daß bei der Auswahl von Kindergärtnerinnen und Lehrern nicht nur darauf geachtet wird, ob die Bewerber den Anforderungen dieser Berufe gewachsen sind, ohne persönlich Schaden an ihrer Gesundheit zu nehmen. Genauso wichtig ist die Frage, ob die späteren Kindergärtnerinnen und Lehrer als stimmliches Vorbild geeignet sind, denn bei der Entwicklung der Stimme wirken sich Faktoren der unbewußten und bewußten Nachahmung in hohem Maße aus. Außerdem müssen Kindergärtnerinnen und Lehrer, vor allem Musiklehrer, in der Lage sein, die stimmliche Entwicklung der Kinder und Jugendlichen bewußt zu fördern. Dazu gehört eine entsprechende Ausbildung und eine angemessene Berücksichtigung im Erziehungs- und Lehrprogramm der Kindergärten und Schulen. Von PAHN (1968) liegt eine Sammlung von Übungen vor, die, aufgegliedert für Kinder im Kindergarten nach vier Altersgruppen und für Schulkinder im ersten, zweiten und dritten Schuljahr, ein umfangreiches Angebot umfassen. Ausgehend von gymnastischen Haltungsübungen, Atmungsübungen und verschiedenen Stimmübungen, in die auch Artikulationsübungen einbezogen werden, führt das Programm in systematischer Weise zum Liedsingen und Gedichtsprechen. PAHN weist mit Recht darauf hin, daß ein Übungsbeginn erst nach dem dritten Schuljahr ohne jede Vorbereitung in früheren Lebensjahren auf große Schwierigkeiten stößt, weil sich die an der Stimmbildung beteiligten nervalen und muskulären Bewegungsmuster schon in der frühen Kindheit ausbilden und weitgehend fixieren. Deshalb muß diese Zeit, in der die größte Einflußmöglichkeit für vorbeugende Übungen gegeben ist, in sinnvoller Weise genutzt werden. Auf einer so geschaffenen Grundlage läßt sich die stimmliche Leistungsfähigkeit im Einzelunterricht und auch bei der chorischen Stimmbildung später erfolgreich weiterentwickeln.

Ohne eine solche breit angelegte, vorbeugende Stimmerziehung führen funktionelle Abweichungen, meist hyperfunktionelle Dysphonien, auch schon im Kindesalter häufig zu organischen Veränderungen im Kehlkopf. Phonationsverdickungen bei Kindern sind leider keine Seltenheit. Sie sind meist auf exzessiven Stimmgebrauch zurückzuführen (»Schreiknötchen«). Ihre Behandlung ist, wie aus dem bereits Gesagten hervorgeht, eher ein pädagogisches als ein medizinisches Problem. Wenn entzündliche oder andere organische Ursachen für die Heiserkeit ausgeschlossen sind, müssen die Eltern in einer eingehenden Beratung davon überzeugt werden, daß sie auf eine Reduzierung des stimmlichen Aufwands bei ihren Kindern Einfluß nehmen. Besonders soll häufigem Schreien sowie Imitationen von Maschinengeräuschen und

Tierstimmen entgegengewirkt werden. Solche Vorschläge können sich allerdings nur bei ständiger pädagogischer Führung der Kinder günstig auswirken, gleichzeitig muß ein ruhiges häusliches Milieu gewährleistet sein. Auch Stimmübungen haben nur dann Sinn, wenn eine echte Motivierung der Eltern und auch der Kinder gelingt. Einmal in der Woche eine halbe Stunde üben und die übrige Zeit herumschreien – davon ist nichts zu erwarten, auf solche Bemühungen kann verzichtet werden. Man beschränkt sich dann auf Kontrollen und wiederholte Beratungen in Abständen von drei bis sechs Monaten. Über die Auswirkungen auf die Erwachsenenstimme gibt es unterschiedliche Hinweise. Langzeitbeobachtungen sprechen für spätere Leistungsminderungen und Auffälligkeiten. Andererseits geht aus der Altersverteilung hervor, daß sich fast alle kindlichen Phonationsverdickungen an den Stimmlippen in der Zeit der Pubertät von selbst zurückbilden. Zu diesem Zeitpunkt, zu dem die Kinder auch schon etwas vernünftiger geworden sind, sollte eine intensive Stimmübungsbehandlung auf jeden Fall einsetzen.
PREU (1961) kam bei seinen Untersuchungen über den Stimmwechsel zu dem Schluß, daß die Ausbildung der Sängerstimme nicht erst im Erwachsenenalter, sondern bereits im Kindesalter beginnen sollte: »Für den Beginn des Sologesangsunterrichts ist bei guter Veranlagung das zehnte Lebensjahr am besten geeignet. In diesem Alter ist der kindliche Kehlkopf soweit entwickelt, daß bis zur Mutation kein wesentliches Wachstum mehr zu erwarten ist. Die geistigen Voraussetzungen für ein Gesangsstudium sind durchaus gegeben. In den ersten fünf Schuljahren wurden Denkvermögen und Sprachkenntnisse soweit entwickelt, daß ein Unterrichtserfolg bei gesunden, gut veranlagten Kindern garantiert ist.« Daß sich daraus berufliche Konsequenzen ergeben, ist allerdings zu dieser Zeit sicher nicht vorhersagbar.
Die Stimmbildung bei Kindern orientiert sich vorwiegend an der Kopfstimme. Im Vordergrund steht die Erziehung zur optimalen Klangformung bei gleichzeitiger allgemein-musikalischer Bildung. Erweiterungen von Tonhöhen- und Dynamikumfang werden nicht aktiv geübt, sondern bleiben im wesentlichen der Entwicklung überlassen.
Als wichtiges Ziel nennt PREU die Vorbereitung auf die Mutation, während der die Stimmbildung in angepaßter Weise fortzuführen ist. Der normale Stimmwechsel bringt bei Knaben und Mädchen wesentlich geringere Störungen mit sich, wenn unter sorgfältiger Beobachtung eine ununterbrochene stimmbildnerische Betreuung erfolgt. Kontinuierliche Aufzeichnungen über die Entwicklung von Umfängen, mittlerer Sprechstimmlage und Stimmklang ermöglichen den Lehrern die gezielte Auswahl geeigneter Übungen, die stets von einem vorsichtigen Stimmgebrauch ausgehen sollen.

Sprachstörungen

Stammeln

Stammeln (Dyslalie) ist eine Entwicklungsstörung der Lautbildung. Sie ist gekennzeichnet durch das Unvermögen, bestimmte Laute oder Lautverbindungen normgerecht zu bilden bzw. beim fortlaufenden Sprechen anzuwenden. Diese Laute werden deshalb ausgelassen oder durch andere ersetzt. Im Gegensatz zum Stottern, das auf einer Störung des Sprechablaufs, des zusammenhängenden Redeflusses, beruht, liegt beim Stammeln eine Störung der Artikulation, eine fehlerhafte Aussprache, vor.

Innerhalb der ersten drei bis vier Lebensjahre läßt sich diese Erscheinung als »Entwicklungsstammeln« im Zusammenhang mit dem normalen Sprecherwerb regelmäßig beobachten. Einfache Laute, wie m, n, p, b, t, d, werden relativ früh korrekt gebildet, schwierigere Laute, wie k, g, f, w, ch, r, s, sch, erfordern meist eine längere Zeit, bis sie einwandfrei ausgesprochen werden können. Die Fähigkeit zu korrekter Lautbildung wird etwa mit Ende des vierten bis fünften Lebensjahres erreicht und sollte spätestens bis zum Zeitpunkt der Einschulung zu einer gewohnheitsmäßig richtigen Aussprache geführt haben. Wenn dies nicht erreicht wird, ist nach entsprechender phoniatrischer Diagnostik eine logopädische Übungsbehandlung angezeigt.

Zahlreiche Ursachen des Stammelns kommen in Betracht: Wahrnehmungsstörungen ohne und mit Funktionseinschränkungen der Sinnesorgane (vor allem des Hörvermögens), mangelhaftes zentrales Unterscheidungsvermögen für akustische Erscheinungen ohne Beeinträchtigung der Hörgrundfunktionen, Intelligenzmängel, motorische Ungeschicklichkeit, psychische Fehlhaltungen sowie Einflüsse der sozialen Umgebung mit ihren sprachlichen Vorbildern und unterschiedlichen pädagogischen Anregungen in der Zeit des Sprecherwerbs. Anatomische Fehlbildungen der Artikulationsorgane gehören dagegen nicht hierher.

Zur Kennzeichnung der Stammelfehler werden die entsprechenden griechischen Buchstaben mit der Endung »-zismus« oder »-tismus« versehen, z. B. Kappazismus bei Fehlbildungen des K-Lautes oder Sigmatismus bei S-Fehlern. Nach der Anzahl der betroffenen Laute unterscheidet man isoliertes Stammeln (nur ein Laut betroffen, Sprache gut verständlich), partielles Stammeln (einige Laute betroffen, Sprache noch verständlich), multiples Stammeln (mehrere Laute betroffen, Sprache schwer verständlich) und universelles Stammeln (überwiegende Mehrzahl der Laute betroffen, Sprache oft unverständlich). Die Häufigkeit der Stammelfehler nimmt im Verlauf der ersten Schuljahre rasch ab. Darüber hinaus bleiben fast ausschließlich Fehlbildungen der Zischlaute erhalten.

Besonders Aussprachestörungen des stimmlosen und stimmhaften S-Lautes sind auch bei Jugendlichen und Erwachsenen weit verbreitet. Diese *Sigmatismen*, die dem Betroffenen selbst oft nicht bewußt sind, wirken sich je nach Ausprägungsart im ästhetischen Bereich mehr oder weniger störend aus, werden aber zunehmend als individuelle Aussprachevarianten auch toleriert. Trotzdem sollte im Kunstgesang stets eine korrekte S-Bildung angestebt werden.

Die leichteste Form ist der *Sigmatismus addentalis*, bei dem die Zunge an die Hinterfläche der oberen Schneidezähne anstößt und die für eine normale S-Bildung erforderliche Rinnenbildung in der Mitte der Zunge unterbleibt. Auf diese Weise entsteht kein genügend zentrierter Luftstrom gegen die Zähne, das S klingt unscharf, die Artikulation wirkt lasch. Beim *Sigmatismus interdentalis* (»Lispeln«) erscheint die Zunge während der S-Bildung zwischen den oberen und unteren Schneidezähnen, der Laut klingt verwaschen und dumpf, und die Lautbildung fällt auch optisch unangenehm auf. Am meisten weicht die Aussprache des S beim *Sigmatismus lateralis* (»Hölzeln«) von der Norm ab. Dabei wird der Luftstrom seitlich zwischen den Zähnen hindurch in die Wangentasche geleitet, und es ergibt sich ein unangenehm schlürfender Klang des so gebildeten Lautes.

Alle Störungen der S-Laute wirken sich auch auf die Bildung entsprechender Verbindungen aus, die im Deutschen entweder nur durch einen Buchstaben (c, z [ts], x [ks]) oder wie bei der Lautverbindung [ks] durch unterschiedliche Buchstabenkombinationen gekennzeichnet werden (ks: Keks, cks: Klecks, gs: flugs, chs: Fuchs). Die Bezeichnung Sigmatismus wird auch bei Fehlern des Sch und bei Störungen in der Bildung des vorderen und hinteren Ch (Ich-Laut und Ach-Laut) angewandt. Bei Sch-Fehlern bevorzugt man allerdings den Ausdruck *Schetismus* (ohne Beziehung zu einem griechischen Buchstaben), und bei Ch-Fehlern spricht man auch von *Chitismus*.

Stottern

Stottern liegt vor, wenn der Fluß der Lautsprache unabhängig vom Willen des Sprechers gehemmt oder unterbrochen ist, so daß der Sprechablauf als gestört auffällt und der Betroffene darunter leidet. Als Synonym ist häufig die Bezeichnung Balbuties (von Balbus, römischer Beiname für Stotterer) in Gebrauch. Etwa 1% der Bevölkerung ist von dieser Sprachstörung betroffen, das männliche Geschlecht 4 bis 5 mal häufiger als das weibliche.

Trotz zahlreicher Untersuchungen, die mit sehr unterschiedlichen Methoden durchgeführt wurden, gibt es bis heute keine einheitliche Erklärung für das Phänomen Stottern. Eine Reihe von Hinweisen spricht für die Beteiligung hirnorganischer Schädigungen als Ursache. Aber auch emotionale Störungen, die mit unangepaßtem Verhalten einhergehen, sind für die Entstehung von Bedeutung. Schließlich faßt man Stottern auch als ein fehlgesteuertes erlerntes Verhalten auf. Wahrscheinlich sind mehrere Ursachen zugleich wirksam, die im wesentlichen ererbte Anlagen, organische, psychische und milieubedingte Konstellationen umfassen.

In der überwiegenden Mehrzahl der Fälle treten die ersten Stotterererscheinungen während des Sprach- und Sprecherwerbs im Vorschulalter auf, meist zwischen dem dritten und vierten Lebensjahr, wenn die Kinder beginnen, sich in zusammenhängenden Sätzen zu äußern. In diesem Alter kommt es schon physiologischerweise ziemlich häufig zu Sprechunflüssigkeiten (disfluencies), die von beginnendem Stottern kaum zu unterscheiden sind. Man beobachtet dann meist lockere Wiederholungen von Wörtern, einzelnen Silben oder Lauten, ohne daß dem Kind eine Störung bewußt ist. Allmählich werden die Wiederholungen schneller und unregelmäßig, Verlängerungen einzelner Laute kommen hinzu. Aus den Verlängerungen gehen schließlich Blockierungen hervor, die den Sprechablauf unterbrechen. Die Kinder bemerken, daß sie nicht weitersprechen können und unternehmen krampfhafte Anstrengungen, um die Hindernisse zu überwinden. Dabei stellen sich dann oft unwillkürliche Mitbewegungen der Gesichtsmuskulatur, der Arme oder der Beine ein. Beim voll ausgeprägten Stottern steht die Angst vor dem Sprechen ganz im Vordergrund. Sie findet ihren äußeren Ausdruck in Ausweichreaktionen verschiedenster Art. Furcht vor Lauten und Wörtern, aber auch vor Personen und Situationen bestimmt jede sprachliche Äußerung. Stotternde weichen allen zu erwartenden Schwierigkeiten nach Möglichkeit aus, vermeiden »gefährliche« Laute und Wörter, versuchen mit Umschreibungen zum Ziel zu kommen, telephonieren nicht, kaufen nur in Selbstbedienungsläden ein usw. Die ständigen Ausweichmanöver steigern wiederum die Unsicherheit, aus der sie hervorgegangen sind, und so verschlimmert sich der Zustand mehr und mehr. Je wichtiger eine Mitteilung ist, die ein Stotternder zu machen hat, und je intensiver er sich auf die Überwindung seiner Sprechstörung konzentriert, um so größer werden im allgemeinen die Schwierigkeiten.

Dagegen sind beim Singen Stottererscheinungen außerordentlich selten. Schon beim Gebrauch einer gebundenen Sprechweise, wie beim Sprechen von auswendig gelernten Gedichten, treten viel weniger Stottersymptome auf, weil der einfache Abruf vorformulierter Texte viel leichter gelingt als der Ausdruck eigener Gedanken. Beim Singen liegt durch die Fixierung bestimmter Tonhöhen und durch eine vorgegebene zeitliche Gliederung eine noch wesentlich stärkere Bindung vor, und die sprachliche Mitteilung tritt gegenüber der stimmlichen Äußerung in ihrer Bedeutung zurück. Die Stimmgebung, die in der Umgangssprache häufig durch schwere Blockierungen unterbrochen ist, zeigt dann im Gesang keinerlei Auffälligkeiten. Auch unter bekannten Berufssängern hat es deshalb immer wieder einzelne Künstler gegeben, die beim Sprechen in auffälliger Weise stotterten. Einige von ihnen waren sogar in der Lage, auch Dialoge auf der Bühne ohne Schwierigkeiten zu sprechen. Trotzdem ist Stotternden von der Aufnahme eines Gesangsstudiums abzuraten, weil sie gewöhnlich zeitlebens mit erheblichen Schwierigkeiten zu kämpfen haben.

Wie HABERMANN (1995) berichtet, war der Typus des Stotterers (»Tartaglia«) eine feststehende Figur in der Commedia dell'arte. Sein Sprachübel, das durch ausgedehnte Wiederholungen von Lauten und Silben ohnehin oft eine komische Wirkung auslöst, wurde vielfach auch dramaturgisch genutzt, um eine dem Fortgang der Handlung nützliche Verwirrung zu stiften. Von der Opernbühne her ist vor allem der Bauernbursche Wenzel aus SMETANAS »Die verkaufte Braut« als Stotterer bekannt. Der Sprachfehler soll hier einen Tölpel charakterisieren, und das Publikum amüsiert sich köstlich dabei. Auch wenn wir heute wissen, daß das Stottern eine schwere Kommunikationsstörung ist, die von den Betroffenen, nicht selten intellektuell überdurchschnittlich begabten Menschen als hochgradig frustrierend und angstauslösend empfunden wird, muß wohl auch die ungewollt komische Wirkung akzeptiert werden, selbst von Stotternden, ohne daß eine kränkende Diskriminierung darin empfunden wird.

Die Behandlungsaussichten des Stotterns sind gut, solange es nicht zur Ausbildung eines Störungsbewußtseins gekommen ist. Jeder, der stotternden Kindern begegnet, sollte deshalb alles vermeiden, was die Aufmerksamkeit auf die Sprachstörung lenkt. Dazu gehören auch alle gutgemeinten Hinweise, die dem Kind helfen sollen, wie »sprich langsam«, »hole tief Luft vor dem Sprechen«, »überlege dir vorher, was du sagen willst« u. ä. Wer mit einem stotternden Kind zu tun hat, der soll sich in

Ruhe, ohne das Kind zu unterbrechen, anhören, was es sagen will, und sich nicht anmerken lassen, daß ihm an dieser Sprechweise etwas Besonderes auffällt.
Die Aussichten bei Erwachsenen sind wesentlich ungünstiger. Zwar lassen sich Besserungen verschiedenen Ausmaßes bei systematischer Behandlung fast immer herbeiführen, dauerhafte Erfolge gehören aber zu den Seltenheiten.

Poltern

Poltern ist keine isolierte, spezifische Sprachstörung. Die Störung liegt nicht im Sprechvorgang selbst, sondern in dessen gedanklicher Vorbereitung. Man spricht von einer zentralen Gleichgewichtsstörung der Sprache, weil es an einer angemessenen Integration der verschiedenen Sprachelemente fehlt. Die äußeren Merkmale können zuweilen dem Stottern ähneln.
Es kommt zu Wiederholungen einzelner Silben und Wörter, weil die Wortfindung oft Schwierigkeiten bereitet. Aus dem gleichen Grund treten auch Dehnungen auf, der Sprechablauf soll erhalten bleiben, auch wenn die Worte fehlen. So gewinnt der Polterer Zeit, sich zu überlegen, was er eigentlich sagen will. Andererseits gilt auffälliges schnelles Sprechtempo häufig als Hauptmerkmal des Polterns. Dabei werden dann auch einzelne Laute, Silben oder ganze Wörter weggelassen, »verschluckt«, so daß die Verständlichkeit der Sprache erheblich beeinträchtigt ist. Mangelnde Konzentrationsfähigkeit, eingeschränkte Aufmerksamkeitsspanne und Störungen im Denk-Sprech-Ablauf kennzeichnen die Persönlichkeit des Polterers, der sich seiner auffälligen Sprechweise meist nicht bewußt ist und deshalb auch nicht darunter leidet. Im Gegensatz zum Stotternden kennt er keine Sprechangst, und wenn er sich Mühe gibt, kann er ganz normal sprechen. Nur, es interessiert ihn nicht.
Störungen des Rhythmusempfindens sowie Unmusikalität bei Polterern wurden wiederholt beschrieben, überzeugende Untersuchungen dazu fehlen aber noch. Für solche Annahmen spricht allerdings, daß man unter Sängern kaum einmal einen Polterer findet.

Literaturverzeichnis

ADERHOLD, E.: Sprecherziehung des Schaupielers. 4. Aufl., Henschel Verlag, Berlin 1993

ALVERDES, K.: Grundlagen der Anatomie. Thieme, Leipzig 1956

ARMIN, G.: Das Stauprinzip. Bongard, Straßburg 1909

–: Von der Urkraft der Stimme. Kistner & Siegel, Leipzig 1921

ARNDT, H. J.: Stroboskopische Diagnostik. Sprache – Stimme – Gehör 10 (1986) 78

ARNDT, H. J., LEITHÄUSER, H.: Die mittlere Sprechtonhöhe bei jungen und alten Menschen. HNO (Berlin) 16 (1968) 114

ARNOLD, G. E.: Vocal nodules and polyps: laryngeal tissue reaction to habitual hyperkinetic dysphonia. J. Speech Hear. Dis. 27 (1962) 205

Aspelund, D.: Die Entwicklung des Sängers und seiner Stimme. Manuskript, Berlin 1954

BARTH, E.: Einführung in die Physiologie, Pathologie und Hygiene der menschlichen Stimme. Thieme, Leipzig 1911

BARTH, V.: Die Lupenstroboskopie. HNO 25 (1977) 35

BARTHOLOMEW, W. T.: A physical definition of »good voice quality« in the male voice. J. Acoust. Soc. Amer. 6 (1934) 25

BAUER, H.: Physikalische und histologische Untersuchungen am normalen und an einem weiblichen virilisierten Kehlkopf. Arch. klin. exp. Ohr.-, Nas.- u. Kehlk.-Heilk. 188 (1967) 358

BECKMANN, G.: Elektroakustische Untersuchungen über den primären Kehlkopfton. Arch. Ohr.-, Nas.- u. Kehl.-Heilk. 169 (1956) 196

–: Experimentelle Untersuchungen über den akustischen Einfluß der Kehlkopfventrikel auf die Stimmproduktion. Arch. Ohr.-, Nas.- u. Kehlk.-Heilk. 169 (1956) 485

BEHRENDT, W.: Auditive Beurteilungen des Stimmklanges männlicher Fistelstimmen bei ehemaligen Chorknaben. Sprache – Stimme – Gehör 13 (1989) 60

BERG, J. VAN DEN: Myoelastic-aerodynamic theory of voice production. J. Speech Hear. Res. 1 (1958) 227

–: Modern research in experimental phoniatrics. Folia phoniat. 14 (1962) 81

BERNSTEIN, F., SCHLÄPER, P.: Über die Tonlage der menschlichen Singstimme. Sitz. Berl.-Preuß. Akad. Wissensch., math.-phys. Kl., Berlin 1922

Beyer, G.: Zur Realisation des R im Kunstgesang. Sprechwiss. Dipl.-Arbeit, Halle 1977

Biesalski, P., Frank, F. (Hrsg.): Phoniatrie und Pädaudiologie. 2. Aufl. Thieme, Stuttgart 1994

Blum, J.: Medizinische Probleme bei Musikern. Thieme, Stuttgart 1995

Boenninghaus, H.-G.: Hals-Nasen-Ohrenheilkunde für Medizinstudenten. 10. Aufl., Springer, Berlin 1996

Bruhns, P.: Minimalluft und Stütze. Walter Göritz, Berlin-Charlottenburg 1929

Büttner, M.: Dynamikmessungen der Sprech- und Singstimme bei der Ausbildung von Musiklehrern. Päd. Inaug.-Diss., Potsdam 1992

–, Seidner, W., Eichhorst, P.: Der »Klangkoeffizient« – ein beachtenswerter Parameter bei der Messung von Singstimmprofilen. Sprache – Stimme – Gehör 15 (1991) 135

Chastelain, G., Molinet, J.: Recollection des merveilles advenues en notre temps. Vosterman, Anvers vers 1520

Coblenzer, H., Muhar, F.: Atem und Stimme. Österr. Bundesverlag f. Unterr., Wiss. und Kunst, Wien 1976

Colton, R. H.: Spectral characteristics of the modal and falsetto registers. Folia phoniat. 24 (1972) 337

–: Vocal intensity in the modal and falsetto registers. Folia phoniat. 25 (1973) 62

–: Some acoustic parameters related to the perception of modal-falsetto voice quality. Folia phoniat. 25 (1973) 302

Culver, Ch. A.: Musical Acoustics. McGraw-Hill Book Company, New York 1956

Cuno, F.: Manuel Garcia's »Marotte Scientifique«. Zur Entstehungsgeschichte einer phonetisch begründeten Kunstlehre des Gesangs. Folia phoniat. (Basel) 6 (1954) 130

Cvejić, B. a. D.: Umetnost pevanja; Art of singing. (Serbisch und Englisch) Private Venture. »Slobodan Jović«, Beograd 1994

Damsté, P. H.: The phonetogram. Pract. Oto-rhino-laryng. 32 (1970) 185

Dejonckere, P. H., Hirano, M., Sundberg, J. (Hrsg.): Vibrato. Singular Publishing Group, San Diego, London 1995

Dmitriew, L. B.: Rentgenologitscheskoje issledowanije stojenija prispossoblenija golossowogo apparata u pewzow. Diss. Leningrad 1957

–: Osnowy vokalnoi metodiki. Isdatelstwo Musyka, Moskwa 1968

–: The covering of the male voices in high registers. HNO-Praxis 6 (1981) 219

–, Chernow, B. P., Maslow, V. T.: Functioning of the voice mechanism in double-voice Touvinian singing. Folia phoniat. 35 (1983) 193

Eckardt, F.: Vergleichende Untersuchungen des artikulatorischen Bewegungsablaufes beim Sprechen und Singen. Päd. Inaug.-Diss., Berlin 1980

Ewald, J. R.: Die Physiologie des Kehlkopfes und der Luftröhre; Stimmbildung. In: Heymann, P.: Handbuch der Laryngologie und Rhinologie 1. A. Hölder, Wien 1898

Eysholdt, U.: Persönliche Mitteilung, 1996

Fabre, P. H.: Un procédé électrique percutané d'inscription de l'accolement glottique au cours de la phonation: glottographie de haute fréquence; premiers résultats. Bull. Acad. Nat. Med. 141 (19 57) 66

FALTIN, R.: Singen lernen? Aber logisch! Wißner, Augsburg 1999

FANT, C. G. M.: Acoustic theory of speech production. Mouton & Co., The Hague 1960

FELDENKRAIS, M.: Bewußtheit durch Bewegung. Suhrkamp, Frankfurt/M. 1978

FELSENSTEIN, W.: Methode und Gesinnung (1963), Methodische Grundfragen des Musiktheaters (1965). In: Schriften zum Musiktheater. Henschelverlag, Berlin 1976

FISCHER, E.: Handbuch der Stimmbildung. H. Schneider, Tutzing 1969

FISCHER, P.-M.: Die Stimme des Sängers. 2. durchges. Auflage, Metzler, Stuttgart 1998

FLACH, M., SCHWICKARDI, H.: Über die Folgen der Septumresektion und Tonsillektomie bei Sängern, objektiviert durch elektroakustische Klanganalysen. Folia phonat. 17 (1965) 129

– –: Die Recessus piriformes unter phoniatrischer Sicht. Folia phoniat. 18 (1966) 153

– –, KÖHLER, H.: Die Stirnhöhlenpneumatisation beim Sänger. Mschr. Ohrenheilk. 107 (1973) 543

– –, SIMON, R.: Welchen Einfluß haben Menstruation und Schwangerschaft auf die ausgebildete Gesangsstimme? Folia phoniat. 21 (1969) 199

– –, STEINERT, R.: Zur Frage des Einflusses erblicher Faktoren auf den Stimmklang (Zwillingsuntersuchungen). Folia phoniat. 20 (1968) 368

FLATAU, TH. S.: Die funktionelle Stimmschwäche (Phonasthenie) der Sänger, Sprecher und Kommandorufer. Bürkner, Charlottenburg 1906

–: Die Behandlung der Singstimmstörungen. Wien. med. Wschr. 35 (1930) 1144

FORCHHAMMER, J.: Der heutige Stand der Registerfrage. Stimme (Berlin) 24 (1936) 195

FRANK, F., SPARBER, M.: Stimmumfänge bei Kindern aus neuer Sicht. Folia phoniat. 22 (1970) 397

– –: Stimmumfänge bei Erwachsenen aus neuer Sicht. Folia phoniat. 22 (1970) 403

– –: Die Praemutationsstimme, die Mutationsstimme und die Postmutationsstimme im Sonagramm. Folia phoniat. 22 (1970) 425

– –: Neue klanganalytische Erkenntnisse über das Jodeln aus phoniatrisch-gesangspädagogischer Sicht. Folia phoniat. 24 (1972) 161

– –: Beeinträchtigt die Körperhaltung die Singstimme am Beginn der Gesangsausbildung? Mschr. Ohrenheilk. 107 (1973) 226

FRANK, F., TESAREK, L.: Neue Erkenntnisse über Stimmumfänge bei sechsjährigen Knaben. Sprache – Stimme – Gehör 4 (1980) 47

FREYTAG, M.: Stimmausbildung in der Popularmusik. Henschel Verlag, Berlin 2003

FRITZELL, B., HAMMARBERG, B.: Clinical applications of acoustic voice analysis background and perceptual factors. 17th Congr. of IALP. Special-paedagogisk Forlag, Copenhagen (1977) 477

FROESCHELS, E.: Singen und Sprechen. Franz Deuticke, Leipzig u. Wien 1920

–: Die Wesenseinheit der Kau- und Artikulationsbewegungen. Wien. klin. Wschr. 64 (1952) 633

FROMMHOLD, W., HOPPE, G.: Tomographische Studien zur Funktion des menschlichen Kehlkopfes. I. Mitteilung: Unterschiede in der Stimmlippenmechanik. Folia phoniat. 17 (1965) 83

– –: Tomographische Studien zur Funktion des menschlichen Kehlkopfes. III. Mitteilung: Haltungsänderungen des knöchernen Rahmens der äußeren Kehlkopfmuskeln (Halswirbelsäule). Folia phoniat. 18 (1966) 81

GARCIA, M: Traité complet de l'art du chant. Troupenas et Cie, Paris 1847

–: Observations on the human voice. Proc. Royal Soc. 3 (1855) 399

–: Beobachtungen über die menschliche Stimme. Wilhelm Braumüller, Wien 1878

GEDDA, L., BIANCHI, A., BIANCHI-NERONI, L.: La voce dei gemelli. Acta Genet. med. e Gemell. 4 (1955) 121; zit. in: LUCHSINGER, R., ARNOLD, G. E.: Hdb. der Stimm- und Sprachheilkunde. 3. Aufl., Springer, Wien, New York 1970

GEISSNER, H. K. (Hrsg.): Stimmen hören. 2. Stuttgarter Stimmtage 1998. Röhrig, St. Ingbert 2000

GEISSNER, H. K. (Hrsg.): Stimmkulturen. 3. Stuttgarter Stimmtage 2000. Röhrig, St. Ingbert 2002

GLESS, D.: Untersuchungen über die Singefähigkeit bei Schulanfängern zum Zeitpunkt des Schulbeginns und über Möglichkeiten, die Singefähigkeit bei falschsingenden Schulanfängern zu entwickeln. Päd. Inaug.-Diss., Leipzig 1970

GÖTTERT, K. H.: Geschichte der Stimme. Fink, München 1998

GOLDHAN, W.: Untersuchungen zum Intensitätsvibrato der Sängerstimme. Phil. Inaug.-Diss., Berlin 1972

–: Die Kennzeichen der Sängerstimme. Schneider, Tutzing 1995

GRAF, W.: Zu den Jodlertheorien. J. Intern. Folk Music Soc. 13 (1961) 39

GRAMMING, P.: The phonetogram. Malmö 1988

Großes Wörterbuch der deutschen Aussprache. Autorenkollektiv. Bibliographisches Institut, Leipzig 1982

GUNDERMANN, H.: Die Berufsdysphonie. Thieme, Leipzig 1970

–: Die Behandlung der gestörten Sprechstimme. Fischer, Stuttgart 1977

– (Hrsg.): Aktuelle Probleme der Stimmtherapie. Fischer, Stuttgart 1987

–: Phänomen Stimme. Reinhardt, München, Basel 1994

GUTZMANN, H. sen.: Zur Frage nach den gegenseitigen Beziehungen zwischen Bauch- und Brustatmung. Verh. Kongr. f. Innere Med. (1902) 508

–: Physiologie der Stimme und Sprache. Vieweg & Sohn, Braunschweig 1909

–: Sprachheilkunde. Kornfeld, Berlin 1912

–: Die funktionellen Störungen der Stimme und Sprache. In: Hdb. der Inneren Med. 5. Springer, Berlin 1912

–, FLATAU, TH. S.: Die Bauchrednerkunst – Geschichtliche und experimentelle Untersuchungen. Abel, Leipzig 1894

GUTZMANN, H. jun.: Über das Erkennen der Stimmgattungen. Folia phoniat. 2 (1949) 1

–: Über die Voraussetzungen eines erfolgversprechenden Gesangsstudiums. Arch. Ohr.-, Nas.- u. Kehlk.-Heilk. 173 (1958) 546

HABERMANN, G.: Stimmkrankheiten der Sänger. HNO (Berlin) 19 (1971) 129

–: Der alternde Larynx. Funktionelle Aspekte. HNO 20 (1972) 121

–: Die Stimme als Spiegel der Person. HNO 23 (1975) 129

–: Funktionelle Stimmstörungen und ihre Behandlung. Arch. Oto-rhino-laryng. 227 (1980) 171
–: Die Commedia dell'arte und das Stottern auf der Bühne. Sprache – Stimme – Gehör 19 (1995) 152
–: (Hrsg.): Die Ausdruckswelt der Stimme. 1. Stuttgarter Stimmtage 1996. Hüthig, Heidelberg 1998
–: Stimme und Mensch. Beobachtungen und Betrachtungen. Median, Heidelberg 1996
–: Stimme und Sprache. 3. unveränd. Auflage, Thieme, Stuttgart 2001
HABÖCK, F.: Die Kastraten und ihre Gesangskunst. Deutsche Verlagsanstalt, Stuttgart 1927
HACKI, T.: Die Beurteilung der quantitativen Sprechstimmleistungen. Folia phoniat. 40 (1988) 190
HAKES, J., DOHERTY, E. T., SHIPP, T.: Trillo rates exhibited by professional early music singers. J. of Voice 4 (1990) 305
HARTLIEB, K.: Die Ausrichtung der Stimmbildung auf die neuen phonetischen Grundlagen. Folia phoniat. 15 (1963) 201
HEIDELBACH, J.-G.: Über die Methodik, Wertigkeit und den Nutzen laryngologisch-phoniatrischer sowie gesangspädagogisch-physiologischer Untersuchungen für die Eignung zum Sängerberuf. Med. Habil.-Schr., Dresden 1976
–, SCHWICKARDI, H.: Zur Problematik der Klassifizierung der Stimmgattungen bei Gesangsstudenten. HNO-Praxis 8 (1983) 279
HELLAT, P.: Von der Stellung des Kehlkopfes beim Singen. Arch. Laryng. Rhinol. 8 (1898) 340
HELMHOLTZ, H.: Die Lehre von den Tonempfindungen. 5. Aufl. Vieweg & Sohn, Braunschweig 1896
HERTEGARD, S., GAUFFIN, J., SUNDBERG, J.: Open and covered singing as studied by means of fiberoptics, inverse filtering, and spectral analysis. J. of Voice 4 (1990) 220
HIRANO, M., VENNARD, W. D., OHALA, J. J.: Regulation of register, pitch and intensity of voice: An electromyographic investigation of intrinsic laryngeal muscles. Folia phoniat. 22 (1970) 1
HIRSCHBERG, J.: Klinische und akustische Analysen von pathologischen Säuglingsstimmen. In: HIRSCHBERG, J., SZEPÉ, GY., VASS-KOVÁCS, E.: Papers in interdisciplinary speech research. Akademiai Kiado, Budapest 1972
HOPPE, G., FROMMHOLD, W.: Tomographische Studien zur Funktion des menschlichen Kehlkopfes. II. Mitteilung: Bewegungen des Zungenbeines. Folia phoniat. 17 (1965) 161
HUSLER, F., RODD-MARLING, Y.: Singen. Die physische Natur des Stimmorgans. Schott's Söhne, Mainz 1965
HUSSON, R.: Physiologie de la phonation. Masson & Cie, Paris 1962
IMRE, V.: Veränderungen der Stimme während der Schwangerschaft. Folia phoniat. 3 (1951) 224
–: Stimmärztliche Probleme bei der Begutachtung und Behandlung von Schauspielern und Sängern. Mschr. Ohrenheilk. 103 (1969) 468

INTRAU, O.: Experimentell-statistische Singstimmuntersuchungen. Z. Biol. 84 (1926) 10
IRO, O.: Diagnostik der Stimme. Verlag Die Stimmbildung, Wien 1923
JAKOBI, H. (Hrsg.): Phoniatrie. Barth, Leipzig 1963
KATZENSTEIN, J.: Über Brust-, Mittel- und Falsettstimme. Passows Beiträge IV (1911) 271
KEILMANN, A., MICHEK, F.: Physiologie und akustische Analysen der Pfeifstimme der Frau. Folia phoniat. 45 (1993) 247
KESTING, J.: Die großen Sänger unseres Jahrhunderts. ECON, Düsseldorf 1993
KISS, F., SZENTÁGOTHAL, J.: Anatomischer Atlas des menschlichen Körpers. Thieme, Leipzig 1955, 1974
KITTEL, G.: Pathologie und Klinik der Stimmstörungen. In: Phoniatrie und Pädaudiologie, Hrsg. G. KITTEL. Deutscher Ärzte-Verlag, Köln 1989
–, MOSER, M.: Objektivierung von Stimmunreinheiten mittels Computer. Sprache – Stimme – Gehör 5 (1981) 42
KOSSEL, I.: Untersuchungen des Sprechbewegungsablaufes durch RBV-Kinematographie im Hinblick auf Koartikulationsvorgänge. Phil. Inaug.-Diss., Berlin 1972
KRECH, E.-M.: Sprechwissenschaftlich-phonetische Untersuchungen zum Gebrauch des Glottisschlageinsatzes in der allgemeinen deutschen Hochlautung. Karger, Basel, New York 1968
–: Über neue Untersuchungen zur Aussprache des /r/ im Kunstgesang und Empfehlungen für die Normierung. Wiss. Z. Univ. Halle, Ges.-Sprachw. 29 (1980) 117
KRECH, H.: Zur Artikulationsbasis der deutschen Hochlautung. Z. Phonet. 8 (1954) 92
–: Die kombiniert-psychologische Übungstherapie. Wiss. Z. Univ. Halle, Ges.-Sprachw. 8 (1959) 397
KUPFER, H.: Persönliche Mitteilungen, 1987
KUTTER, U., WAGNER,W. (Hrsg.): Stimme. Cornelsen Scriptor, Frankfurt a. M. 1991
LACINA, O.: Der Einfluß der Menstruation auf die Stimme der Sängerinnen. Folia phoniat. 20 (1968) 13
–: Die adduktionelle Asymmetrie des Kehlkopfes bei den Sängern (Asymmetria arytaenoidea cruciata cantatorum). Folia phoniat. 22 (1970) 100
–: Das Vorkommen von Stimmlippenknötchen bei den Sängern. Folia phoniat. 24 (1972) 345
LANZ, T. v., WACHSMUTH, W.: Praktische Anatomie. Springer, Berlin, Göttingen, Heidelberg 1955
LARGE, J. (Ed.): Contributions of voice research to singing. College Hill Press, Houston (Texas) 1980
LEDEN, H. v.: Objektive Messungen der Kehlkopffunktion, HNO 15 (1967) 80
LENZ, W.: Medizinische Genetik. Thieme, Stuttgart 1970
LEONHARD, K.: Der menschliche Ausdruck. Barth, Leipzig 1968
LEWIN, M.: Harry Kupfer. Europaverlag, Wien 1988
LINDNER, G.: Grundbegriffe der Phonetik. In: WENDLER, J., SEIDNER, W.: Lehrbuch der Phoniatrie. Thieme, Leipzig 1977
LOEBELL, H.: Stimmcharaktere und Kretschmersche Typen. Z. Laryng. 23 (1932) 307

LOHMANN, P.: Stimmfehler, Stimmberatung. Schott's Söhne, Mainz 1938

LUCHSINGER, R.: Die Sprache und Stimme von ein- und zweieiigen Zwillingen in Beziehung zur Motorik und zum Erbcharakter. Arch. Klaus-Stift. 15 (1940). H. 3/4

–: Falsett und Vollton der Kopfstimme. Beitrag zum Registerproblem. Arch. Ohr.-, Nas.- u. Kehlk.-Heilk. 155 (1949) 505

–: Schalldruck und Geschwindigkeitsregistrierung der Atemluft beim Singen. Folia phoniat. 3 (1951) 25

–, ARNOLD, G. E.: Handbuch der Stimm- und Sprachheilkunde. 3. Aufl., Springer, Wien, New York 1970

MARKO, G. (Hrsg.): Rollenunterricht, Sprecherziehung, Stimmbildung und Körperarbeit in der Ausbildung zum Schauspieler. Dokumentation der Bayerischen Theaterakademie, München 2000.

MARTIENSSEN, F.: Das bewußte Singen. 2. Aufl., C. F. Kahnt, Leipzig 1923

–: Stimme und Gestaltung. C. F. Kahnt, Leipzig 1927

MARTIENSSEN-LOHMANN, F.: Berufung und Bewährung des Opernsängers. Schott's Söhne, Mainz 1943

–: Der wissende Sänger. 2. Aufl., Atlantisverlag, Zürich 1963

MERKEL, C. L.: Anatomie und Physiologie des menschlichen Stimm- und Sprachorgans, (Antropophonik). Ambrosius Abel, 2. Ausgabe Leipzig 1863

MICHEL, P.: Über musikalische Fähigkeiten und Fertigkeiten. Breitkopf & Härtel, Leipzig 1962

MILLER, D. G.: Singing technique. Typoscript, Conservatorium Groningen, 1994

–, SCHUTTE, H. K.: Physical definition of the »flageolet register«. J. of Voice 7 (1993) 206

– –: Formant tuning in a professional baritone. J. of Voice 4 (1990) 231

– –: Towards a definition of male ›head‹ register, passagio, and ›cover‹ in western operatic singing. Folia Phoniatr Logop 46 (1994) 157

– : Registers in singing. Empirical and systematic studies in the theory of the singing voice. Thesis University of Groningen 2000

MILLER, R.: The structure of singing system and art in vocal technique. Schirmer Books, New York 1986

MINNIGERODE, B.: Bau und Funktion des Sinus Morgagni für die menschliche Stimmbildung in neuer Sicht. Arch. klin. exp. Ohr.-, Nas.- u. Kehlk.-Heilk. 187 (1966) 845

MOROSOW, W. P.: Biofisitscheskije osnowy vokalnoi retschi. Nauka, Leningrad 1977

MOSER, H. J.: Musiklexikon. Musikverlag Hans Sikorski, Hamburg 1951

MOSER, M.: Objektive Skalen der Stimmreinheit. Sprache – Stimme – Gehör 8 (1984) 35

–, KITTEL, G.: Automatisierte bodyplethysmographische Atemmessungen: Der phonatorische Wirkungsgrad. HNO 27 (1979) 100

– –: Darstellung der Stimmlippenbewegung mittels digitaler Hochgeschwindigkeitserfassung. Sprache – Stimme – Gehör 2 (1990) 74

MUNDINGER, F.: Zum Vererbungsproblem der menschlichen Singstimme. Folia phoniat. 3 (1951) 191

MUSEHOLD, A.: Stroboskopische Studie und fotografische Studien über die Stellung der Stimmlippen im Brust- u. Falsettregister. Arch. Laryng. 7 (1898) 1

–: Allgemeine Akustik und Mechanik des menschlichen Stimmorgans. Springer, Berlin 1913

NADOLECZNY, M.: Untersuchungen mit dem Atemvolumenschreiber über das pulsatorische Tremolo der Singstimme. Z. Ohrenheilk. 4 (1922) 66

–: Die Untersuchung und Behandlung von Stimmstörungen der Redner und Sänger. Klin. Wschr. 1 (1922) 1108

–: Untersuchungen über den Kunstgesang. Springer, Berlin 1923

–: Physiologie der Stimme und Sprache. Springer, Berlin 1925

NAWKA, T., ANDERS, L. C., CEBULLA, M., ZURAKOWSKI, D.: The speaker's formant in male voices. J. of Voice (1996)

–, SEIDNER, W., CEBULLA, M.: Experiments on intentionally influencing the singer's vibrato. Proceed. SMAC 1993, Public. Royal Swed. Acad. of Music Nr. 79, Stockholm 1994

NEIFACH, S. A.: Gen i prisnak. In: PROKOFJEWA-BELGOWSKAYA, A. A., EFROIMSON, W. P.: Lekzii po medizinskoi genetike. Medizina, Moskwa 1974

NESSEL, E.: Die Berufsschäden des Kehlkopfes. Arch. Ohr.-, Nas.- u. Kehlk.-Heilk. 185 (1965) 379

OEKEN, F.-W.: Beitrag zur Schallanalyse des primären Kehlkopftones. Arch. Ohr.-, Nas.- u. Kehlk.-Heilk. 180 (1962) 800

ORTKEMPER, H.: Engel wider Willen. Die Welt der Kastraten. Henschel V., Berlin 1993

PABON, J. P. H.: Objective acoustic voice-quality parameters in the computer phonetogram. J. of Voice 5 (1991) 203

PAHN, J.: Stimmphysiologische Untersuchungen der Verspannungserscheinungen beim Singen. Päd. Inaug.-Diss., Berlin, 1960

–: Der therapeutische Wert nasalierter Vokalklänge in der Behandlung funktioneller Stimmerkrankungen. Folia phoniat. 18 (1966) 117

–: Stimmübungen für Sprechen und Singen. Volk und Gesundheit, Berlin 1968

PAHN, J. U. A. (Hrsg.): Sprache und Musik. Beiträge 71. Jahrestagung Deut. Ges. Sprach- u. Stimmheilkunde 1999. Steiner, Stuttgart 2000

PANCONCELLI-CALZIA, G.: 3000 Jahre Stimmforschung. N. G. Elwert, Marburg 1961

PERNKOPF, E.. Topographische Anatomie des Menschen. Urban und Schwarzenberg, Wien, Innsbruck 1952

PFAU, W.: Zur Frage der Stimmlippenverlängerung beim Aufwärtssingen. Ach. Ohr.-, Nas,- u. Kehlk.-Heilk. 177 (1961) 458

–: Klassifizierung der menschlichen Stimme. Johann Ambrosius Barth, Leipzig 1973

PIELKE, W.: Über »offen« und »gedeckt« gesungene Vokale. Passows Beiträge 5 (1912) 215

PREISSLER, W.: Stimmumfänge und Gattungen der menschlichen Singstimme. Arch. Sprach- u. Stimmheilk. 3 (1939) 65

PREU, O.: Systematische Untersuchungen des normalen Stimmwechselverlaufes bei Knaben und Mädchen und die sich daraus ergebenden Schlußfolgerungen für die Behandlung der Stimme während der Mutation. Päd. Inaug.-Diss., Berlin 1961

PROCTOR, D. F.: Breathing, speech, and song. Springer, Wien, New York 1980

RAUHUT, A., STÜRZEBECHER, E., WAGNER, H., SEIDNER, W.: Messung des Stimmfeldes. Folia phoniat. 31 (1979) 119

REINDERS, A.: Falsetto usage, past and present. The NATS Journal 42 (1985) 12

REINECKE, W.: Praktischer Leitfaden der Gesangspädagogik. Dörffling und Franke, Leipzig 1927

ROBINSON, C. W., BOUNOUS, B., BAILEY, R.: Vocal beauty: a study proposing its acoustical definition and relevant causes in classical baritones and female belt singers. NATS Journal 9/10 (1994) 19

ROHMERT, W. (Hrsg.): Grundzüge des funktionalen Stimmtrainings. 5. Aufl., Z. Arbeitswiss., Köln 1989

RUTZ, O.: Sprache, Gesang und Körperhaltung. Beck'sche Verlagsbhdlg., München 1911

SAATWEBER, M.: Einführung in die Arbeitsweise Schlaffhorst-Andersen. Bad Nenndorf 1990

SATALOFF, R. T.: Professional voice. The science and art of clinical care. Raven Press, New York 1991

SCHILLING, R.: Untersuchungen über das Stauprinzip. Z. Hals-, Nas.- u. Ohrenheilk. 1 (1922) 314

–: Untersuchungen über die Atembewegungen beim Sprechen und Singen. Mschr. Ohrenheilk. 59 (1925) 51, 134, 313, 454, 581, 643

–: Stimmuntersuchungen an Studenten der Universität Freiburg i. Br. Z. Laryng. 18 (1929) 161; 21 (1931) 529

–: Über die Stimme erbgleicher Zwillinge. Klin. Wschr. 15 (1936) 756

SCHÖNHÄRL, E.: Die Stroboskopie in der praktischen Laryngologie. Thieme, Stuttgart 1960

SCHULTZ-COULON, H.-J.: Die Diagnostik der gestörten Stimmfunktion. Arch. Oto-rhino-laryng. 227 (1980) 1

–: Stimmfeldmessung. Springer, Berlin, Heidelberg, New York 1990

–, BATTMER, R. D., RIECHER, H.: Der 3-kHz-Formant – ein Maß für die Tragfähigkeit der Stimme? I. Die untrainierte Normalstimme, II. Die trainierte Singstimme. Folia phoniat. 31 (1979) 291

SCHULZE, J.: Stimmstörungen im Kindes- und Jugendalter. Schulz-Kirchner, Idstein 2002

SCHUTTE, H. K.: Over het Fonetogram. Tijdschr. Log. Fon. 47 (1975) 82

–: Untersuchungen von Stimmqualitäten durch Phonetographie. HNO-Praxis 5 (1980) 132

–: The efficiency of voice production. Kemper, Groningen 1980

–: MILLER, D. G.: Resonanzspiele der Gesangsstimme in ihrer Beziehung zu supra- und subglottalen Druckverläufen: Konsequenzen für die Stimmbildungstheorie. Folia phoniat. 40 (1988) 65

– –: Belting and pop, nonclassical approaches to the female middle voice: some preliminary considerations. J. of Voice 7 (1993) 142
–, SEIDNER, W.: Registerabhängige Differenzierung von Elektroglottogrammen. Sprache – Stimme – Gehör 12 (1988) 59
SEDLÁČKOVÁ, E.: The development of an infant's voice in the picture of acoustic analysis CSAB. Prag 1967
SEEDORF, TH. (Hrsg.): Gesang. Bärenreiter Metzler, Kassel 2001
SEEMAN, M.: Die Bedeutung der Zwillingspathologie für die Erforschung von Sprachleiden. Arch. Sprach-, Stimmheilk. 1 (1937) 88, 161
–: Sprachstörungen bei Kindern. Volk und Gesundheit, 3. Aufl., Berlin 1969
SEIDNER, W.: Beiträge zur apparativen Stimmuntersuchung in der phoniatrischen Praxis. Med. Habil.-Schr., Berlin 1984
–: Assessment of vocal aptitudes in student singers. Acta Phoniat. Lat. 7 (1985) 345
–: Objektive Qualitätsbeurteilung der Stimme mittels Dynamikmessungen. Z. klin. Med. 40 (1985) 1521
–: Specific phoniatric care of professional singers and students of singing in Berlin. Acta Phoniat. Lat. 8 (1986) 163
–: Phoniatrische Tauglichkeitsuntersuchungen für das Gesangsstudium – subjektive und objektive Beurteilungskriterien. Dok. Bundesverb. Dtsch. Gesangspäd., Detmold 1989
–: Die Notwendigkeit einer einheitlichen Nomenklatur für die Physiologie, Pathologie und Pädagogik der Stimme. 9. Berliner gesangswiss. Tag., 16.11.1991
–: Behandlung von Stimmlippenknötchen bei Sängern – riskant oder chancenreich? Dok. Bundesverb. Dtsch. Gesangspäd., EVTA, Detmold 1994
–: Zur Physiologie der männlichen Sopranstimme. 17. Berl. gesangswiss. Tag., 18.11.1995
–, HEIDELBACH, J.-G.: Zur Systematik der Störungen von Sing- und Sängerstimme, Proc. XIVth Congr. Union Europ. Phoniat. 1987, 150
–, KRÜGER, H., WERNECKE, K.-D.: Numerische Auswertung spektraler Stimmfelder. Sprache – Stimme – Gehör 9 (1985) 10
–, LOEWE, G.: Tauglichkeit für Stimmberufe bei allergischen Erkrankungen des oberen Respirationstraktes. Dtsch. Ges.-wesen 27 (1972) 1913
–, MOSER, M., KITTEL, G.: Stimmreinheitsanalysen bei Sängern. XXI. Congr. Internat. Ass. Log. Phoniat., Prag 6. - 10.8.1989
–, NAWKA, T.: Stimmschädigung durch Flüstern, Räuspern, Glottisschläge und Husten? 11. Berliner gesangswiss. Tag., 14.11.1992
– –, CEBULLA, M.: Dependence of the vibrato on pitch, musical intensity, and vowel in different voice classes. In: DEJONCKERE, P. H., HIRANO, M., SUNDBERG, J. (Hrsg.): Vibrato. Singular Publishing Group, San Diego, London 1995
–, SCHUTTE, H. K.: Empfehlung der UEP: Standardisierung Stimmfeldmessung/ Phonetographie. HNO-Praxis 6 (1982) 305
– –, WENDLER, J., RAUHUT, A.: Dependence of the high singing formant on pitch and vowel in different voice types. In: Proc. of the Stockholm Music Acoustics Conference 1983 (SMAC 83) (Nr.1), Royal Swedish Acad. of Music, Stockholm 1983, 261

– WENDLER, J.: Der Dysodiebegriff – historische und aktuelle Aspekte. Sprache – Stimme – Gehör 13 (1989) 55

– –: Zur Physiologie und künstlerischen Anwendung des männlichen Falsetts. HNO-Informat. 17/2 (1992) 41

– –, HALBEDL, G.: Mikrostroboskopie. Folia phoniat. 24 (1972) 81

– –, WAGNER, H., RAUHUT, A.: Spektrales Stimmfeld. HNO-Praxis 6 (1981) 187

SEIGE, D.: Persönlichkeiten bei Schauspielern. In: Leonhard, K.: Normale und abnorme Persönlichkeiten. Volk und Gesundheit, Berlin 1964

SIEBS, O: Deutsche Aussprache. Reine und gemäßigte Hochlautung mit Aussprachewörterbuch. Hrsg. von H. DE BOOR, H. MOSER, C. WINKLER. de Gruyter, 19. Aufl., Berlin 1969

SMITH, S.: Remarks on the physiology of the vibrations of the vocal cords. Folia phoniat. (Basel) 6 (1954) 166

–: Einige experimentelle Untersuchungsergebnisse zur Mechanik der Stimmlippenschwingungen. In: Phoniatrie. Hrsg. von H. JAKOBI. Johann Ambr. Barth, Leipzig 1963

–, THYME, K.: Die Akzentmethode. Spezialpädagogischer Verlag KG, Flensburg 1980

SOKOLOWSKY, R.: Analytisches zur Registerfrage. Passows Beiträge 6 (1913) 75

SONNINEN, A.: Phoniatric viewpoints on hoarseness. Acta otolaryng. (Stockholm) 263 (1970) 68

SPALTEHOLZ, W., SPANNER, R.: Handatlas der Anatomie des Menschen. Scheltema und Holkema N. V., Amsterdam 1959/60

SPIECKER-HENKE, M.: Leitlinien der Stimmtherapie. Thieme, Stuttgart 1997

SPIECKER-HENKE, M., BÜTTNER, M. (Gastschriftleit.): Singstimme – Sängerstimme. Sprache – Stimme – Gehör 23 (1999) 78

SPITZER, M.: Musik im Kopf. Hören, Musizieren, Verstehen und Erleben im neuronalen Netzwerk. Schattauer, Stuttgart 2002

STERN, H.: Die Notwendigkeit einer einheitlichen Nomenklatur für die Physiologie, Pathologie und Pädagogik der Stimme. Mschr. Ohrenheilk. 12 (1928) 1389

–: Die funktionellen Störungen der Singstimme. Wien. med. Wschr. 35 (1930) 1136

STORCK, K.: Musik und Musiker in Karikatur und Satire. Oldenbourg 1910

STUMPF, C.: Singen und Sprechen. Z. Psychol. 96 (1924) 1; zit. bei SCHILLING, R.: C. Stumpf, sein Leben und Werk. Arch. Sprach-, Stimmphysiol. 4 (1940) 1

STÜRZEBECHER, E., SEIDNER, W., WAGNER, H., WENDLER, J.: Erfassung von Atemgrößen während der Phonation. Mschr. Ohrenheilk. 107 (1973) 271

SUNDBERG, J.: Formant structure and articulation of spoken and sung vowels. Folia phoniat. 22 (1970) 28

–: A perceptual function of the singing voice. STL-QPSR 2-3 (1972) 61

–: Articultory interpretation of the »singing formant«. J. Acoust. Soc. Am. 55 (1974) 838

–: The acoustics of the singing voice. Scientific American, March 1977, 82

–: The science of the singing voice. Northern Illinois University Press, Decalb, Ill. 1987

– : Die Wissenschaft von der Singstimme. Übersetz. aus dem Engl. von F. Pabst u. D. Mürbe. Orpheus, Bonn 1997

TONNDORF, W.: Die Mechanik bei der Stimmlippenschwingung und beim Schnarchen. Z. Hals-, Nas.- u. Ohrenheilk. 12 (1925) 241

TOSI, P. F.: Opinioni de'cantori antichi e moderni o sieno osservazioni sopra il canto figurato. Bologna 1723

–: Anleitung zur Singkunst, deutsch von J. F. AGRICOLA. Berl. 1757, Nachdr. Leipzig 1966

TRÂN, QUANG HAI a. D. GUILLOU: Original research and acoustical analysis in connection with the xöömij style of biphonic singing, in: Musical Voices of Asia. Report of ATPA 1978, Tokyo 1980, 162

TRENSCHEL, W.: Das Phänomen der Nasalität. Akademie-Verlag, Berlin 1977

–: Oralität und Nasalität in der deutschen Standardaussprache. Beiträge zur Phonetik und Linguistik, Bd. 65, hrsg. von J.-P. KÖSTER. WVT Wissenschaftl. Verlag Trier, 1994

ULBRICH, H.: Instrumentalphonetisch-auditive r-Untersuchungen im Deutschen. Akademie-Verlag, Berlin 1972

–: Zur Sprecherziehung des Sängers. In: Ziele und Methoden der Sprecherziehung. Hrsg. von STOCK, E., FIUKOWSKI, H. Max Niemeyer, Halle (Saale) 1976

VENNARD, W.: Singing – the mechanism and the technic. Carl Fischer, New York 1967

VETTER, M.: Die Obertonschule. 3 Bände mit MC, Wergo Schallplatten GmbH, Mainz 1987

VOGELSANGER, G. TH.: Experimentelle Prüfung der Stimmleistung beim Singen. Folia phoniat. 6 (1954) 193

WAAR, C. H., DAMSTÉ, P. H.: Het Fonetogram. Tijdsch. Log. Fon. 40 (1968) 198

WAGNER, H.: Grundbegriffe der Physik. In: WENDLER, J., SEIDNER, W.: Lehrbuch der Phoniatrie. Thieme, Leipzig 1977

WALKER, J. S.: An investigation of whistle register in the female voice. J. of Voice 2 (1988) 140

WARDIUS, TH.: Dynamikmessungen der Sprech- und Singstimme bei phoniatrischen Tauglichkeitsuntersuchungen. Med. Dipl.-Arbeit, Berlin 1987

WEISS, D.: Konstitution und Stimme. 3. Tagung österreich. HNO-Ärzte, Innsbruck 1937

WENDLER, J.: Stimmlippenlänge und Tonhöhe. Z. Laryng. Rhinol. 45 (1966) 355

–: Die Bedeutung der Stimmstärke bei der stroboskopischen Untersuchung. Folia phoniat. 19 (1967) 73

–: Stimmstörungen im Kinderchor. Musik in der Schule 19 (1968) 240

–: Die physiologische Variabilität der Frauenstimme. Med. Habil.-Schr., Halle 1969

–: Zur auditiven Steuerung der Sprechintonation. Proc. 6th Intern. Congr. Phonet. Scienc. Praha 1967. Akademie Verlag, Prag 1970, 1009

–: Stroboskopie. Atmos, Lenzkirch 1993

–, CEBULLA, M. a. L. VOELKER: Production of isolated overtones during normal phonation. Video, Umatic, 6 min., 1988

–, DEJONCKERE, P. H., SMIT, G., CEBULLA, M.: Overtone singing in the view of Manuel Garcia. Abstr. Intern. Congr. on the Voice, »New Ways of Voice«, Besançon, 1991

–, DOHERTY, E. T., HOLLIEN, H.: Voice classification by means of long-term speech spectra. Folia phoniat. 32 (1980) 51

–, SEIDNER, W.: Lehrbuch der Phoniatrie. 2. Aufl., Thieme, Leipzig 1987
– –: Phoniatric care of actors and singers mirrored in our basis documentation. Acta Phoniat. Lat. 10 (1988) 332
– –: Methoden und Ergebnisse der Phonochirurgie. Z. klin. Med. 46 (1991) 101
– –, HALBEDL, G., SCHAAF, G.: Tele-Mikrostroboskopie. Folia phoniat. 25 (1973) 281
– –, KITTEL, G., EYSHOLDT, U.: Lehrbuch der Phoniatrie und Pädaudiologie. 3. Aufl., Thieme, Stuttgart 1996
– –, NAWKA, T.: Phonochirurgische Erfahrungen aus der Phoniatrie. Sprache – Stimme – Gehör 18 (1994) 17
–, SIEGERT, C., SCHELHORN, P., u. a.: The influence of Microgynon and Diane-35, two subfifty ovulation inhibitors, on voice function in women. Contraception 52 (1995) 343
WENDLER, U.: Untersuchungen über den Zusammenhang zwischen sprechmelodischem Verhalten und musikalischem Hörvermögen. Päd. Diss. A, Berlin 1978
WIECK, F.: Klavier und Gesang. 1853; zit. bei CUNO, F.: Manuel Garcia's »Marotte Scientifique«. Folia phoniat. 6 (19 54) 130
WINCKEL, F.: Elektroakustische Untersuchungen an der menschlichen Stimme. Folia phoniat. 4 (1952) 93-113
–: Physikalische Kriterien für die objektive Stimmbeurteilung. Folia phoniat. 5 (1953) 232
–: Die psychoakustische Bewertung des Spektrums. Folia phoniat. 12 (1960) 129
–: Phänomene des musikalischen Hörens. Max Hesses Verlag, Berlin 1960
WITTSACK, R.: Sprechwissenschaftliche Vorlesung 1951; zit. bei KRECH, H.: Die kombiniert-psychologische Übungstherapie. Wiss. Z. Univ. Halle, Ges.-Sprachw. 8 (1959) 397
Wörterbuch der deutschen Aussprache. 4. Aufl., hrsg. von Autorenkollektiv unter Leitung von U. STÖTZER. Bibl. Inst., Leipzig 1973
WYKE, B. D.: Neurology of the larynx; in: Scientific Foundations of Otolaryngology, ed. by R. HINCHCLIFFS, D. HARRISON. Heinemann Med. Books 1976, 546
YANAGIHARA, N.: Significance of harmonic changes and noise components in hoarseness. J. Speech Res. 10 (1967) 531
ZENKER, W., ZENKER, A.: Über die Regelung der Stimmlippenspannung durch von außen angreifende Mechanismen. Folia phoniat. 12 (1960) 1

Sachwortverzeichnis

A

Abhärtung 257
Adenoide Vegetationen 110
Akzentmethode 255
Akzentuierung
melodische 167
melodische, dynamische, temporale 167
Alexander-Technik 255
Alt
dramatischer 225
Altstimme
männliche 95
Anabolika 233
Anamnese 182
Androglottie 233
Ansatzräume 109, 116, 158
Untersuchung 190
Ansatzrohr 109
Anti-Baby-Pillen 234
API 160
area function
Vokaltrakt 118
Artikulation 112, 116
Artikulationspunkt 116
Artikulationsstörung
entwicklungsbedingte 262
Artikulationsverlagerung 157
Artikulatoren 118
Asymmetrien
Kehlkopf 229
Atempausen 167
Atemrhythmisch angepaßte Phonation 255
Atemübungen 253
Atemwurfübungen 254
Atmung 38
Untersuchung 184
Audio-phonatorische Kontrolle 136
Ausdrucksgestaltung 20, 22
Ausdrucksschulung 168
Ausschwingvorgänge 36

B

Balbuties 264
Bariton
lyrischer 227
Basilarmembran 133
Baß
seriöser 227
Baßbuffo 227
Begabung 18
Vererbung 25
Behauchung 197
Belastbarkeit
stimmliche 234
Berliner gesangswissenschaftliche Tagungen 16
Betonungsregeln 167
Bronchitis
chronische 257
Brustregister 92
Frauen 99
Bruststimme 92
Buchstaben 159

C

Charakterbariton 227
Charakterbaß 227
Charaktertenor 226
Chitismus 263
Choanen 110
Chor
Aussprache 161
Chorgesang
Sängerformant 120
Chorton 30
Collegium Medicorum Theatri (Co-MeT) 16
CoMeT 16
Cortiorgan 133
Countertenor 95, 140, 142
Coup de glotte 194

D
Dämpfung 37, 116
decken 127
detonieren 123, 205, 240
Dialekt 159
Diphthong 161
Dissonanz 35
distonieren 123, 205, 240
Druck
subglottischer 31
Dyslalie 262
Dysodie 235, 237
Befunde 240
Behandlung 242
Beschwerden 240
Ursachen 238
Dysphonien
funktionelle 234
Häufigkeit 237
professionelle 235

E
Einsätze
harte 157
Einschwingvorgänge 36
Elektroakustik
Untersuchungsmethoden 206
Elektroglottographie 189, 207
Elektromyographie
Kehlkopf 190
EMG
Kehlkopf 190
Endoskop 186
Engelaute 162
Entwicklungsstammeln 262
Entzündungen
Atemwege 250
Erbanlage 235
Erkrankungen
Stimme 238
Ermüdungskatarrh 237, 241
Ernährung 256
Eustachische Röhre 110

F
Falsett 94
Falsettisten 139
Falsetto
artistic 95
natural 94
Falsettregister 93
Fertigkeiten
musikalische 18
Filter 37
Fistelstimme 94
Fistulanten 139, 151
Flageolettregister 101, 225
Flötenregister 101
Flüstern 245
Formant tuning 122
Formantabstimmung 94, 122
Formanten 36, 113, 158, 163
hohe, tiefe 210
Formantfrequenzen 113
Formantsingen 152
Fourier-Analyse 33
Frequenz 29

G
Gaumen
weicher 110
Gaumendarstellung 192
Gaumenmandeln 110
Gaumensegel 111
Gehör 132, 136
Gehörknöchelchen 133
Genetik
Stimme 25
Geräusch 33
Gesangsaussprache 162
Gesangsverständlichkeit 163
Geschichte 11
Geschlechtshormone 233
Gesichtsmuskulatur 111
Gesichtsnerv 112
Gesunderhaltung
Stimme 228
Glottis 11
Glottisschlag
harter 194
physiologischer 164
weicher 194
Glottisschlageinsatz 194
Grundton 33

H
Halbstimme 104
Harmonische 33
Heiserkeit 197, 234
Heldenbariton 227
Heldentenor
jugendlicher 226
schwerer 226
Hochgeschwindigkeits-Videographie 189
Hochlautung 158, 191
Hölzeln 263
Hören
funktionelles 158, 193
zentrales 134
Hörfeld 133
Hormonbehandlung 233
Hörvermögen
Frequenzbereich 134
Lautstärke 134
Hyperrhinophonie 130

Hyporhinophonie 130

I

Indifferenzlage 157, 200
Innenohr 133
Intonationsgenauigkeit
  Untersuchung 205
Isthmus faucium 110

J

Jitter 214

K

Kammerton 30
Kaumethode 254
Kaustimme 200
Kehlbaßregister 98
Kehldeckel
  Formanomalien 229
Kehlkopf
  Anatomie 65
  Untersuchung 186
Kehlkopf-Hypoplasie 229
Kehlkopfentzündung 250
  Behandlung 251
Kehlkopflähmungen 251
Kehlkopfphotographie 187
Kehlkopfspiegel 12
Kehlkopfspiegelung 185
Kehlkopfuntersuchung 186
Kehlrachen 110
Keilbeinhöhlen 113
Kernspintomographie 190
Kieferhöhlen 113
Kieferöffnungsweite 157
Klang 33
Klanganalysen 213
Klänge
  amphotere 204
  quasistationäre 36
  stationäre 36
Klangfarbe 29, 36
Klangfarben
  Männer- u. Frauenstimmen 120
Klassifizierung
  Sing- und Sängerstimme 219
Kleseasthenie 235
Klimakterium 231
Knödeln 130
Knötchen
  harte, weiche 246
Koartikulation 166
  Nasalität 129
Koloratursingen 199
Koloratursopran 225
Kommandostimme 235
Konsonanten 164
  Einteilung 161
  Physiologie 158
Konstitution 25, 235
Kopfregister 92
  Frauen 99
Kopfstimme 92
Kopplung
  akustische 116
Kraftübungen 254

L

Langzeitmittelwert-Spektralanalysen 214
Laryngoskopie
  direkte 186
  indirekte 185
Larynxmikroskopie
  indirekte 185
Lautbildung 158
Laute 165
Lautheit 135
Lautprüfung 191
Lautsprache 158
Lautstärke 29
  Wahrnehmung 135
Lautübergänge 164
Lebensweise 256
Leistungsfähigkeit
  stimmliche 234
Linienspektrum 33
Lippen 111
Lispeln 263
Lockerungsübungen 254
Long Time Average Spectra 214
Longitudinalwellen 28
LTAS 214
Lupenlaryngoskop 187
Lupenstroboskopie 188

M

Magnetresonanztomographie 190
Mandeloperation 252
Maske
  singen in die 119
Melodramsprechen 137
Menstruation 232
Messa di voce 204
Mezza voce 104
Mezzosopran 225
Mikrostroboskopie 188
Mißempfindungen
  subjektive 234
Mittelohr 132
Mittelregister 103
Modalregister 93
Morgagnische Ventrikel 116
Mundboden 111
Mundhöhle 110
Mundrachen 110

Mutation
unvollständige 230
Mutationsfistelstimme 231
Mutationsstörungen 230
Mädchen 231

N
Nachächzen 196
nasales Durchschlagen 130
Nasalität 129
Nasallaute 129, 162
Nase 112
Näseln 129, 130
Näselprüfungen 192
Nasenhaupthöhlen 112
Nasenmuscheln 112
Nasennebenhöhlen 113
Nasenrachen 110
Nasenresonanz 119
Nasenscheidewand 112
Operation 252
Naturtonreihe 33
Nervus facialis 112
Nervus recurrens 74
Normalstimmton 30

O
Oberton 33
Obertonreihe 33
Ohr
Anatomie, Physiologie 132
Ohrtrompeten 110
Oktave 30
Ovulationshemmer 234

P
Pacific Voice Conference 16
Palatographie 192
Paneuropean Voice Conference (PEVOC) 16
Partialraumtheorie
Vokalartikulation 116
Partialton 33
Passavantscher Wulst 111
Paukenhöhle 132
Pausen 168
Persönlichkeit 157
Persönlichkeitsstruktur 17
Pfeifregister 101, 225
Phonasthenie 235
Phonationsverdickungen 243
Behandlung 248
funktionelle 241
kindliche 261
Operation 246
Phonetographie 207
Phonik 20
Pneumographie 184
Pneumotachographie 184
Poltern 266
Polypen 244
Stimmlippen 244
Portamento 165
psychische Einflüsse 257
Psychologie 17

Q
Qualitätsstimmen
Spektrum 122

R
R-Laut
Aussprache 165
Rachenmandel 110
Rachenraum 110
Randödeme 244
Rauhigkeit 197
Raumakustik
Stimmuntersuchung 206
Redelehre 168
Reflexmechanismen
Stimmbildung 136
Register 91
Stimmlippenschwingungen 101
Untersuchung 202
Registerangleich 91, 102
Registerausgleich 91, 102, 127, 204
decken 128
Registerbruch 104, 204
Registergrenzen
Untersuchung 204
Registersprung 104
Regularitätsanalysen 213
Resonanz 36, 116
Resonanzfrequenzen
Vokaltrakt 118
Resonatoren 36
Rheseasthenie 235
Rhinolalia aperta 130
Rhinolalia clausa 130
Rhinophonia aperta 130
Rhinophonia clausa 130
Röhrenmodell
Vokaltrakt 118
Röntgen- und Ultraschalluntersuchungen 192
Röntgenuntersuchungen
Kehlkopf 190
Rückverlagerung 130, 199
decken 128
Rufstimme 212

S

Sängerformant 95, 120, 156, 209
Sängerknötchen 243
Behandlung 248
Schall 28
Schallabstrahlung 119
Schalldruck 31
Schalldruckpegel
Untersuchung 207
Schallgeschwindigkeit 29
Schallintensität 31
Schallpegelmessung 208
Schallspeicherung und -wiedergabe 206
Schallwellen 29
Schetismus 263
Schleimhaut 113
Schließeinsatz 194
Schlundenge 110
Schnecke 133
»Schreiknötchen« 260
Schrift
phonetische 161
Schwangerschaft 233
Schwellton
Untersuchung 204
Schwelltonvermögen 199, 201
Schwingung 28
einfache 31
harmonische 31
zusammengesetzte 33
Septum 112
Septumresektion 252
Shimmer 214
Siebbeinzellen 113
Siebs 158
Sigmatismus 263
addentalis 263
interdentalis 263
lateralis 263
Sing- und Sprechstimmprofile
Untersuchung 207
Singen
bitonales 149
offenes, gedecktes 127
Physiologie 156
Singstimmprofil 207
Sinneinheiten
sprechen 165
Sonagraphie 214
Sopran
hochdramatischer 224
jugendlich-dramatischer 224
lyrischer 224
Soubrette 224
Spagnoletti 139
Speicheldrüsen 112
Spektralanalysen 214
Spektrum 31
Vokale 156
Spielalt 225
Spielbariton 227
Spielbaß 227
Spirometrie 284
Sprachlaute
Erzeugung 165
Sprachstörungen 262
Sprechablauf 165
Sprechbewegungsgefüge 166
Sprechdynamik 167
Sprechen 154
künstlerisches 156
Sprecherformant 122, 156
Sprecherstimme 154, 156
Sprecherziehung
Sänger 168, 170
Sprechmelodie 166
Sprechstimme 154
Sprechstimmlage
mittlere 200
Sprechstimmprofil 211
Sprechtakt 166
Sprechtechnik 168
Sprechtempo 167
Sprengeinsatz 194
Stammeln 262
Standardaussprache 158, 191
Kunstgesang 162
Staupausen 168
Steigerungsfähigkeit 199
Untersuchung 201
Stelleinsatz 194
Stellungsanomalien
Aryknorpel 229
Stimm- und Sprechhygiene 168
Stimmabsatz 196
Stimmansatz 196
Stimmbeurteilung
auditive 193
Stimmbildung
Kinder, Jugendliche 259
Stimme
gute, schöne 196
Stimmeinsatz
fester, harter 194
gehauchter 193
Untersuchung 193
weicher 193
Stimmermüdung 258
Stimmfächer 219
Stimmfeldmessung 207
spektrale 207
Stimmführung 119
Stimmgabel 31
Stimmgattungen 219, 220

Timbre 120
Stimmhygiene 256
Stimmintensität 199
Stimmklang
Untersuchung 196
Stimmkrankheiten 228
Stimmlagen 219
Stimmleistung
Effektivität 125
Stimmlippenknötchen
243, 244
Behandlung 246
funktionelle 241
Stimmlippenlänge
Messung 189
Stimmlippenpolypen 244
Stimmreinheit 213
Stimmschwäche 235
Stimmsitz 119, 195, 199
Stimmstärke
Untersuchung 207
Stimmstörungen
anlagebedingte 229
entwicklungsbedingte
230
funktionelle 235
hormonelle 232
klimakterische 231
Stimmtherapie 253
kommunikative 255
Stimmtypen 219, 223
Stimmumfang 202
Stimmumfangsprofil
Messung 208
Stimmung 17, 157
Stimmuntersuchung 193
komplexe 216
Stirnhöhlen 113
Stirnresonanz 119
Stottern 264
Stroboskopie 187
Strohbaßregister 98
Stütze 119
Stützvorgang 204
subglottischer Druck
Messung 184
Sulcus glottidis 229
Summ- und Resonanz-
übungen 254
Sundberg 16
Suprasegmentale Struk-
turen 166

T

Teilton 33
harmonischer 34
Tenor
lyrischer 226
Tenorbuffo 225
Testosteron 233
Tests
psychologische 19
Timbre 120, 199
Ton 31
Tonhaltedauer
Untersuchung 205
Tonhalten
gleichmäßiges 199
Tonhöhe 29
Messung 207
Wahrnehmung 135
Tonhöhenumfang
Untersuchung 202
Tonhöhenunterschei-
dungsvermögen 134
Tonsillektomie 252
Tonsillen 110
Tragfähigkeit 120
Transferfunktion 37
Transienten 164
Transversalwellen 28
Tremolo 105, 107
Triller 109
Tubenöffnungen 110

U

Übergangstöne 103
Überstützen 196
Übertragungsfunktion
37
Übungsbehandlung
Stimme 253
Umgangssprache 156
Umhüllende 34
Umschrift
phonetische 161
Umschriftzeichen
phonetische 161
Umwelteinfluß 24
Unterkiefer 112
Untersuchung
Ansatzräume 190
Atmung 184
Kehlkopf 185
Stimme 193
Untersuchungsmöglich-
keiten 182
Uvula 111

V

Velum palatinum 110
Ventiltönchen 195
Vererbung 24
Verschlußlaute 162
Verständlichkeit
Gesangsaussprache
162
Vibrationsempfindungen
119
Vibrato 105
Untersuchung 205
Videodemonstration
Kehlkopf 188
Videoendoskopie 188
Virilisierung 233
Vocal fry 98
Voce finta 104

Voice Foundation 16
Voice range profile
measurement 208
Voix blanche 127
Voix couverte 127
Voix en dedans 127
Voix sombrée 127
Vokalartikulation 116
Vokalausgleich 119, 125, 199
Vokaldauer
Singen, Sprechen 156
Vokaldreieck 161
Vokale 111, 164
Einteilung 159
Physiologie 159
Vokaltrakt 109, 159
Röhrenmodell 118
Vokaltyp 199
Vokalviereck 161
Vordersitz der Stimme 119
Vorne singen 119

W

Wangen 111
Wellenlänge 29
Wobble 107
World Voice Consortium (WVC) 16

Z

Zähne 112
Zäpfchen 111
Zäsuren 168
Zentralnervensystem 136
Zunge 111
Zungenspitzen-R 165
Zwielaut 161
Zwillingsuntersuchungen
Vererbung 26
Zwischenfach 224, 226

Abbildungen 33-35, 42, 43, 45, 79 und *85* mit freundlicher Genehmigung des Verlages aus J. Wendler/W. Seidner: Lehrbuch der Phoniatrie. Georg Thieme, Leipzig 1977.

Für die Abbildungen fanden folgende Vorlagen Verwendung: Porträt von J. R. Sarg *Abb. 1*; Sundberg., J.: The science of the singing voice. Northern Illinois University Press, Decalb, Ill. 1987 *Abb. 10, 70*; Winckel, F.: Elektroakustische Untersuchungen an der menschlichen Stimme. Folia phoniat. 4 (1952), 93-113 *Abb. 11*; Vennard, W.: Singing - the mechanism and the technic. Carl Fischer, New York 1967 *Abb. 12*; Alverdes, K.: Grundlagen der Anatomie. Georg Thieme, Leipzig 1956 *Abb. 20*; Spalteholz, W., und Spanner, R.: Handatlas derAnatomie des Menschen. Scheltema und Holkema N. V., Amsterdam 1959/60 *Abb. 27*; Gutzmann, H. sen.: Zur Frage nach den gegenseitigen Beziehungen zwischen Bauch- und Brustatmung. Verh. Kongr. Innere Med. (1902), 508-518 *Abb. 29*; Pernkopf, E.: Topographische Anatomie des Menschen. Urban u. Schwarzenberg, Wien und Innsbruck 1952 *Abb. 33*; Lanz, T. v., und Wachsmuth, W.: Praktische Anatomie. Springer, Berlin Göttingen, Heidelberg 1955 *Abb. 35-41, 44, 46, 51, 82*; Zenker, W., und Zenker, A.: Über die Regelung der Stimmlippenspannung durch von außen angreifende Mechanismen. Folia phoniat. 12 (1960), 1-36 *Abb. 43*; Rohen, J. W.: Über den konstruktiven Bau des M. vocalis bei Mensch und Primaten. HNO 16 (1968), 111-114 *Abb. 45*; Frommhold, W., und Hoppe, G.: Tomographische Studien zur Funktion des menschlichen Kehlkopfes. I. Mitteilung: Unterschiede in der Stimmlippenmechanik. Folia phoniat. 17 (1965), 83-91 *Abb. 48*; Schönhärl, E.: Die Stroboskopie in der praktischen Laryngologie. Georg Thieme, Stuttgart 1960 *Abb. 49, 50*; Hirano, M.: Phonosurgery. Basic and clinical investigations. Otologie (Fukuoka) Suppl. 1, 21 (1975) 239 *Abb. 55*; Sundberg, J.: The acoustics of the singing voice. Scient. Amer. March (1977), 82-91 *Abb. 63, 64*; Fant, G.: Acoustic theory of speech production. Mouton, The Hague 1960 *Abb. 65*; Winckel, F.: Physikalische Kriterien für die objektive Stimmbeurteilung. Folia phoniat. 5 (1953), 232-252 *Abb. 67*; Sundberg, J.: A perceptual function of the »singing formant«. STL-QPSR 2-3 (1972), 61-63 *Abb. 68*; Wendler, J.: Zur auditiven Steuerung der Sprechintonation. Proc. 6th Intern. Congr. Phonet. Scienc. Praha 1967. Akademie-Verlag, Prag 1970, 1009-1013 *Abb. 73*; Lindner, G.: Grundbegriffe der Phonetik. In: Wendler, J., und Seidner, W.: Lehrbuch der Phoniatrie. Georg Thieme, Leipzig 1977 *Abb. 79*; Morosow, W. P.: Biofisitscheskije osnowy vokalnoi retschi. Nauka, Leningrad 1977 *Abb. 80* ; Frank, F., und Tesarek, L.: Neue Erkenntnisse über Stimmumfänge bei sechsjährigen Kindern. Sprache - Stimme - Gehör 4 (1980), 147-149 *Abb. 81*.